万有句子系列

谚语·歇后语

芋圆——编

线装书局

图书在版编目（ＣＩＰ）数据

谚语·歇后语 / 芋圆编． -- 北京 ： 线装书局，
2023.9（2024.3）
　（万有句子系列）
　ISBN 978-7-5120-5530-8

　Ⅰ．①谚… Ⅱ．①芋… Ⅲ．①汉语－谚语－汇编②汉
语－歇后语－汇编 Ⅳ．①H136.3

中国国家版本馆 CIP 数据核字（2023）第 123676 号

谚语·歇后语
YANYU XIEHOUYU

作　　者：芋　圆
责任编辑：林　菲
出版发行：线装书局
　　地　　址：北京市丰台区方庄日月天地大厦 B 座 17 层（100078）
　　电　　话：010-58077126（发行部）010-58076938（总编室）
　　网　　址：www.zgxzsj.com
经　　销：新华书店
印　　制：三河市刚利印务有限公司
开　　本：880mm×1230mm　1/32
印　　张：10.75
字　　数：308 千字
版　　次：2024 年 3 月第 1 版第 2 次印刷
印　　数：5001—10000 册

定　　价：78.00 元（全二册）

线装书局官方微信

前　言

　　在日常生活中，谚语和歇后语时不时地出现在我们的交谈中，甚至出现在文字表达上。作为一种特殊的语言形式，谚语歇后语具有悠久的历史和独特的文学魅力。

　　谚语是一种简短而又广为人知的习语，表达一种普遍的真理或信条。谚语的语句短小精悍、简明凝练，通常分为单句结构和复句结构，并且大多数的复句结构都是押韵的，富有韵律感和音乐美，便于记忆和背诵。此外，谚语中还有多种修辞手法，如比喻、对照、拟人、白描、反问、夸张、联珠等，让语言极具表现力，同时观点突出，褒贬分明，能恰如其分地传情达意。

　　由于谚语是口头流传的句子，是实际经验的结晶，不同的地区有不同的谚语，不同的人说着不同的方言，实际经验也不一样，所以谚语带有一定的地方特色。

　　歇后语也是一种特殊的语言形式，它是由劳动人民在生活实践中创造出来的，语句精炼风趣、生动形象，一直发展并沿用至今。歇后语主要由两部分组成：第一部分是隐喻或明喻，做"引子"，类似于谜语的谜面；第二部分做"后衬"，类似于谜语的谜底，两者互相映衬，自然贴切。

　　起初，歇后语的表现形式并不像我们今天看到的这样，它是对当时通用的成语、语句的省略。例如用"倚伏"代替"祸福"（出自《道德经》"祸兮福之所倚，福兮祸之所伏"）。由于对受众的学识有一定要求，所以这类歇后语的使用范围很受限。后来，歇后语发展成"比喻—说明"式的俏皮话，在适当的语言环境中，使用者通常只说出前半部分，"歇"去后半部分，让他人自己去猜想、参悟。

　　据研究考证，歇后语最早出现于先秦时期。《战国策·楚策四》中写道："亡羊补牢，未为迟也。"意思是羊丢失了以后，只要及时修补羊圈，就还不算太晚。这句话，相信就是我们今天所说的歇后语。

　　由于歇后语涉及的内容范围很广，所以从某种意义上来说，歇后语是我们了解自然变迁、风土人情以及社会兴衰等情况的百科全书。

直到今天，谚语和歇后语依然广为流传。为满足读者作文、演讲、文秘等日常学习工作需求，我们特地整理出这本《谚语·歇后语》。书中分"谚语篇"和"歇后语篇"，谚语篇包括社会时事、家庭婚姻、方圆处世、积极进取、实践警言、自然万象等六方面，歇后语篇包括为人处世、品格修养、言谈举止、情绪感受和事理状态等五个方面，贯穿于人们的日常生活。本书可以当辞典用，是文案、写作必备书，正确使用它，可以摆脱平平无奇的文风，留下高格调、旁征博引、纵论古今、字字珠玑的印象。

　　由于编写水平有限，书中难免有不妥之处，敬请批评指正。

目　录

谚　语

第一章　社会时事

1. 乡土国家

一寸国土一寸金。

人民行动起来，铁铸的宝座也不稳。

八十公公要祖家，八十婆婆要外家。

人出生在哪里，哪里就最珍贵。

工人一双手，平地起高楼；农民一双手，瘦地出青油。

士气不可辱，民意不可欺。

大地养活人民，英雄保卫祖国。

天下兴亡，匹夫有责。

天鹅爱的是湖泊，英雄爱的是祖国。

天鹅离不开湖泊，英雄离不开人民。

不爱人民的人，什么也不爱。

不能让坏人进我们的寨门，不能让敌人进我们的国土。

水涨渡船高，国富家兴旺。

生长在花园里的花朵是美丽的，生活在祖国土地上的人是自豪的。

生活在人民之中，仿佛睡在幸福的摇篮里。

生长之土胜于金。

宁念家乡一撮土，不恋他国万两金。

记住背后是强大的祖国，即使单独一人也无比勇敢。

对祖国不要吝啬你的本领。

民之所欲，天必从之。

民为邦本，本固邦宁。

民心即天心。

江山就是人民，人民就是江山。

在异国做皇帝，不如在家乡榜大地。

忘记祖国的人，好比离开森林的鸟。

即使自己的祖国贫穷，也不要嫌弃。

英雄热爱人民，人民热爱祖国。

国强民不受辱，民强国不受悔。

背弃祖国的人，如同失去森林的夜莺。

离开人民找不到幸福，爱祖国才有好生活。

离开祖国的人，像离开花园的布谷鸟。

百姓齐，泰山移。

尽忠报国，尽孝守家。

但存方寸地，留与子孙耕。

近厨得食，近民得力。

玫瑰在花园里开放，英雄在人民中成长。

国以民为本，民以食为天。

国泰民可安，国强民也富。

国破家必亡。

国家、国家，有国才有家。

国家、国家，没有国哪有家。

国家兴亡，匹夫有责。

国强才子贵，家富小儿娇。

国强民也富，国破家也亡。

舍命才算真豪杰，爱国方成大丈夫。

建立前的国需要勇将，建立后的国需要名相。

树木从泥土中吸取养分，英雄从人民中得到力量。

树高不离土，叶落仍归根。

科学无国界，科学家有祖国。

美不美，家乡水；亲不亲，故乡人。

爱乡人，常恋土。

爱祖国胜过生命的人，纵然死去还有生命。

家乡水甜人心，十年不改旧乡音。

家贫出孝子，国乱识忠臣。

谁脱离了人民，谁就会失去

骏马的蹄力有限，人民的智慧无穷。

得人者兴，失人者崩。

就是祖国的炊烟，也使人感到香甜。

富贵不离祖，游子思故乡。

2. 领军作战

一个不敌两人计，三人合唱二台戏。

一个巧皮匠，没有好鞋样；两个笨皮匠，彼此有商量；三个臭皮匠，胜过诸葛亮。

一日动干戈，十年不太平。

一分钟决定战斗结局，一小时决定战役胜负。

一计胜千军。

人多遮黑眼，兵多吃闲饭。

力不足则守，力有余则攻。

三勤一懒，想懒不得懒；三懒一勤，想勤不得勤。

千军易得，一将难求。

千兵有头，万兵有将。

千树连根，十指连心。

久练成勇士，苦练出精兵。军令如山。

天下安，重选相；天下危，重选将。

无农不稳，无工不富；无商不活，无兵不强。

不打无准备之仗。

不用良才者，必然用奴才；不信忠言者，必然信诡言。

不攻无过之城，不杀无罪之人。

不知民情难为相，不知地形难为将。

不要从敌人边缘上进攻，要从敌人的心脏里下手。

水趋下则顺，兵击虚则利。

见可而进，知难而退。

手中有剑可以杀敌，心中有剑可以斩妖。

从古穷兵是祸胎。

风大就凉，人多就强。

风无常顺，兵无常胜。

为阵之法，在于分合。

未曾出兵，先看退路。

打虎还得亲兄弟，上阵须靠父子兵。

平地多用车，险地多用骑，隘地多用弩。

只有不会打仗的将，没有不会打仗的兵。

兄弟协力山成玉，父子同心土变金。

兄弟同心金不换，妯娌齐心家不散。

生铁百炼成钢，军队百炼无双。

仗怎么打，兵怎么练。

令行禁止，王者之师。

用兵用将，以信为本。

用贤则治，用愚则乱。

鸟多不怕鹰，人多把山平。

宁可备而不战，不可战而不备。

出征打仗之前，先把枪械擦好。

召将容易退将难。

老兵传帮带，新兵成长快。

地无兵不险，兵无地不强。

地有死生之势，战有存亡之道。

有贤不知，一不祥；知而不用，二不祥；用而不任，三不祥。

存人失地，人地皆存；存地失人，人地皆失。

成大功者，须冒大风险。

岁寒知松柏，军危识将才。

先取两翼弱点，后取中间要害。

自古强兵，必先强国。

行兵之道，贵知地利。

会说难抵两口，会做难抵两手。

守城不如守险。

军中无戏言。

军有头，将有主。

军听将令草随风。

远亲不如近邻，近邻不如对门。

攻心为上，攻城为下；心战为上，兵战为下。

攻坚不怕堡垒硬。

攻者先攻心，守者先守气。

攻城之法，先绝外援。

助人要及时，帮人要诚心。

兵马未动，粮草先行。

兵不妄动，师出有名；得疆土易，平民心难。

兵不离队，鸟不离群。

兵不遇机不妄动。

兵不强，不可以御敌；国不富，不可以养兵。

兵可以百年不用，但不可一日不练。

兵多出能将。

兵听将令，马听鼓声。

兵败如山倒。

兵贵神速，人贵思索。

兵家之法，攻守并重。

兵随将领草随风，千军万马看首领。

兵雄雄一人，将雄雄一军。

你对战士心不热，战士对你心不贴。

邻居失火，不救自危。

弟兄不和邻里欺，将相不和邻国欺。

没有旗帜的军队一打即败。

良马是骑出来的，精兵是练出来的。

良将功高当戒骄。

事备而后动。

虎离山无威，鱼离水难活。

败战之中学问深。

法存则军安，法亡则军危。

孤军作战，危在旦夕。

带兵带心。

带兵要有婆婆嘴。

砖连砖成墙，瓦连瓦成房。

战争是流血的政治。

战争等于以剑代笔的政治。

竖起招军旗，就有吃粮人。

看儿先看娘，看兵先看将。

选将之道，以德为先。

种地要知地性，用将要知将心。

胜败乃兵家常事。

将帅无能，累死三军。

将帅不和邻国欺。

将帅强，屋脊梁。

将在谋而不在勇，兵在精而不在多。

哀兵必胜，骄兵必败。

敌大勿畏，敌小勿轻。

家不和，外人欺。

家和日子旺，国和万事兴。

得士者昌，失士者亡。

祸莫大于轻敌。

敢战方能言和，言和必须敢战。

堡垒最容易从内部攻破。

强将手下无弱兵。

遣将不如激将。

旗在哪里指，兵向哪儿攻。

3. 行业手艺

一门不到一门黑。

一艺不精，误了终身。

一分行情一发货。

一分精神一分财，十分精神财富来。

一冬早，三季好。

一行服一行，豆腐服米汤。

一条信息，一笔财富。

一季草，两季稻，草好稻好。

一种买，千种卖。

一秤来，百秤去。

一家开店百家求，针头线脑不可丢。

一窍通，百窍通。

十个便宜九个爱。

十年读出个秀才，十年学不成买卖。

人无远虑，必有近忧。

人无我有，人有我优，人优我廉，人廉我转。

人无我有，人有我精，人精我新。

人不可貌相，海水不可斗量。

人好不怕贬，货好不怕选。

人冷穿衣，鱼冷穿草。

人是钩子眼是秤，人心才是定盘星。

人清账不混，就怕昧良心。

刀快头皮光（指剃头）。

三月雨。贵似油；四月雨，好动锄。

三句话不离本行。

三百六十行，行行出状元。

三年不开张，开张吃三年。

干一行爱一行，干一行专一行。

干榆湿柳，木匠见了就走。

下不了高粱本，喝不到老白干。

与其多攒金银，不如薄技随身。

上门的买卖好做。

上赶子不是买卖。

上漆先去锈。

小心驶得万年船！

小钱不去，大钱不来。

小数怕长点，零数怕整算。

千行万行，庄稼是头一行。

千笔万笔不麻烦，一分二分不嫌少。

千般易学，一窍难通。

开店容易用人难，创业容易守业难。

开店容易守店难。

天下行业有三苦：撑船，打铁，磨豆腐。

艺到用时方恨少。

艺高人胆大。

木匠怕漆匠，漆匠怕光亮。

不怕人不请，就怕艺不精。

不怕不识货，只怕货比货。

不怕不卖钱，只怕货不全。

不怕不赚钱，就怕货不全。

不怕不精，误了终身。

不怕货比货，只求心贴心。

不懂生意经，买卖做不通。

少年木匠老郎中。

少年针黹（zhēn zhǐ，针线活），中年木匠，老年郎中（医生）。

内行人只听三句话，便能看出真和假。

内行看门道，外行看热闹。

水涨船高，价随市变。

手艺是活宝，走遍天下饿不倒。

手艺胜过一切珠宝。

长木匠，短铁匠，不长不短是裁缝。

化梨膏是熬的，手艺精是学的。

六月不热，五谷不结。

文明经商，生意兴旺。

打枪听风声，投叉看水纹。

打鱼的贪黑，打猎的起早。

巧匠手中无弃材。

巧匠手里无弃物。

本不去，利不来；旧的不去，新的不来。

龙多不治水，精干出效益。

生打铜，熟打铁。

生行莫入，熟行莫出。

弯木头，直木匠。

隔行千里远。

隔行不隔理。

隔行如隔山。

养花不如栽柳，养鸟不如养鸡。

笨工出巧匠。

慢工出细活。

笛要吹在眼上，话要说在点上。

樱桃好吃树难栽。

熟能生巧，勤能补拙。

褒贬是买主，喝彩是闲人。

宁叫蚕老叶不尽，不叫叶尽蚕不老。

4. 生意买卖

只有买错，没有卖错。

只此一家，别无分店。

只选对的，不买贵的。

生意不成仁义在。

生意兴隆，前吃后空。

生意好做，伙计难靠。

生意做独市，买卖抢在先。

冬栽松，夏栽柏，栽一百，活一百。

一手交钱，一手交货。

一分价钱一分货，十分价钱买不错。

一分利能致富，十分利走绝路。

一分信誉十分财，十分信誉黄金来。

一分钱一分货，十分钱买不错。

市中有货方招客。

市场是个晴雨表，调查研究不可少。

半做主人半做客，一分行贷一分钱。

宁愿自己麻烦千遍，不让顾客为难一时。

出门看天气，买卖看行情。

十分生意七分谈，话不投机成交难。

十户人家八家商，还有两家要开张。

一番生意两番做。

三分利店冷落，一分利客来多。

大利大为，小利小为，无利不为。

人看容颜，店看门面。

人无利心，谁肯早起。

人叫人千声不信，货叫人点头就来。

干啥讲啥，卖啥吆喝啥。

人无信不立，店无信难存。

人无笑脸休开店，会打圆场自落台。

老店里断不了陈货。

有多大本钱，做多大生意。

有利必有害，人容天不容。

有货不愁无卖处，但怕无货买卖空。

有货不愁客，有酒不愁喝。

有钱不买来年货。

百货对百客。

百样生意百样做。

死店活人开，经营靠人才。

当面银子对面钱，算盘珠上不让人。

百艺通，不如一艺精。

同行是冤家。

同行嫉妒。

行见行，没处藏。

行行有利，行行有弊。

问遍千家，必成行家。

名声在世上，行情在市上。

争价不争秤。

庄稼人讲节气，江湖上讲义气，买卖人讲和气。

羊毛出在羊身上。

忙时心不乱，闲时心不散。

农家要变样，六畜要兴旺。

防人之心不可无，害人之心不可有。

好汉不希干，懒汉干不了。

好货就怕样子比。

好店百年不换客。

好商货卖回头客。

买不尽便宜上不尽当。

买瓜看皮，买针看孔。

买处得买，卖处得卖。

买主买主，衣食父母。

买时得买，卖时得卖。

买鸡看爪，买鸭看嘴。

买卖争毫厘。

买卖一句话。

买卖不分大小，服务莫看衣衫。

买卖不成仁义在，这回不买下回买。

买卖不懂行，瞎子撞南墙。

买卖走三家，不问是行家。

买锣要打，买伞要撑。

把式要有个架儿，商品要有个样儿。

花香自有蜂蝶来，货好顾客满柜台。

杨柳青青桃花开，萝卜白菜一齐栽。

旱天不旱地，旱地不旱市。

囤得千日货，自有赚钱时。

近处好安身，远处好挣钱。

冷打锡，热打铁。

初入行业，三年事生。

快织无好布，快纺无好纱。

没有笑脸不开店，没有知识难理财。

灵活经营生意活，薄利多销利不薄。

若想地上吃桃子，就要地下栽桃树。

林中不卖薪，湖上不卖鱼。

柜台站三年，见人会相面。

柜台营业三件宝：货全，卫生，态

度好。

卖瓜的不说瓜苦，卖盐的不说盐甜。

卖瓜的说瓜甜，卖盐的说盐咸。

卖瓜的说瓜甜。

卖主怪脚，买主怪鞋。

卖衣想着穿衣人，定有顾客来登门。

卖金须卖识金家。

购销调存转，学问大无边。

物以稀为贵，货抓早值钱。

物以稀为贵。

物离乡贵。

物价三级跳，穷人要上吊。

和气生财，相争生灾。

和气能生财，蛮横客不来。

和气能招万里财。

货比货，比不过；人比人，气死人。

人比人得死，货比货得扔。

货有好歹，价有高低。

货有高低三种价，客无远近一样亲。

货全，卫生，态度好。

货问三家不吃亏。

货问三家成行家。

货快落地不沾灰。

货到地头死。

货卖地头死。

货卖当时。

货畅其流，利无尽头。

货怕压仓，官怕贪赃。

货贱人挟疑，水深人难过。

货换货，两家乐。

货真价实，物美价廉。

货真价实，童叟无欺。

货真价实招信用，勤进快销善经营。

货高价出头。

货高招客远。

肥漆瘦油。

兔窝经常晒，兔娃长得快。

店大欺客，客大欺店。

放得千日货，自有赚钱时。

闹市是中心，寸土值千金。

怕试没好货，好货不怕试。

诚信为本，童叟无欺。

诚招天下客。

细工出巧匠。

经理经理，经营管理。管理管理，不管无理。

经商之计，用人第一，疑人不用，用人不疑。

经营讲核算，莫吃大锅饭。

经商不理财，纯属瞎胡来。

拾遗补阙，经商一诀。

草若无心不发芽，人若无心不发达。

南货北运，北货南运。

树木成林，风调雨顺。

要知隔行事，还得问行家。

要兔长得好，不喂露水草。

要学惊人艺，须下死功夫。

要想致富，广开门路。

贱卖无好货，好货不贱卖。

种田要起早，见人会相面。

种田要起早，经商要常算。

种地知节气，买卖看行情。

重打锣鼓另开张。

便宜无好货，好货不便宜。

便宜东西卖穷家。

信息网络宽，隔行不隔山。

独店不成市。

贸易中岂无学问，经营内亦有文章。

客大欺行，行大欺客。

贱价买来的肉，炖汤不香。

骆驼驮的货物，商人总是嫌少。

真材实料，顾主必到。

桃三杏四梨五年，枣子当年便还钱。

桃南杏北梨东西，石榴藏在枝叶里。

样样都通，样样稀松。

夏日要挤奶，冬日得养牛。

紧提酒，慢打油，卖果卖菜秤抬头。

钱财要明慎，糊涂生弊端。

酒好不怕巷子深。

缺为贵，少为鲜。

秤平斗满不亏人。

笑脸相迎顾客暖，冷眼直对买主寒。

家有黄金万两，不如薄艺随身。

接一问二招呼三，敬人自减三分忙。

做生意不懂行，好比瞎子撞难墙。

做人讲人格，买卖讲道德。

赊三不如现二。

赔本赚吆喝。

商场如战场。

商战如兵战，取胜靠智勇。

阎王开酒店，鬼也不上门。

敢揽瓷器活，定有金刚钻。

随行就市，水涨船高。

绳捆三道紧，账算三遍清。

葡萄搭架向南靠，石榴开花满院笑。

鼓要打到点上，笛要吹到眼上，打蛇要打七寸。

微利经营促销快，薄利广收如潮来。

腰缠万贯，不如薄技在身。

誉高不断客，店好不断客。

聚财如同针敲土，花钱如同浪卷沙。

漫天要价，就地还钱。

撑死胆大的人，饿死胆小的鬼。

豌豆开花，最怕风打。物以稀为贵。

劈柴看纹路，生意看门路。

薄技在身，胜过金银。

薄利广销生意好。

薄利多销，生财有道。

天下熙熙，皆为利来；天下攘攘，皆为利往。

无利不起早。

无商不奸，无巧不艺。

无商不奸，无利不发。

5. 贫富穷苦

一年亏空十年穷。

一年盼望一年好，汗衫补得像夹袄。

一两黄金四两福。

一担压断腰，家里无柴烧。

十个指头八个叉，贫富还是靠自家。

十年河东转河西。

十穷夹一富，要富也不富；十富夹一穷，要穷也不穷。

人无千日好，家无一世贫。

人不穷一般大，水不流一般平。

人在福中不知福，船在水中不知流。

人死不再病，讨饭不再穷。

人穷力出，牛瘦角尖。

人穷不算穷，就怕穷无能。

人穷莫懒，草鞋破莫扳。

人懒再富也会穷，人勤再穷也会富。

土里藏金银，不做还会穷。

大树有根穷没根。

上无一片瓦，下无一寸土。

千年瓦片也有翻身日，哪有穷人穷到底。

千金难买苦出身，苦竹根头出好笋。

马行无力皆因瘦，人不风流只为贫。

王小二过年，一年不如一年。

天干狂风多，人穷白话多。

天干神不灵，人穷话不灵。

天上星儿亮晶晶，地下穷人心连心。

天无一月霜，人无一世穷。

天旱失节令，人穷失信用。

无名草木年年发，不信男儿一世穷。

不怕凶，只怕穷。

不怕老板生得乖，蚂蚂三跳有一跌

不怕死的马齿苋，不怕事的穷光蛋。

日无半升米，夜无半床被。

日无鸡啄米，夜无鼠耗粮。

日盼太阳夜盼灯，人望幸福树望春。

水沟容易开，穷坑难得填。

手长袖儿短，人穷颜色低。

手头松，一世穷。

长工只望月亮满，短工只望日头偏。

勿怕家里穷，只怕出懒虫。

为人莫忘本，饮水要思源。

丑遮不住，穷盖不住。

未有视自有，一生勿会有。

未穷视自穷，一世勿会穷。

未穷愁穷，到老勿穷；未富装富，到老勿富。

世人慌慌张张，不过图碎银几两。偏偏这碎银几两，能解世间惆怅。

东家勿败落，西家勿发作。

只帮穷人支锅，不帮富人吃喝。

只要勤，勿愁贫。

白天背太阳，晚上背月亮。

宁叫孩子瘦，不吃财主豆。

宁向穷人借一斗，莫向富人求一口。

讨饭难开口，开口难歇手。

地薄要上粪，人穷要发愤。

有的角拨穷的愁，穷的自有打算头。

有要有得有样子，穷要穷得有牌子。

有穿有戴高处坐，无穿无戴立黑角。

有福之人人服侍，无福之人服侍人。

有福之人千人骂，无福之人骂千人。

有福之人嬉街头，无福之人爬山头。

有福勿用忙，无福跑断肠。

吃力的不赚钱，赚钱的不吃力。

吃勿穷，穿勿穷，没有盘算一世穷。

吃过黄连苦，才知甘草甜。

吃的全在肚里，穿的全在身上。

吃的猪狗食，做的牛马活。

年前节后，穷人对头。

朱门酒肉臭，路有冻死骨。

丢了打狗棍，莫忘讨饭时。

丢了讨饭袋，苦头莫脱忘。

庄稼人靠牛吃饭，财主靠穷人吃饭。

赤脚的冻勿死，讨饭的饿勿煞。

严霜单打独根草，寒风只吹无衣人。

坐了讨租船，忘了还租苦。

坐轿不知抬轿苦，饱汉不知饿汉饥。

谷折钱，钱折谷，借一石，死一屋。

冷天冷在风里，穷人穷在租里。

冷在风里，穷在租里。

冷冷在风里，穷穷在懒里。

没有人的用人儿，没有牛的用牛儿。

穷人力大，肉猪污多。

穷人无本钱，力气是铜钱。

穷人不织布，财主打条肚。

穷人勿可看富样。

穷人生病，阎王讨债。

穷人饭，拿命换。外面累断膀子，家里饿断肠子。

穷人知道穷人苦，穷人见了穷人亲。

穷人的气大，饿人的涎多。

穷人看富样，豆腐架子搭勿长。

穷人饿断肠，富人胀破肚皮。

穷人遇荒年，两眼泪涟涟。

穷人翻身，小屋翻楼。

穷无根生牢，富无桩打牢。

穷不生根，富不结顶。

穷从懒中出，富从熬中来。

穷有出头日，富有倒场日。穷越撑，有越省。

穷富两样，皮肉一般。

诉不尽的穷人苦，打不尽的毡上土。

忍勿得穷，耐勿得富。

拆东墙，补西墙，结果还是住破房。

苦苦总有出头日，石板也有翻身时。

若要好，五更日日早。

若要穷，天光困到日头红。

若要穷，提鸟笼。

若要富，先修路。

若要富，男耕田来女织布。

若要富，鸡叫离床铺。

雨不会落一年，人不会穷一世。

卖油娘子水梳头，卖扇娘子手遮头。

采得百花成蜜后，为谁辛苦为谁甜。

受得苦中苦，方知甜中甜。

贪得上旬富，落得下旬穷。

贫不可欺，富不可恃。

贫不学俭，卑不学恭。

泥瓦匠住草房，纺织姑娘没衣裳。

官家小姐爱描花，穷人孩子早当家。好人岂有穷到底，恶人哪能富透头。

肩挑一百八，裤子打疙瘩。

帮工不赚钱，混个肚子圆。

挖葛打蕨吃饱饭，锄头一放没早饭。

省吃俭用日日富，勤吃浪用年年穷。

种田的吃米糠，卖盐的喝淡汤。

俭是幸福根，奢是贫贱源。

逃荒逃荒，越逃越慌。

亲护亲，邻护邻，讨饭乞丐护自阵。

亲帮亲，邻帮邻，天下穷人帮穷人。

屋里无灯望月出，身上无衣望天热。

耕田不弄肉，岽头挖哒哭。

赶骡子要闻得屁，当长工要受得气。

莫笑穷人穿破衣。

桐油点灯灯不亮，穷人讲话话不响。

破菜篮也有三转运，穷汉岂无出头时。

柴湿烟多，人穷气多。

铁匠家里没菜刀。

家有陈柴必富，家有陈粪必穷。

黄连拌猪胆，穷人命最惨。

菜无百日荒，人无隔代穷。

眵眼日头红，勿穷也要穷。

甜处人知，苦处己知。

第一富，吃饭赶工两头乌；第一穷，朝朝睡到日头红。

船怕遇逆风，人怕叮当穷。

欲求真富贵，须下死功夫。

鸿雁叫一声，穷汉吃一惊。

祸福无门，富贵无种。

落雨莫爬高墩，穷人莫攀高亲。

惰必穷，奢必败。

富从勤中来，裕从俭中得。

富勿抖，穷勿讨。

你不理财，财不理你。

富贵无根，贫穷无苗。

富贵本无根，尽从勤里得。

富贵礼性大，贫穷口角多。

富贵应从勤俭起，贫穷只为手头松。

摸出暗弄堂，莫丢问路棒。

榆树叶儿铜钱大，乡里老儿甩大话。

溪边石头有干日，苦人总有出头日。

墙破麻雀多，人穷灾难多。

算了再用，一世勿穷；用了再算，三日两空；只用勿算，一世受穷。

算盘响，眼泪淌。冷怕起风，穷怕欠债。

聪明靠耳目，富裕靠手足。

磨骨头，养肠子。

懒人有懒福，烂田出好谷。

镰刀挂上壁，家里没有吃。

第二章 家庭婚姻

6. 婚恋生育

一日夫妻百日恩，白头偕老成寿星。

一日夫妻百日恩，百日夫妻比海深。

一日夫妻百日恩，百夜夫妻情海深。

一岁年纪一岁人。

一年土，两年洋，三年不认爹和娘。

一张床上说不出两样话。

一垄萝卜一垄菜，谁的媳妇谁不爱。

一畦萝卜一畦菜，自己养的自己爱。

一餐无饭，妻离子散。

十朵菊花九朵黄，十个女儿九像娘。

七坐八爬，半岁生牙。

人之相爱，贵在一心。

人生非寒松，年貌岂长在。

人生恩爱原无价。

人对眼不说丑俊，瓜好吃不说老嫩。

人居两地，情发一心。

儿大不由父，女大不由娘。

儿多不如儿少，儿少不如儿好。

儿多母苦，盐多菜苦。

儿的生日，娘的苦日。

儿娶媳妇满屋红，闺女出门满屋空。

三十无子平平过，四十无子急过河。

三十成名不嫌早，三十定亲不嫌晚。

三翻六坐九爬爬，十月过来叫爸爸。

才子配佳人，瘌骡配破磨。

才女配才郎，妖精配鬼王。

才德的妇人，是丈夫的冠冕。

丈夫是最后一个知道自己家丑的人。

丈夫能干妻子贵，丈夫无能妻受罪。

丈母娘都见女婿亲，只怕女婿没良心。

大口小口，一月一斗，添粮不如减口。

丈母娘看女婿，越看越中意。

上和下睦，夫唱妇随。

小儿无诈病。

小儿出痘过一关。

小两口，架把戏；老两口，怄真气。

小两口子一条心，日子过得赛黄金。

小时胖，不是胖；小时懒，大时贪。

小孩不知冷，酱缸不知冻。

小孩休夸胖，庄稼休夸旺。

小孩好动，老人好静。

小孩哭大，葫芦吊大。

小喜鹊，尾巴长，娶了媳妇忘了娘。

千里姻缘一线牵。

千金难买心中愿，无油灯盏枉费心。

久别胜新婚。

子不孝顺孙不贤。

子不嫌母丑，狗不嫌家贫。

子心硬如石，母心软如水。

子出母多忧。

子孝父心宽，妻贤夫兴旺。

子孝父心宽。

子智父母乐。

女人美在心肠，男人美在强壮。

女人家，女人家，离了女人不成家。

女人嫁错郎，男人投错行。

女不争彩礼，男不靠妆奁（lián，古代女子梳妆用的镜匣）。

马上观壮士，月下看佳人。

乡不离里，夫不离妻。

乡里夫妻，寸步不离。

天下无媒人，人间断了根。

天下事难如人愿，有情人终成眷属。

天下爹娘爱小儿，天下爹娘爱好儿。

天上下雨地下流，两口子打架不记仇。

天上打雷雷对雷，夫妻干仗槌对槌。

天仙不算美，爱上才算美。

天怕浮云地怕霜，孩子最怕没有娘。

天高地厚，难报养育之恩。

夫不贤，则无以御妇；妇不贤，则无以事夫。

夫不嫌妻丑，活过九十九。

夫妻一条心，黄土变成金。

夫妻无隔宿之仇。

夫妻不和，奸人来乘。

夫妻不睦奸人乘，兄弟不和外人欺。

夫妻本是同林鸟，大难临头各自飞。

夫妻死同穴，父子贫贱离。

夫妻同甘共苦，棒打鸳鸯不散。

夫妻似骨肉，兄弟如手足。

夫妻交市，莫问谁益；兄弟交憎，莫问谁直。

夫妻好合，如鼓琴瑟。

夫妻吵架常事，旁人解劝多事。

夫妻床头打架床尾和。

夫妻和，家务兴，夫妻不和睡不宁。

夫妻和好，白头到老。

夫妻和好，偕同到老。

夫妻和睦，一家之福。

夫妻相敬如宾，越活越显年轻。

夫妻是个桶，打了箍得拢；别人是个缸，打了远远抛。

夫妻恩爱到白头，日子清贫也风流。

夫妻恩爱建立在互敬之上。

夫妻常吵闹，邻居都看笑。

夫妻温暖最贴心，爱情纯真最动人。

夫贤添妻半，药好添饭半。

夫荣妻贵，此理如日照地。

夫看鼻子妻看嘴，一生富贵少是非。

夫勤无荒地，妻勤无脏衣。

无心贪美色，得意笑颜开。

五十养子不得力，五月栽茄不得食。

不记当初娘养我，但看今朝自养儿。

不当家，不知柴米贵；不养儿，不知报母恩。

不求同日生，但求同日死。

不贪庄来不图地，只求有个好女婿。

不贪郎田地，只求郎长进。

不怕有儿晚，只怕寿禄短。

不怕箱柜空，只要有个好老公。

不要夫妻千担粮，只要夫妻能商量。

不要颜色，只要贤德。

不是一家人，不进一家门。

不看当年娘养我，但看今朝我养儿。

不看穿，不看戴，单看男方人实在。

不看家中妻，但看身上衣。

不理家务事，怎知理家难。

不婚不嫁，不成天下。

友谊是爱情的萌芽，理想是爱情的基本。

友谊播下种子，了解产生爱情。

少年夫妻一枝花，人在外面心在家。

少年夫妻老来伴儿，老年情比少年浓。

少年夫妻老来伴儿。

少年夫妻甜如蜜。

少年爱妻，中年爱子。

少做缺德事，自有好子孙。

日头出来是圆的，小两口打架是玩的。

水有源，树有根，不认爹娘是畜生。

手心手背都是肉，割去哪块心都疼。

毛头姑娘十八变，临到上轿变三变。

从小不知老娘亲，育儿才知报

娘恩。

父母惜子至结婚，丈夫惜妻至临终。

今日桑榆晚景好，共祈百岁老鸳鸯。

公鸡打架头对头，夫妻吵嘴不记仇。

公婆难断床上事。

公婆嫌，还倒可；丈夫嫌，没法躲。

乌鸦不入凤凰群，一床不困两样人。

心邪做贼，嘴馋做媒。

心里有谁，谁就漂亮。

丑人自有丑人爱，烂锅就有烂锅盖。

打在儿身上，疼在娘心上。

打错主意嫁错郎，打错谷种落错秧。

巧妻常伴拙夫眠，骏马每驮痴汉走。

世上三样宝，丑妻薄田破棉袄。

可心的老婆，可脚的鞋。

左拣右拣，拣个漏灯盏。

龙多扛过雨，儿多饿死爹。

只有生得亲，没有争得亲。

只要生得好，不要生得早。

只要两人情意合，清水无糖也甜。

只要你心合我意，银子铜钱当狗屁。

只要情意好，吃水也是甜。

只要婚姻对，草鞋木槌打不退。

只要婚姻合，棍棒打不脱。

只要嫁得好，不要嫁得早。

只愁不养，不愁不长。

只愁母老，不愁孩小。

兄弟二人心不齐，手里黄金要变泥。

生女勿悲酸，生男勿喜欢。

生为同室亲，死为同穴尘。

生则同衾，死则同穴。

生既为同衾，死当携手归。

生盐拌韭菜，各人心中爱。

生娘没有养娘亲，承业不知创业难。

外婆抱孙子，累死不哼哼。

鸟美在羽毛，人美在勤劳。

主妇是家里的顶梁柱。

饥不择食，寒不择衣；慌不择路，贫不择妻。

头发丝绑得住老虎，善良妻劝得转恶丈夫。

宁作野中之双凫，不作云间之别鹤。

宁拆三座庙，不破一家婚。

宁愿布衣粗食为人妻，不可锦衣玉食为人妾。

讨老婆看妻舅，买衣裳看衫袖。

母体健康孩儿壮。

母鸡司晨家不兴。

老年夫妻长相伴，生活幸福身体健。

老伴老伴，老来是伴。

地多心劳，儿多母忧。

地多肥水分，儿多伤母身。

过了重阳节，夫妻宜多歇。

过了夏至节，夫妻各自歇。

在生不把父母敬，死后何必哭魂灵。

有儿虽得济，无儿免生气。

有儿靠儿，无儿靠婿。

有了骏马月月过得愉快，有了贤妻年年过得愉快。

有女送终不为孤。

有心结交结到底，利刀难砍水分离。

有其夫，必有其妻。

有其父，必有其子。

有药难延卿相寿，有钱难买子孙贤。

有狠心的儿女，没狠心的爹娘。

有柴有米是夫妻，没柴没米两分离。

有钱婚姻早，无钱等到老。

有菜有酒是朋友，无柴无米是夫妻。

有情人终成眷属。

至亲莫若父子。

回头亲，穷断筋。

有情吃水都甜，无情吃糖也淡。

有情好比糖拌饭，无情好比水捞油。

有情饮水饱，无情饮饭饥。

有情哪怕隔千里，无情哪怕门对门。

有缘千里来相会，无缘对面不相识。

有懦弱的丈夫，就有凶悍的妻子。

百世修来同渡船，千世修来共枕眠。

百年眷属三生定，千里姻缘一线牵。

至亲不伤百日和，夫妻不生隔夜气。

同丝有同藕，异心无异意。

同胞姊妹看娘面，千朵桃花一树生。

吃得好，穿得好，不如夫妻白头到老。

吃得好来穿得好，不如夫妻相伴好。

会选选儿郎，不会选选嫁妆。

会疼的疼媳妇，不会疼的疼闺女。

衣服穿破才算衣，媳妇到老才算妻。

衣冠整洁看外表，心灵纯洁看品行。

收不好庄稼一季子，娶不着好妻一辈子。

妇女照镜子越多，照管家务越少。

好儿不用多，一个顶十个。

好马儿焉用鞭子，真爱人何须媒人。

好马不在鞍，人美不在衫。

好汉难过娘子关。

好佛凑一堂，鸳鸯凑一双。

好帮好底做好鞋，好爹好娘养好孩。

好婚姻棒打不散。

买马不买缰，娶妻不问娘。

买屋看墙，娶妻看娘。

红鲤鱼，鲤鱼嘴，十人见到九人爱。

远亲不如近邻，近邻不如对门，对门不如炕上的人。

走遍天下娘好，吃遍天下盐好。

花美在外边，人美在里边。

两人一心，有钱买金；二人二心，无钱买针。

两好并一好，爱亲才作亲。

两命相依几十春，同甘共苦度光阴。

两相情愿，结好亲眷。

男儿无妻不成家。

男人无妻不成家，女人无夫浪淘沙。

男干女不干，计划难实现。

男大当婚，女大当嫁。

男子有妻家有主，女子有夫室有梁。

男不动，女不动，寒衣无着要受冻。

男怕入错行，女怕嫁错郎。

男追女，隔座山；女追男，隔层纱。

男追女，都欢喜；女追男，泪涟涟。

男孩是家里的一盏灯，女孩是家里的一枝花。

吵闹多的家庭，酱油也是苦的。

别看人的容颜，要看人的心灵。

我养你牙长，你养我牙落。

每对好夫妻中至少有一个是傻子。

你有情，我有义，枕边言语骨边肉。

伴侣两相无猜，日子舒畅自在。

冷热夫妻长流水，激烈夫妻难到头。

闲了抱娃娃，忙时放不下。

快纺无好纱，快嫁无好家。

穷合穷，富合富，卖千张合卖豆腐。

纱帽底下无穷汉，情人眼里有西施。

拙老婆，巧舌头。

择婿须观头脚，择妇须观庭训。

若要小孩身体安，常带三分饥和寒。

若要他爱你，还需你爱他。

苗好米好，娘好女好。

枕头不好一朝过，嫁夫不好一世难。

枕边告状，一说便准。

枕边言语骨边肉。

知冷知热是夫妻。

枕边的话像蜜罐子，不听也要信一半。

妻子不贤，倒霉百年。

妻不嫌夫憨，百岁能转弯。

妻多恩爱，神仙也不怪。

妻贤子孝一身福，风调雨顺万事足。

妻贤夫自良。

妻贤夫祸少，子孝父宽心。

妻贤何愁家不富，子孝何须要严父。

妻随夫转，水顺沟流。

贤妇令夫贵，恶妇令夫败。

贤妻和健康是男人的至宝。

易得无价宝，难求有情郎。

和谐是爱与恨结合起来的庄严的配偶。

和睦家庭风光好，恩爱夫妻幸福长。

金银财宝不是财富，团结和睦才有幸福。

金窝银窝，不如自己的穷窝。

金窝银窝，不如自家的狗窝。

金窝银窝，不如自家的草窝。

贫贱之知不可忘，糟糠之妻不下堂。

贫贱夫妻百事哀。

贫病知朋友，离乱识爱情。

朋友面前不说假，夫妻面前要说真。

学说二话的是鹦哥，花言巧语的是媒婆。

姑做婆，闹不和。

妯娌多了是非多，小姑多了麻烦多。

织女配牛郎，才貌两相当。

经训千篇，庭训千言，不及枕边一句言。

要吃吃个大鲤鱼，要嫁嫁个大女婿。

要知父母恩，怀里抱儿孙。

要学芭蕉一条心，莫学米筛千只眼。

要热是火炉子，要亲是两口子。

要想儿童身体好，各种蔬菜不能少。

要想身体好，娶妻莫过早。

要想孩儿体力足，莫惜孩儿顿足哭。

要想婴儿身体壮，喂饮定时又定量。

是亲三分向，是火热过炕。

哪有舌头不碰牙，哪有夫妻不吵架。

选偶爱德莫爱色，结亲爱勤莫爱金。

选婿莫只选金钱，选女莫只选容颜。

种地不利，只累一季；娶妻不贤，窝囊一辈。

种好一半麦，妻好一辈福。

种子要拣，娶媳要选。

独子成龙，独女成凤。

亲不过父母，近不过夫妻。

养儿方知娘辛苦，养女方知谢娘恩。

养儿防老，积谷防饥。

养儿防备老，栽树要乘凉。

养得一子贵，何用子孙多。

穿破才是衣，到老方是妻。

孩子再丑也是自家的好。

孩不见长，但见衣服短。

孩童容貌十八变。

娃娃岁半，翻身打罐。

姨做婆，孩不多。

姻缘本是前生定，不许今人作主张。

娇子不能成业，娇妻不会治家。

结发夫妻丑也好，粗布缝衣衣也牢。

结发夫妻吵架不记仇，半路夫妻相爱在口头。

结发夫妻穷也好，双线补衣衣也牢。

结发是夫妻，恩爱两不离。

结发是夫妻，恩爱两不疑。

结婚不宜早，只要配得好。

结婚讲排场，情财两俱伤。

结婚前眼睛要睁圆，结婚后眼睛要半睁。

破家值万贯。

捆绑不成夫妻。

热不过火口，亲不过两口。

莫看容颜，要看心眼。

恩爱不过夫妻。

剔牙稀，挖耳聋，两口子越打越受穷。

恩恩爱爱虽老不老，打打闹闹未老先衰。

秧好一半谷，妻好终生福。

爹娘盘算的是金和银，女儿盘算的是人和心。

爱子当先训子，起家应念保家。

爱花连枝惜，怨鸟连窝怨。

爱妻敬父母，爱子敬先生。

爱亲攀亲，亲上加亲。

爱钱的不爱人，爱人的不爱钱。

爱情不是强扭的，幸福不是天赐的。

爱情用钱买，终久两不爱。

爱情要像高山松，莫学昙花一现红。

爱情是真龙，不爱者是鼻涕虫。

鸳鸯自是多情甚，雨雨风风一处栖。

疼孙子，强似积金子。

酒肉朋友，柴米夫妻。

酒肉朋友短，患难夫妻长。

家和万事成。

家和万事兴。

家不和时被人欺。

家有一老，强似活宝。

家有好汉，内助一半。

家有贤妻，吏不遭祸。

家有贤妻，男人不遭横事。

家有黄花女，断不住过路郎。

家贫儿吃苦，子多母受累。

家常饭，粗布衣，知冷知暖是夫妻。

谁家有个坏女人，谁的头发白得早。

娘伺候孩小，孩伺候娘老。

娘挂闺女，记在心里；闺女挂娘，急断肝肠。

娘勤女不懒，爹懒儿好闲。

能拆十座庙，不拆一桩婚。

娶妇不要穿金戴银，只要持家见事手勤。

娶坏一代亲，出坏三代人。

娶妻不问丑和俊，把家做活是好人。

娶妻娶德不娶色，交友交心不交财。

梳头不好一日过，嫁夫不好一生错。

梳头不好一朝过，夫妻不好一世错。

雀大要远飞，女大当出嫁。

患难夫妻多恩爱。

患难朋友不可欺，糠糟妻子不可弃。

银河纵隔断，自有鹊桥通。

银镜台前人似玉，金莺枕侧语如花。

甜不过蜂蜜，亲不过父母。

做庄稼怕误了节气，嫁姑娘怕选错女婿。

船大不由橹，儿大不由父。

望子成龙，望女成凤。

断弦犹可续，心去最难留。

清油炒韭菜，各人媳妇各人爱。

婆娘管汉子，金银满罐子。

婆婆有德媳妇贤。

婆婆嘴碎，媳妇耳背。

情人中间情义深，莫学露水一早晨。

情人的怒容都美丽，仇人的笑脸也难看。

情人眼中出西施。

唯求贤德，不求颜色。

谋人钱财水推沙，谋人妻女不成家。

婚礼铺张，两败俱伤。

落雨不爬高墩，穷人不攀高亲。

粟米煮饭，不好害一餐；夫妻两人，不好害一身。

最亲莫如母子，最爱莫如夫妻。

喷泉的水堵不死，爱情的火扑不灭。

馋人见水口就渴，情人见面就快活。

粪多庄稼旺，儿多娘受穷。

慌不择路，贫不择妻。

富贵不易妻。

富贵好，不如子孙好。

强扭的瓜不甜，强撮的婚不贤。

强迫不成买卖，捆绑不成夫妻。

强摘的瓜不甜，强撮的婚姻不贤。

携子之手，与子偕老。

塘中无鱼虾也贵，家中无子女为王。

跟到做官的当娘子，跟到杀猪的翻肠子。

痴人畏妇，贤女敬夫。

痴女子不嫌夫贫，穷汉子不嫌妻丑。

痴心女子负心汉。

痴汉偏骑骏马走，巧妻常伴拙夫眠。

新生的孩子无伏天。

新姜不如老姜辣，当家还是老妈妈。

意中人，人中意，则寻些无情花鸟也痴情。

嫌老婆，没孩子。

嫁女莫望高，女心愿所宜。

嫁汉嫁汉穿衣吃饭。

嫁姑娘怕选错女婿，种庄稼怕误了节气。

愿作鸳鸯不羡仙。

愿养调皮子，不愿养呆子。

鲜花虽美怕寒霜，夫妻恩爱寿无疆。

瘦田丑妻，穷人之宝；肥田美妻，惹祸根苗。

僻乡出好酒，灯下观美人。

糟糠之妻不下堂，贫贱之交不可忘。

藕断丝连，情爱难分。

翻田莫太迟，成家莫太早。

翻船折桅一时穷，讨坏老婆一世穷。

露水夫妻不长久。

7. 家庭教育

父母是孩子的镜子。

爱护是教育的基础，说服是教育的前提。

爱在心里，狠在面皮。

爱子当教子。

爱子当先训子，起家应念保家。

白的容易黑，黑的不易白。

百年大计，教育为本。

败子若收心，犹如土变金。

棒头出孝子，箸头出件逆。

不厚其栋，不能任重。

不会做鞋，旁边有样。

不记当初娘养我，但看今朝自养儿。

不听老师言，知识不周全。

不为五斗米折腰。

宠狗上灶，宠子不孝。

穿绸缎，没有硬的；染嗜好，没有难的。

传家出世皆宜忍，教子千方莫若勤。

船到桥头自然直。

春耕不好害一春，教儿不好害一生。

慈母多败儿。

赐子千金，不如赐子一艺。

从错误中吸取教训是教育极为重要的一部分。

从善如登，从恶如崩。

聪明装不得，小孩惯不得。

打是往孩子身上泼浊水，骂是往孩子心上抹污泥。

大狗爬墙，小狗看样。

大人口中言，小娃嘴里传。

大姊做鞋，二姊照样（姊，音zǐ，姐姐）。

耽误庄稼是一季，耽误孩子

一代。

刀不磨快难砍柴，孩子不教难成材。

到老才来学吹笛，学得会来气也绝。

德行与技艺，是子孙最好的产业。

靛缸里拉不出白布来。

爹不识耕田，子不识谷种。

读书不知意，等于嚼树皮。

独柴难烧，独子难教。

肚里有文化，走遍天下都不怕。

恶雹乱打千苗烂，细雨巧润百花红。

儿女都是父母身上肉。

儿女要教育，树木要培育。

儿是娘的连心肉，儿行千里母担忧。

儿大不由爷。

女大不由娘。

飞得高的是山鹰，爱得深的是母亲。

父不正，子帮他乡；君不正，臣投他国。

父母难保子孙贤。

父母是孩子的样子，子女是父母的镜子。

父母像老虎，爱谁谁受苦。

父望子成龙，子望父升天。

父子同心土变金，兄弟协力石成玉。

富人养娇子，穷儿当牛使。

富有臂力的人只能战胜一个人，富有知识的人可以胜过很多人。

各个师傅传授，各有把戏各变手。

给钱不算对子亲，育德才是真关心。

根柴莫烧，独子莫娇。

跟好学好，跟叫花子学讨。

跟上好人学好人，跟上巫婆学跳神。

跟什么人学什么样，跟着屠夫学不成皮匠。

观察是最好的老师。

管是亲，严是爱，不管不教要变坏。

惯儿不孝，惯狗上灶。

惯子是害子，纵子如杀子。

锅不热，饼不靠；父不慈，子不孝。

孩子不好慢慢教，哪有挖井只一锹。

孩子好奇不为奇，父母不管才为奇。

孩儿不离娘，瓜儿不离秧。

孩子看幼时，媳妇看来时。

孩子像根杨柳条，怎么栽培怎么长。

孩子再丑，也是自己的好。

寒门出才子，高山出骏马。

好底好帮做好鞋，好爹好娘养好孩。

好儿不享祖上福，好女不穿嫁时衣。

好花不浇不盛开，小树不修不

成材。

禾无土壤没处长，人无知识没作为。

花朵蒙尘洒春雨，桃李遭霜沐朝阳。

花朵要用水浇，儿童要用书教。

黄金贵有价，知识无价宝。

会教的用身教，不会教的用棒教。

积钱不如教子，闲坐不如读书。

急躁是教育的敌人。

既有八岁的老师，也有八旬的学生。

家教非儿戏，宠爱害后人。

家无好儿休争脸，国无良将休兴兵。

家严儿学好，子孝父心宽。

家有半斗粮，不当孩子王。

家有万金，不如藏书万卷。

家有一老，如有一宝。

姜是老的辣，酒是陈的香。

娇生惯养不成器，得过且过成大祸。

娇子不能立业，娇妻不能兴家。

娇子如杀子。

浇花要浇根，教子要教心。

教妇初来，教儿婴孩。

教会徒弟，饿死师傅。

教师的影响是永恒的。

教学没巧，恒勤就为好。

教患不在打，教牛不在拉。

教子不严父之过，教儿不改儿之错。

教子不严父之过，养女不贤娘之错。

教子从小教，治家勤俭起。

教子光说好，后患少不了。

教子教孙须教艺，栽桑栽柳少栽花。

教子有方言语力，无能父母棍棒多。

教子有方子成才，教子无方子盗财。

言教千句，不如身教一回。

井要淘，人要教。

看到别人骑马屁股痒。

看人挑担不吃力，事不经历不知难。

靠着坏人学坏人，靠着二流子学个浪荡神。

靠着勤的，没有懒的；靠着馋的，没有攒的。

老兵传帮带，新兵成长快。

老儿子、大孙子，老太太的命根子。

老鸡不上灶，小鸡不乱跳。

老猫爬屋檐，辈辈往下传。

老人不传古，后生失了谱。

老受夸奖的孩子，最容易放任自流。

冷铁难打，老竹难弯。

买尽天下物，难买子孙贤。

茂盛的禾苗需要水分，成长的少年需要学问。

没见过太阳的地方霉气大，没受过

教育的人脾气大。

没有教不好的学生。

没有钱财不是穷，没有知识才是穷。

没有种子不开花，没有文化难当家。

苗怕虫咬，儿怕娘娇。

名师出高徒。

模仿是儿童的特点，示范是最好的语言。

模仿鸭子泳，老鹰落水中。

莫说年纪小，人生容易老；莫说时候早，一去没法找。

脑中有知识，胜过手中有金钱。

能舍钱一千，不教一招鲜。

年少时缺修养，长大了败门风。

娘勤女不懒，爹懒儿好闲。

娘生身，自长心，老师只是引路人。

娘想儿，长江水；儿想娘，哭一场。

宁可爹娘羡儿女，切莫儿女羡爹娘。

宁可养育愚笨的孩，莫要养育说谎的孩。

牛是驯出来的，人是教出来的。

牛要耕，马要骑，孩子不教就调皮。

蓬生麻中，不扶自直；自沙在泥，不染皆黑。

劈柴要顺茬，教子要得法。

葡萄是一点一点成熟的，知识是一

天一天积累的。

妻财之念重，兄弟之情疏。

岂无远道思亲泪，不及高堂念子心。

千个师傅千个法。

千经万典，孝顺为先。

千田万田，不如儿孙贤。

青柴难烧，娇子难教。

穷家难舍，热土难离。

娶妻娶德不娶色，交友交心不交财。

娶妻要看娘，买房要看梁。

人不教不懂，钟不敲不鸣；树不修不长，娃不管不成。

人从小时教，马从驹时驯。

人从小时教，树从小时修。

人看从小，马看蹄爪。

人留子孙草留根。

人人是先生，人人是学生。

人生中最大的贫困，莫过于知识的贫困。

人要文化，山要绿化。

桑要从小育，人要从小教。

赏不论冤仇，罚不论骨肉。

赏子千金，不如教子一艺。

上梁不正下梁歪。

少时不学种，到老两手空。

身教胜于言教，蛮教不如不教。

生子不养父母过，养子不教更为错。

圣人无定师。

十分聪明别用尽，留下几分给

儿孙。

十个孩子九个随母。

十年前看父爱子，十年后看子敬父。

十年树木，百年树人。

什么样的大人教什么样的孩子，什么样的木头砍什么样的塞子。

什么样的老师教什么样的学生。

使唤什么马，用什么鞭子。

世界上三种东西最宝贵——知识、粮食和友谊。

事虽小，不做不成；子虽聪，不教不明。

熟读唐诗三百首，不会作诗也会吟。

暑天赶路要趁早，读书习艺要从小。

树不修不成材，儿不育不成人。

树高千丈总有根，水流千里总有源。

树权不修要长歪，孩子不教难成材。

树上果子有酸甜，家中儿女有愚贤。

树小扶直易，儿大纠正难。

水深人难过，子大父难管。

孙子是奶奶的拐杖。

贪多嚼不烂，蛋多孵不匀。

堂前教子，枕边劝妻。

桃李不言，下自成蹊。

天地为大，亲师为尊。

田禾是人家的好，孩子是自家的好。

万般皆下品，唯有读书高。

王侯将相，管不住儿孙浪荡。

为老不正，带坏儿孙。

未曾学打先学挨，不曾学挑先学抬。

我养你牙长，你养我牙落。

乌鸦想学鹅，一下掉进河。

习善则善，习恶则恶。

媳妇堂前拜，公婆背利债。

先当学生，后当先生。

先生不过引路人，巧妙全在自用心。

先天不足，后天失调。

香糖虽甜，不吃不知；人虽聪明，不学不知。

小孩不能惯，一惯定有乱。

小鸡出世跟娘转，兔子出世满山跑。

小时出口便骂，大时出头打架。

小时让孩子流点泪，比大时为孩子流泪好。

小树不扶容易弯。

小树要剪，小孩要管。

星星使天空绚烂夺目；知识使人生丰富多彩。

修树趁早，教子趁小。

秀才不出门，能知天下事。

秀才不怕衣衫破，就怕肚里没有货。

训教不严师之惰，学问无成子之罪。

烟碟愈满愈脏，孩子愈宠愈娇。

严明出孝子，溺爱多败儿。

严是爱，宽是害，放纵不管是祸害。

言教不如身教，动口不如动手。

盐碱土地长赖苗，棍棒底下出劣子。

羊有跪乳之恩，鸦有反哺之义。

阳光照亮世界，知识照亮人生。

养不教父母过，教不学儿之错。

养儿方知娘辛苦，养女方知谢娘恩。

养儿教为先，教儿严为上。

养鱼不能让水干，养子不能任其性。

养子不教父之过，训道不严师之惰。

养子不教养，不如不生养。

要求子孝，先敬爹娘。

要使孩子行为正，父母先要过得硬。

要想树长得直，栽下去就要育；要想孩子好，小时候就要教。

一等人用眼教，二等人用嘴教，三等人用棍教。

一个好父亲胜过一百个老师。

一块好田没杂草，一堂好课没废话。

一人难合百人意，一厨难调百味羹。

一日练一日功，一日不练十日空。

一日为师，终身为父。

一只羊过河，十只羊照样。

衣服要从新时爱惜，孩子要从幼时教育。

遗子黄金满赢，不如教子一经。

寅时不起，误了一天的事；幼时不学，误了一生的事。

用宝石装饰自己，不如用知识充实自己。

优良的示范，是最好的教育。

有短怕伤脸，越护短越短。

有坏种必出坏苗，有其父必有其子。

有理媳妇道德婆。

有钱难买子孙贤。

有知识，世界属于你。

有状元徒弟，无状元师傅。

幼小读书要琢磨，休怪老师批评多。

生铁百炼才成钢，宝剑再快也要磨。

与君一席话，胜读十年书。

与其喊破了嗓子，不如做出来样子。

与其幻想十个，不如成就一个。

玉不琢不成器，人不学不知理。

月到廿五光明少，人到三十不少年。

越护短越短，越扬长越长。

杂草铲除要从早，孩子教育要从小。

患大，爷难当。

枝嫩易弯，人小好教。

知多知少，不在年纪大小；不学不问，无知白头到老。

知识就是力量。

知识在于运用。

植树靠培育，养儿须教育。

至乐莫如读书，至要莫如教子。

智慧要从幼时积累，骏马要从

智者顺时而谋，愚者逆理而动。

种高粱不打主干顶，教孩子不伤自尊心。

种花须知百花异，育人要懂百人心。

种田不好荒一年，教儿不好害一生。

种田不离猪，教子不离书。

重孙有理告太公。

庄稼不管难丰收，孩子不教栽跟头。

子弟不读书，恰似瞎眼珠。

子女在于引导，树木在于修剪。

子智父亲乐，狗瘦主人羞。

纵儿害儿，纵妻害己。

最好的马儿要人驯，最伶俐的孩子要人教。

一人一条心，穷断骨头筋。

一儿一女一枝花，多儿多女成冤家。

一个女婿半个儿。

一个唱红脸，一个唱白脸。

一父之子禀性各异，十个手指长短不齐。

一只碗不响，两只碗叮当。

一树之果，有酸有甜；一母之子，有好有坏。

一家人不说两家话。

一家之计在于和，一生之计在于勤。

一家衣食常不足，骨肉至亲不上门。

一畦萝卜一畦菜，各人养的各人爱（畦，音qí，小块土地）。

人生似鸟同林宿，大难来时各自飞。

人老骨头硬，树老根子深。

儿大不由爷，女大不由娘。

儿子疼小，媳妇疼巧。

儿子做官归，不如丈夫讨饭归。

儿女好坏父母难评，父母好意儿女难解。

儿女亲，辈辈亲，打断胳膊连着筋。

儿女都是父母身上肉。

儿无义，妻大胆；儿孝顺，媳妇贤。

儿不贤，媳不孝。

儿不嫌母丑，狗不怨家贫。

儿出千里母挂心，母出千里儿忘恩。

儿行千里母担忧。

儿孙自有儿孙福，莫为儿孙作马牛。

儿孙若胜于我，无须要我用机谋；儿孙倘若不如我，巨万家私也自丢。

儿是娘的连心肉，儿行千里母

担忧。

三天一吵，五天一闹，何愁家里不倒灶。

三兄四弟一条心，门前泥土变黄金。

三年不上门，当亲也不亲。

三年媳妇两年客，堂前灶下不晓得。

丈夫能干妻子贵，丈夫无能妻受罪。

丈母娘看女婿，越看越欢喜。

小时是兄弟，长大各乡里。

千金难买兄弟情。

久病床前无孝子。

丫头是妈妈的小棉袄。

子女父母爱，猫狗主人亲。

子女惜爷娘，都无一寸长；爷娘惜子女，好比江水长。

子孝双亲乐，家和万事兴。

女儿不断娘家路，客人不断杭州路。

女好不如郎好，儿好不如媳妇好。

王侯将相，管不住儿孙游荡。

开门七件事，柴米油盐酱醋茶。

天下无不是的父母。

天不能没有太阳，家不能没有笑声。

天地为大，父母为尊。

天旱莫望疙瘩云，人穷莫上亲戚门。

天怕浮云地怕霜，孩子最怕没有娘。

天高不能压太阳，儿大不能欺爹娘。

夫妻前面不说假，朋友面前要讲真。

无妻不成家，无梁不成屋。

无官一身轻，有子万事足。

无药能医卿相命，有钱难买子孙贤。

无冤不成夫妻，无债不成父子。

不当家晓不得柴米贵。

不求金玉重重贵，但愿儿孙个个贤。

不是一家人，不进一家门。

不理家务事，不知生活难。

不落海底不知大海深，生过子女才知父母恩。

水流千里归大海，人走千里归家来。

手心手背都是肉。

长兄如父，长嫂如母。

从小不知老娘亲，育儿才知报娘恩。

父子无隔宿之仇。

父子不和家不旺，邻里不和是非多。

父不记子过。

父母的心在儿女，儿女的心在外头。

父母的美德是子女最大的财富。

父亲母亲疼末子，公公婆婆疼长孙。

父债子还。

父强子不弱，将门出虎子。

公说公有理，婆说婆有理。

月有圆有缺，人有聚有别。

勿以丝毫利，便伤骨肉亲。

丑媳妇难免要见公婆面。

以父母之心为心，天下无不友之兄弟。

打在儿身，疼在娘心。

打虎还得亲兄弟，上阵须靠子弟兵。

打虎亲兄弟，上阵父子兵。

世上莫过手足情，打断骨头连着筋。

可怜天下父母心。

东好西好，还是家里最好。

只有十全的车马，没有十全的人家。

只有千年族，没有百年亲。

只有慈心爹娘，没有慈心儿女。

只管三尺门内，不管三尺门外。

兄弟二人心不齐，手里黄金要变泥。

兄弟不和，交友无益；不讲卫生，吃药无益；不孝父母，敬神无益。

兄弟同心，其利断金。

兄弟如手足，骨头连着筋。

兄弟和好土变金，她姐和好家不分。

兄弟虽亲，财产各别。

兄弟睦，家乃肥。

四亲有三顾。

生前不把父母敬，死后何必哭灵魂。

白手起家人人夸，黑心起家个个骂。

处理家务莫烦恼，烦恼之人容易老。

外盗易阻，家贼难防。

宁断娇儿乳，莫断娘殷勤。

出门遵家训，在家循家规。

再甜的甘蔗不如糖，再亲的婶子不如娘。

在家千日好，出门一日难。

在家敬父母，何用远烧香。

有了直抱的娘，忘了横抱的娘。

有三家穷亲戚不富，有三家富亲戚不贫。

有个婆婆不值钱，没个婆婆值千钱。

有女算半子，有侄不为孤。

有再生的儿女，没有再生的爹娘。

有百年家当，无百年亲戚。

有其父必有其子。

有狠心的儿女，没有狠心的爹娘。

有柴有米好夫妻，无柴无米瞪眼鸡。

有娘看娘面，无娘看体面。

百行孝为先。

死后与其宰猪羊，不如生前供四两。

成家容易养家难。

至亲分不散，骨肉割不断。

当家三年狗也嫌。

当家才知柴米贵，处世方识世

情艰。

当家才知柴米贵，养儿方知父母恩。

吃尽滋味盐好，走遍天下家好。

自己如何对待父母，儿女也一样对待自己。

会拣拣儿郎，不会拣拣田房。

衣服破，尚可补；手足断，难接合。

羊羔跪乳，乌鸦反哺。

好儿一个就足，好酒一杯就够。

好儿不在家当，好女不在嫁妆。

好饭先尽爹娘用，好衣先尽爹娘穿。

好帮好底做好鞋，好爹好娘养好孩。

好家经不住三股分。

妯娌多了是非多，小姑多了麻烦多。

走亲走亲，不走不亲。

孝顺公婆自有福，勤种庄稼自有谷。

孝敬父母不怕天，纳上钱粮不怕官。

村子团结力量大，家庭团结幸福多。

男子勤劳家才富，女子节俭纱成布。

男勤吃得饱，女勤穿得好。

身安莫嫌瘦，家安莫嫌贫。

弟兄闹分家，邻居会钻空子。

没有地比故乡美，没有人比父母亲。

穷人的孩子早当家。

姊妹连肝胆，兄弟同骨肉。

若要好，大做小。

事不做不了，人不走不亲。

妻是枕边人，十事商量九事成。

虎父无犬子。

虎毒不食子。

果树根连根，十指心连心。

国清才子贵，家富小儿娇。

败子回头金不换，拙儿回头难上难。

败家容易，兴家难。

知子莫若父，知女莫若母。

金宝银宝，不值自己双手好；金窝银窝，不值家里茅草窝。

金窝银窝，不如自己的草窝。

狗记路，猫记家，小孩只记吃奶娘。

视兄弟重，视财产轻。

姑娘不用夸，且等到婆家。

姑舅亲，辈辈亲，打断骨头连着筋。

巷里娶个好嫂嫂，大姑小姑都学好。

树大分杈，人大分家。

树老果不老，人老心不老。

要想家庭好，事事多商讨。

是一亲，担一心。

是火能热炕，是亲三分向。

虽有良妻，不如良策。

骂在嘴上，爱在心上。

哪有耗子不偷油，哪有猫儿不偷腥。

骨肉相残，煮豆燃萁。

亲兄弟，明算账。

亲向亲，邻向邻。

亲邻互助山成玉，父子同心土变金。

养儿防老，积谷防饥。

屋里兄弟各条心，千万家财化灰烬。

孩儿不离娘，瓜儿不离秧。

孩儿往外走，带着娘的手。

娃娃勤，爱死人；娃娃懒，损人眼。

娇子不能立业，娇妻不能治家。

秤不离砣，公不离婆。

倾家二字淫与赌，宁家二字勤与俭。

殷勤过日灾须少，侥幸成家祸必多。

爹有娘有，不如己有；哥有嫂有，不敢伸手。

爹养儿小，儿养爹老。

爱花连盆爱，爱女疼女婿。

恋人莫恋金钱，爱人莫爱容颜。

家无主，扫帚颠倒竖。

家无好子休争气，国无良将莫兴兵。

家不严招祸，人不廉遭险。

家不和，外人欺。

家中不和邻里欺，邻里不和说是非。

家中有无宝，但看门前草。

家丑不可外扬。

家有一心，有钱买金；家有二心，无钱买针。

家有一老，赛过活宝。

家有千口，主事一人。

家有黄金，外有斗称。

家有梧桐树，引进凤凰来。

家和人和万事和。

家和万事兴，家乱一世贫。

家和万事兴。

家家有本难念的经。

谁家灶火不冒烟，谁家锅底没有黑。

娘伺候儿小，儿伺候娘老。

娘饭香，夫饭长，兄弟碗饭是刀枪。

娘疼儿，儿疼妻，闺女疼她的女婿。

娘疼儿，路样长；儿疼娘，筷样长。

娘痛儿，路样长；儿痛娘，线样长。

娘勤女不懒，爹懒儿好闲。

堂上二老是活佛，何用灵山朝世尊。

野花上床，家败人亡。

晚娘的拳头，云里的日头。

甜不过蜂蜜，亲不过母女。

做别人儿好做，做别人"大"难做。

清官难断家务事。

随娘吃饭，随娘穿衣。

游手好闲，破家荡产。

路远知轻重，病久见孝心。

慈母多败儿。

满眼荣华何足贵，一家安乐值千金。

媳妇多，婆烧饭；儿子多，爷挑担。

媳妇亲戚炕上坐，婆婆亲戚门前过。

獐子无儿抱兔养，养大兔儿不姓獐。

靠兄靠妹，不如靠手靠背。

燕子养儿空劳力，乌鸦反哺尽孝心。

懒媳妇爱打扮自己，勤媳妇爱打扮房子。

癞痢头儿子自家的好。

8. 邻居乡邻

一人有难大家帮，一家有事百家忙。

一个篱笆三个桩，一个好汉三个帮，一家有难邻里帮。

一家不够，千家聚凑。

一家打架，四邻不安。

一家有事，四邻不安。

一家有难大家帮，一家有事百家忙。

人人献爱心，满园皆是春。送一个微笑，还一声您好。

人到难处邻里帮。

人家帮我，永志不忘；我帮人家，莫记心上。

三辈难修好街坊。

上路先找同伴，造屋先找邻居。

小事不计较，大事共商讨，邻里互助团结好。

小船歇在大船边，三天不用买油盐。

千金买户，八百买邻。

千金买房，万金买邻。

久居邻家为一族。

飞来燕子独脚货，本地麻雀帮手多。

乡为乡，邻为邻，穷人为穷人。

天坍有邻家，地陷有大家。

天时不如地利，地利不如人和。

手拿讨饭棍，亲戚邻居不敢认。

为自己的狗护短的人，跟邻居合不来。

打不断的亲，骂不断的邻。

平时和睦似一家，遇事互相帮一把。

田落富家村，屋落好乡邻。

只顾自己的人，和邻居合不来。

宁盼邻家买个驴，不盼亲戚中个举。

必须严格要求自己，莫把邻居当作盗贼。

在山靠山，在水靠水。

有钱有酒款远亲，火烧盗抢喊

四邻。

有酒有肉款朋友，急难之中叫邻居。

百万买宅，千万买邻。

先不用挑房子，先要挑好邻里。

行要好伴，居要好邻。

合得邻居好，胜过穿皮袄。

多年邻居变成亲。

阴险的邻居，有时比凶恶的敌人更可怕。

好汉护三村，好狗护三邻。

好邻居祝你幸福；好朋友祝你快乐。

买宅重买邻。

远水难救近处火，远亲不如左右邻。

远水难解近渴，远亲不如近邻。

远亲不如近邻，近邻不如对门。

投师不如访友，择亲不如择邻。

村中有个好嫂嫂，满巷姑娘齐学好。

你父亲在世时，就要了解邻居。

你容我，我容你，天宽地阔；你敬我，我敬你，亦显德高。

近邻不可断，远亲不可疏。

邻里一家人，互助大家亲。

邻里之间常沟通，帮难解因播春风。

邻里处好是个宝，文明之花众人浇。

邻里团结是非少，家庭和睦百事业。

邻里和睦，困难有助。

邻邻里里老老小小，和和睦睦亲亲切切。

邻舍好，无价宝。

邻居平安，自己也平安。

邻居好，一片宝。

邻居好，无价宝。

邻居好，先要自家好。

邻居好，赛金宝。

邻家失火，不救自危。

邻睦风亦暖，家和人自康。

弟兄不和邻里欺，将相不和邻国欺。

没有木头，盖不起房屋；没有睦邻，过不好日子。

没有木头支不起帐篷，没有邻居过不好日子。

非宅是卜，唯邻是卜。

和得邻居好，胜过穿皮袄。

和睦能结邻家。

鱼靠水，鸟靠林，穷人讨厌是富邻。

居必择其邻，交必择其友。

帮邻不帮亲。

要作雪天一盆火，不作严冬一箱冰。

是亲必顾，是邻必护。

亲邻互助山成玉，乡里合作土变金。

亲帮亲，邻帮邻，团结互相一

条心。

亲要好亲，邻要好邻，走遍天下，还有四邻。

结得邻居好，犹如赛金宝。

给人一份关爱，还你一片真情。

真诚赢得信任，宽容赢得理解，互敬赢得和睦。

破车损坏道路，坏人殃及邻里。

海内存知己，天涯若比邻。

家中不和邻里欺，邻里不和说是非。

家内不和邻里争。

家有几担米，邻居心有底。

得不孤，必有邻。

得好乡邻胜过亲。

盖屋打墙，邻家相帮。

悲喜为邻。

隔邻居，不隔心。

隔重门户隔重山，隔屋楼板隔屋天。

楼上楼下多理解，互敬互让少烦恼。

意合则吴越相亲，不合则骨肉为仇。

瞒天瞒地，瞒不过隔壁邻居。

靠得好邻家，吃酒又戴花；傍着坏邻家，枷锁又带枷。

9. 衣食住行

一个荔枝三把火。

一不赌力，二不赌食。

一处不到一处迷，十处不到总不知。

一年盖房，十年备料。

一夜不宿，十夜不足。

一香能解百臭，一辣能解百瘟。

一根柱子动，根根屋梁摇。

一顿吃伤，十顿喝汤。

入堂先扬声，出门禀主人。

入了暑伏天，食物更要鲜。

入乡随俗，出门问路。

入国问境，入乡问俗，入家问忌。

人是毛毛虫，六月怕北风。

人是地行仙，一日不见走一千。

人是衣裳马是鞍，打扮起来胜神仙。

人是铁，饭是钢，一顿不吃饿得慌，三天不吃饿成病，十日不餐送了命。

人睡腿，狗睡嘴。

三天不吃好说，三天不喝难熬。

三斤子姜不如一斤老姜。

三分娘子七分装。

三分颜色七分妆。

三分癞头七分扮，癞头扮起赛花旦。

三层单不如一层棉。

干活细心，吃饭当心。

干垒石头墙，气死老龙王。

大锅饭，小锅菜。

大蒜是个宝，常吃身体好。

上路先找同伴，造屋先找邻居。

小米饭，萝卜菜，什么疾病都不害。

小乱住城，大乱住乡。

小葱抹酱，越吃越胖，白饼卷肉，多吃更瘦。

千里之行，始于足下。

千事万事，吃是大事。

门前有树好遮阴，房后有树好隐身。

门前栽柳，屋后栽桑。

门窗坏了屋不暖，乳牛瘦了奶不涨。

马好不在鞍，人美不在衫。

天上龙肉，地上驴肉。

天棚、鱼缸、石榴树、画眉、肥狗、胖丫头。

无梁不成屋，无妻不成家。

不干不净，吃了生病。

不要极饥而食，食不过饱；不要极渴而饮，饮不过量。

不偏食，不暴食；少肉食，多素食。

不登高山之巅，难赏无限风光。

车到山前必有路，水到滩头必有沟。

少吃一口，舒服一宿。

少吃多滋味，多吃活受罪。

少吃多餐，病好自安。

少吃香，多吃伤。

少吃稠，多喝汤，细水长流度春荒。

少饭食，轻走路。

日出十里，日没十里。

水有源，树有根，吃米不忘种谷人。

见人施一礼，少走路十里。

牛嫌草场掉肥膘，人挑饭食必瘦弱。

今日不补沟，明日必补屋。

乏了打个盹儿，甜似喝蜜水。

公鸡的腿，鲤鱼的腰。

凤有凤巢，鸡有鸡窝。

心中有事睡不着，心中无事瞌睡多。

心地坦荡，睡得稳当。

未雨先修路，出门早看天。

未晚先投宿，鸡鸣早看天。

节食以去病，寡欲以延年。

节食则无疾，择言则无祸。

只要日久行，不怕路程远。

四间房，两架梁，中间垒着隔断墙。

生冷不入口，防病保长寿。

白菜萝卜汤，益寿保健康。

他乡虽好，不是久恋之家。

用衣服打扮自己，不如用知识武装自己。

用珠宝装饰自己，不如用知识充实自己。

冬吃萝卜夏吃姜，不用医生开药方。

冬忌生鱼，夏忌狗肉。

饥不择食，寒不择衣。

饥不暴食，渴不狂饮。

饥时得一口，强似饱时得一斗。

立冬白菜赛羊肉，小暑黄鳝赛人参。

宁可卖锅，也不卖窝。

宁可锅里放坏，不可肚里硬塞。

宁可湿衣，不可乱步。

宁叫日无粮，别叫夜无宿。

宁吃飞禽四两，不吃走兽一斤。

宁吃开胃粥，不吃皱眉饭。

宁吃鲜桃一口，不吃烂杏一筐。

宁找严翁恶婆，不找破房漏锅。

宁走十步远，不走一步险。

宁住耗子洞，不住对过屋。

宁卖刮金板，不卖破窑洞。

宁舍一头牛，不舍鲫鱼头。

出门三里路，就是他乡人。

出门上锁，先睡心，后睡眼。

出门问路，上路问天。

出门看天色，进门看脸色。

出外要带盘缠，过日子要会打算。

老姜蒸牛肉，嫩姜好炒鸭。

过饥伤脾，过饱伤胃，过忧伤心。

在家千日好，出门一时难。

在家不会迎宾客，出外方知少主人。

在家没帐子，出门充胖子。

在家像只老虎，出门像只老鼠。

在家靠父母，出外靠朋友。

有心不怕路程远，无心哪怕屋门前。

有房千间窄，无房一间宽。

有钱不盖东南房，冬不暖来夏不凉。

有钱不置殃产，有钱不盖东西房。

有钱莫乱用，有衣莫乱穿。

有钱难买临明的觉（jiào）。

有粉擦在脸上，有钱花在眼上。

百日鸡，正好吃；百日鸭，正好杀。

早饭吃得饱，午饭吃得好，晚饭吃得少，必定身体好。

早晨吃点姜，百病都消光。

早霞不出门，晚霞行千里。

吃了狗汤，不穿衣裳；吃了狗胆，不穿衣衫。

吃不俗的粗米饭，穿不俗的粗布衣。

吃肉不吃蒜，营养减一半。

吃米带点糠，全家老少都健康。

吃饭八成饱，到老肠胃好。

吃饭不斗闹，吃饱不蹦跳。

吃饭不拉呱，酒后不骑马。

吃饭少一口，饭后走一走，心情多愉快，活到九十九。

吃饭先喝汤，到老不受伤。

吃饭慢慢吞，赛过吃人参。

吃饱就睡觉，有如吃毒药。

吃面多喝汤，不用开药方。

吃点米汤蘸点盐，欢欢喜喜几十年。

吃得慌，咽得慌，伤了胃口伤了肠

吃蛋先养鸡，打墙先打基。

吃葱吃白胖，吃瓜吃黄亮。

吃喝有定，肠胃少病。

吃稀饭要搅，走滑路要跑。

吃零食，甜嘴不强身。

年年防歉，夜夜防贼。

先敬罗衣后敬人。

向阳的房子先得暖。

行要好伴，住要好友。

行客拜坐客。

行路能开口，天下随便走。

会吃，千顿香；乱吃，一顿伤。

多吃萝卜菜，啥病都不来。

多贪一口食，多掉四两膘。

多深的地基，多高的墙。

多喊一声哥，少走十里坡。

衣不差寸，鞋不差分。

衣勿重袭，食勿重肉。

衣服不怕新，朋友不怕旧。

衣服破时宾客少。

衣要看天穿，饭要按时吃。

衣是人的脸，钱是人的胆。

衣贵洁，不贵华。

衣莫若新置，人莫若故交。

衣破真是苦，笑破不笑补。

衣帽好，不如容貌好。

衣裳是新的好，人是熟的好。

江湖走得少，六月带棉袄。

汤泡饭，嚼不烂。

论住还是堂屋房，冬天暖来夏天凉。

好女不在打扮，好马不在加鞭。

好饭莫饱，饭后莫跑。

远看衣冠近看人。

远送当三杯。

远客生地两眼黑。

走一步，近一步。

走不尽天下路，吃不尽店家亏。

走不露鞋，笑不露牙。

走过这个村，就没这个店。

走远路的人爱起早。

走路不用问，大路没有小路近。

走路不施礼，多走几十里。

走路不能只看一步路，下棋不能只看一步棋。

走路问老头，劈柴劈小头。

走路防跌，吃饭防噎。

走路防跌，吃馍防噎。

走路怕问路，必走冤枉路。

走路朝前看，做事往后看。

财过北斗端一碗，瓦舍千幢住一间。

针尖儿大的窟窿斗大的风。

每天吃上三个枣，活到九十不显老。

住房要宽敞，院子要四方。

身安茅屋稳，心安菜根香。

佛靠金装，人凭衣妆。

坐北朝阳，冬暖夏凉。

坐船坐船头，坐车坐车尾。

肚饿糠也好，饭饱嫌肉肥。

狂欲伤身，暴食伤胃。

饭不熟不吃，水不开不饮。

饮食贵有节，锻炼贵有恒。

言者心之声，衣者身之表。

冷屁热瞌睡。

没有爬不过的山，没有渡不过的河。

快走滑路慢走桥。

即脱即着，不用吃药。

青椒吃辣的，柿子吃软的。

拆了东房盖西房，到头还是住破房。

若要身体壮，饭菜嚼成浆。

若想百病不生，常带饥饿三分。

到了三月三，芥菜可以当灵丹。

金窝银窝，比不上家乡的穷窝窝。

贪吃贪睡，添病减岁。

贪多嚼不烂，胃病容易犯。

贪得一时嘴，瘦了一身肉。

鱼生火，肉生痰，白菜豆腐保平安。

鱼吃跳，猪吃叫。

兔子转山坡，转来转去回老窝。

河跟山走，城伴河流。

房子上了盖儿，工程差一半儿。

房怕不稳，话怕不准。

话多了伤人，食多了伤胃。

细嚼慢咽，身体强健。

春困秋乏夏打盹，睡不醒的冬三月。

春鲑夏鲤，秋鳜冬鳊。

持家不能有俭，旅行不能不慎。

草房平，住不成；瓦房陡，住不久。

南天春意浓，北国还冰封。

南甜北咸，东辣西酸。

南窗北亮，家家一样。

树靠根，屋靠梁。

要在阳光充足的地方盖房，要在绿草丰盛的地方放羊。

要好还是家乡饭，要暖还是粗布衣。

要得牢，灰打槽。

要想身体好，吃饭不过饱。

要想身体健，食物要新鲜。

咸鱼咸肉，见火就熟。

咸鱼就饭，锅底刮烂。

背靠青山山不恶，门对流水水长流。

食不语，寝不言。

食多伤胃，忧多损身。

食补胜如药补。

食鱼肥，食肉瘦。

急走冰，慢走泥。

美酒不过量，好菜不过食。

姜是老的辣，醋是陈的酸。

室雅无须大，花香不在多。

穿衣戴帽，各人所好。

屋要人衬，人要衣衬。

垒屋三担米，拆房一顿饭。

素食；喝原汤，化原食。

热不马上脱衣，冷不马上穿棉。

莫饮卯时酒，莫食酉时饭。

桃养人，杏害人，李子树下抬死人。

夏天不睡石，冬天不睡板。

夏吃吃鲜，冬鱼吃腌。

破房子怕下连阴雨，穷汉子怕有鬼

来惊。

紧走一百，慢走八十。

臭鱼烂虾，送命冤家。

脂粉填不平皱纹，口红留不住青春。

旅伴即令愚蠢，强似独身而行；道路即令不平，强似无路可行。

宽打地基窄垒墙，填好馅石三遍夯。

家贫犹自可，路贫愁煞人。

诸肉不如猪肉，百菜不如白菜。

被盖千层厚，不如肉挨肉。

探亲不如访友，访友不如住店，住店不如回家。

娶妻要看娘，买屋要看梁。

黄瓜上市，医生行时；萝卜上市，医生没事。

萝卜上了街，药店不用开。

爽口食多偏作病，快心事过恐生殃。

堂前无古画，不是旧人家。

常动长寿，懒动常病。

常吃素，好养肚。

眼大肚子小，嘴馋肚子饱。

晚饭吃得少，九十也不老；晚饭多一勺，半夜睡不着。

晚食以当肉，安步以当车。

甜不过睡觉，苦不过走道。

猪八戒打扮起来赛天仙。

盖个房，三年忙。

盖房不在高，向阳通气好。

盖房不盖东西厢，冬不暖来夏不凉。

粗柱矮墙，房屋牢壮。

清早一杯盐开水，赛过嚼碗人参汤。

涮羊肉，何处嫩，要数北京东来顺。

骑马坐轿，不如躺下睡觉。

揭一次锅，添三把火。

煮饺子要水多，蒸包子要猛火。

朝吃三片姜，如喝人参汤。

朝吃盐汤赛参汤，夜吃盐汤赛砒霜。

喝开水，吃熟菜，不拉肚子不受害。

厨师无巧，烂淡就好。

喝水别着急，吃饭别生气。

帽子小了耳朵冻，鞋子小了脚趾痛。

铺得厚，盖得厚，不如两人肉挨肉。

御寒莫若重裘，止谤莫如自修。

善问者能过高山，自信者迷于平原。

楼上受烟，楼下受水。

路在嘴边。

墙囫囵好看，地破了好看。

模正椽平，梁不怕弯。

鼻子底下通南京。

辣椒无补，两头受苦。

漂洋过海的人，不愁大河的浪头。

蜜多不甜，油多不香。

鞋大吃袜，袜大吃鞋。

蔬菜是个宝，赛过人参草。

暴饮暴食容易生病，定时定量可保安宁。

靠墙睡，顶床被。

薏米炖鸡，吃了补虚。

鳙鱼头，青鱼尾。

霜蟹夏螺，什么味也比不过。

蠢人装俏更愚蠢，俏者素装亦动人。

10. 锻炼休闲

一马换双象，舍卒也上算。

一天舞几舞，活到九十五。

一车十子寒。

一日三枣，长生不老。

一日三笑，人生难老。

一日两苹果，毛病绕道过。

一只鼓不能敲两家戏。

一台无二戏，台上无闲人。

一身戏在脸上，一脸戏在眼上。

一夜不睡，十夜不醒。

一竿在手，其乐无穷。

一着输，着着输；三着不出车，满盘都要输。

七分锣鼓三分唱。

人有人情，戏有戏味。

人有童心，一世年轻。

人怕不动，脑怕不用。

人说苦瓜苦，我说苦瓜甜。

刀闲易生锈，人闲易生病。

三天不吃青，两眼冒金星。

下棋不语，落子不悔。

丈夫有泪尽情弹，英雄流血也流泪。

大戏小戏一个唱法。

大胆落墨，细心收拾。

大葱蘸酱，越吃越胖。

大蒜是个宝，常吃身体好。

小小黄瓜是个宝，减肥美容少不了。

小卒子过河顶车用。

千保健，万保健，心态平衡是关键。

久视伤神，久立伤胃，久坐伤血，久卧伤气。

女子三日不断藕，男子三日不断姜。

马行日，象走田，炮打翻山，车走直线，将帅不出城，小卒一去不返乡。

马到滩，不加鞭。

马换炮，两公道。

马跳连环不用车。

开局炮胜马，残局马胜炮。

开锣容易收场难。

天天劳动，血脉畅通。

不怕千着巧，就怕一着错。

不靠医，不靠药，天天劳动最见效。

车停百日生虫，人闲百日生病。

日光不照临，医生便上门。

中午睡觉好，犹如捡个宝。

水停百日生毒，人歇百日生病。

手舞足蹈，九十不老。

风前雨后，钓鱼丰收。

文戏琴多，武戏鼓多。

文戏靠嘴，武戏靠腿。

为人不听莲花落，枉在世上走一遭。

心正笔直。

心灵手巧，动指健脑。

心急等不得人，性急钓不到大鱼。

心胸宽大能撑船，健康长寿过百年。

书无百日功。

书要简洁方为妙。

打拳容易走步难。

生戏熟唱，熟戏生唱。

生命不息，运动不止。

生命在于运动。

白水湖茶喝，能活一百多。

冬天动一动，少闹一场病；冬天懒一懒，多喝药一碗。

冬练三九，夏练三伏。

冬睡不蒙头，夏睡不露肚。

立如松，行如风。

宁可无肉，不可无豆。

宁可食无肉，不可饭无汤。

宁可锅中存放，不让肚子饱胀。

出汗不迎风，跑步莫凹胸。

对棋超万盘，下子如神仙。

台上一分钟，台下十年功。

动则不衰，用则不退。

西红柿，营养好，貌美年轻疾病少。

有泪尽情流，疾病自然愈。

当头炮，马来跳。

早上空气好，锻炼不可少。

早吃好，午吃饱，晚吃巧。

早起精神爽，早睡精神足。

早喝盐汤如参汤，晚喝盐汤如砒霜。

吃人参不如睡五更。

吃了十月茄，饿死郎中爷。

吃过饭行百步，一辈子不用上药铺。

吃米带点糠，营养又健康。

吃好睡好，长生不老。

吃药不忌嘴，跑断医生腿。

吃面多喝汤，免得开药方。

吃得巧，睡得好。

吃得慌，咽得忙，伤了胃口害了肠。

先睡心，后睡眼。

丢卒保车，丢车保帅。

会写的坐着，会唱的站着。

多吃芹菜不用问，降低血压喊得应。

多吃咸盐，少活十年。

多练多乖，不练就呆。

多喝凉白开，健康自然来。

汗水没干，冷水莫沾。

字不可重笔。

字要习，马怕骑。

字是黑狗，越描越丑。

尽量少喝酒，病魔绕道走。

好人健康，恶人命短。

好戏不唱三台，好曲不唱三遍。

好戏耐看，好曲中听。

好戏能把人唱醉，坏戏能把人唱睡。

戏无情不感人，戏无理不服人。

戏场小天地，天地大戏场。

戏唱得好不好，不在开锣早。

观棋不语真君子，举手无悔大丈夫。

戒烟限酒，健康长久。

劳动锻炼，身强体健。

杨柳活，抽陀螺；杨柳青，放风筝；杨柳死，踢毽子。

听了秦腔，酒肉不香。

听书听扣子，看戏看袖子。

每餐留一口，活到九十九。

伸臂踢腿活活腰，胜过花钱吃补药。

身体是革命的本钱。

坐有坐相，睡有睡相，睡觉要像弯月亮。

饭后一支烟，害处大无边。

饭后百步走，活到九十九；饭后三百步，不用进药铺。

饭养人，歌养心。

饭前便后要洗手。

饭前喝汤，胜过药方。

饮了空腹茶，疾病身上爬。

冷水洗脸，美容保健。

词出佳人口。

驴骑后，马骑前，骡子骑在正中间。

垃圾食品危害多，远离方能保健康。

拉弓要膀子，唱曲要嗓子。

若要百病不生，常带饥饿三分。

若要身体壮，饭菜嚼成浆。

画人难在画眼睛。

画人难画手，画树难画柳，画马难画走，画兽难画狗。

妻贤夫病少，好妻胜良药。

败棋有胜着。

钓鱼不撒窝，大都钓不着。

钓鱼有三得：跑得，等得，饿得。

钓鱼要忍，拿鱼要狠。

垂钓垂钓，切忌烦躁。

舍车马，保将帅。

贪食贪睡，害病减岁。

肥马好画，瘦马难描。

卒子过河，意在吃帅。

性格开朗，疾病躲藏。

房宽地宽，不如心宽。

刷牙用温水，牙齿笑咧嘴。

练出一身汗，小病不用看。

练练力出，缩缩病出。

经常失眠，少活十年。

春钓阳，冬钓午，夏钓两头，秋钓全天。

春捂秋冻，不生杂病。

指甲常剪，疾病不染。

草字不归格，神仙认不得。

胡萝卜，小人参；经常吃，长精神。

药补食补，不如心补。

要活好，心别小；善制怒，寿

无数。

要健脑，把绳跳。

要得身体好，常把秧歌跳。

要得身体好，常把澡儿泡。

要得腿不老，常踢毽子好。

要得腿不废，走路往后退。

要想健康快乐，学会自己找乐。

看戏容易做戏难。

将军不成反丢车。

养生在动，动过则损。

活动胜过灵芝草，何必苦把仙方找。

举棋苟不定，何妨将一军。

神仙难钓午时鱼。

说不完的杨家将，唱不完的岳家军。

怒伤肝，喜伤心，悲忧惊恐伤命根。

热水洗脚，如吃补药。

真书如立，行书如引，草书如走。

核桃山中宝，补肾又健脑。

夏天一碗绿豆汤，解毒去暑赛仙方。

哭一哭，解千愁。

铁不冶炼不成钢，人不运动不健康。

笑一笑，十年少。

笑口常开，青春常在。

臭棋乱飞象。

脑怕不用，身怕不动。

高明的棋手，能看出三步。

站如松，坐如钟，卧如弓，走如风。

拳不离手，曲不离口。

流水不腐，户枢不蠹。

请人吃饭，不如请人流汗。

萝卜出了地，郎中没生意。

常打太极拳，益寿又延年。

常把舞来跳，痴呆不会到。

常将不死赖和棋。

常吃素，好养肚。

常做健身操，食增脾胃好。

常跑治百病，就怕不肯动。

晨吃三片姜，如喝人参汤。

晚饭减三口，饭后百步走；睡觉不蒙头，活到九十九。

唱戏的是疯子，看戏的是傻子。

甜言夺志，甜食坏齿。

欲得长生，肠中常清。

祸从口出，病由心生。

棋不看一步不捏子儿。

棋逢对手，将遇良材。

最好的医生是自己，最好的运动是步行。

跑跑跳跳浑身轻，不走不动皮肉松。

喝茶不洗杯，阎王把命催。

腔好听，味儿难磨。

寒从脚上起，病从口中人。

强身之道，锻炼为妙。

勤人抗百病，懒人病缠身。

输棋不输品，赢棋不赢人。

睡多容易病，少睡亦伤身。

睡得早，起得早，早睡早起身

体好。

照着葫芦会画出瓢来。

锣鼓长了无好戏。

静而少动，体弱多病；有静有动，无病无痛。

锻炼要趁小，别等老时恼。

锻炼是灵丹，卫生是妙药。

暴饮暴食会生病，定时定量可安宁。

镜越擦越亮，身体越练越强。

懒惰催人老，勤劳能延年。

第三章 方圆处世

11. 团结协作

一人一个脑，做事没商量；十人十个脑，办法一大套。

一人一双手，做事没帮手；十人十双手，拖着泰山走。

一人之计比针短，众人之计比水长。

一人不敌二人计，三人合伙唱台戏。

一人有难大家帮，一家有事百家忙。

一人进山难打虎，万人下海能擒龙。

一人知识有限，众人智慧无穷。

一人拾柴火不旺，众人拾柴火焰高。

一人挑土不显眼，众人挑土堆成山。

一人能挑千斤担，众人能移一座山。

一人难驾大帆船，双手难遮众人眼。

一人难顺百人意，一墙难挡八面风。

一人难唱一台戏。

一人一条心，穷断骨头筋。

一人做事不顺手，众人能拖泰山走。

一人踏不倒地上草，众人踩出阳关道。

一个人吹箫，一个人捺孔。

一个人的聪明有限，三个人的智慧无边。

一个人是死的，两个人是活的。

一个人做的主张，不如两人来商量。

一个巴掌拍不响，一人难唱独板腔。

一个好汉三个帮，一个篱笆三个桩。

一个纽扣扣不紧，纽扣成排吹不开。

一个势孤俩力大，三人能叫河搬家。

一匹马扬不起尘土，一个人成不了英雄。

一只公鸡四两力，四只公鸡舂米吃。

一只眼看不远，千只眼看透天。

一只脚难走路，一个人难成户。

一朵鲜花打扮不出美丽的春天。

一好两好，三好合到老。

一方有难，八方支援。

一块煤炭难炼钢，一块砖头难砌墙。

一把火烧不开水，一只手遮不住天。

一芽不是春，独木不成林。

一花独放不是春，万紫千红才是春。

一起吃才甜，一起抬才轻。

一根木头难烧火，一扇石磨难磨面。

一根木柴不起火，一沟清水不成河。

一根竹不能打坝桩，一根线不能织渔网。

一根线容易断，万根线能拉船。

一根草搓不成索，一片篾编不成笼。

一根柱子难撑天，一块石头难垒山。

一根铁丝容易弯，十根麻丝扯不断。

一根筷子不经折，十根筷子拗不弯。

一根稻草抛不过墙，一根木头架不起梁。

一家盖不起龙王庙，万人造得起洛阳桥。

一家富算不得好汉，大家富才活得有滋味。

一粒黄豆难磨浆，一根甘蔗难榨糖。

一缕棉丝难织布，一粒大米难做饭。

一锤打不出好刀，一木搭不成好桥。

一颗星星少光亮，万颗星星亮堂堂。

一颗星星布不满天，一块石头垒不成山。

十帮一易，一帮十难。

人上一百，五颜六色；人上一千，样样都全。

人无头不行，鸟无头不飞。

人不齐心财不贵；杂草不除地不肥。

人心齐，泰山移。

人心散，地减产。

人民的手是金子，人民的口是计策。

人多山倒，力众海移。

人多出正理，谷多出好米。

人多事早完，水多好撑船。

人多做事胜过天，一人难撑两只船。

人怕齐心，虎怕成群。

三人都一心，黄土变成金；三人不一心，黄金变灰尘。

三个臭皮匠，赛过诸葛亮（皮匠：实为裨将，古代指副将）。

三兄四弟一条心，家中黄土变成金。

三拳不及四手，四手不及人众。

土帮土成墙，人帮人成王。

大石头要小石头垫，小石头要泥沙垫。

大河无水小河干，大河有水小河满。

大树成材不怕风，十根细线拧成绳。

大家一条心，黑土变成金。

大家马，大家骑；大家活，大家干。

大家团结起，力量大无比。

大家的事大家办，大家的田大家盘。

大欺小，不公道；大帮小，呱呱叫。

大雁离群难过关，独条鲤鱼难出湾。

与人成事双有益，与人坏事两无光。

与人行方便，强如盖佛殿。

万人万双手，拖着泰山走。

上山打虎心要狠，下海擒龙要齐心。

小溪归大江，大江不干涸；大江不干涸，小溪不断流。

山泉多的地方河流总是澎湃，群众多的地方智慧总在产生。

山高自有客行路，水深自有渡船人。

千人同船共条命，千朵桃花一树花。

千夫所指，不病而死。

千条小河归大海，各种荣誉集体来。

千条小溪流成河，万只蜜蜂垒成窝。

个人的智慧，如同草露珠；群众的智慧，才是长江水。

天上无云地下旱，大河无水小河干。

天上星多黑夜明，地上树多成森林。

天时不如地利，地利不如人和。

云不聚集雨不下，人不团结力不大。

不怕风浪大，就怕桨不齐。

不怕老虎三张嘴，就怕人有两条心。

不怕虎生两翼，就怕人起二心。

不怕浪头高，就怕桨不齐。

水帮鱼，鱼帮水。

水珠投进海洋，生命就会无限。

风大天就凉，人多力就强。

乌云积堆要下雨，人群聚集有力量。

巴掌不及拳头，单丝不及麻绳。

双拳难敌四手，两眼难顾八方。

打铁靠铁砧支撑，拳头靠五指合拢。

古今的事理无穷，一人的智慧有限。

石头虽小垒成山，羊毛虽细织成毯。

石沙里面有金子，众人里面有圣人。

打虎亲兄弟，上阵父子兵。

龙无云不行，鱼无水不生。

龙头往哪儿摆，龙尾往哪儿甩。

只要人手多，牌楼搬过河。

只要同心又协力，山岳也能搬个家。

只要拧成一股绳，纱线也能捆住牛。

兄弟不和邻里欺，将相不睦邻国欺。

兄弟同心家必兴，妯娌和睦孝双亲。

失群孤雁难成活，高山猛虎无威风。

白马好骑也要有鞍，大路好走也要有伴。

他有关门计，我有跳墙法。

鸟多不怕鹰，人多把山平。

宁少路边钱，莫少路边拳。

宁做箍桶匠，不做拆板人。

让人人幸福是行善，让父母幸福是报恩。

老鼠合作，给猫戴铃。

协力石成玉，同心土变金。

有风的使风，有雨的使雨。

有沟填沟，有墙拆墙。

有事商量错不了，人有拐棍跌不倒。

百根柳条能扎笤帚，五个指头能攥拳头。

团结一条心，黄土变成金。

团结十个人不够，排斥一个人嫌多。

团结力量大，柴多火焰高。

团结加智慧，弱者胜强者。

团结则存，分裂则亡。

团结就是力量。

同心山变玉，协力土成金。

同心同德能救人，离心离德害死人。

同打虎，同剥皮；同养蜂，同吃蜜。

行为相同之人，常常聚在一起。

合群乌鸦能抓鹿，齐心蚂蚁可吃虎。

众人一条心，黄土变成金。

众人中的话语，众鸟中的羽毛。

众人扶船能过山，众人齐喊山也摇。

众人里面有圣贤，石头里面有金银。

众人种树树成林，大家栽花花才香。

众擎易举，独力难撑。

杂花开处草药多，人手多时智慧多。

多一个铃多一声响，多一支蜡多一分光。

好汉不敌双拳，双拳不如四手。

兵来将挡，水来土掩。

劳动的明天是欢乐，团结的明天是胜利。

针尖积多能铸柱,碎石垒多能盖屋。

君子盼望天下富,小人发的一家财。

苦瓜虽苦共一藤,兄弟虽呆共一心。

若能齐心又合力,弱者也能办大事。

松散的稻草烂得快,成绳的稻草格外牢。

事成于和睦,力生于团结。

斩草不除根,春风吹又生。

物极则反,人急计生。

依靠群众,如鱼得水;脱离群众,如树断根。

依靠群众是千里眼,脱离群众是睁眼瞎。

鱼儿靠水活命,人靠集体立身。

鱼不能离水,雁不能离群。

鱼帮水,水帮鱼;马和套,人和心。

狗多不怕狼,人多不怕虎。

单丝不成线,双丝搓成绳。

单丝不成线,独木不成林。

单则易折,众则难摧。

单条树木能成材,独草顶石难转身。

单脚独手难做事,互助干活事不难。

单麻不成线,独木不成林。

单筷难夹菜,独翅难飞天。

单膀鱼儿难凫水,一口唾沫难灭火。

宝石在石堆里,智慧在群众中。

话要说在众人前,辫要甩在脑后面。

孤树不成林,孤雁不成群。

细流汇集成大海,蚂蚁聚拢能搬山。

城墙高万丈,内外要人帮。

赵钱孙李,大家出主意;周吴郑王,大家来商量。

草无露珠不鲜,花无绿叶不艳。

相互协助事好办,各揣私心事难成。

树木成林不怕风,滴水汇海不怕晒。

树从根上吸取营养,人在群众中得到成长。

树多成林不怕风,草线搓绳挑千斤。

树多能挡风,心齐能抗暴。

树掉一片叶,同样生存;一片叶离树,只有枯死。

要学蜜蜂齐采花,莫学蜘蛛各织网。

轻霜冻死单根草,狂风难毁万木林。

蚁多推山山也倒,人多应海海也干。

修剪的树木,成长得又直又高;齐心的人们,团结得又固又牢。

独马虽快没有大用,单人虽勇难成大事。

独木不成林，单弦不成音。

独木盖不成房屋，一个人成不了社会。

独木搭桥人难走，众木成桥好渡江。

独虎不敌群狼，蚁多咬死螳螂。

独弦不成音，独木不成林。

独砖不成墙，独花不是春。

独柴难引火，蓬柴火焰高。

独脚独手独根草，风霜雨雪挡不了。

独脚难行，孤掌难鸣。

亲邻互助能翻江，兄弟合作把山平。

星多天空亮，人多智慧广。

烂麻搓成绳，力量大千斤。

屋里兄弟各条心，千万家财化灰尘。

络麻搓绳一股劲，千家万户一条心。

莫犯天公怒，莫惹众人恼。

莫学簸箕千只眼，要学蜡烛一条心。

莫寄希望于亲戚，当心有朝成冤家。

荷花虽好，也要绿叶扶持。

恶狼难敌众犬，好手难打双拳。

唇亡则齿寒，户破则堂危。

柴多火旺，水涨船高。

柴多火焰高，人多办法好。

造弓的造弓，造箭的造箭。

积羽沉舟，群轻折轴。

笋子靠竹竹靠山，禾苗靠水水靠潭。

高山里有金和银，人群里有聪明人。

高楼要靠楼基稳，大树要靠树根深。

离群的雁飞不远，一人干活力不足。

拳头攥紧有力量，蚂蚁齐心能吃象。

黄麻搓绳拉不断，毛竹成捆压不弯。

常说逆耳话的友，证明怀有爱友心。

做事不依众，累死也无功。

船多不碍江，车多不碍路，人多好互助。

船载千斤，掌舵一人。

船靠舵，帆靠风，利箭还要靠强弓。

深山猛虎容易捕，众人嘴巴不好堵。

落进海洋的雨点，它就不会枯干。

硬树要靠大家砍，难事要靠大家做。

雁怕离群，人怕掉队。

遇事多商量，抵个诸葛亮。

锅里若有，瓢里必有。

智慧从劳动来，行动从思想来，荣誉从集体来，力量从团结来。

集体是力量的源泉，众人是智慧的摇篮。

集思广益，众志成城。

道高一尺，魔高一丈。

椽木多了，比梁结实。

跳舞在一起，叉腰却不同。

满山楠竹根连根，天下人民心连心。

群众心里有天平。

群众在哪里，胜利就在哪里。

群众是根茎，是海洋；个人是树叶，是滴水。

群雁无首不成行，羊群出圈看头羊。

滴水不成海，独木难成林。

鞋底少不了鞋帮，秤杆离不开秤砣。

飘散的树叶难抵风吹，茂密的森林不怕雨打。

稻多打出米来，人多讲出理来。

12. 交友之道

一人一心无钱买针，万众一心有钱买金。

一人为仇嫌太多，百人为友嫌太少。

一日为友，百日相拢。

一日结成仇，千日解不透。

一回相见一回老，能得几时为兄弟。

一块砖砌不成墙，一根甘蔗榨不成糖。

一面之交，萍水相逢。

一朝认识，千日朋友。

人之相知，贵在知心。

人也搁，鬼也搁，砖头瓦块不绊脚。

人无伤虎心，虎无伤人意。

人不熟，门难进。

人饥如己饥，人寒似己寒。

人心换人心，四两换半斤。

人穷朋友少，衣破虱子多。

人看一颗心，鼓打两张皮。

人待我一尺，我待人一丈；人待我一丈，我把人顶在头上。

人情若像初相识，到底终无怨恨心。

人靠朋友鱼靠水。

人熟是一宝，过河能搭桥。

三人不抵一牛，三生不抵一熟。

三伏天送扇，三九天送炭。

三条裤子脱两条，宁愿自己打条条。

亏地不结子，亏人不相交。

与其在朋友眼里，不如在朋友心里。

与其做坏人的最高首领，不如做好人的一般朋友。

小人交友，香三年，臭三年。

山泉冲洗的玉石是洁白的，患难中结下的友谊是牢固的。

千里送鹅毛，礼轻情义重。

千里搭长棚，没有不散的筵席。

千枝万叶一条根，人多心齐土变金。

久旱逢甘霖，他乡遇故知。

久住令人贱，频来亲也疏。

广交不如择友，投师不如访友。

女为悦己者容，士为知己死。

马要骑着看，人要交着看。

不认得钱是假瞎子，不认得人是真瞎子。

不怕力小怕孤单，众人协力金

不怕红脸关公，就怕抿嘴菩萨。

不要金，不要银，出门只要认得人。

不看你待我，只看你待人。

不眠知夜长，久交识人心。

不鉴于镜，而鉴于人。

水草肥美的地方鸟儿多，心地善良的人朋友多。

手长衫袖短，茶淡情意长。

长恨语言浅，不如人意深。

父母生身，朋友长志。

月是故乡明，人是故乡亲。

火要空心，人要忠心。

认不得字能过日子，认不得人难过日子。

认不得金子能发财，认不得银子也发财，认不得人发不了财。

以势交者，势尽则疏；以利交者，利尽则散。

以怨报怨是愚，以德报德是情。

去时留人情，转来好相见。

甘泉知于口渴时，良友识于患难日。

甘蔗从上往下越吃越甜，友谊的时

间越长越诚挚。

世事静方见，人情淡始长。

本钱易出，伙伴难求。

可以共患难，不可共富贵。

石看纹理山看脉，人看志气树看材。

平时肯帮人，急时有人帮。

只有千里人情，没有千里威风。

只有蹚过河水，才知道水的深浅；只有长期相处，才了解人的心底。

生鸡子要遭几嘴啄。朋友千个不为多，冤家半个在不着。

鸟择良木而栖，臣择明主而佐。

鸟逢灾难投树林，人逢灾难投亲朋。

鸟随鸾凤飞腾远，人伴贤良志气高。

鸟需巢，蛛需网，人需友。

立志不交无义友，回头当报有恩人。

宁与千人好，不同一人恶。

宁可一不是，不可两无情。

宁学管鲍分金，休仿孙庞斗智。

宁穿朋友衣，不戏朋友妻。

宁喝朋友的淡水，不喝敌人的蜜酒。

宁跟强盗做朋友，不跟强盗做敌手。

扫地恐伤蝼蚁命，爱惜飞蛾纱罩灯。

共患难易，共安乐难。

过则相规，言而有信。

在家靠父母，出外靠朋友。

有了新友，莫弃旧交。

有对有，手牵手；穷对有，不交口。

有好马不怕路远，有好友不怕事难。

有财同享，有马同骑。

有饭送给亲人，有话说给知人。

有盐同咸，无盐同淡；同甘共苦才是好伴。

有恩必报，有德必酬。

有借有还，再借不难。

有福同享，有难同当。

劣马能将勇士抛下鞍，恶友会将朋友出卖。

同船须共命，同路须共心。

岁寒知松柏，危难见人心。

向灯的有，向火的有；向你的有，向我的有。

合得来，过得心，同得筷子共得碗。

多一个铃铛多一声响，多一支蜡烛多一分光。

多个朋友多条路，多个冤家多堵墙。

多个朋友多盏灯，少个仇人少把刀。

多心者没有好朋友，好人对朋友不多心。

交一个良友，千言万语；绝一个良友，三言两语。

交人不交财，交财不往来。

交人交心，浇花浇根。

交人看心，识马看蹄。

衣不如新，人不如故。

好人朋友多，好马主人多。

好人朋友多，紫檀枝丫多。

好汉顾三村，好狗顾三邻。

好花要有绿叶扶，好汉要有众人帮。

好朋友，不怕交接百人；坏心人，一个也是多余。

好话不背人，背人没好话。

观其外知其内，观其人知其友。

买铁锅必须敲打敲打，交朋友必须了解了解。

驰骋识骏马，患难见真情。

远水难救近火，远亲不如近邻。

走一方，搁一方，走到庙里搁和尚。

孝当竭力，忠当尽命。

报仇不如看仇，看仇不如解仇。

报晓的是雄鸡，相帮的是知己。

时常批评你的人不一定是对头，时常恭维你的人不一定是朋友。

男有男朋友，女有女相交，叫花子也有个烂斗篷。

来不打米，去不分家。

别人求我夏天雨，我求别人六月霜。

别向敌人祈求，别对朋友吝啬。

别把豺狼当猎狗，别把敌人当朋友。

秀才爱交朋友，把式爱找对头。

你对人无情，人对你薄意。

你有三个穿青衣的，我有三个穿蓝衣的。

你有好汉三千，我有知己八百。

你走你的阳关道，我过我的独木桥。

你帮别人应忘掉，别人帮你要记牢。

你待我一分，我待你一寸。

你敬我一尺，我敬你一丈。

近邻不可断，朋友不可疏。

穷人也有三个好朋友。

穷亲攀富亲，攀断背脊筋。

初交凭衣冠，久交凭学识。

君子之交淡如水，小人之交甜如蜜。

君子以功报德，小人记仇忘恩。

君子喻于义，小人喻于利。

责己严者受人尊敬，责人严者友朋疏远。

拄棍要拄长的，择友要择强的。

画龙画虎难画骨，知人知面不知心。

非亲有意须当敬，是友无情不可交。

易涨易退山溪水，易反易复小人心。

知恩不报非君子，万古千秋留骂名。

物以类聚，人以群分。

和好一人一条船，得罪一人一堵墙。

舍不了自己的，不要想人家的。

金子不会被扔，恩情不会被忘。

金凭烈火炼，人凭实心交。

金钱可以抛弃，朋友不可忘记。

金银用一时，友谊存一世。

贫病知朋友，离乱识爱情。

朋友千个不多，冤家半个不可。

朋友千个好，冤家一个多。

朋友到处有，五湖四海走。

朋友到处搁，出门好歇脚。

朋友的真情，刀子砍不断。

朋友朋友，你有我有。

朋友要亲，账目要清。

朋友搁得好，胜如捡个宝。

剁得颈子换得头，稀饭只当海参席。

狗不认人多挨打，人不认人尽挨骂。

狗咬生人，鬼迷熟人。

饱时给一斗，不如饥时给一口。

炒锅不打不漏，朋友不交不透。

河水流走河床在，友人走了友情在。

泥泞识马，患难识人。

学艺找名师，求援找好友。

宝剑赠勇士，红粉赠佳人。

房窄能合居，肚窄难相处。

话说与知音，饭送与饥人。

居要择邻，交要择友。

孤树结成林，不怕风吹；滴水积成海，不怕日晒。

孤雁离群凄惨惨，人离集体孤

单单。

春风满面皆朋友，欲觅知音难上难。

帮助别人的人，才能得到别人的帮助。

珍珠挂在颈上，友谊嵌在心上。

茶越泡越浓，人情越交越厚。

相马要看前胸，看人要看行动。

相见易得好，久住难为情。

相识满天下，知心有几人？

要死死一块，要活活一堆。

要想朋友好，银钱少打扰。

是亲有三护，是友有三辅。

星多天空亮，人多智慧广。

哪儿有好花，哪儿就有蝴蝶。

看见黄河就口渴，看见知友就快活。

剑诛无义汉，金赠有恩人。

急难思亲友，临危托故人。

将军不下马，各自奔前程。

亲家不怕多，冤家不怕少。

亲戚有远近，朋友有厚薄。

送君千里，终须一别。

炼铁需要有硬火，交友需要有诚心。

陡坡的路难铺平，心窄的人难相处。

结有德之朋，绝无义之交。

结交交君子，栽树栽松柏。

结交要胜己，似己不如无。

结交要像长流水，莫学杨柳一时青。

挚友背后赞扬你，仇人当面奉承你。

真正的朋友遇难就帮，假心的朋友遇难就嚷。

砧上识好铁，难处见友情。

钱财如粪土，仁义值千金。

造屋要有地，做人要有情。

敌人的笑脸能伤人，朋友的责难是友爱。

秤不离砣，鼓不离锣。

借伞不用谢，只要晾过夜。

豺狼有伙伴，恶人无朋友。

豹子文采在表皮，人的本色在内心。

留得人情千日在，人生何处不相逢。

疾风知劲草，日久见人心。

畜寻草地，人找知己。

酒肉朋友个个假，患难之交人人亲。

酒肉朋友朝朝有，患难之交一世稀。

酒朋饭友，没钱分手。

酒逢知己千杯少，话不投机半句多。

酒逢知己饮，诗向会人吟。

海内存知己，天涯若比邻。

流汗才能得果实，真心才会得知己。

冤家碰着对头，钉头碰到铁头。

难将我语同他语，未必他心似我心。

黄金万两容易得，知心一个也难求。

救火要扑灭，救人要救活。

曹操是朋友，司马懿也是朋友。

盛怒下识为人，患难中见交情。

雪中送炭真君子，锦上添花是小人。

虚伪的朋友骗你时，说出来的话都是甜的。

患难之中识朋友，劳动之中识人心。

患难识朋友，烈火辨真金。

啥人找啥人，鸭子找的摇尾群。

躯干笔直的木材用处大，性情豪爽的人朋友多。

假朋友同船，遇险自顾自；真朋友驾舟，有险共患难。

得人一牛，还人一马。

得人恩义千年记，得人花戴万年香。

得义如泰山，轻利如鸿毛。

得意客来情不厌，知心人到话相投。

猛兽用舌头舔你，不是把你当朋友。

麻风子雨大家洒，捉只虱子分只胯。

清水见人影，危难见人心。

情人易找，知己难求。

情深恭敬少，知己笑话多。

情愿挨一刀，不和秦桧交。

谋人事如己事，谋己事如人事。

弹琴知音，谈话知心。

喜鹊齐心合力，也能打败骆驼。

搁伙如搁命。

棉衣可以暖人身，好言可以驱人忧。

遇旱知泉甘，遇难知友真。

遇难思亲戚，临危托故人。

啼鸣报晓是公鸡，困难相扶是朋友。

智者怪自己，愚者交朋友。

渴时一滴如甘露，药到真方病即除。

寒霜冻死独根草，狂风难毁大森林。

骗朋友仅是一次，害自己却是终生。

路遥知马力，日久见人心。

锦上添花无用处，雪中送炭有功劳。

鹁鸽不能伴鹰飞，乌鸦不与凤凰栖。

鲜花要水灌溉，友谊靠人护爱。

腐木不可为柱，坏人不可为伍。

熔炉中炼真金，诺言上看人心。

漫游天下景，广识天下人。

瞎子知音，熟人知心。

瞎有瞎朋友，跛有跛朋友。

熟人不讲生礼行。

嘴上的朋友貌合神离，心上的朋友同舟共济。座上客常满，樽中酒不空。

嘴馋不嫌糕点多，好人不嫌朋友多。

篝火能把严寒驱散，团结能把敌人赶跑。

懒惰的马路程远，吝啬的人朋友远。

13. 语言表达

十个会说的，不如一个胡说的。

十个跑腿的，不如一个说嘴的。

十句好话不如一句丑话。

十句好话为个人，一句坏话得罪人。

十句好话能成事，一句坏话事难成。

十里无真言，越说话越玄。

七嘴八舌，金子也能说化。

人口即碑，人言可畏。

人口是风，舌头杀人。

人走了能撵上，话走了撵不上。

人软嘴厉害，必定是祸害。

人前一句话，神前一炷香。

人逢知己千杯少，话不投机半句多。

人强了凭嘴，马壮了耍腿。

人嘴里有试金石。

刀伤易合，口伤难医。

力出驾车牛，事出冤家口。

三寸舌害了六尺躯。

三天打鱼，两天晒网。

三句好话暖人心。

干打雷，不下雨。

大丈夫一言为定。

上山打柴，过河脱鞋。

上山容易，下山难。

上坡路吃力，下坡路好走。

上船容易下船难。

上粪上到根里，说话说到心里。

口出恶言会伤人，口饮浊水会害己。

千言万语，从头说起。

千言好个人，一言恼个人。

广交多耳目，多谈开心窍。

女人说话露三分。

马踏软地易失蹄，人听甜言易入迷。

井拿绳探，人拿话探。

开口之前要思考，做事之前要准备。

开头饭好吃，开头话难说。

木不钻不透，话不讲不通。

不义之财求不得，无益之话说不得。

不会烧香得罪神，不会说话得罪人。

不听众人言，吃亏在眼前。

不听忠告，迟早摔倒。

不到江边不脱鞋，不到火候不揭锅。

不怕当面讲，就怕背后议。

不怕没吃的，就怕没说的。

不砌一面墙，莫听一面言。

不说两边话，不讨两面光。

不碰鼻子不回头。

车到山前要看路，话到嘴边要

三思。

少说话，多做事。

日有所思，夜有所梦。

日里讲到夜里，菩萨还在庙里。

水大漫不过舟，手大遮不住口。

水从病人身上出，祸从翻舌口中来。

水往低处流，话往好处说。

水退石头在，好人说不坏。

水落石头现，言出收不回。

见了知己，话长几里。

见什么人说什么话，见什么菩萨烧什么香。

见死不救非君子，见义不为枉为人。

手一份，嘴一份。

长会短开，长话短说。

公鸡想叫拍翅膀，人要说话须先想。

火烧眉毛顾眼前。

火搬三遍熄，话说三遍腻。

劝架不能劝一边，听话不能听一面。

打开天窗说亮话。

打不还手，骂不还口。

打空拳费力，说空话费神。

打铁看火色，说话看眼色。

打掉门牙往肚子里咽。

巧舌头转不过腮帮子。

巧言不如直道。

世上说啥的都有，一人难捂众人口。

布越扯越短，话越说越长。

平静之时要谨慎，艰险之时要坚强。

东西不乱吃，闲话不乱说。

叫人不蚀本，石头打个滚。

生的说不成熟的，死的说不成活的。

失马能找回，失言收不回。

处世诫多言，多言必有失。

宁可吃亏，不可食言。

宁可荤口念佛，莫将素口骂人。

宁可说得不透，不可过分夸口。

宁可做过，不可错过。

宁可想着说，不要抢着说。

宁吃过头饭，不说探前话。

宁走十步远，不走一步险。

宁伸扶人手，莫开陷人口。

宁饮三斗醋，不听无味话。

宁说三声有，不说一声无。

宁落钱债，不落口债。

出门看天色，炒菜看火色.买卖看货色，说话看脸色。

出笼的鸟儿难回，出口的话儿难收。

记下从前话，到老不挨骂。

皮鞭伤肉，恶语伤人。

老牛肉有嚼头，老人言有听头。

老实人常在，花言巧语没人爱。

地上泼水收不起，话既出口难收回。

耳边甜言蜜语，不听也信一半。

过头话少说，过头事少做。

百病从口入，百祸从口出。

死瞎话没本本，露水珠儿没根根。

当面直说，话丑理端。

当着秃子不说没毛。

吃不了兜着走。

吃饭不能过饱，说话不能说尽。

吃饭先拿筷，说话从头来。

吃饭要留肚，说话要留后。

吃软不吃硬。

舌头不是铁，杀人不见血。

舌头不能当饭吃。

舌头长了事多，觉睡长了梦多。

舌头四两有千斤，是非只为多开口。

舌头底下压不住话，墙根底下避不了风。

舌头底下压死人。

舌头是扁的，话是圆的。

传言捎话，自讨挨骂。

任你说破天，无理不信你。

伤人一语，利如刀割。

自己的梦自己圆。

自吹自擂，狗屎堆堆。

自酿的苦酒自己尝。

会怪怪自己，不会怪怪别人。

会说的两头儿瞒，不会说的两头儿传。

会说的说一句，不会说的说十句。

会说的说圆了，不会说的说翻了。

会说的惹人笑，不会说的惹人跳。

会说话走遍天下，不会说话寸步难行。

会说话的当钱使，不会说话的冲倒驴。

众口销骨，三人成虎。

多听少讲，人人夸奖；寡言多闻，人人欢迎。

多看事实，少听虚言。

多栽花，少栽刺，多说好话不受气。

庄稼荒不得，谎话说不得。

交浅不可言深，交深不可言浅。

灯盏不明有人拨，事情不平有人说。

字不能乱描，话不可乱传。

讹银子讹钱不讹话。

好马不回头，好汉不失言。

好心有好报。

好传闲话，专寻挨骂。

好言难得，恶语易施。

好话三句不多，坏话半句不少。

好话不出门，赖话传四邻。

好话不背人，背人没好话。

好话胜过良药，能治心中沉疾。

好药治的是不死病，好话劝的是聪明人。

好话说三遍，不如驴叫唤。

好客的朋友多，好说的废话多。

好菜不怕细品，好事不怕细说。

坏人怕三说，好人怕三戳。

坏脾气，好心肠，坛口封得住，人口封不住。

走得多了成道路，吃得多了成习惯。

抄近路，反而多绕远路。

花言巧语不顶钱，山珍海味离不了盐。

豆腐多了一泡水，空话多了无人信。

豆腐莫点老，大话莫讲早。

两个耳朵听话，正反两面看人。

来言不好，去语不佳。

男人说话，如笔写下。

吹牛不犯死罪。

利人时出有益语，修己常存改过心。

利刀割体痕易合，恶语伤人恨不消。

你有来言，我有去语。

身在曹营心在汉。

身伤病伤能治好，语言中伤治不了。

身稳口稳，到处安稳。

肚里没闲气，不怕冷风吹。

狂言千句如粪土，良言一句值千金。

饭多不香甜，话多不值钱。

饭要细嚼，话要慢说。

冷言冷语受不得，冷饮冷菜吃不得。

这山望到那山高。

没有不透风的墙。

快刀斩乱麻。

良言值千金。

良言一句三冬暖，恶语伤人六月寒。

良药苦口利于病，忠言逆耳利于行。

良药难治思想病，好话难劝糊涂虫。

君子一言，千金不易。

君子一言，白布染蓝。

君子一言，快马一鞭。

张口说好话，保险吵不起架。

张家长，李家短。

张得嘴多，惹得人多。

鸡蛋里挑骨头。

纵有千只手，难捂众人口。

苦言苦语为人哩，甜言蜜语害人哩。

若要人下水，自己先脱衣。

事在人做，话在人说。

事到理上留三分，话到嘴边留半句。

事怕虎头蛇尾，人怕苦心甜嘴。

事怕挖根究底，话怕三曹对面。

事要两面看，话要两头说。

雨不大湿衣裳，话不多伤心肠。

肯吃的少吃不了，肯说的少说不了。

明人不用细讲，响鼓不用重槌。

爬得高，跌得重。

受了卖糖公公骗，至今不信口甜人。

狗肚里没人话。

狗咬了能好，人咬了难好。

狗急了胡咬，人急了胡说。

狗嘴里吐不出象牙。

饱食伤心，忠言逆耳。

泥人经不起雨打，谎言经不起调查。

泼出去的水，说出去的话。

空口无凭，立字为据。

空花不结果，空话不成事。

实话好说，谎话难编。

实话驳不倒，谎话怕追考。

话不说不知，钟不打不响。

话不说不透，砂锅不打不漏。

话在明处说，屁在暗处放。

话有三不说，揖有三不作。

话有三说，事有三做。

话传三人变成神。

话多不如话少，话少不如话好。

话多有失，蜜多不甜。

话没脚，走千里。

话到嘴边留半句，理从是处让三分。

话经三张嘴，蛇也长了腿。

话要通顺才传远，语不人情不动人。

话要想着说，饭要尝着吃。

话是心里想，不说憋得慌。

话说三遍淡如水，再说三遍打你嘴。

话说不尽，路走不完。

孤掌难响，一口难嚷。

参越老越值钱，人越老越寡言。

经常诉苦，没人同情。

毒酒喝不得，谣言听不得。

挂羊头卖狗肉。

挡得住千人手，捂不住众人口。

指头抹蜜饱不了人，背后嘀咕伤不了神。

胡首冒揑，只能隔一夜。

南京到北京，人生话不生。

枯树无果实，空话无价值。

砍的不如旋的圆，会说的不如会听的。

背后骂皇帝，只为出口气。

临时抱佛脚，越抱越蹩脚。

临崖勒马收缰晚。

是话不是话，拿起搁不下。

哪壶不开提哪壶。

看菜吃饭，量体裁衣。

顺水推船省力气，随人说话省劲气。

顺心丸好吃，逆耳话难听。

顺的好吃，横的难咽。

顺说易进，逆言难进；顺逆都听，眼亮心明。

顺情说好话，公道惹人嫌。

剑伤肉体，语伤灵魂。

食多伤胃，言多失语。

急开眼珠慢开口。

美言美语受人敬，恶言恶语伤人心。

前怕狼，后怕虎，一事无成白辛苦。

语言不是箭，句句人人心。

语言的巨人，总是行动的矮子。

语言是品德的标志。

说人前，落人后，不如别人脚

趾头。

说人家比自己。

说人道人不如人，跟不上别人的脚后跟。

说了三年谎，还是自哄自。

说了过头话，难免被人骂。

说不说由他，听不听由咱。

说归说，笑归笑，动手动脚没家教。

说多了令人厌烦，待长了令人讨嫌。

说尽黄河只为水，说遍五台只为山。

说好一朵花，说坏豆腐渣。

说闲话，挨嘴巴。

说者无意，听者有心。

说到纸上，说不到纸下。

说到曹操，曹操就到。

说的比唱的好听。

说话不认人，一辈子要受穷。

说话不在多少，讲在当面就好。

说话不在多和少，说到当处就是好。

说话不费力，损的也是德。

说话分智愚，抬手见高低。

说话有分寸，是非不进门。

说话多不如少，多易错，少见好。

说话声放低，走路脚抬高。

说话你别疑，疑心无好话。

说话没靠，办事不牢。

说话的人无心，听话的人有意。

说话要真实，招手要有事。

说话要谨慎，做事莫轻浮。

说话费精神，弹琴费指甲。

说话啰唆，难免无错。

说话想一想，免得泪汪汪。

说话算话，不能变卦。

既是一家人，不说两家话。

眉毛胡子一把抓。

捎东西越捎越少，捎闲话越捎越多。

捎钱短，捎话长。

捏着鸡毛当令箭。

捡了芝麻，丢了西瓜。

莫在人前夸自己，不在背后论别人。

莫在人前夸海口，强中还有强中手。

莫言闲话是闲话，往往事从闲话生。

真的越说越像，假的越说越松。

破罐子破摔。

钱为利害本，口是祸福门。

缺个玉米塞个豆，拔棵萝卜栽棵葱。

乘兴说话，最难检点。

秤能称轻重，话能量人心。

射出的箭，说出的话。

爱叫的鸟不做窝，空喊的人不干活。

爱挑的担子不嫌重。

逢人且说三分话，知己要捧一片心。

逢人莫乱讲，逢事莫乱闯。

站着说话，不腰疼。

拳头伤人，恶语伤心。

酒后吐真言。

酒要少喝，话要少说。

酒壶吹不扁，绳篓子吹不瘪。

酒喝滋味话听音，要猜心事看眼睛。

家人说话耳旁风，外人说话金字经。

家暖一条炕，人暖一句话。

请人要有吃的，劝人要有说的。

剥人的疮痂挨人的骂。

能叫人见人，不叫话见话。

能言未必能行。

能管住自己嘴的人，就能掌握自己的命运。

理是顺气丸，话是开心斧。

掺邪没好话，好话不掺邪。

聋忌聋，瞎忌瞎，秃子忌说没头发。

常把闲话拉，人中落不贤。

笛要吹在眼上，话要说在点上。

假话骗人，大话恼人，空话误人，脏话伤人。

做事须循正理，出言要顺人心。

脚长沾露水，嘴多惹是非。

脚陷泥里拔得出，说话过头难收回。

脚踩西瓜皮，滑到哪里算哪里。

谎话腿不长，闲人嘴里乱逛荡。

谗言败坏君子，冷箭射死英雄。

绳子是长的好，话是短的好。

煮饭要有米，说话要在理。

敬酒不吃吃罚酒。

棍棒打得人皮肉痛，闲话说得人骨髓疼。

遇上秃子不说光，碰上癞子不谈疮。

遇狗胆大为好，遇水小心为好。

践称可以称重量，语言可以量人品。

跑了和尚跑不了庙。

蛤蟆没脖子，单凭亮嗓子。

喝酒品味，听话听音。

善药不可离手，善言不可离口。

隔耳炮，打煞人。

隔枝不打鸟，隔河不说话。

骗子怕真理，假话怕知底。

鼓不敲不响，木不钻不透；灯不拨不明，话不说不知。

鼓要打到点上，话要说到理上。

搬起石头砸自己的脚。

雷声大，雨点小。

路不走不平，话不说不明。

路走错可以返回，话说错无法收回。

路要自己走，关要自己闯。

路湿早脱鞋，遇事早安排。

谨口胜于良药。

缚得住手，捂不住口。

漂亮话好说，漂亮事难做。

慢慢熬出来的菜味道好，慢慢说出来的话意明了。

寡言少谤，寡欲保身。

蜜糖嘴巴砒霜心。

翠人吃翠亏，好话软人心。

靠山山倒，靠水水流。

靠天靠地，不如靠自己。

嘴上没毛，说话不牢。

嘴厉害不如心厉害。

嘴多没实心。

嘴是两张皮，怎说怎有理。

14. 处世干练

一人无二心，一心无二用。

一人作恶，万人遭殃。

一人做事一人当，哪有嫂嫂替姑娘。

一口仁义道德，满肚男盗女娼。

一个鸡蛋吃不饱，一身臭名背到老。

一日纵敌，万世之患。

一臣不保二君。

一百个朋友嫌少，一个敌人嫌多。

一团和气，百无禁忌。

一来照顾郎中，二来医得眼好。

一言既出，驷马难追。

一客不烦二主。

一朝情意淡，样样不顺眼。

二人同心，其利断金。

二虎相争，必有一伤。

十丈深水易测，一个人心难探。

十个好人不嫌多，一个坏人害一窝。

十句好话能成事，一句坏话事不成。

人大笨，狗大呆，包子大了是韭菜。

人无害虎心，虎有伤人意。

人不求人一般高，海不涨潮一展平。

人比人，气死人；命比命，气成病。

人比人活不成，马比骡子驮不成。

人勿念，受施勿忘。

人心昼夜转，天变一时间。

人心换人心，八两换半斤（旧市制一斤为一斤六两，八两就是半斤）。

人心难测，海水难量。

人心隔肚皮，三参六主意。

人心隔肚皮，看人看行为。

人心隔肚皮，做事两不知。

人正不怕影斜，脚正不怕鞋歪。

人外有人，天外有天。

人让你一寸，你让人一尺。

人在人情在，人走茶就凉。

人在人情在，官去衙门在。

人有过错，马有失蹄。

人各有志，何苦相强。

人争闲气伤元气。

人串门子惹是非，狗串门子挨棒槌。

人狂没好事，狗狂一泡屎。

人到难处才见心。

人的名，树的影，风吹扬花远扬名。

人往高处走，水往低处流。

人怕没脸，树怕没皮。

人经不起千言，树经不起千斧。

人面逐高低，世情看冷暖。

人面值千金。

人急悬梁，狗急跳墙。

人亲比药灵。

人亲水也甜。

人前一面鼓，人后一面锣。

人前莫说人长短，要知人中还有人。

人前笑弯腰，人后握把刀。

人恶人怕天不怕，人善人欺天不欺。

人恋旧物，马恋旧槽。

人高兴了唱戏，驴高兴了放屁。

人情大似债，衣裳脱去卖。

人情归人情，公道归公道。

人情如纸张张薄，世情如棋局局新。

人情莫道春光好，只恐秋来有凉时。

人情像把锯，你不来我不去。

人敬我一尺，我敬人一丈。

人靠心好，树靠根牢。

刁鹰飞人鸡儿场，永远不存好心肠。

做人靠心机，做事靠手腕。

刀上蜜糖不能尝。

刀子嘴，豆腐心。

三天打鱼，两天晒网。

干儿干女酒饭客，离了酒饭记不得。

干肉没有直，谎话没有脸。（哈萨克族）

干缭乱，湿缭乱，边也没沾上。

亏人贪黑利，终究亏自己。

下不得无情手，解不得眼前危。

大人不记小人过，宰相肚里能撑船。

大门关得紧，冷风吹不进。

大王好见，小鬼难求。

大事化小，小事化了。

大路朝天，各走半边。

与人方便，与己方便。

与人成事双有益，与人坏事两无光。

与其修饰面容，不如修整心胸。

上山看山势，入门看人意。

上有天，下有地，当中有良心。

上当莫言声，上当如领教。

小人记仇，君子感恩。

小人发狂必有祸。

口里甜如蜜，心里黑赤赤。

口是伤人斧，舌是割肉刀。

口甜心苦，腰藏利斧。

口善心不善，妄把弥陀念。

山高水高，你好他好。

千手所指，无病也得死。

千年做贼，总有败日。

千里送鹅毛，礼轻人意重。

千臭万臭，马屁不臭。

凡人不可貌相，海水不可斗量。

凡事都要等，久等有一善。

凡事留人情，日后好相逢。

门有缝，墙有耳。

马有失蹄，人有失言。

井水不犯河水。

天下乌鸦一般黑，世上恶人一般坏。

天上无云不下雨，世上无人不成事。

天山不是堆的，好名声不是吹的。

天有晴有阴，事有成有败。

天阴了不知道迟早，没胡子不知道老少。

无义之人不可交，不结果花休要种。

无风不起浪，无根不长草。

无心人难防有心人。

无事不可对人言，只看对象和时间。

无知讲斯文，衙役装丞相。

无故殷勤，必有一想。

无猫才知老鼠多，有猫不知猫功劳。

无菜不请客，无肥不种麦。

木匠的墨斗一条线。

不见船翻不跳河。

不以言取人，不以言废人。

不用猎枪，赶不走豺狼。

不自由，毋宁死。

不把狼窝剿，断不了吃人精。

不知者不罪。

不怕人不敬，就怕己不正。

不怕坏嘴，就怕坏心。

不怕虎生三只口，就怕人怀两样心。

不怕虎狼当面坐，只怕前后两面刀。

不怕明处枪和棍，只怕阴阳两面刀。

不怕夜猫子叫，就怕夜猫子笑。

不怕鬼吓人，就怕人吓人。

不怕真枪实弹，就怕背后暗算。

不怕硬嘴鸟，最怕蛀心虫。

不怕强敌，只怕大意。

不学灯笼千只醒，要学蜡烛一条心。

不要问男人的财产，不要问女人的年龄。

不要看脚怎么样，要看走路正不正。

不要养草藏蛇，应该除茅灭虎。

不看你待我，但看你待人。

不看僧面看佛面，不看鱼情看水情。

不做亏心事，不怕鬼敲门。

不骑马，不骑牛，骑着毛驴赶中游。

不管狼换几张皮，要学猎人看仔细。

车到山前必有路，水到滩头必有沟。

比上不足，比下有余。鞭打快牛，枪打出头。

少时夫妻老来伴，三天不见惊叫唤。

水火不相容，敌我不同路。

见人先说三句话，不可抛尽一片心。

见了领导，事事说好。

见官莫向首，做官莫在后。

见蛇不打三分罪，有敌不斗十分错。

见蛇见蝎，不打作孽。

什么藤结什么瓜，什么人说什么话。

仇人相见，分外眼红。

从小差一岁，到老不同年。

从来作恶天昭报，事到头来不自由。

今生已受前生福，再结来生不了缘。

凶在心里，笑在脸上。

分明是鬼，当他是神。

风浪要当心，暗礁须谨防。

乌贼扮俏肚里墨，河豚背花毒在血。

文官动嘴，武官跑断腿。

为人不做亏心事，半夜打门心不惊。

斗米买根针，试试你个心。

心正不怕人说，脚稳不怕路滑。

心里没冷病，不怕吃西瓜。

心软不惜白眼狗，给了馍馍咬一口。

心要热，头要冷；胆要大，心要细。

孔雀乌鸦不同林，好人坏人不合群。

孔雀是森林的装饰，客人是家中的宝贝。

以责人之心责己，以恕己之心恕人。

以势压人人不服，以理服人人心服。

以其人之道，还治其人之身。

以诚感人者，人亦诚而应。以德报德是常理，以德报怨大丈夫。

以眼还眼，以牙还牙。

双木桥好走，独木桥难行。

打人一拳，防人一脚。

打人不打脸，吃饭不夺碗。

打人休打脸，骂人休揭短。

打死一只虎，吓死一只狼。

打死一只猫，放走千只鼠。

打虎先敲牙，拆屋先拆梁。

打虎要打头，杀鸡要杀喉。

打架不能劝一边，看人不能看一面。

打狼不怕狼来咬，打虎不怕虎伤人。

打狼要打死，救人要救活。

打狼要打狼，打蛇打七寸。

打狼要在门外打。

打蛇不打死，后患终无穷。

打蛇打七寸，治灾要除根。

打蛇先打头，擒贼先擒王。

正人先正己，己正人才服。

正直的人直走，调皮的马胡整。（哈萨克族）

去了一恶长十善。

世人搁得厚，修桥又铺路。

可放手时宜放手，得饶人处且饶人。

平时肯帮人，急时有人帮。

东山老虎吃人，西山老虎也吃人。

只有扯皮的人，没有扯皮的事。

只说不做，等于欺骗自己。

四十四，眼生刺。

四面点火，八方冒烟。

瓜子待客一点心。

瓜地里面不提鞋，穷人面前不提钱。

瓜果不饱人心在。

用人不疑，疑人不用。

处世让一步为高，待人宽一分是福。

处世莫烦恼，烦恼人易老。

处事为人，信义为本。

冬天的蛇蝎暖不得，吃人的豺狼放不得。

主不吃，客不动。

主随客变，客随主便。

头回生，二回熟。

头雁顶不住风，群雁翅膀松。

头戴红帽子，心藏黑心肝。

宁为同胞脚下土，不做敌人手上珠。

宁可千日不战，不可一日不备。

宁可正而不足，不可邪而有余。

宁可听到骂声，不愿听到哭声。

宁可我负人，不可人负我。

宁可种花分天下，不可栽刺害别人。

宁可做过，不可错过。

宁可慢客，不可饿客。

宁当懒汉，不去拐骗。

宁吃鲜桃一口，不吃烂杏一筐。

宁向直中取，不可曲中求。

宁听朋友一声骂，别听小人十句夸。

宁怠慢君子，不怠慢小人。

宁给饥人一口，不送富人一斗。

宁给好汉拉马绷蹬，不给孬熊出谋定计。

宁救百只羊，不救一只狼。

宁喝朋友的水，不尝敌人的蜜。

宁喂狗，不喂人。

宁撞金钟一下，不打铙钹三千。

让人三分不为输。

让人是个礼，锅里没有米。

让人路宽，堵人路窄。

让礼一寸，得礼一尺。

礼无厚薄，不可漏落。

礼多人不怪。

出门观天色，进门看眼色。

出手见高低。

出家如初，成佛有余。

出淤泥而不染。

对饥饿的老虎不要麻痹，对冬眠的毒蛇不要怜惜。

对朋友要亲，对敌人要狠。

对恶人善不得，对善人恶不得。

老吾老以及人之老，幼吾幼以及人之幼。

老虎吃的是大胆的，河里淹的是会水的。

老鼠爱打洞，敌人爱钻空。

地不可不种，心不可不用。

耳不听，心不烦。

耳聋三分寡。

过桥莫丢手中棍，过路莫忘修路人。

再狡猾的狐狸，也洗不掉一身臊。

在家不理人，在外无人理。

在家像只虎，出门像老鼠；在家像条龙，出门像条虫。

有仇不报非君子，忘恩负义是小人。

有头发谁愿装搔头。

有权要想无权时，台上应思台下人。

有饭莫嫌晚，有地莫嫌远。

有钱有肴客不至，无钱乏米客偏来。

有酒大家喝才香，有话当面讲才亲。

有冤报冤，有仇报仇。

有缘千里来相会，无缘对面不相逢。

百足之虫，死而不僵。

死要面子活受罪。

此地不留人，自有留人处。

光脚的不怕穿鞋的。

当局者迷，旁观者清。

当面有成人之美，背后有杀人之心。

当面是人，背后是鬼。

当面咧嘴哈哈笑，怀中揣的杀人刀。

当面鼓，对面锣。

当面输心背面笑。

当家才知柴米贵，处世方知世情深。

当着矮人，不说短话。

当着癞子不说疮，当着瞎子不说光。

同人不同运，同伞不同柄。

同病相怜，同忧相救。

吃人一口，还人一斗。

吃人的狮子不露齿。

吃人家的饭，跟人家转。

吃了人家的嘴软，拿了人家的手软。

吃了哪家酒，就说哪家话。

吃亏人常在，占便宜死得快。

吃水不忘挖井人。

吃肉喝酒，分清敌友。

吃饭不忘种田人。

吃饭时别看他人嘴，走路时别看他人腿。

吃官饭，打官腔。

先下手为强，后下手遭殃。

先天下之忧而忧，后天下之乐而乐。

先进山门是师傅。

传家处世皆宜忍，教子千方莫若勤。

任何人都有人说好说歹，任何人都

有人爱与不爱。

伤人之言，深于矛戟。

仰不愧于天，俯不怍于人。

自知之明量自己，实事求是待他人。

行好事不求人见，存良心只有天知。

行船不怕顶头浪，走路不怕路不平。

行善在心，办事在慎。

行路常开口，天下随便走。

会说的说圆了，不会说的说翻了。

杀恶人就是办善事。

各人冷暖，各人自知。

多一事不如少一事。

多下及时雨，少放马后炮。

多叫一声哥，少上十里坡。

多吃饭，身体好，少管闲事没烦恼。

多栽花，少栽刺，留着人情好办事。

衣服破时宾客少，识人多时是非多。

羊皮难遮野狼相，仙丹难治没良心。

羊瘦怨草场，马生鞍疤怨马鞍。

关门养虎，虎大伤人。

灯不亮，要人拨；事不明，要人说。

兴一利不如除一害。

农夫怜蛇被蛇咬，放虎归山虎伤人。

防敌不放哨，挨了瞌睡炮。

好人不怕多，坏人怕一个。

好中有好，蛋中有黄。

好心人不出坏点子。

好心有好报，歪心腔子上留一刀。

好死不如赖活着。

好花要有绿叶扶，好汉要有众人帮。

好事不瞒人，瞒人无好事。

好狗不挡路，挡路没好狗。

好狗当道卧，不咬也得防。

好话一句三冬暖，恶语一句六月寒。

好客的朋友多，好说的废话多。

红花还得绿叶扶。

红狼黑狼都吃人。

进了庙门会烧香，见了婆婆会叫娘。

坏心人难走四方，夜蝙蝠怕见太阳。

坏心眼的人，心毒辣；骑劣马的人，心急躁。

走平地，防摔跤；顺水船，防暗礁。

走得端，立得正。

走亲走亲，不走不亲。

投我以桃，报之以李。

花言巧语哄倒人，流言蜚语吓死人。

苍蝇不叮无缝蛋，恶霸专欺善良人。

两人分担，困难减半。

两利相权取其重，两害相权取其轻。

两眼盯着左右手，看你拱手不拱手。

来客由主人，客来主由客。

来谮非者，便是是非人。

困难留给自己，方便让给别人。

吹牛拽大话，吹死了牛再吹马。

别在人前夸自己，别在背地论人非。

别看当面说好话，留心背后使心眼。

牡丹虽好，也需要绿叶扶持。

利刀割肉伤易合，恶语伤人恨难消。

兵要天天练，贼要夜夜防。

但将冷眼观螃蟹，看你横行到几时。

但能依本分，后来无烦恼。

伸手不打笑脸人。

你对人无情，人对你薄意。

你走你的阳关道，我走我的独木桥。

你是你，我是我，羊儿不跟狼搭伙。

你敬人一尺，人敬你一丈。

身正不怕影子歪。

伺机欲起，死灰复燃。

含容终有益，任意是生灾。

言过其实，终害自身。

言轻莫劝人，力小莫拉架。

冷尿饿屁穷扯谎。

冷菜冷饭难吃，冷言冷语难听。

没有礼貌的人，就像没有窗户的房屋。

没有家贼，引不来外鬼。

穷嫌富不要。

良臣择主而事，良禽择木而栖。

忍人让人，礼多不伤人。

忍气吞声是君子，见死不救是小人。

忍为高，和为贵。

忍得一分怒，终身无烦闷。

忍得一时之气，免得百日之灾。

纵虎归山，必有后患。

玩火的会被火烧死，玩水的会被水淹死。

表面装得像菩萨，背后吃人肉疙瘩。

拔了萝卜地皮宽。

抬头不见低头见。

若要人不知，除非己莫为。

若要人敬我，我必先敬人。

若是饶人祸事消，让人一步最为高。

英雄不怕战，只怕中暗箭。

英雄死了名气大，饭桶死了挨顿骂。

枪不离身，马不离鞍。

事办当时，话讲当面。

事有凑巧，物有偶然。

事事装好人，到了投亲朋。

事怕合计，人怕客气。

卖瓜的不说瓜苦；卖盐的不说

盐甜。

斩草不除根，暗里又生芽。

到什么山上唱什么歌，吃什么斋念什么佛。

虎吃人易躲，人吃人难防。

明人不用多言，好马只需扬鞭。

明人不做暗事。

明枪易躲，暗箭难防。

忠诚老实传家远，狼心狗肺不长久。

知恩不报不如猪，恩将仇报不如狗。

物中主人意，才是好东西。

和事不丧理，让人不为低。

货有高低三等价，客无远近一般亲。

舍命陪君子。

金凭火炼方知色，与人交往才知心。

金钱如粪土，人格值千金。

金銮殿能坐，胯布裆能钻。

受人之托，终人之事。

贪了别人的花，误了自己的家。

贪财者爱牲畜，知耻者顾面子。

贫居闹市无人问，富在深山有远亲。

朋友邀请，可以不去；朋友有难，必须速往。

兔子不吃窝边草。

狐狸看鸡，越看越稀。

狐狸藏不住尾巴，狗嘴长不出象牙。

狗肉包子上不了席。

狗急跳墙，猫急蹿房。

狗就是狗，哪怕金圈套上头。

狗碰开门，狼也进来了。

狗嘴里长不出象牙，狼窝里敬不下菩萨。

夜长睡梦多，时久有变招。

夜里月黑贼作案，风紧雨急狼出窝。

夜夜防贼不受害，天天防虫不受灾。

夜猫进宅，无事不来。

夜蝙蝠怕见太阳，坏心人难逃四方。

放虎归山留后患，打蛇不死重害人。

放蜂人百毒不侵。

刻苦自己，厚待他人。

河水不倒流，男人不回头。

河水车不干，人心猜不着。

油水不融，敌我不共。

油灯要灭更明亮，敌人临死越猖狂。

泥鳅滑难捉，坏人心难摸。

治席容易请客难，请客容易款客难。

治病要趁早，除害要除了。

怯处有狼，怕处有鬼。

性急吃不了热豆腐。

怪人不知礼，知礼不怪人。

话要摆到桌面上讲。

屈己者能处众，好胜者难相容。

帮人帮到底，送佛送到西。

帮助别人要忘掉，别人帮己要记牢。

毒草不除苗难发，豺狼不灭羊难放。

毒蛇不分粗细，坏人不分远近。

毒蛇过，草木枯；坏人过，穷人苦。

毒箭只伤一人，恶语能伤众人。

挂佛珠的老虎也吃人。

封了群众口，松了敌人手。

指有长短，人无高低。

草山伏猛虎，青山藏毒蛇。

相交不在贫富。

树怕空了心，人怕没良心。

树怕剥皮，人怕伤心。

树德务滋，除恶务尽。

要人尊重，必须自重。

要打当前锣，不敲当面鼓。

要知心腹事，但听背后言。

要受人尊重，首先要尊重他人。

要学武松打虎，不学东郭怜蛇。

要想了解自己，最好问问别人。

面上笑呵呵，心里毒蛇窠。

面带三分笑，背后刀出鞘。

面善嘴也善，心里三支箭。

是龙到处行雨，是蛇到处伤人。

咬人狗，不露齿。

哪有猫儿不吃腥，哪有狗儿不吃屎。

哪样桌，哪样菜；哪样客，哪样待。

看风使舵，顺水推舟。

香烟一递，说话和气；筷子一提，解决问题；酒杯一端，政策放宽。

顺水推舟，借着梯子下楼。

顺风放火烧别人，岂料回风烧自身。

顺情好说话，刚直惹人嫌。

食人酒席，代人出力。

将心比，都一理。

将心比心。

养人养只狗，回转身来咬一口。

送礼没利钱，一钱还一钱。

送佛送到西天。

送君千里，终有一别。

前门拒狼，后门防虎。

前笑王和尚，后面紧跟上。

前脚走，后脚到，一步错，步步错。

举手不打无娘子，开口不骂赔礼人。

客人是否高兴，要看主人是否诚心。

客无亲疏，来者当敬。

客来主人欢，客走主人宽。

客来主不顾，应疑是痴人。

误人躁皮，隔墙邻居。

说大话，放空炮。

退后一步路自宽。

既有非常乐，须防不测忧。

险峻的高山要警惕，曲折的道路要谨防。

捂捂盖盖，事必有怪。

起心害人，反害自身。

捉住蛇头，不可松手。

莫问客人走不走，要问客人来不来。

莫憎人富，莫厌人穷。

荷叶包老菱，角总要露出来。

恶人心，棉中针。

恶狗必遭恶棍。

恶狗怕揍，坏人怕斗。

恶狗咬人暗下口。

恶狗害怕棍棒，恶狼害怕猎枪。

恶狼本性死不改，黄蜂倒地就蜇人。

桥归桥，路归路。

蚊虫遭扇打，只为嘴伤人。

恩人相见，分外眼明；仇人相见，分外眼红。

恩不可忘得太净，仇不可记得太深。

贼偷一时，防贼一夜。

贼喊捉贼难捉到，以敌为友要倒灶。

敌人磨刀我磨刀，针锋相对刀对刀。

敌不可纵，友不可欺。

积爱成福，积怒成祸。

笑面虎咬人不见血。

笑脸聚得天边客。

借债还债，剜肉补。

射人先射马，擒贼先擒王。

拿人钱财，为人消灾。

拿热脸蛋去贴冷屁股。

爱则加诸膝，恶则坠诸渊。

豺狼会装羊，恶人会装腔。

豺狼挨打，狐狸着忙。

狸猫似虎并非虎，恶人装笑不是善。

狼无狈不行，狈无狼不立。

狼死不闭眼，蛇死还挡路。

狼吃羊，冷不防。

狼行千里吃肉，狗行千里吃屎。

狼披羊皮还是狼。

逢人且说三分话，未可全抛一片心。

凉风吹得身心爽，恶语伤人伤难愈。

酒杯虽小淹死人，筷子不粗打断腰。

害人之心不可有，防人之心不可无。

拳头上立得人，胳膊上走得马。

害人如害己，终究害自己。

家丑不可外扬。

家藏狐狸鸡不剩。

读书有味千回少，待客无礼一语多。

谁人背后无人说，哪个人后不说人。

冤有头，债有主。

冤家宜解不宜结。

弱敌不可轻，劲敌不可畏。

娘家饮食香，婆家饮食长。

能忍自安，能静自凉。

理还理，情还情，黑白是非要

分明。

黄勋看鸡没好心，虎戴佛珠假慈悲。

黄蜂针毒，敌人心毒。

救人一命，胜造七级浮屠。

救人如救火。

救人救到底，摆渡到岸边。

救了落水狗，回头咬一口。

曹操诸葛亮，脾气不一样。

爽口食多易生病，快嘴事过恐遭殃。

常和坏人混，绝无好名声。

睁一只眼，闭一只眼。

眼不见，心不烦，留着闲心延寿年。

眼孔浅时无大量，心田偏处有奸谋。

眼睛不亮，到处上当。

蛇入竹筒，曲性不改。

蛇不打死害众人，虎不打死留祸根。

蛇出洞好打，草出土好锄。

蛇死三天尾还动，虎死一七不倒威。

蛇爬无声，奸计无形。

蛇蝎之乡，不可久居。

银钱不外露，家丑不外扬。

做人难，难做人。

做事必须踏实地，为人切莫务虚名。

做事要实在，语言要谨慎。

做事做到头，杀猪杀到喉。

偷来钱，一眨眼；赢来钱，一阵烟；生意钱，两三天。

得忍且忍，得耐且耐，不忍不耐，大事不成。

得理不饶人。

得意客来情不厌，知心人到话投机。

欲让人爱己，必先爱他人。

领导说一句，下面跑断气。

脸皮厚，吃个够；脸皮薄，捞不着。

猫哭老鼠假慈悲，鸭吃袭糠空欢喜。

猛虎不在堂边卧，困龙也有上天时。

梁柱里的蛀虫，从里面蛀出。

情人眼里出西施。

趁我十年运，有病早来医。

欺人是祸，饶人是福。

欺硬不欺软，怕理不怕刀。

遇方便时行方便，得饶人处且饶人。

遇事知底，事半功倍。

蛤蟆蜗牛屎壳郎，各人觉得各人强。

黑牛变不成白牛，敌人变不成朋友。

黑心皇帝白心姜，恶人都有恶心肠。

黑心做财主，杀心做皇帝。

黑老鸦落在猪身上，光说别人黑不说自己黑。

善待他人，即是善待自己。

善恶不同途，冰炭不同炉。

善欲人见，不是真善；恶恐人知，便是大恶。

尊客面前勿叱狗。

道高一尺，魔高一丈。

富贵者送人以财，仁人者送人以言。

强中更有强中手，能人背后有能人。

强龙不压地头蛇。

强宾不压主，强邪不压正。

强盗吃斋，心肠更坏。

强盗喜欢天黑，豺狼喜欢雨夜。

媚若九尾狐，毒如两头蛇。

登山观虎斗，坐桥看水流。

登天难，求人更难。

塘里水少难养鱼，壶中无酒难留客。

路不可走尽，话不可说绝。

路在人走，事在人为。

路是走熟的，事是做顺的。

路遥知马力，日久见人心。

跟上恶人走，必定吃苦头。

微笑是最好的语言。

解铃还须系铃人。

新官上任夸前任，夸的夸的得人心。

慈不掌兵，义不掌财。

谨防怒中性，慢发喜中言。

静坐常思己过，闲谈莫论人非。

兢兢业业看不见，溜须拍马记心间。

愿给好人撑伞，不跟坏人同道。

愿挨打的嘴巴不痛。

敲冰水也动，打水鱼也惊。

端人家的碗，服人家的管。

精诚所至，金石为开。

滴水之恩，涌泉相报。

蜜蜂用嘴酿蜜，蚊子用嘴吸血。

蜜糖嘴，砒霜心。

嫩草怕霜霜怕日，恶人自有恶招治。

踩人一脚，防人一拳；不怕强敌，只怕大意。

薄礼胜失礼。

嘴上没毛毛，办事不牢靠。

嘴上说人话，肚里怀鬼胎。

嘴里吐出糖来，腰里拔出刀来。

嘴里讲的尧舜禹汤，肚里怀的蛇蝎心肠。

嘴里念佛，心里做贼。

磨子不推不转，敌人不打不倒。

癞蛤蟆剥皮眼不闭，黑甲鱼剖腹心不死。

警铃在心，利箭在弦。

警惕毒蛇装美女，提防乌鸦扮金鸡。

露水见不得太阳，坏人见不得阳光。

15. 祸福得失

一百个歪，不如一个正。

一时不能比一时，煤锹不能比铁匙。

一波未平，一波又起。

十个星星当不了一个月亮。

十鸟在树，不如一鸟在手。

七拣八拣，拣个破灯盏。

人无远虑，必有近忧。

人见利而不见害，鱼见食而不见钩。

人生四大喜：久旱逢甘露，他乡遇故知，洞房花烛夜，金榜题名时。

人生虽坎坷，总是欢乐多。

人在福中不知福，船在水中不知流。

人要倒霉，喝凉水都塞牙。

人能平安便是福。

力胜贫，谨胜祸，慎胜害，戒胜灾。

亏人是祸，让人是福。

才离狼窝，又入虎口。

大难不死，必有后福。

万事只怕比，一比心里明。

小锅里放不下大勺子。

口不择言，祸害在前。

口是祸之门，舌是斩身刀。

弓硬弦更长，人强祸必随。

马里面挑马不一般高。

开好花，结好果。

天下没有不散的宴席。

天无三月晴，人无一生平。

天无常圆之月，人无不散之席。

天不能总晴，人不能常壮。

天有不测风云，人有旦夕祸福。

天有阴晴，事有成败。

天作有雨，人作有祸。

天作孽，犹可违；自作孽，不可活。

天灾犹可活，人祸实难当。

无功受禄，反受其殃。

无祸便是福。

无德而赂丰，祸之胎也。

不比不知道，一比吓一跳。

不占便宜不上当，贪图便宜吃大亏。

不吃咸鱼口不腥，不做坏事心不惊。

不伤虎皮难捕虎。

不舍三百三，不得六百六。

不善始者不善终。

月有阴晴圆缺，人有悲欢离合。

风不刮，树不摇，心里没事不犯挠。

火心越空越好，人心越实越好。

为人不做亏心事，半夜不怕鬼敲门。

尺子虽短，能量千丈。

打伞不如云遮日，扇扇不如自来风。

石头比硬，讨吃比棍。

叶怕秋风扫，人怕灾祸到。

吉人自有天相。

再好的文臣武将，也难免受骗上当。

有一兴必有一败，有一利必有一弊。

有一利必有一害，有得必有失。

有火必有灰，一利存一弊。

有胜就有败，有利就有害。

有福之人不用忙，无福之人跑断肠。

成大事者不惜小费。

成也萧何，败也萧何。

吃亏人常在，讨便宜人狼拖狗拽。

因祸得福。

先是便宜后是害。

自然来的是福，强求来的是祸。

向阳石榴红似火，背阴李子酸透心。

闭门家里坐，祸从天上来。

收什么利，受什么害。

好花不常开，好景不常在。

好言不听，祸必临身。

两利相权取其重，两弊相衡取其轻。

牡丹花开空人目，枣花虽小结实成。

利害利害，有利有害。

私心重，祸无穷。

身在福中不知福。

没有一朝好处，却有成日坏处。

没有双喜临门，却有祸不单行。

穷是福，富是祸。

君子问灾不问福。

表壮不如里壮。

势不可使尽，福不可享尽。

幸福不在金钱中。

到老没病就是福。

昙花易谢，好景不长。

明枪好躲，暗箭难防。

知足得安宁，贪心易招祸。

和气致祥，乖气致戾。

舍不起谷米抓不到鸡。

舍不得芝麻，捉不到麻雀。

舍不得肉疼好不了疮。

舍不得金弹子，打不了凤凰鸟。

舍不得鱼饵钓不到鱼。

舍不得炭，打不得铁。

舍不得孩子套不住狼（原为“舍不得鞋子套不住狼”，意思是要想打到狼，就得不怕跑路，不怕费鞋）。

舍不得娇妻，当不了好汉。

舍不得铜秤砣，莫想核桃肉吃。

舍得，舍得，舍不出，得不回。

舍得小猪，才能逮住狼。

金从土中出，福从手上来。

金刚钻虽小是拿瓷货的。

金银比铁，蛤蟆比鳖。

贪图一时快活，必然留下隐祸。

贪便宜，失便宜，没有便宜到家里。

贪痴无底蛇吞象，祸福难明螳捕蝉。

注定的祸避不开，非分的福求不来。

珍珠虽小，价值千金。

城门失火，殃及池鱼。

树大招风。

要享福，常知足。

要想吃鱼，别怕腥。

点心馍馍菜，有利就有害。

省柴锅不滚。

是福不是祸，是祸躲不过。

种花不如种菜，上布施不如还债。

送鱼一年，不如教渔一天。

前面拒虎，后门进狼。

屋外下雨不要紧，屋内漏雨才难熬。

屋漏偏遭连夜雨。

破财挡灾。

秤砣小，压千斤。

秤砣压千斤，人小骨头重。

积少成多，积恶成祸。

高飞之鸟死于美食，深泉之鱼死于芳饵。

倒霉事往往一块来。

病从口入，祸从口出。

宽人一分三分福。

雪上加霜。

笨人有笨福。

得不足喜，失不足忧。

谎话没长腿，招祸凭张嘴。

祸与福同门，利与害为邻

祸不由己。

祸由恶作，福由德生。

祸生不德，福有慎机。

祸连福，福扯祸。

祸固多藏于隐微，而发于人之所忽，祸在于好利，害在于亲小人。

祸莫大于贪欲，福莫大于知足。

祸福无门，唯人自招。

喜事难成双，霉事偏成对。

欺人是祸，助人是福。

量大福大，心宽屋宽。

智者千虑，必有一失；愚者千虑，必有一得。

善恶随人作，祸福自己招。

富贵在天，生死由命。

想吃油糕，就别怕油了嘴。

歇透了不少做活儿。

躲一枪，挨一刀。

躲了雷公，遇了霹雳。

躲过了风暴又遭了雨。

福无双至，祸不单行。

福从此起，祸也从此起。

福过灾生，乐极生悲。

福来不容易，祸来一句话。

福是积的，祸是作的。

福祸为邻，利害相连。

蜜甜蜂蜇人。

磨刀恨不利，刀利伤人指。

激石成火，激人成祸。

懒人自有懒福，迟来吃碗厚粥。

16. 诚实守信

一时猫脸，一时狗脸。

一遭勿老实，百遭勿老实。

人前一面，人后一面。

人嘴两张皮，随人讲，随人移。

刀利全靠锋，人是使信用。

下锅无米放，出门当官样。

上坟讲仪式，下坟只讲吃。

小和尚念经，有口无心。

口里说着是一，心里横着是十。

口服千句不算服，不如心里应一声。

口唇两张皮，说话无定期。

天下样样都有底，只有马屁没有底。

不怕红脸关公，就怕抿嘴菩萨。

歹人哭哭啼啼，都是虚心假意。

内心无邪事，不怕进庙门。

水泡虽大没分量，秤锤虽小压千斤。

水退石头在，忠诚说不坏。

见人说人话，见鬼说鬼话。

今天红花，明天紫草；今日莲花，明日牡丹。

反诬一口，入骨三分。

火心越空越好，人心越实越好。

心中无冷病，哪怕吃西瓜。

玉碎不改白，竹焚不毁节。

巧诈不如拙诚。

平生不做皱眉事，天下应无切齿人。

宁可擂穿鼓，不可放倒旗。

宁死不悖理，宁死不堕志。

宁肯壮烈而死，不愿屈辱偷生。

宁愿洁身而死，不愿污身而生。

宁愿站着死，不愿跪着生。

当面是佛，背后是鬼。

当真不当假，瞒上不瞒下。

舌头无骨，随弯随屈。

好话不奉承，奉承没好话。

秀才饿死不卖书，壮士穷死不卖艺。

冻死迎风站，饿死不出声。

阿谀没牙齿，能把骨头啃。

若要人不知，除非己莫为。

忠于诺言是君子，不讲信用是小人。

狐狸扮观音，扮来扮还是狐狸精。

刻薄不赚钱，忠厚不折本。

诚于中，形于外。

树难禁利斧，人难禁谗言。

轻诺者信必寡，而誉者背必非。

顺口答应，看风使舵。

姜是老的辣，人是诚实好。

屋里不烧火，屋外不冒烟。

真的割不掉，假的按不牢。

唇是软的，天是圆的，话是转的。

高山难遮太阳，虚实难瞒地方。

疾风知劲草，乱世有忠臣。

黄金失去可再得，名誉扫尽难挽回。

眼里容不得一粒砂，待人掺不得半点假。

假金才用真金镀。

猴子装人，忘了自己长尾巴。

骗人骗自己，害人害自己。

满嘴荒唐言，一把鳄鱼泪。

墙上长草立不住根，脚踩双船稳不住心。

墙头草，两边倒。

嘴上两张皮，说话有改移。

17. 劝诫勉励

一般树上两般花，五百年前是一家。

一错再错，难以补过。

二虎相斗，必有一伤。

人心不足，欲海难填。

人生常会量人短，何不回头把自量。

人过留名，雁过留声。

人在得意时，莫忘乎所以。

人狂有祸，风狂有雨。

人招祸因嘴巴不牢，狐毙命因一身皮毛。

人若无信，百事皆虚。

人怕话刚，马怕人骑。

人要从小培养，马要从小喂养。

人美在心，话美在真。

人前莫自夸，人后莫找茬。

人活要脸，树活要皮。

人爱己，先爱人。

人逢喜事精神爽，船到滩头水路开。

人家张开嘴时，自己闭上嘴。

人道谁无烦恼，风来浪也白头。

人生不如意十之八九，可与人言无一二。

力微休负重，言轻莫劝人。

三思有益，一忍为高。

干瘪的谷子轻飘。

大丈夫自己无能，靠他人最是下策。

大过没有，小错不断。

大利不如小弊。若不调查和甄别，会把烟子误当气。

大话莫夸早了，豆腐莫打老了。

大话莫听，大恩莫忘。

大姐严身如古堡，大哥耐心如流水。

与众和睦是世道之本。

万恶淫为首，百行孝当先。

小山羊吃柳条，是母山羊所教。

小孩子的话，问了不说等了说。

弓硬弦常断，人强祸必随。

马要与牛比脚力，小心累断后根筋。

天天找领导，天天作检讨。

天外有天，人上有人。

无理又无礼，没人理睬你。

木从绳则直，人从谏则圣。

不仅家乡遭殃，连那同伙也倒了霉。

不从小羔养育起，高大山羊从何来。

不以一眚掩大德。

不以人废言。

不犯错误的人，是什么也不做的人。

不知为何错，还会继续错。

不知丑的人，也不懂得美。

不怕人不敬，就怕己不正。

不怕官，只怕管。

不怕错，就怕不改过。

不要把善良当懦弱，不要把谦虚当胆怯。

不要忧来不要愁，自有晴天对日头。

不要取笑他人，留神自己出丑。

不要看财要看人，不要看嘴要看心。

不要惊奇地看着，将要结伴到生厌。

不要搭理醉汉和疯子。

不要装扮表面，而要修炼内心。

不怨天不怨地，要怨就该怨自己。

不能满足无过，应该争取有功。

不做亏心事，不怕鬼叫门。

不管有理无理，先打五十板子。

少时饮酒英雄，老时后悔英雄。

少时若不勤奋学习，长大哭哭啼啼何用？

水至清则无鱼，人至察则无徒。

水若小时不堵住，就有冲走村庄之险。

水要站着喝，歌要站着唱。

气是无明火，忍是敌灾星。

片石山和草山间，老鼠在吃让巴草。

从来作恶天昭报，事到头来不自由。

从虎者应无善兽，好斗者必遇强敌。

从善如登，从恶如崩。

父亲去何处？只有母亲知。

父亲若是轻视母亲，孩子定会小看母亲。

公山羊抵牾时，小山羊勿伸手。

风无常顺，兵无常胜。

火若小时不扑灭，就有火烧山的危险。

火要小时救，恶徒要少时管。

为人不讲理，确实成问题。

心口如一终究好，口是心非难为人。

心正意诚思虑除，顺理修身去烦恼。

心软不能治事，面慈不能治家。

心胸狭隘，会把人害。

心胸宽阔多快乐，诡计多端多遭殃。

丑媳妇总得见公婆。

以柔制人，以刚克己。

劝狗不吃屎，白费你力气。

打鱼不在急滩上，退后一步自然宽。

打莫打人痛处，骂莫骂人羞处。

打鸭惊鸳鸯。

石头难试狗心，人也难探人心。

东风吹马耳。

东向而望，不见西墙。

且存方寸地，留与子孙耕。

只劝去印度修法，勿劝去西藏跳舞。

只会扯皮，不会说理。

生来一张歪嘴，专门挑拨是非。

失道无人助，得道众心归。

白天不要偷窃，山上处处有眼；夜里不要议论，隔墙处处有耳。

白日睡大觉，月下捉虱子。

他人苦时勿高兴，自己也有痛苦时。

鸟飞空中无足迹，人无羞耻话无据。

宁可身受苦，不叫面皮羞。

宁可说不透，不可夸大口。

让人一寸，得理一尺。

母亲若是轻视父亲，孩子定会轻视父亲。

动听的话未必是真话。

老马虽坠崖谷，鞍子和辔完好。

老的不教，小的不听，犹如老鼠无母无家。

老实人常在，欺诈人常败。

老狼虽大呼小叫，狐狸照吃小羊羔。

过了这个村儿，就没这个店儿。

过了河莫拆桥，上了楼莫断梯。

过于夸功，降低功效。

过头话少说，便宜事少做。

过量的酒对己有害，过头的话对人有害。

再好听的恭维话也不是音乐。

在那田地之间，兔子正在吃草。

有人养，无人教。

有过不包庇，有功不奉承。

有钱便使用，死后一场空。

有病要医，有错要改。

有理不必声高，声高未必有理。

有错不改，错还会来。

百万买宅，千万买邻。

百心不能得一人，一心可以得百人。

百花齐放，百家争鸣。

百说千说为表一意，百搅千搅为得酥油。

早晨不干活，下午定后悔；少时不学习，老了定后悔。

吃不尽的苦，学不尽的乖。

吃正经的饭，穿正经的衣。

吃饭看肚子，说话看听者。

吃药怕苦打针怕痛，偏偏身体弱不禁风。

吃喝多多益善，议论越少越好。

先看自己模样，再去评论他人。

自己虽然会走，步态要合众意。

自己做错自己认，不要诿过于别人。

自责好过别人责，自夸不如别人夸。

自重不可自大，自谦不可自卑。

向着太阳吐口水，必定落在自己脸上。

杂草多中收成少，嫌话多处智慧少。

多下及时雨，少放马后炮。

多行不义必自毙。

如果不管红舌头，圆圆脑袋会遭殃。

好事须相让，恶事莫相推。

好狗是家中宝，太好会使门口堆满

石头。

好话一句三冬暖，冷言半句六月寒。

买卖好做，伙计难当。

麦场要修在高处，胸怀要放得宽广。

批评是爱，吹捧是害。

走正道前程似锦，走斜路进入陷阱。

走时要化狐狸灵巧，做事要比兔子端正。

声高不等于有理。

声誉、知识、技能和聪慧，就是小伙子继承分钗断带的条件。

报复之心，小人之心。

花言巧语非智慧，真诚耿直是高尚。

苍蝇爱臭蛋，乌鸦爱死尸。

芳草变荒野，只因不自爱。

求那无羞耻的亲友，不如靠那有羞耻的敌人。

两只耳朵，只听颂歌。

来回走动太多了，当心脑袋挨石头。

来如风雨，去似微尘。

男子贪睡丢敌酋，女子贪睡丢饭碗。

听到好话不要笑，听到坏话不要跳。

听到表扬就笑，听到批评就叫。

吹捧害人，自吹害己。

别因富有而得意，别为贫穷而丧气。

别看人的衣裳，要看人的心肠。

但得五湖明月在，春来依旧百花香。

伸手容易缩手难，张嘴容易闭嘴难。

你目中无人，人目中无你。

身上没有疮疤，苍蝇不会去叮。

近和尚学会法，近盗贼学会偷。

饮水要思源，为人不忘本。

言多必失，久赌必输。

言多变则失信，步频改则难从。

闲言未必真，听言听三分。

没有爱憎的人，近似于木头。

良材烂在树皮下，智慧老于腹腔中。

穷则变，变则通。

君子以功报德，小人记仇忘恩。

改正错误，就是进步。

改错是聪明，瞒错是蠢人。

妒忌妒忌，首先害己。

青龙住的地方，哪怕是猛虎也该躲一躲。

责人之心责己，恕己之心恕人。

抽那眼界高的香烟，不如吸那舒心的鼻烟。

幸福延长的计策，痛苦缩短的智慧。

苦海无边，回头是岸。

若不瞻前顾后，就有坠崖之险。

若以公事为主，私事自然形成。

若要人不知，除非己莫为。

若要无烦恼，唯有知足好。

若是真正之敌，就无远近之别。

若想看戏就看己身，如此好戏哪里寻得？

事前不思量，事后必后悔。

刺耳的话是疼爱，疼爱的话有益处。

贤父有好儿，良箭有好翎。

明明无理，偏要闹事。

明明自己错，还牢骚满筥。

知人者智，自知者明。

知心话儿说得太多，定要落得有苦难言。

知足得安宁，贪心易招祸。

知错不改，必被错害。

斧头砍石头，吃亏在自己。

受恩不报恩，如同无知的狗。

朋友若要亲密，相互指出缺点。

法网恢恢，疏而不漏。

河堤筑在发水前。

怪天又怪地，从不怪自己。

空待无法自持，无知无法自立。

肩挑五岳，胸罗百川。

房屋牢不牢靠，全凭地基如何。

视而不见无异于瞎子，听而不闻无异于聋子。

话讲过头，赶快改口。

话若多了，会惹官司。

春风得意时，莫忘乎所以。

指有长短，人无高低。

垫了枕头，方向勿错。

挤疮不留脓，免受二回疼。

草怕根死，人怕心死。

药苦能治病，甜言总误人。

要打当面锣，莫敲背后鼓。

要足何时足，知足便是足。

要听老人话，要品好茶味。

要知盘中餐，粒粒皆辛苦。

要治他人罪，自己要洁白。

要看绿水的流态，要看红岩的坐姿。

要说人家有癞痢，自己不要染癞痢。

要得人敬你，你得先敬人。

要想戒酒，多看醉汉的丑态。

耐得心头气，方为有志人。

是铁氧化不要紧，擦斑去锈又闪光。

是非终日有，不听自然无。

虽不能作风雨中的伙伴，也不能引霜雹来糟蹋。

虽丑陋也是己父母，虽肮脏也是父母碗。

虽然心中有怨恨，对敌也带三分笑。

虽然有眼看别人，要看自己需要镜。

响鼓也要用重槌敲。

哪里摔倒，哪里爬起。

重复错误者，不是聪明人。

施恩莫望报，望报莫施恩。

洗手不干坏事，今后明辨取舍。

客大了压主，虎大了伤人。

既然有两只耳朵，好话坏话都

听听。

既然知错，那就改过。

屋怕不稳，人怕忘本。

孩子的饮食大人来控制，大人的饮食由心来控制。

怒来理智失，疑生信任消。

耗子拱不翻石磨盘，猛虎敌不过地头蛇。

捉贼要捉头，拔草要拔根。

恭维到肉麻，听到就害怕。

恭维的话其实并不比毛驴的叫声好听。

莫让罪犯逍遥，莫让无辜牵连。

莫向贪心者交心，莫对恶意者轻信。

莫向贪婪者示财宝，莫向恶意者表心思。

莫看他人吃什么。

莫说人家短，莫道自己长。

莫馋人富，莫嫌人穷。

莫道君行早，还有早行人。

莫嫌本少利钱小，赚进总比花出好。

恶贯不可满，强壮不可恃。

真实者寡言，虚伪者多辩。

真话一句值千金，谎话千句如粪土。

真话与谎话勿混淆，英雄与懦夫勿混淆。

夏日注意铁器，冬天注意瓦器，四季注意红舌头。

破锣不值得敲，破琴不值得弹。

破罐装水水不留，破布遮丑丑更丑。

铁生锈则坏，人生妒则败。

笑脏笑破不笑补，笑馋笑懒不笑苦。

借的是清水，也莫忘记。

射击要有的放矢，批评要实事求是。

爱计较，气量小。

爱讲恭维话，专门吹喇叭。

逢人莫乱讲，遇事莫乱闯。

疼爱的嘴里没有中听话。

兼听则明，偏听则暗。

谁人若是靠金山，他的禽鸟都是金。

能让终有益，忍气免伤财。

教训不记住，还要再吃苦。

野鸭飞落水上时，也要瞻前顾后。

患得患失的人，成不了气候。

做那众人唾骂的恶官，不如做品德高尚的用人。

做事不要像马熊捉雪猪，得后忘前。

做事勿要随心所欲。

船多江不碍，礼多人不怪。

骑马之前，要拍拍鞍。

喜乐没有节制，预兆灾祸降临。

裁衣要讲究尺寸，批评要注意分寸。

欺骗别人的时候，也是在欺骗自己。

焚林而猎明年无兽，竭泽而渔明年

无鱼。

赌牌会让人倾家荡产。

傲不可长，志不可满，乐不可极，欲不可纵。

就算只能活三年，要有百年之学问。

痛苦在前，成果在后。

童心如明镜，能映九天云。

善若施于人，祸不便于己。

善事可做，恶事莫为。

道不同，不相与谋。

富时要经得起乐，穷时要经得起苦。

强者不必怕，弱者不可欺。

摆脱名利缰锁，便是解放自我。

想要快些完成，就要慢慢做来。

碰到绵羊是老虎，碰到老虎是绵羊。

错误不可再，赶快改过来。

错误缺点能用减号才好，成绩优点能用加号才好。

慈悲胜念千声佛，造恶空烧万炷香。

满足于两下子的人，也就只有那两下子。

谨言不会出错，慎行不会跌跤。

静坐常思己过，闲谈莫论人非。

摔倒了要爬起，不要一蹶不振起不来。

遭到恶人的谩骂，不如挨那贤人打。

稳重的马，人人骑，沉着的人，人欺。

疑人误友，疑事误功。

聪明、文明和活泼，众人聚处需要这三点。

糊涂须到底，聪明莫过头。

嘴门开得要适度，舌扇摇得要适度。

嘴乱易惹祸，树大易招风。

18. 批评建议

一个人不为自己的过失感到羞耻，将一错再错。

一失足成千古恨。

一步走错，步步走错。

一根最细的头发也有影子。

十个指头有长短，世上谁人无缺点。

人不犯错误，啥也不会做。

人不知自丑，马不知脸长。

人有失手，马有失蹄。

人非圣贤，孰能无过。

人怕没脸，树怕没皮。

人贵有自知之明。

人看不见自己的过错，骆驼看不见自己的脖子长。

人最大的缺点就是有许许多多小的缺点。

大船沉没，原有小孔，百丈之堤，溃于蚁穴。

大意失荆州，骄傲失街亭。

小洞不补，大洞吃苦。

小错护短，大错不远。

天上的繁星数得清，自己脸上的煤烟却看不见。

五十步笑百步。

不比不知道，一比吓一跳。

不会评价自己，就不会评价别人。

太阳也有黑点。

牛看不见大象，以为自己最大。

什么也不知道的人，什么错误也不会犯。

月亮上的黑斑比月光更醒目。

认真的人只错一次。

尺有所短，寸有所长。

正如阴影总和阳光相伴，一个人总有他的优点和缺点。

只见别人眉毛短，不见自己头发长。

只为自己活着的人活得无价值。

只有在人群中间，才能认识自己。

瓜无滚圆，人无十全。

用错误掩盖不了错误。

鸟惜羽毛虎惜皮，为人处世惜脸皮。

宁可认错，不可说谎。

对胆小鬼来说，到处都是险地。

老马走错了路，知道回头；明白人做错事，知道改正。

老鸦笑猪黑，自丑不觉得。

有过知改最值钱，浪子回头金不换。

有过皆可补。

有则改之，无则加勉。

有错常护短，失足悔已晚。

有嘴说别人，无嘴说自己。

百密也有一疏。

成大事者，不拘小节。

光看自己短。不把自己量。

任何改正都是进步。

自己的东西是个宝，别人的东西是草。

自己的鞋子，自己知道紧在哪里。

自丑不觉，人丑笑煞。

自夸没人爱，残花没人戴。

自知之明是最难得的知识。

自称好，烂稻草。

忙中必有错。

论旁人斤斤计较，说自己花好稻好。

如果你指挥不了自己，也就指挥不了别人。

把别人的长处看够，把自己的短处看透。

花香在花蕊，人美在言行。

两个错加不出一个正确来。

否认错误，等于双倍错误。

吹牛与说谎本是同宗。

针没有两头尖，甘蔗没有两头甜。

每一个人都不可能没有错误，只有蠢家伙才会一错再错。

沙粒虽小伤人眼，小错不改遭灾殃。

沟通水渠可以成江湖，改邪归正可以成新人。

没有不可救药的恶习。

没有不冒烟的火焰，没有无过失的青年。

没有拉不直的绳，没有改不了的错。

没有缺点的人，往往优点也很少。

即使是绝顶聪明的人，也难免有差错。

纸里包不住火，人包不了错。

玩物丧志。

取人之长，补己之短。

苦瓜不知自己丑，倒笑花生皱脸皮。

苦海无边，回头是岸。

知人难，知己更难。

知错能改不为错。

金无足赤，人无完人。

放下屠刀，立地成佛。

刻薄不赚钱，忠厚不蚀本。

承认错误，等于纠正了一半错误。

要想了解自己，最好问问别人。

看自己一朵花，看别人一脸麻。

看自家的缺点，学他人的优点。

信任一切人与不信任任何人同样是一个弱点。

胆小鬼吓别人的时候，嗓门最高。

胆小鬼的心目中，万事都有危险。

胆小鬼觉得黑暗中的影子也会发出可怕的声音。

迷途知返。回头是岸。

洗心革面，改过自新。

给自己唱赞歌的人，听众只有一个。

耻笑别人之前，先端详端详自己。

莫笑别人背驼，自己把腰挺直。

监狱门前后悔迟。

鸭子死了嘴还硬得很。

宽恕一切人，只是别宽恕自己。

掩饰一个缺点，等于暴露了一个缺点。

船到江心补漏迟。

粗心大意是犯错误的亲戚。

最大的错误就是认为自己从来不犯错误。

最大的错误就是时时担心犯错误。

最困难的事情就是认识自己。

想不犯错误，就一事无成。

愚蠢的人总是为自己的错误辩护，聪明人力求改正自己的错误。

漏洞虽然小，也能沉没一艘大船。

聪明一世，糊涂一时。

聪明反被聪明误。

癫狂的马，往往容易闪失；慌张的人，时常会出乱子。

19. 辛辣讽刺

一人吃斋，十人念佛。

一人得道，鸡犬升天。

一马立功，百马得料。

一份和尚一份斋，有稀有稠打起来。

一粒老鼠屎，搞坏一锅粥。

一朝权在手，便把令来行。

一嘴两舌，两舌百话。

十个指头，没算不清的。

人不敬你除夕，你为何敬他初一。

人心难测，海水难量。

人若不死，总能相间。

人挪活，树挪死。

九子不葬父，一女打荆棺。

又要马儿好，又要马儿不吃草。

又想吃大饼，又不愿累牙。

干得辛辛苦苦，无人敬献哈达。

大丈夫若不能，求他人是下策。

大的毛牛不一定拉大粪。

小人口如蜜，转眼是仇人。

小鸟能对付虫子。

小老鼠真可爱，长大后吃糌粑袋。

小时缠在腿上，大了骑在头上。

小鱼虽有翅膀，难以飞翔天空。

小泥鳅想掀大浪，小花蛇想吞大象。

小狮虽弱小，本是狮子后嗣。

小犊死时不落泪，扒犊皮时装哭泣。

山中无老虎，猴子称霸王。

山羊头的价也是一两，牦牛头的价也是一两。

山顶晒太阳，越晒越发冷。

千挑万选，拣个漏眼。

乞丐丈量王库。

乞丐拿着饭袋挺胸膛，国王享用皇庄饿扁肚。

尸体无头颅，却作迁识法。

尸体在土下，言论在地上。

马儿若是一样，就请一样翻山。

天下本无事，庸人自扰之。

天未黑，先点灯。

无主尸体，由狗享受。

不见尸体勿落泪。

不见自己头上的虱子，却见别人身上的虮子。

不仅杀了野牛，还用牛尾做旗幡。

不用去那达隆，被子底下就知。

不用故乡的染料，去向他处讨赭石。

不吃羊肉，空惹一身膻。

不图打鱼，只图浑水。

不知人间有羞耻事。

不知有汉，何论魏晋。

不知自己如何抓糌粑团，却管他人如何作酥油花。

不要有人同吃，有那腮颊就行。

不要有人同住，有那垫毯就行。

不是力大与牛斗，只是逼得不得已。

不是想吃桃子，而是想扔果子。

不懂却要跳舞，站着出尽洋相。

不懂佛法的秃头僧，是夫妻不和的罪魁祸首。

不懂修行之道，放下羲鼓舞蹈。

比狮子凶的野兽，比骏马好的马匹。

少年虽长大，骨髓还是血。

水在渠里流淌，龙王勿要嫉妒。

水渐清澈，鱼渐清晰。

见肉就拿刀子，见酥油就伸舌头。

手上十个指头，锯掉哪个都疼。

牛的尾巴再短也有一尺，羊的尾巴再长只有一挥。

毛驴内脏，可以上市。

毛驴嘴里吐不出金子。

气得腹内着火，鼻里不敢冒烟。

从那言语举止，得知没有知识。

今年发着来年根，来年还是淘大粪。

今年盼着来年好，来年裤子改成袄。

乌龟不笑鳖，都在泥里歇。

心儿变成黄金时，身体却已成尸首。

心比天高，命如纸薄。

以其昏昏，使人昭昭。

未得任何好处，却招来一身虱子。

去年倒墙，今年起尘。

平时不烧香，临时抱佛脚。

目不识丁，笔比箭长。

只见贼吃肉，不见贼挨打。

只会直着看，不会横着瞧。

只许州官放火，不许百姓点灯。

只听水响，不见鱼跳。

只顾羊卵子，不顾羊性命。

只管自己锅满，不管别人屋漏。

叫声悦耳的画眉鸟，在敌人面前像哑巴。

白天是神，黑夜是鬼。

白天游街走四方，夜晚熬油补裤裆。

白狗偷食，黑狗当灾。

白宗经常哭泣，不必为之忌讳。

白猎犬虽上山，黑尾巴向右歪。

用牦牛长毛做的绳子，拽拉牦牛的尸首。

用黑石灰在洁白的雪山上绘画。

外面的毒水往里灌，里面的甘露往外泼。

鸟靠翅膀，人靠嘴巴。

头上无毛发，却要交发税。

司马昭之心，路人皆知。

出力不讨好。

皮火筒没漏底，头上帽却破顶。

对不合格的塔，开设师承的光。

老牛不往上爬，小牛不往下走。

老兄枉自疲劳，狗腿枉自跑痛。

老狗尾毛虽密，只能暖其鼻子。

老狗逼急，也会跳墙。

老翁嘴中大话多，老媪嘴中淫语多。

老鼠看仓，看得精光。

耳朵不知头在烂。

再狡猾的狐狸，也洗不掉一身臊。

再饿不会吃尘土，再冷不会盖石板。

在色拉寺供酥油灯，向哲蚌寺夸功德。

有牙吃豌豆，没牙别生气。

有毛的羊要交羊毛，无毛的鱼要交鳞文。

有事叫公公，无事脸朝东。

有眼不识宝，灵芝当蓬草。

死人不知抬丧苦，做官哪管百姓穷。

成了便是奶酪，不成便是酸水。

此地无银三百两。

早生的耳朵，不如晚生的角。

早知灯是火，饭熟已多时。

肉不肥，还要高价。

肉房虽然漆黑，肉条却有数字。

丢掉麝香，留下獐皮。

华而不实，大头无脑。

仿效小姐的步态不成，反丢自己原来的步态。

自己拉弓射箭，却不知箭头飞往何处。

自己的财产说成牦牛，别人的财产说成虱子。

自己的屁股不能挨茅草，却用棍子去打他人屁股。

自己修造的桥，至少自己能过。

自家骨肉尚如此，何况区区陌路人。

羊肉没吃上，惹得一身膻。

安于故俗，溺于旧闻。

好汉不失言，好马不择鞍。

红嘴乌鸦莫相讥，彼此尖嘴一般红。

弄弯牦牛角，难做牛鼻圈。

苍蝇结束生命，小鸟张开小嘴。

时机成熟，蘑菇也会戳穿草地。

男人的箭女人来射，男人的话女人来说。

男爱女，犹如草原上射箭，女爱男，犹如石沉于大海。

听说鸡好卖，连夜磨得鸭嘴尖。

吹口气儿刮大风，吐口唾沫河涨水。

吹皱一池春水。

别人夸，一枝花；自己夸，烂冬瓜。

财物付出去，舆论留下来。

我们俩是好朋友，轮到你来出汤盐。

兵藏武库，马入华山。

佛爷不能自立，却要引渡众生。

没有不狡猾的狐狸，没有不吃肉的老虎。

没有见到雪山的人，见了酥油弄坏了眼。

没有逮住鹿，狗声满沟壑。

鸡多不下蛋，人多吃闲饭。

招牌挂的百家姓，只认钞票不认人。

抬起只有一两重，放下似有千斤重。

若是肉，好吃；若是骨，好扔。

贤父的装钱包，成了孽子的糌粑袋。

贤父的粮食仓库，孽子使其变成牛粪房。

岩鼠为官管老鼠，见到勋时一齐逃。

牧民养着六条狗来看护四条小牛。

佩带过许多冕旒，没有佩带过草麻冕旒。

货卖一张皮，马卖四只蹄。

货物有毛驴来驮，道路为何喊

腰痛。

周郎妙计安天下，赔了夫人又折兵。

昏官断案，各打五十。

兔子转山坡，转来转去回老窝。

狗肉滚三滚，神仙站不稳。

狗若逼上墙角，不得不来咬人。

狗嘴长不出象牙，狐狸藏不住尾巴。

饱者虽入睡，饥者未难眠。

夜里想得千条路，明朝依旧卖豆腐。

姑娘愿哭，母亲愿打。

虱子翻越山，只在衣领外。

虱多不痒，债多不愁。

参谋不带长，放屁也不响。

终日打雁，叫雁啄了眼。

挂羊头，卖狗肉。

带着铃铛去做贼。

要吃面粥，盐要适中。

要撒尿时，才想起找厕所。

砍掉头颅，抚摸喉部。

背着罪孽的小铁锅，嘴里不停地念经咒。

削尖脑袋戴斗笠，砍掉脚趾穿绣鞋。

昨日野羊跳跃的地方，今日猪在跳跃。

虽不聪明得被风吹，也不会愚笨得掉粪池。

虽然目不识丁，却摆出大秘书的架子。

看人家的嘴，失了自己浮酥。

种了别人的地，荒了自己的田。

泉水只有一度大，鱼儿却有十八度长。

狮子名声虽然大，用处多的却是狗。

饶君掬尽湘江水，难洗今朝满面羞。

音调如此拙劣，不要硬来演讲。

送肉上砧板，等着挨刀砍。

派去，不愿走；留下，坐不住。

神殿无人管，岩石涂白灰。

说尽黄河只为水，磨破口舌尽为财。

除了母亲不认识别人，除了院子不知道他处。

绕着岩石，打兔耳光。

绕着柱子打屋梁。

真假混杂，牛马连头。

根子若不砍断，树株如何倒下。

拿着脖子去买绳。

站着讲话腰不痛，坐着听讲反而累。

料被马吃，怪罪于驴。

海面虽平，海底有鳖。

家中放着乞丐，向外发着布施。

家家卖私酒，不犯是高手。

被水冲走时，佯装在游泳。

梯子高的要顶天，房顶矮的要贴地。

雪山狮子耀绿鬃，到了平地像

只狗。

雀声虽悠扬，身肉只有二两。

眼中的扎玛肉中的刺儿。

野狼弓着身子走，狐狸请勿来讥笑。

秽物揣在腰包，还嫌别人肮脏。

做官做府起高楼，民脂民膏在里头。

偷个鸡蛋吃不饱，一个臭名背到老。

欲快而骑马，反而折膝盖。

脚踢空中，唯有膝痛。

寄希望于他人，结果心被偷去。

骑人家的马，不如赶自己的驴。

绸缎糌粑袋中，装着酒糟糌粑。

喜好吃喝，逃避工作。

落水顾命，上岸顾财。

朝北窗户，莫求阳光。

雄鹰在天空飞翔，家鸡请不要干涉。

跌倒在被脚踏，荒年又遇闰月。

蛤蟆跳三跳，还要歇一歇。

铺垫虎豹皮处，羊皮请勿起尘。

皓月当空，点着油灯。

貂不足，狗尾续。

强壮如公山羊，威风像雄狮子。

搬起石头打自己的脚。

想吃而磨糌粑，想走而买马匹。

想吃核桃肉，又怕崩了牙。

想吞他人财产，要有铁的腮颊。

想要母亲给的零食，不要母亲给的毛纺工具。

衙门八字开，有理无钱莫进来。

腰里掖副牌，谁到跟谁来。

舞蹈跳得不好，舞衣价格却高。

聪明反被聪明误。

瞎子见到各种事，聋子听到各种事。

薄纸里包不住火，沙步里盛不了水。

嘴里吐出糖来，腰里拔出刀来。

赞美上身，污蔑下身。

檀木当火棍，绸缎当抹布。

第四章　积极进取

20. 读书求知

一人见识浅，十人见识长。

一个不想蹚过小河的人，自然不想远涉重洋。

一天学会一招，十天学会一套。

一艺之成，当尽毕生之力。

一日无书，百事荒芜。

一日读书一日功，一日不读十日空。

一本好书，相伴一生。

一本坏书，比一个强盗更坏。

一回生，二回熟，三回过来当师傅。

一次深思熟虑，胜过百次草率行动。

一窍通，百窍通。

十年寒窗无人问，一举成名天下知。

人生无坦途，远路无轻载。

人生不读书，恰似瞎眼珠。

人在山外觉山小，人进山中知山深。

人穷在智上，花红在枝上。

人是否有知识看行动，马能否疾行看脚力。

人贵有志，学贵有恒。

九层之台起于垒土，千里之行始于足下。

儿时练功易，老来学艺难。

刀儿越使越亮，知识越积越多。

刀子越磨越锋利，学问越学越精细。

刀不磨不快，人不学不懂。

刀在石上磨，人在苦中练。

刀钝石上磨，人笨人前学。

刀越磨越利，脑越用越灵。

三天不念口生，三天不做手生。

三天不拿针，熟手也变生。

三分靠教，七分靠学。

三思而后行。

士者国之宝，儒为席上珍。

才出于学，器出于养。

才华是刀刃，辛苦是磨刀石。

才华是血汗的结晶。

与其死守山大的黄金，不如学得豆大的学问。

与其浑身珠宝，不如满腹学问。

与其博爱万物，不如精通一事。

上台阶尽管费力，却一步比一步高。

上知天文，下知地理。

山上的石头能背完，河里的流水能舀干，世上的知识学不完。

山有泉水才美，人有技能才好。

山要绿化，人要文化。

山是一步一步登上来的，船是一橹一橹摇出去的。

山高能望远处，学深能知天下。

万事莫如亲下手。

千般容易学，一窍最难通。

广学细琢得知识，细嚼慢咽得滋味。

井淘三遍出好水，人从三师武艺高。

井淘出好水，人学出智慧。

开卷未必都有益，学而不择误终身。

天才在于学习，知识在于积累。

天上的雨水能滴穿大理石，勤学的汗水可敲开智慧宫。

天上星星数不清，地上知识学不尽。

天天多留心，积久成学问。

天平是轻重的衡量器，实践是是非的试金石。

无知和瞎子一样。

木不凿不通，人不学不懂。

五本六本连续读，学习当如卒过河。

不上树摘不到果子，不流汗学不到本领。

不见不识，不做不会。

不为不知而羞，要为不学而愧。

不吃饭则饥，不学习则愚。

不自满者受益，不自是者博闻。

不向前走，不知路远；不努力学习，不明白真理。

不问的人永远和愚昧在一起。

不知则问，不懂则学。

不爬崎岖的高山，不知大地的平坦。

不怕人不精，只怕艺不精。

不怕不知，就怕不学。

不怕学不成，就怕心不诚。

不怕学问浅，就怕志气短。

不怕学得慢，就怕断了线。

不学习的人，像不长谷物的荒地。

不学不问稀里糊涂，学了问了清清楚楚。

不经风霜难成才，不闯难关难成将。

不经过琢磨，宝石也不会发光。

不要到山中看老虎，猫儿就是现成师傅。

不要装饰你的衣服，而要丰富你的智慧。

不耻下问，才能有学问。

不积跬步，无以成千里；不积小流，无以成江海。

不读一家书，不识一家字。

不能则学，不知则问；耻于问人，决无长进。

不得渔夫引，怎能见波涛。

不愿看的人，比瞎子还瞎；不愿听

的人，比聋子还聋。

不懂装懂，永世饭桶。

太阳的光辉普照天下；学者的学问传遍全球。

少儿正字嘴中诵，笔头写着错别字。

少而不学，老而无识。

少时勤学，老时获益。

少说话，多思考。

日日行，不怕千万里；时时学，不怕千万卷。

日出唤醒大地，读书改变愚昧。

水井是一锹一锹挖成的；知识是一点一滴学来的。

水不流，会发臭；人不学，会落后。

水草好，牛羊肥。知识多，人聪明。

水滴集多成大海，读书集多成学问。

见识，见识，不见不识。

手艺是活宝，走遍天下饿不倒。

手指有长有短，知识有高有低。

牛吃草，要反刍（fǎn chú，牛、骆驼等食草动物把粗嚼后咽下去的食物再返回到嘴里细嚼后再咽下）；人读书，要思考。

从小知识学在身，赛过祖产千万金。

火越烧越旺，人越学越棒。

火塘的火不吹不燃，智者的脑不学不懂。

为学始知道，不学亦枉然。

心专才能绣得花，心静才能织得麻。

心似平原跑马，易放难收；学如逆水行舟，不进则退。

心里没有眼，有眼也无用。

以人为师能进步。

以书为友，其乐无穷。

书山有路勤为径，学海无涯苦作舟。

书中自有黄金屋，书中自有颜如玉。

书到用时方恨少，事非经过不知难。

书是灵丹妙药。善读可以医愚。

书读百遍不嫌多，遍遍都有新收获。

书籍备而不读如废纸。

书囊无底。

玉不琢，不成器。人不学，不知义。

打开知识万宝山，就有黄金千万两。

打柴问樵夫，驶船问舵公。

打铁才能成为铁匠。

世上无难事，只要肯登攀。

世界上三种东西最宝贵——知识、粮食和友谊。

古今事理无穷尽，个人知识终有限。

布衣暖和，菜根香，诗书饱读滋味长。

平时不烧香，临时抱佛脚。

东西越用越少，学问越学越多。

只有努力攀登顶峰的人，才能把顶峰踩在脚下。

只要功夫深，铁杵磨成绣花针。

只要用心读，何愁读不熟。

只要是有益的话，小孩的话也要听。

只要脑筋动得好，不怕窍门找不到。

生命有限，知识无涯，学无止境。

禾苗茂盛需水分，少年成长要学问。

仔细考虑一天，胜过蛮干十天。

用力气举百斤，用智慧能举万斤。

用珠宝打扮自己，不如用知识充实自己。

处处留心皆学问，三人同行有我师。

鸟美在羽毛，人美在学问。

鸟靠翅膀兔靠腿，人靠智慧鱼靠尾。

立志比山高，学问比海深。

闪闪发光的知识起始于火热的求知之心。

宁可学了不用，莫到用时不能。

出门三步路，别是一重天。

边学边问，才有学问。

发一回水，澄一次泥；经一回事，长一回智。

对时间要吝啬，莫放松一分一秒；对知识要贪心，要争取一点一滴。

幼年学的好比石头上刻的。

老鼠啃让巴草，也有十八种啃法。

耳朵没有底，可以从早听到晚。

有田不耕仓粮虚，有书不读一生愚。

有知识不会运用，如同耕耘而不播种。

有知识心胸宽广，有远见路途亮堂。

有学问的人像果树，扭扭弯弯；愚蠢的人像竹竿，滑滑尖尖。

有钱难买经验多。

百艺通，不如一艺精。

师傅领进门，修行在个人。

光裁不缝不成衣服，光学不写不成文章。

早不起能误一天事，少不学要误一生事。

早起多长一知，晚睡多认一闻。

早晨忙碌晚上安闲，少时勤奋晚年安乐。

同时赶两只兔，一只也捉不到。

吃别人嚼过的馍没有味道。

吃饭不嚼不知味，读书不想不知意。

吃饭先尝一尝，做事先想一想。

年老不为辈分长，学高才是老资格。

先学爬，然后学走。

传闻不如亲见。

自古学问无遗力，少壮功夫老始成。

向人请教不必羞，羞涩之人没

学问。

会说的不如会听的，会教的不如会学的。

杂草多的地方庄稼少，空话多的人知识少。

多从一家师，多懂一家艺。

多问不吃亏。

多学多问，不怕脑笨。

多搞试验不是罪，多问多闻不受损。

冰生于水寒于水，青出于蓝胜于蓝。

庄稼人识不完谷，打鱼人识不完鱼。

庄稼是大地的艳裳，知识是人类的服装。

闭眼怎看三春井，出水才看两腿泥。

问遍万家成行家。

汗水和丰收是忠实的伙伴，勤学和知识是一对最美丽的情侣。

尽信书不如无书。

阳光照亮世界，知识照亮人生。

好书如明灯，越读心越灵。

好书如挚友。

好记性不如烂笔头。

好曲不厌百回闻，好书不厌百回读。

好学好问，什么都能学会；害羞不问，总有一天掉队。

好铁要经三回炉，好书要经百回读。

好高骛远的一无所得，埋头苦干的获得知识。

买卖中有学问，经营里有文章。

远行从近处开始，大事从小事做起。

走不完的路，知不完的理。

花是绣出来的，药是试出来的。

劳动出智慧，实践出真知。

劳动是知识的源泉；知识是生活的指南。

两耳不闻窗外事，一心只读圣贤书。

困难是人的教科书。

听不如看，看不如干。

别为利益跑在人前，别让学习落在人后。

财富装潢门面，学识充实头脑。

针越用越明，脑越用越灵。

近水知鱼性，靠山识鸟音。

坐想一百年，不值一文钱。

饭菜有吃饱的时候，知识无学够的时候。

闲时学得忙时用。

闲逸磨损意志，勤奋陶冶智慧。

砂锅不打不漏，知识不钻不透。

没有母胎内就会的知识，没有学了不会的知识。

没有羽毛，多么强壮的鸟也不能飞翔；缺乏知识，再好的理想也是空谈。

没有意志的人，一切都感到困难；没有头脑的人，一切都感到简单。

没有知识的生活，犹如没有芳香的

花朵。

没有爬不过的山，却有读不完的书。

没有学不会的事，能精通的事也很少。

没有艰苦的学习，就没有最简单的发明。

补漏趁天晴，读书趁年轻。

初读好书，如获良友；重温好书，如逢故知。

苦读书胸中有宝，勤作文笔下出花。

若要精，人前听；若要好，问三老。

茂盛的禾苗需要水分，成长的少年需要学习。

事理不晓反复问，问过千遍成行家。

雨水可把瓶口灌满，知识却不能将脑子填满。

非学无以广才，非静无以成学。

制人要有小黑字，制畜要有小花绳。

知识无底，学海无涯。

知识在于积累，聪明在于学习。

知识比财富更可贵，无知比贫穷更可怕。

知识好像砂石下面的泉水，越掘得深，泉水越清。

知识是一切事物的指路明灯。知识是智慧的火炬。

知识的用处就像夜行人的火把。

知识的金锅谁也偷不去。

知识是灯，不拨不亮。

知识真像沙下泉，掘得越深泉越清。

知识需要反复探索，土地需要辛勤耕耘。

乳燕不学，永远飞不上蓝天。

贪睡的老牛没料吃。

念书不用功，等于白搭工。

卷不离手，曲不离口。

注意力是智慧的门户。

怕问路，要迷路，嘴勤不走冤枉路。

学了就用处处行，光学不用等于零。

学习全在自用心，先生不过引路人。

学习要深钻细研，吃饭要细嚼慢咽。

学习如同开山地，日积月累学问多。

学习如赶路，不能慢一步。

学习如钻探石油，钻得愈深，愈能找到知识的精髓。

学无前后贤者师，学无老少能者师。学习不怕根底浅，只要迈步总不迟。

学艺要访名师，求援要找好友。

学在苦中求，艺在勤中练。

学问之根苦，学问之果甜。

学问学问，不懂就问；不耻下问，才有学问。

学问是光热，无知是黑暗。

学问海洋深，越学越不尽。

学问渊博的人，懂了还要问；学问浅薄的人，不懂也不问。

学问勤中得，富裕俭中来。

学如驾车登山，不进就退。

学如逆水行舟，不进则退。

学如积薪，后来者居上。

学好数理化，走遍天下不用怕。

学者的一天，比不学无术的人的一生还有价值。

学到知耻处，方知艺不精。

学贵有疑，小疑则小进，大疑则大进。

宝剑不磨要生锈；人不学习要落后。

试试并非受罪，问问并不吃亏。

细线常锯木必断，檐水久滴石必穿。

终生在山中，不识山中兽。

经不起风吹雨打，算不上英雄好汉。

经常出门的孩子，比父母知道得多。

挖多少土得多少水，读多少书知多少事，万川归海海不盈。

荆条编小篮，看着容易做着难。

草字出了格，神仙不认得。

树不修，长不直；人不学，没知识。

树从泥土里吸收养料，人从群众中获得知识。

树靠人修，学靠自修。

要远行就用马料来喂马，要聪明就要勤学诸知识。

要知下山路，须问过来人。

要知天下事，须读古人书。

要知田中事，乡间问老农。

要学好多动脑，要学深须认真。

要学蜜蜂采百花，问遍百家成行家。

要养良马从小喂好，要做圣人从小学起。

要通古今事，须看五车书。

要得惊人艺，须下苦功夫。

要想飞就得有翅膀，要想学就得有毅力。

要想斗争巧，全凭智谋高。

点烛求明，读书求通。

竖起脊梁做事，放开眼光读书。

星多天空亮，学多智慧广。

星星能使天空绚烂夺目，知识能使人的智慧丰富。

蚂蚁爬树不怕高，有心学习不怕老。

钟不敲不鸣，人不学不灵。

看自家的缺点，学他人的优点。

种田不离田头，读书不离案头。

科学出智慧，迷信生愚昧。

科学好比一座山，看你敢攀不敢攀，胆小永远站山脚，勇敢才能上顶端。

科学的海洋没有彼岸，知识的山脉没有顶峰。

泉水挑不干，知识学不完。

闻而不审，不若无闻。

活到老，学到老，九十九岁还学巧。

活到老，学到老，还有三件没学到。

扁担是从竹笋长大制成的，博学是从无知点滴学起的。

扁担横在地上，不知道念个一。

说得好听，不如练得艺精。

泰山不让土，故能成其大。

泰山不是垒的，学问不是吹的。

蚕吐丝，蜂酿蜜；人不学，不成器。

赶路最怕脚懒，学习最怕自满。

莫嫌知事少，只欠读书多。

桥梁要坚固，知识要渊博。

翅膀能使鸟高飞，知识能使人看远。

铁洞铁来补，铜洞铜来补。

缺少知识就无法思考，缺少思考就不会有知识。

造烛求明，读书求理。

积少可成多，积雨可没舟。

积累知识，胜过积蓄金银。

笔杆没多重，无志拿不动。

爱火不爱柴，火从哪里来？

胸有千秋业，腹藏万卷书。

脑子好比一把刀，学习就是把刀磨。

病重始知求医晚，年老方悔读书迟。

站在森林外边，就不能完全了解森林。

站得高，看得远。

涓涓之水聚成海，孜孜不倦学成才。

海有边山有路，学无涯不停步。

请教别人不折本，舌头打个滚。

读一书，增一智。

读了懂不了，用处也不大。

读万卷书，行万里路。

读千赋者善赋，观千剑者晓剑。

读不尽世间的书，走不完天下的路。

读书不知义，等于嚼树皮。

读书不想，隔靴搔痒。

读书有三到：心到、眼到、口到。

读书有味千回少，对客无情一语多。

读书百遍，其义自见。

读书全在自用心，老师不过引路人。

读书如交友，应求少而精。

读书如果不与实际结合，知识不过是天空的浮云。

读书如栽树，年久必成材。

读书贵能疑，疑能得教益。

读书种田，早起迟眠。

读书须用心，一字值千金。

读书破万卷，下笔如有神。

读未见书如得良友；读已见书如逢故人。

谁肯下苦功。谁就能在顽石中找到

宝贝。

谁要懂得多，就要睡得少。

谁游乐无度，谁没空学习。

基础打不牢，学问攀不高。

虚心的人学十当一，自满的人学一当十。

虚心是学问的向导，恒心是知识的保管。

常修剪的树长得直，抓紧学的人进步快。

常说口里顺，常做手不笨。

眼睛是人们心灵的门窗，书籍是人们精神的食粮。

笨鸟先飞早入林，笨人勤学早入门。

欲昌和顺行为善，想振家声在读书。

欲知天下事，须读古今书。

欲高门第须行善，要好儿孙必读书。

欲得真学问，须下苦功夫。

欲望多，知识少。

脱盲靠文学。照黑靠灯火。

清晨不起，误一天的事；幼年不学，误一生的事。

深钻细研，细嚼慢咽，反复琢磨，成效自见。

惜钱莫教子，护短莫从师。

骑驴找驴，骑马找马。

搓绳不能松劲，前进不能停顿。

最淡的墨水，也胜过最强的记性。

遇事不动脑，做事会跌倒。

智者千虑，必有一失；愚者千虑，必有一得。

智者慕智者，英雄敬英雄。

智慧是穿不破的衣裳，知识是取不尽的宝藏。

善于发问的人，知识丰富。

道院迎仙客，书堂隐相儒。

温故而知新。

强记不如善悟。

登山耐险路，踏雪耐危桥。

勤问的人不迷途。

勤学又勤问，不怕头脑笨。

勤学好问，知无不尽。

勤学好问者富知识，懒惰懈怠者多瞌睡。

勤学是知识的土壤，多思是知识的钥匙。

勤勉是成功之母。

想十遍，说一遍。

瞄准还不是射中，起跑还不算到达。

愚昧来自懒惰，聪明来自勤奋。

路是人走出来的，办法是人想出来的。

蜂采百花酿甜蜜，人读群书明真理。

粮食滋养身体，知识丰富智慧。

数不尽的土粒，渡不尽的学海。

满瓶不响，半瓶咣当。

蜘蛛一圈一圈结网，学者一本一本读书。

舞剑是一回事，作战是另一回事。

鲜花常看不厌，好书常读不倦。

精益求精，艺无止境。

滴水穿透石，非一日之功。

蜜蜂酿蜜不嫌花儿少，好学读书不弃分与秒。

聪明人听到一次，思考十次；看到一次，实践十次。

聪明由于努力，天才出自勤奋。

聪明来自见多识广。

聪明的樵夫，应该是既善于砍柴，也善于磨刀的。

聪明靠努力学习，知识靠平日积累。

暴学三年，天下去得；再学三年，寸步难行。

德积百年元气厚，书经三代雅人多。

熟读唐诗三百首，不会作诗也会吟。

熟读游泳学，不如下大河。

熟能生巧，巧能生精。

颜色饰图画，知识饰人类。

潮湿的木头易遭虫蛀，不好学的人易犯错误。

操千曲而后知音，观千剑而后识器。

燕子做窝飞千遍，人增才干读万卷。

薄技在身，胜握千金。

默读便于思索，朗读便于记忆。

穗高不结果实，眼高不长智慧。

21. 励志奋进

一天不练手脚慢，两天不练丢一串，三天不练门外汉，四天不练瞪眼看。

一日练，一日功；一日不练十日空。

一勤二劳三节约，全家老少幸福多。

人无大志，枉活一世。

人无千日计，老至一场空。

人无主心骨，要吃眼前苦。

人心坚，不怕天；人心专，山石穿。

人生能有几回搏。

人老心不老，身穷志不穷。

人死不可复生，兵败可以再胜。

人穷可致富，志高能成事。

人若不打虎，虎就要伤人。

人怕没志，树怕没皮。

人要闯，马要放。志士不饮盗泉之水，君子不受嗟来之食。

人贵有志，学贵有恒。

人活一口气。

人能处处找，草能处处生。

人靠志气虎靠威，鸟无翅膀不能飞。

刀无钢刃不锋利，人无意志不坚定。

刀不磨要生锈，水不流会发臭，人不学会落后。

刀在石上磨，人在苦中练。

刀要在石上磨，人要在世上练。

刀越磨越亮，人越练越壮。

三分靠教，七分靠学。

干劲足，荒山绿；干劲大，顽石怕。

工夫练就不误人，随处可以展身手。

大丈夫宁折不弯。

大丈夫有泪不轻弹。

大丈夫能屈能伸。

大水淹不死游鱼，山高挡不住鸟飞。

小曲好唱口难开，樱桃好吃树难栽。

小船赶大船，只要几篙竿。

千日工夫，一日见功。

千日胡琴百日笙，千年琵琶万年筝。

千日造船，一日过江。

千年的沟冲成河。

千里之行，始于足下。

千锤成利器，百炼成纯钢。

千靠万靠，不如自靠。

久练成熟，久熟为巧。

凡事起头难，做了就不难。

弓开如满月，箭发似流星。

弓箭弯了不变质，月亮缺了不改色。

飞蛾扑火，非死不止。

马瘦腿不软，人穷志不短。

井到干时水可贵，学到用时方恨少。

天下无易成之物，世上无易处之事。

天下没有无刺花，世上没有轻易事。

艺多功夫高。

木不钻不透，人不激不发。

不与寒霜斗，哪来春满园。

不见黄河心不死，不到长城步不停。

不用猎枪，赶不走豺狼。

不吃苦中苦，哪有甜上甜。

不走万里路，哪来铁脚板。

不识字像瞎子，识了字添本事。

不担三分险，难练一身胆。

不顶千里浪，哪来万斤鱼。

不怕人老，就怕心老。

不怕山高，就怕脚软。

不怕百事失利，就怕灰心丧气。

不怕困难能成事，惧怕困难事不成。

不怕别人瞧不起，就怕自己不争气。

不怕事难干，只怕心不专。

不怕事情难，就怕不耐烦。

不怕学问浅，就怕志气短。

不怕起点低，就怕不努力。

不怕铁硬，只怕心坚。

不经过琢磨，宝石也不发光。

不经霜打的柿子不甜。

不挑重担子，练不出硬功夫。

不要从低处看，而要从高处看。

不要骑两头马，不要喝两头茶。

不信神，不信鬼，全靠自己的胳膊腿。

不湿脚的人捕不到鱼。

不想当将军的士兵，算不得好士兵。

车无轮子路难行，依赖他人事难成。

少所见，多所怪，见了骆驼以为马肿背。

日日行，不怕路途远；常常学，不怕知识浅。

手熟为难，熟能生巧。

牛不知角弯，马不知脸长。

长江后浪推前浪，一代更比一代强。

长的旅途，路必崎岖。

长叹不如慢磨。

从来好事多风险，自古瓜儿苦后甜。

从来好事须多磨。

父母生身，自己立志。

公鸡越叫越明，大路越走越平。

勿怨做人没修，只要刻苦取求。

风吹不动泰山，雨打不弯青松。

文章不妨千次磨。

火旺不怕柴草湿，好汉不怕困难多。

打狼不死不收棒，捕鱼不着不收网。

打得一拳去，免得百拳来。

功夫不负苦心人。

石不打不成材，玉不琢不成器。

优秀的人，都有一段孤独时光。

成年人的世界没有容易二字。

东隅已逝，桑榆非晚。

只有勤学苦练，才能手巧心灵。

只要干劲大，石头也听话。

只要肯钻，铁砚磨穿。

冬寒抱冰，夏热握火。

立下凌云志，敢去摘星星。

立志而无恒，终身事不成。

立身方知人辛苦。

宁为蛇头，不为龙尾。

宁可身冷，不可心冷；宁可人穷，不可志穷。

宁可站着死，决不跪着生。

宁向直中取，不向曲中求。

对一个有毅力的人，遥远的路程也是近的。

幼小读书要琢磨，休恨严师教训多。

老是流泪的人，是没有出息的人。

白炼熔炉出精钢，久战沙场成勇将。

百尺竿头，更进一步。

百般道路百般难。

成败在此一举。

成人不自在，自在不成人。

光说不练是嘴把戏；光练不说是傻把戏；说着练着是真把戏。

吃上两年苦，换来万年福。

吃得苦中苦，方为人上人。

年怕中秋月怕半，男儿立志在少年。鸟贵有翼，人贵有志。

年轻饱经风雨，老来不畏冰霜。

先苦后甜，幸福万年。

先难后易，由苦得甜。

竹贵有节，人贵有志。

任你困难九十九，难不倒英雄一双手。

自有自便，自创自立。

会者不难，难者不会。

多年山道走成河，多年媳妇熬成婆。

多学习两眼明亮，勤耕作五谷丰登。

冰冻三尺，非一日之寒。

好马不吃回头草，好蜂不采落地花。

好马全凭体壮，好汉全凭志强。

好马是骑出来的，才干是练出来的。

好汉立志达目的，好马登程达千里。

好汉护三村，好狗护三邻。

好男儿志在四方。

好事多磨，善行多难。

驰骋，马能跑到尽头；努力，人能达成志愿。

走尽崎岖路，自有平坦途。

苍天不负有心人。

苍松爱长高山顶，雄鹰喜逐暴风天。

两头尖的针不能缝衣，三心二意的人一事无成。

两脚站得牢，不怕大风摇。

坚定的人，不随风摇摆。

男儿三十不立名，枉作堂堂大丈夫。

男儿当自强。

男儿膝下有黄金。

困难是锻炼人的熔炉，艰苦是考验人的战场。

别人向前跑，我就插翅飞。

别因深水不渡河，别因困难不进取。

身在福中要知福，继业要知创业难。

狂风暴雨，方显水手的本领。

冻死迎风站，饿死不弯腰。

状元原是人间子，宰相亦非天上儿。

冷锤打一百，不用加钢也使得。

没有一番彻骨寒，哪得梅花喷鼻香。

没有不崩的山，没有克服不了的困难。

没有比害怕本身更可怕。

没有过不去的河，没有爬不上的山。

快马也要响鞭催，响鼓也要重槌擂。

穷要有志，富要有德。

鸡瘦尾不倒，人穷志不穷。疾风知劲草。

青云有路终须到，金榜无名誓不归。

顶峰属有志之人，困难欺无能

之辈。

事非经过不知难。

肯问人者聪明，假装懂者愚蠢。

虎瘦雄心在，人穷志不穷。

明知山有虎，偏向虎山行。

爬山不要叹山高，过河不要等水消。

狐狸不知尾下臭，田螺不知壳端皱。

放着一星火，能烧万仞山。

怕走崎岖路，莫想攀高峰。

怕走崎岖路，莫想攀高峰。

怕刺的人，采不到红玫瑰。

怕狼别养羊，怕狗别出门。

怕跌学不会走路，怕噎饱不了空肚，怕累上不了高山，怕水当不了渔夫。

怕摔跤爬不上山，怕失败干不成事。

宝剑锋从磨砺出，梅花香自苦寒来。

祈求山路缩短，不如拔腿快走。

艰苦奋斗传家宝，时时处处莫忘掉。

经过火烧木成炭，经过挫折人成才。

挖掉多少土，得到多少泥；熟读多少书，知道多少事。

草若无根不发芽，人若无志不奋发。

要防福中变，得在苦中炼。

要想日子甜，家无一人闲。

要想蜂蜜甜，不怕蜂叮苦。

钢不炼不硬，兵不练不精。

拜佛不如求自己。

秋到自然山有色，春来哪个树无花。

顺风船练不出好舵手，无风靶练不出神枪手。

泉不怕小，只要水长流。

将相本无种，男儿当自强。

姜是老的辣，茶是后来俨。

怒从心上起，恶向胆边生。

莫生懒惰意，休起怠荒心。

莫学灯笼千只眼，要学蜡烛一条心。

莫学池中浮萍草，终日漂浮不生根。

真金不怕火炼，好货不怕检验。

真金不怕火烧，好汉不怕灾磨。

哥哥做官，与我无干。

翅膀长硬靠飞翔，钢铁炼成靠锤锻。

烈火炼真金，艰苦育强人。

铁针越磨越尖，手艺越炼越精。

秤砣虽小，能压千斤。

射虎不成重练箭，斩龙不断再磨刀。

航船总会遇到逆风。

爹娘养身，自己长心。

高山出猛虎，荒原出骏马。

疾风知劲草，岁寒知松柏。

拳不离手，曲不离口。

酒多人癫，书多人贤。

海阔凭鱼跃，天高任鸟飞。

浪再高，也在船底；山再高，也在脚底。

读一书，长一智。

读书读得少，袁字写成表；读书读不多，料字念成科。

难做的事情，容易做得好。

骏马扬蹄嫌路短，雄鹰展翅恨天低。

黄金不打难成器，宝剑钝时也要磨。

黄河尚有澄清日，岂可人无得运时。

梅子生来圆又圆，正月开花受尽寒。

常说口里顺，常做手不笨。

常旅行的人，最熟悉旅途；多学习的人，最熟悉时势。

笨鸟先飞早入林，功夫不负苦心人。

得忍且忍，得耐且耐，不忍不耐，大事不成。

船乘风破浪才能前进，人克服困难才能生存。

欲求真幸福，先下苦功夫。

脚踏两头要落空。

断粮不卖磨，断炊不卖锅。

敢过大江，不怕船小。

敢向老虎嘴里拔牙。

骑马莫怕山，行船莫怕滩。

绳不结，不成网；铁不炼，不成钢。

悲伤忧愁，不如握紧拳头。

最可怕的敌人，就是缺乏坚强的信念。

跌倒扶起，不如自家爬起。

猴子学会跳，不知跌过多少跤。

道是人走出来的，辙是车轧出来的。

寒天饮冷水，点点记心头。

寒蝉抱枯木，泣尽不回头。

富贵必从勤苦得，男儿须读五车书。

窗下休言命，场中莫论文。

强暴面前不下跪，困难面前不弯腰。

勤奋使人志高，安逸使人志消。

勤学又勤问，不愁无学问。

路不走不到，书不读不晓。

路不走长草，斧不磨生锈。

路在人走，事在人为。

路是人开的，树是人栽的。

路逢狭处难回避，船到桥头直自来。

腰板一挺，登上山顶；腰板一弯，四两难担。

熬过冬就是夏。

锲而不舍，金石可镂。

馒头好吃磨难推。

滴水尚可穿石，愚公志能移山。

滴水穿石，非一日之功；冰冻三尺，非一日之寒。

嫩竹长成材，能挑千斤担。

聪明的人，天天努力；愚蠢的人，

天天立志。

檩橼虽大随人转，秤锤虽小压千斤。

靠人家有如瓦上霜，靠自己好比山头樟。

靠山山要倒，靠水水要干。

靠千座金山，不如靠自己两只手。

靠兄靠妹，不如靠自己手掌手背。

靠哥靠嫂，篱穿壁倒。

箭镞虽利，不射不发；人虽聪明，不学不知。

镜不擦不明，脑不用不灵。

磨刀不误砍柴工。

攀亲戚，靠邻居，不如自己立志气。

22. 志向抱负

人小志不小，人老心不老。

人无志不坚定，刀无钢不锋利。

人心专，石山穿。

人心坚，不怕天，荒山瘠土变良田。

人有志，竹有节；人无志，刀无钢。

人争一口气，树争一层皮。

人穷志不短，马瘦腿不软。

人穷志要坚，家穷手要勤。

人穷别望老丈人，天旱莫望五朵云。

人往大处看，鸟往高处飞。

人贵有志，学贵有恒。

人勤地听话，志坚石结瓜。

刀可以砍掉头颅，却砍不掉意志。

三军可夺帅，匹夫不可夺志。

工作没贵贱，志气有高低。

大丈夫起家不易，真君子立志何难。

小人记仇，君子长志。

山不碍路，路自通山。

山外青山楼外楼，人生永远没尽头。

山立在地上，人立在志上。

山草越伐越旺，河水越堵越大。

山高自有行路客，水深自有渡船人。

山高高不过脚心，石硬硬不过决心。

山高流水长，志大精神旺。

山靠石，树靠根，人靠志。

千石粮船沉海底，只因使尽一篷风。

千主张，万主张，还要自主张。

马有千里足，无人不能自往；人有凌云志，无毅不能实现。

井底蛙天窄，山顶鹰眼宽。

天下无难事，只要肯攀登。

天下事，无难易，无志者难，有志者易。

天不能没有星星，人不能没有理想。

无名草木年年发，不信男儿一世穷。

无志山压头，有志人搬山。

无志之人常立志，有志之人立长志。

不见棺材不落泪。

不可倚着篱笆靠着墙。

不到黄河心不死，不到长城非好汉。

不怕人老，就怕心老；不怕不知，就怕不学。

不怕人穷，就怕志短。

不怕山高路远，就怕意志不坚。

不怕无能，只怕无恒。

不怕手粗，怕心粗；不怕知短，怕志短。

不怕百战失利，就怕灰心丧气。

不怕事不成，就怕心不诚。

不怕钢坚，就怕志软。

不学杨柳随风摆，要学青松立山冈。

不患才不及，只患志不立。

水往低处流，人往高处走。

见异思迁，土堆难翻；专心致志，高峰能攀。

月缺不改光，箭折不改钢。

风吹云动星不动，水涨船高岸不移。

风吹不动泰山，雨打不弯青松。

乌鸦岂知鲲鹏志，泥鳅怎能比鲸鱼。

为人立定志向，钉子戳进石头。

心专才能绣得花，心静才能织得麻。

心怀千里志，胸有一盘棋。

心恒搭起通天路，志坚敲开智慧门。

石看纹理山看脉，人看志气树看材。

只有上不去的天，没有过不去的山。

只怕不勤，不怕不精；只怕无恒，不怕无成。

只要有决心，江水上山顶。

只要有恒心，摘下月亮来当灯。

只要意志坚，鸡毛飞上天。

鸟无双翼不会凌空飞翔，人无远大理想不会斗志昂扬。

鸟往高处飞，人往高处走。

鸟要紧的是翅膀，人要紧的是理想。贫不失志，富不癫狂。

立下凌云志，敢去摘星星。

头可断，血可流，意志不可摧。

地有阳光百花鲜，人有理想劲头添。

有心拿网溪边待，何愁鱼不入网来。

有伟大理想的人，生活永远闪着光芒。

有志不在年高，无志空长百岁。

有志打石石成砖，无心挖井井难圆。

有志者见困难千方百计；无志者对困难唉声叹气。

有志者战天斗地，无志者怨天怨地。

有志漂洋过海，无志寸步难行。

灰心气馁像个海，掉下去浮不起来。

岁老根弥壮，阳骄叶更荫。

网烂筋不烂，人穷志不穷。

年怕中秋月怕半，男儿立志在少年。

行船要有方向，少年要有理想。

壮志面前铁如泥。

冰雪压不倒青草，水大没不了鸭子。

决心磨烂石头，困难见我发愁。

灯无油不能发亮，人无志不会闪光。

好女不穿嫁时衣，好儿不享祖上福。

好马不在鞍辔，有志不在年高。

好马不停蹄，好牛不停犁。

好马全凭肥壮，好汉全凭志强。

走尽崎岖路，自有平坦途。

你井深，我绳长。

你有牢笼计，我有攀墙梯。

没有打虎志，难穿虎皮袄。

没有爬不过的高山，没有闯不过的河滩。

没有铁锹挖洞难，没有志气创业难。

没有福气的人好吃，没有理想的人好睡。

茅屋出公卿，瘦地出黄金。

事不做不了，路不走不到。

事业若得意，只在立志气；事业若要好，只在耐勤劳。

虎瘦雄心在，人穷志不穷。

贫莫贫于无才，贱莫贱于无志。

鱼争上游，人争志气。

苦辣酸甜都尝遍，是非好歹总由人。

实践是实现理想的阶梯，知识是实现理想的翅膀。

挑了重担走路踏实，有了目标干事扎实。

指亲戚，望邻居，不如自己立志气。

草原好养千里马，高山才长万年松。

树身不动，树枝不摇。

砍不尽的南山竹，烧不尽的芭蕉根。

砍树就要砍断，办事就要办完。

钢铁怕火炼，困难怕志坚。

信念是前进的动力，理想是精神的支柱。

说过的话不要推翻，做了的事不要中断。

根深之树不会风折，泉深之水不会涸竭。

缺乏若干的理想，无异于瞬间即逝的彩虹。

笔杆无多重，无志拿不动。

胸无理想，枉活一世。

胸中有了大目标，泰山压顶不弯腰。

胸中有个大目标，分秒必争向前跑。

胸有千里志，脚有千里路。

高山流水长，志大精神旺。

站要站得笔直，穷要穷得有志。

海边岩石坚，不怕浪来颠。

海阔凭鱼跃，天高任鸟飞。

能耐苦，方为志士；肯吃亏，不是痴人。

骏马无腿难走路，人无理想难进步。

做事做到头，杀猪杀到喉。

做事做到底，一篙竿打到底。

得志一条龙，失意一条虫。

船大不怕浪高，志大不怕艰险。

船到江心，不进则退。

船的力量在帆桨，人的力量在理想。

猛虎不处卑势，劲鹰不立垂枝。

猛虎虽老花纹依旧，老牛虽衰犄角不变。

凿不休，沟深；斧不止，薪多。

摆渡摆到江边，造桥造到岸边。

意志坚决像只船，稳坐稳航不畏难。

檀木越老身越硬，苏木越老心越红。

鹰飞高空鸡守笼，两者理想各不同。

鬓发虽发白，也奋斗不惜；牙齿虽脱落，也自强不息。

23. 珍惜时间

一人不会活两世，一天没有两个晨。

一寸光阴一寸金，寸金难买寸光阴。

一天能误一个春，十年能误一代人。

一日勤在晨，一年勤在春；分秒莫错过，时间不等人。

一心学习与工作，时间永远不嫌多。

一生包含着一天，一天象征着一生。

一早百早，一好百好。

一年之计在于春，一日之计在于晨。

一青一黄是一年，一黑一白是一天。

一点一滴汇成大海，一分一秒组成人生。

十七不能常十七，十八也不能常十八。

人生七十古来稀，问君还有几春秋。

人生最多到百岁，时间易过如流水。

人在少年不努力，到了老年空着急。

人在青春，花在盛夏。

三更灯火五更鸡，正是男儿读书时。

大雪可以封盖山岭，年龄能够压倒青春。

万物皆有时，时来不可失。

万金买爵禄，何处买青春？

小时差一岁，到老不同年。

千金难买少年时。

凡事若能按时做，一日能顶三天用。

不怕慢，只怕站，老牛也能爬上山。

不要浪费时间，因为生命由它而成。

不爱惜花瓣，看不到花朵的美丽；不珍惜时间，得不到生命的价值。

不愧对今天的人，明天会对你微笑；丢失了今天的人，明天会给你烦恼。

太阳落山了，人才感到阳光的可贵。

切莫依赖明天。

少年辛苦终身事，莫向光阴丢寸功。

少年易学老难成，一寸光阴不可轻。

少年莫笑白头翁，花开能有几时红。

少壮不努力，老大徒伤悲。

水泼地上难捧回，时间流逝难挽回。

水流东海不回头，误了青春枉发愁。

日子切莫白过，青春切忌虚度。

见缝插针，寸阴必争。

长江一去无回浪，人老何曾再年少。

从小不使弩，长大难射虎。

今日事，今日毕，留到明天更着急。

今朝有事今朝做，明朝可能阻碍多。

月过十五光明少，人到中年万事休。

未来属于那些早起床的人。

节气不饶苗，岁月不饶人。

节约时间就是延长生命，浪费时间就是虚度年华。

失去了现在，也就没有了未来。

失落寸金容易找，错过光阴无处寻。

白日莫闲过，青春不再来。

白发不随老人去，看看又上少年头。

冬去春又来，年华似水流。

宁可今天抢一秒，不可明天等一分。

宁舍一锭金，不舍一年春。

记得少年骑竹马，转身便是白头翁。

永远珍惜时间的人才能得到财富。

对时间要吝啬，莫放过一分一秒；对知识要贪心，要争取一点一滴。

机不可失，时不再来；机会一过，永不再来。

过一年，添一岁；花甲一周六十

岁。

有钱难买二八月，黄金难买少年时。

百岁光阴如捻指，人生七十古来稀。

百年三万六千日，光阴只有瞬息间。

百事宜早不宜迟。

光阴勿虚度，青春不回头。

光阴一去难再见，水流东海不复回。

光阴似箭催人老，日月如梭赶少年。

光阴好似东流水，只能流去不能回。

早尽午来昏又至，良宵才过又侵晨。

早起三光，晚起三慌。

早不忙，晚必慌。

因循拖延是时间的大敌；拖延就是浪费时间。

岁月无情；岁月易逝；岁月不待人。

年过中秋月过半，人老不能转少年。

丢掉黄金能够找，失去光阴无处寻。

自来水是压出来的，时间是挤出来的。

争分夺秒效率高。志士惜时短，愁人嫌夜长。

守时为立业之要素。

守财奴说金钱是生命，勤奋者视时间为生命。

好药难医心头病，黄金难买少年时。

欢娱不惜时光逝。

走远路的人爱起早，勤学习的人惜分秒。

抓住现实的一分钟，胜过想象中的一年。

抛弃时间的人，时间也抛弃他。

把一生看作一天，把一天看作一生。

把握一个今天，胜似两个明天。

花儿凋谢春再来，光阴一去不再来。

花开花谢年年有，人老何曾转少年。

花开初放在春天，人的风华在少年。

花开按时令，读书趁年轻。

花有重开时，人无再少年。

花有凋落时，人有衰老日。

时光如流水，岁月不待人。

时光易逝。

时光容易过，岁月莫蹉跎。

时来必须要趁时，不然时去无声息。

时间无私，历史无情。

时间可以创造奇迹。

时间可以获得金钱，金钱却买不到时间。

时间会把懒人的心愿偷个精光。

时间好似河流水，只能流去不能回。

时间抓起来就是黄金，抓不起来就是流水。

时间是一条金河，莫让它在指间流过。

时间是最好的老师。

时间是最宝贵的财富。

时间胜过宝石。

时间能够治疗一切创伤。

时间能缓和极度的悲痛。

时间能赚来黄金，黄金买不来时间。

时间检验一切真理。

时间就是生命，时间就是速度，时间就是力量。

时间像生命，一刻值千金。

时间像弹簧，可以缩短，可以拉长。

时钟不能倒转。

你和时间开玩笑，时间对你却认真。

辛勤的蜜蜂永没有时间的悲哀。

忘掉今天的人将被明天忘掉。

没有任何人能唤回昨天。

没有时间，我们做不成任何事；正如没有空气，我们根本不能生存。

快乐时光去如飞。

若使年华虚度过，到老空留悔恨心。

事事及时做，一日胜三日。

明日复明日，明日何其多；我生待明日，万事成蹉跎。

季节不等人，一刻值千金。

贪睡的猫一定抓不到老鼠，浪费时间的人不会有收获。

盲人无白天，醉鬼无时间。

放弃时间的人，时间也放弃他。

河水泉源千年在，青春一去不再来。

学问在于点滴勤，人生更应惜秒阴。

珍宝丢失了还可以找到，时间丢失了永远找不到。

挥霍金钱是败坏物，虚度年华是败坏人。

荒废时间等于荒废生命。

胡子拔不尽，根在岁月中。

枯木逢春犹再发，人无两度再青春。

树争春，人争时。

要珍惜时间，别相信命运。

昨日不会重现。

昨日花开满树红，今朝花落一场空。

追赶时间的人，生活就会宠爱他。

急急光阴似流水，等闲白了少年头。

美丽的鸟儿珍惜羽毛，聪明的人儿珍惜时光。

赶马人的宝贝是时光，种田人的财富是勤劳。

赶路赶早不赶晚，时间能挤不能放。

莫说年纪小，人生容易老；莫说时光早，一去没处找。

桃花岁岁皆相似，人面年年不相同。

晒草要趁太阳好。

爱惜时间的，时间就属于他。

谁不知道时间的价值，就不会知道自己的价值。

谁对时间愈吝啬，时间对谁愈慷慨。

谁把一生的光阴虚度，便是抛下黄金未买一物。

黄泉路上无老少，黄叶不落青叶落。

清晨不起早，误一天的事；幼年不勤学，误一生的事。

暑天赶路要趁早，读书学艺趁年少。

最珍贵的财富是利用时间，最巨大的浪费是虚度流年。

黑发不知勤学早，白头方悔读书迟。

等时间的人，就是浪费时间的人。

道路依然还照旧，时光更改不似先。

勤人时光当黄金，懒人时光当灰尘。

勤奋的人是时间的主人，懒惰的人是时间的奴隶。

勤学的人，勤学苦练硕果累累；懒惰的人，虚度光阴两手空空。

愚蠢的人等时间，聪明的人抢时间。

错过银钱犹之可，错过光阴无处寻。

聪明的鸟儿珍惜羽毛，智慧的人儿珍惜时光。

樱花犹怕春光老，岂可教人枉度春。

懒人嘴里明天多。流水源头千年在，光阴一去不回来。

懒汉可以不撕日历，但不能留住时间。

赢得时间的人就赢得一切。

24. 胆略见识

一朝被蛇咬，十年怕井绳。

人有三分怕虎，虎有七分怕人。

下浅水只能抓鱼虾，入深潭方能擒蛟龙。

下河不怕漩涡多，打铁不怕火烫脚。

大风浪里见忠诚，患难之中见情谊。

与其热泪横流，不如握紧拳头。

万丈高空，难免暴风；千里行走，易遇山峰。

万丈高楼平地起，百般事情在人为。

山高不怕峰陡，猎人不怕虎猛。

山高压不塌大地，困难压不倒好汉。

山高挡不住愚公，困难吓不倒

英雄。

山鹰不怕恶豹，猎人不怕老虎。

不下汪洋海，难得夜明珠。

不担三分险，难练一身胆。

不要因为困难就失去勇气，困难常常是长志气的根子。

不冒三分险，难练一身胆。

见强不怕，见弱不欺。

风浪里试舵手，困难中识英雄。

打仗看勇气，绣花看心细。

打虎的人吃虎肉，怕虎的人伤虎口。

世上无神鬼，百事人做成。

只要敢死，阎王都怕。

白手起家真志士，赤心报国是忠臣。

宁死在阵前，不死在阵后。

老虎来了无跛子。

老虎嘴里敢拔牙，青龙头上敢采珠。

在风雨里飞翔的鸟，才是勇敢的；顶着困难前进的人，才是有出息的。

有本事能玩狮子脑袋，有胆量能摸老虎屁股。

有眼不识金镶玉。

吃了扁担，横了肠子。

竹要空心，人要忠心。

冲锋破敌，算个大胆；掀天揭地，方是奇才。

好汉不吃眼前亏。

好汉做事好汉当。

进山不怕虎伤人，下海不怕龙蜷身。

扶犁的不怕牛叫，打猎的不怕枪响。

困难九十九，难不倒两只手。

困难是石头，决心是榔头；榔头敲石头，困难就低头。

困难是懦夫回头的起点，也是勇士前进的起点。

困难像弹簧，看你强不强；你强它就弱，你弱它就强。

针大的困难，懦夫眼中比山大；山大的困难，英雄眼中比针小。

针掉下来怕打破脑壳。

身无斩龙刀，也敢下东海。

狂风中只有雄鹰，激流中没有浮萍。

没有缚虎才，不敢上山冈。

初生牛犊不畏虎，长了特角倒怕狼。

初生牛犊不怕虎。

玩灯莫怕打破锣。

事前要心细，事中要胆大。

虎不怕山高，鱼不怕水深。

虎老雄心在。

国多勇士根基固，家有英雄世代荣。

明知山有虎，偏向虎山行。

舍得一身剐，敢把皇帝拉下马。

怕跌跤学不会走路，怕伤身逮不住老虎。

学会打鼓泅，敢在河边走。

要吃辣椒不怕辣，要想造反不

怕杀。

要吹冲锋号，不打退堂鼓。

要捕鲨鱼下大海，要猎虎豹上山来。

要想摘玫瑰，就得不怕刺。

威武面前不屈膝，困难面前不折腰。

是个汉，挑个担。

畏首畏尾，身余无几。

保守、保守，寸步难走。

胆大不吃亏，胆小受人欺。

胆大吃饱饭，胆小遭磨难。

胆大走遍天下，胆小寸步难行。

胆大的降龙伏虎，胆小的畏首畏尾。

胆大漂洋过海；胆小寸步难行。

胆要大而心要细，志要圆而行要方。

胆是吓大的，力是压大的。

前怕狼，后怕虎，办起事来右得谱。

勇气长一寸，困难缩一尺，勇气退一分，困难长一寸。

勇敢者可从山头爬上云朵，胆小鬼搭梯也爬不上屋顶。

泰山崩于前，而面色不变。

真金不怕高温，松柏何惧寒冷。

破头不怕扇子捐，敢做就要敢承担。

高山挡不住太阳，困难吓不倒硬汉。

海燕不畏风暴，松柏不畏严寒。

涨死胆大的，饿死胆小的。

骏马面前没有跳不过的壕沟，利矛面前没有戳不穿的顽石。

聋子不怕炮，瞎子不怕刀。

猛虎不在当道卧，困龙也有上天时。

深山不绝行路客，恶水仍有摆渡人。

敢上南天门，就能摘星星。

敢过大江，不怕船小。

遇事敢为，成功已半。

跑马莫怕山，行船莫怕滩。

蜡梅哪怕寒霜降，石山哪怕大雨淋。

想挤狮子的奶水，要有斗狮的胆量。

蜂子追来无跛子。

撒网要撒迎头网，开船要开顶风船。

擒龙不怕浪涛涌，打虎不怕虎逞凶。

暴风吹不倒昆仑山，困难吓不倒英雄汉。

蹚水不要怕漩涡，过江不要怕巨浪。

25. 小心谨慎

"骄"字不倒，前进不了。

八字没见一撇。

刀伤易治，口伤难医。

大人不记小人过，宰相肚里能

撑船。

大声嚷嚷的河一定水少，大声嚷嚷的人一定浅薄。

大河是安静的，有学问的人是谦虚的。

大海不讥笑水滴，高山不嘲讽小石。

大海虽然大，滴水对它也有益。

大智若愚，大巧若拙。待人不得不大气，过日子不得不仔细。

巾帼丛中有豪杰，冠带之下有懦夫。

弓满则折，月满则缺。

飞灾横祸，不入慎家之门。

不可以年少而自恃，不可以年老而自弃。

不自是者博闻，不自满者受益。

不听指点，多绕弯弯。

不但色迷人，财也能迷人。

不忍一时有祸，三思百岁无妨。

不图一时乱拍手，只求他人暗点头。

不怕不懂，只怕装懂；不怕不足，只怕满足。

不实心，不成事；不虚心，不知事。

不要人夸颜色好，只留清气满乾坤。

不是知音不与谈。

不虚心不知事，不实心不成事。

比先进有雄心，学先进要虚心，赶先进有信心，帮后进有诚心。

长江不拒细流，泰山不择土石。

长鲸吸百川。

风吹云动星不动，水涨船高岸不移。

风筝纵然升高空，线绳没离人手中。

风筝放得高，跌下一团糟。

火要空心，人要虚心。

火烧一大片，水流一条线。

功不独居，过不推诿。

布用线缝，木用胶粘，心用诚连。

叫声大的鸟无肉，傲气足的人无才。

叫唤的鸟儿不长肉，好斗的公鸡不长毛。

瓜长在藤上，骄连在私上。

瓜田不纳履，李下不整冠。

处世让一分为高，待人宽一分是福。

处处标榜自己功，结果会闹一场空。

处野草之日，不可将自身看得太小；居廊庙之日，不可将自身看得太大。

冬不可废葛，夏不可废裘。

包子有肉，不在褶上；人有学问，不挂嘴上。

出外言语要谨慎，在家烟火要小心。

过失再小莫忽视，学问再多莫自满。

百丈长堤，溃于蚁穴。

百川归海海不盈。

成名每在穷苦日，败事多于得意时。

成事要有恒心，知事要能虚心。

成事唯有多远虑，败事都由少思考。

成就是谦虚者前进的阶梯。也是骄傲者后退的滑梯。

当我们非常谦虚的时候，便是我们最近于伟大的时候。

吃亏不算傻，让人不算歹。

吃不愁来穿不愁，计划不周一世愁。

吃水不忘挖井人，吃饭不忘种田人。

吃饭先尝一尝，做事先想一想。

吃饭防噎，走路防跌。

吃鱼要想青丝网，喝水要记挖井人。

自夸没人爱，残花没人戴。

自私者总说别人，骄傲者只见己长。

自命万事通，腹中常空空。

自命不凡讨人嫌，虚心才能添智慧。

自重者，然后人重；人轻者，由于己轻。

自满者败，自矜者愚。

自满的人，笑声最响。

自满是求知的拦路虎，自谦是智慧的引路人。

自赞就是自轻。

各人吃饭各人饱，汉子做事汉子当。

灯火里说话，暗里有人听。

灯光虽好，不及红日当空。

江海不拒细流，方能成其深；泰山不择土壤，方能成其大。

池里无鱼虾为大，山中无虎猴称王。

好马不吃回头草，好汉不夸旧功劳。

好汉不提当年勇，好药不用尽摇铃。

好事一做到底，坏事一次莫为。

好面耐水，好人耐心。

好胜逞强是祸胎，谦和谨慎一身安。

好拳不在花样巧，好马不在铃铛响。

走平地，防摔跤；顺水船，防暗礁。

花美在于色，人美在于德。

步步占先者，定有人挤；事事争胜者，必有人挫。

兵马未动，粮草先行。

低头的庄稼穗必大，仰头的庄稼穗必小。

肚里没邪气，不怕冷风吹。

肚里能放一座山，才算英雄汉。

饭莫不嚼便吞，话莫不想就说。

改人之恶毋太严，教人之善毋过高。

到异乡，要守口如瓶；到兴头，要

口头谨慎。

垂下的树枝常常是结满了果实，驯良的孔雀常常是美丽的。

饱谷穗实往下垂，疵谷穗空朝天锥。

饱带干粮，暖带衣裳。

诚之所至，金石为开。

诚可惊人，孝能感天。

诚实赢得千家赞。虚伪惹来万户嫌。

话不要说死，路不要走绝。

话多了伤人，食多了伤身。

话到舌头留半句，事到理上让三分。

话说三道稳，线捆三道紧。

按人口做饭，量身体裁衣。

胡琴怕断弦，英雄怕自满。

残花没人戴，自骄没人爱。

待人肚量要大，骑马缰绳要长。

胆愈大而心愈细，志愈圆而行愈方。

将骄卒堕，骄兵必败。

骄者必败，自大必臭。

骄傲走在前，羞耻跟在后。

骄傲来自浅薄，狂妄出乎无知。

骄傲是失败的开头，自满是智慧的尽头。

骄傲是胜利的敌人，谦虚是成功的朋友。

骄傲跌在门口，谦虚走遍天下。

赶脚的对头是脚懒，学习的对头是自满。

桂花开得慢，可是花最香。

逗笑时，也要三思而后启唇。

臭鸭蛋，自称赞。

逢人莫乱讲，逢事莫乱闯。

高粱高，最易随风倒；年轻人，最易胜时骄。

海洋虽大，不辞滴水；泰山虽高，不却微尘。

家中纵有千般事，临睡厨房走一回。

调和怒时气，谨慎喜中言，斟酌醉后酒，爱惜有时钱。

接受表扬要低下头来，接受批评要抬起头来。

黄金不为贵，道德值千金。

常把一心行正道，自然天地不相亏。

常思己过，免于招祸。

做事无计划，力量反糟蹋。

做事要准，遇事要忍。

得忍且忍，得耐且耐，不忍不耐，好事变坏。

得放手时须放手，得饶人处且饶人。

船头坐得稳，不怕浪来颠。

船靠舵正，人靠心正。

脚踏十字稳，不怕棒槌滚。

脖子再长，也长不过脑袋；手臂再粗，也粗不过大腿。

祸从天上来，但求心无愧。

敢干是英雄，能忍是贤哲。

最谦虚的人，是最有出息的人。

傲不可长，志不可满，乐不可极。

傲慢和温雅，永难住一处。

道路可以弯，人心不可弯。

隔墙有耳，窗外有人。

鼓空则声高，人狂则话大。

鼓响两面皮，人好一颗心。

鉴难明，始能照物；衡唯平，始能权物。

鼻孔朝天的人，会跌下粪坑。

箭搭上后再拉弓，事准备好再行动。

箭箭不落空，事事不落错。

懂得自己无知，说明已有收获。

鹤非染而自白，鸦非染而自黑。

鳖鱼脱却金钩去，摆尾摇头再不来。

蹲在炉旁少夸口，要看场上显身手。

26. 自强修养

二狗相咬，必有一伤。

人怕鬼鬼就吓人，人不怕鬼鬼就怕人。

人逼急了啥也不怕。

刀对刀，枪对枪，针尖对麦芒。

寸心不昧，万法皆明。

大人不记小人过，宰相肚里能撑船。

大丈夫能屈能伸。

大公无私人人敬，自私自利人人憎。

大风吹倒梧桐树，哪怕旁人说短长。

大虫口中夺脆骨，骊龙颔下取明珠。

大胆天下去得，小心寸步难行。

大将必有大量。

大海可填平，欲壑填不满。

大船沉没，由于小孔。

大路有草行人踩，心事不正旁人说。

口吃酥油，筋卡喉管。

凡事要斟酌，担迟不担错。

马上摔死英雄汉，河中淹死会水人。

马看牙板，人看言行。

天助自助者。

不正当的收入，不如正当损失。

不用急，不用愁，还有好运在后头。

不好烧的灶好冒烟，不听劝的人好发癫。

不听众人言，恶果在眼前。

不知足者，富贵也忧。

不知足的人，过节会撑死。

不贪意外之财，勿饮过量之酒。

不怕人不敬，就怕己不正。

不怕人家瞧不起，就怕自己不争气。

不怕人欺负，就怕不丈夫。

不怕风吹日晒，就怕心胸狭窄。

不怕衣服有补丁，就怕心灵有污点。

不怕闹得欢，就怕拉清单。

不怕狼虎恶，就怕人懦弱。

不怕嘴不稳，只怕无心遇有心。

不要气，不要恼，气气恼恼人易老。

不要怕死，但要怕羞。

不是鱼死，就是网破。

不勤于事贪酒杯，明日事情推后日。

不嫌自己的袭坏，还嫌别人的米碎。

不磨不练，不成好汉。

见了吃的就笑，见了工作就怕。

见怪不怪，其怪自败。

见怪不怪，其怪自败。

见强不怕，遇弱不欺。

见解虽与神相同，行动需要和众人。

长他人志气，灭自己威风。

长堤要防老鼠洞，大树要防钻心虫。

反躬自问，休怪他人。

今天栽下树，明天要果子。

从来一字值千金，何能一刻不留心。

为了争吃一条虫，公鸡啄架不放松。

计较小事，不识大体。

以血洗血，心暴易暴。

以眼还眼，以牙还牙。

打人莫打痛处，说人莫说重处。

打不死的程咬金，烧不死的司马懿。

打虎先打牙，拆房先拆瓦。

打虎要力，捉猴要智。

只有心虚人，怕提心虚事。

白沙在涅，与之俱黑。

白纸画黑道，谁画谁知道。

他要我心肝，我要他五脏。

立着也是死，跪着也是死。

兰生幽谷，不以无人而不芳。

宁为穷人补破衣，不给富人做亲戚。

宁可亏自己，不可占便宜。

宁可上前一尺，不可退后一寸。

宁可正事不足，不可邪事有余。

宁可丢掉生命，不可丢掉人格。

宁可穷而有志，不可富而失节。

宁可站着死，不愿跪着生。

宁可流芳百世，不可遗臭万年。

宁叫人打死，不叫人吓死。

宁叫孩子瘦，不吃财主豆。

宁在家里纺花忙，不给皇帝当娘娘。

宁当饿死鬼，不吃瞪眼食。

宁吃明亏，不上暗当。

宁向穷人借一口，不向富人借一斗。

宁做天上一只鸟，不做富家一房小。

宁做穷人妻，不当富人妾。

宁做穷家牛，不做财主狗。

礼下于人，必有所求。

出了差错不要推给别人，得了奖赏

不要只想自己。

对牛弹琴，牛不入耳。

对执拗人，先顺其意；劝盛怒人，先平其气。

老虎他人杀，荣誉自己沾。

老实的牛人人骑，老实的人个个欺。

老鼠蹿进糠箩里，一场空欢喜。

老鹰不抓树下鸡，好男不恋邻里妻。

过了河，忘了桥，愈了伤，忘了痛。

过后才知前事错，老来方觉少时非。

百心不能得一人，一心可以得百人。

百病百药医，逆症无药医。

光看人家短，不把自己量。

当忍不忍，人畜不稳。

当顺从的地方要知道忍让，当反抗的时候要衡量自己。

吃人家的嘴短，欠人家的理短。

吃山羊肉时笑嘻嘻，收羊肉钱时哭丧脸。

吃不了苦，享不了福。

吃让人，喝让人，理不让人。

吃别人吃出汗来，吃自家急出汗来。

吃着碗里瞧着锅里。

吃蜜不忘黄连苦，富时别忘穷时难。

先下手为强，后下手遭殃。

丢了棒棒受狗欺。

伏虎先要知虎性。

伐倒的檀香不记怨，反把馨香留斧头。

自己不中用，反怨父母亲。

自己不念经，念珠不交人。

自己的缺点推给人，冬天的寒冷推到春。

自己说自己十个好，不如别人说一个好。

自长一身红毛儿，倒说别人是妖精。

自私者不体谅人情，自大者看不起别人。

自家有病自家知，当世做人当世现。

血债要用血来还。

名利二字是非多。

名利莫争，懒馋莫沾。

关紧渡口，气死霸王。

灯不亮，要人剔；人不明，要人提。

江山易改，本性难移。

忙碌幸福多，消闲是苦恼。

讲人家，口若悬河；说自己，嘴上缝索。

讳疾忌医的人，找不到良药。

论旁人，斤斤计较；说自己，花好稻高。

好人坦荡荡，有话当面讲。

好人说不坏，好酒搅不酸。

好汉死在战场，懒汉死在炕上。

好花一朵香满园，好山能容回头看。

好男不当兵，好女不打钉。

好事一做到底，坏事一次莫为。

好话不出门，坏话传千里。

好话说破石头，蜚语打破脑袋。

好茶不怕细品，好事不怕细论。

好树株株直，好人心赤赤。

麦场要修在高处，胸怀要放得宽广。

扶起毛驴不奖赏，反怨弄断驴尾巴。

坏过斧头换个柄，改恶从善做好人。

走得多了成道路，吃得多了成习惯。

花香蜜蜂多，水甜人爱喝。

花美在外形，人美在内心。

花美美一时，心美美一世。

苍蝇只叮有缝蛋，糖弹专打私心人。

苍蝇贪甜，死在蜜里。

克己可以消怒，逞强并非好汉。

克己暂时苦，终必有好报。

两脚站得牢，不怕大风摇。

财主不贪钱，世上没人烟。

利人之言，暖如布帛；伤人之言，痛如刀戟。

利刀削不了它自己的病，明镜照不见它自己的脸。

但行好事，莫问前程。

但到回头便是岸，何须到此悔前非。

你要他死，他不要你活。

坐得正，立得正，不怕尼姑和尚同板凳。

谷不熟，不能开镰；没想透，先不开口。

冻死迎风站，饿死不弯腰。

冷静的人大事变小，冲动的人小事变大。

沟壑易填，人心难满。

没有好鹰抓不住狐狸。

没有拉不直的绳子，没有改不了的过错。

没有惧怕也要有羞涩。

怀里揣不了牛头，错误瞒不住别人。

穷汉不怕有钱的，赤巴脚不怕穿鞋的。

良药苦口利于病，忠言逆耳利于行。

君子宁可杀身成仁，不为求生而害人。

君子成人之美，决不成人之恶。

君子当权积福，小人仗势欺人。

君子坦荡荡，小人长戚戚。

君子看自己的行踪，孔雀看自己的花翎。

君不正不能正臣，己不正不能正人。

阿弥陀佛四个字，只讲别人勿讲自己。

鸡贪食，嗉囊破；人贪心，惹

灾祸。

纸鸟经不住风吹，泥人经不起雨打。

纸包不住火，人包不住错。

英雄流血不流泪。

直巷赶狗，回头一口。

虎死不改形，狼死不改性。

明人不用细提，响鼓不用重槌。

明知不是伴，事急且相随。

固执己见，袋里装牛角。

败子若收心，犹如鬼变人。

和气好比修条路，伤人等于筑堵墙。

舍得一身剐，敢把皇帝拉下马。

金无足赤，人无完人。

金不怕火，钢不怕锤。

兔子回头凶似虎。

狐狸再狡猾，也斗不过好猎手。

狗不急不跳墙，猫不急不上树。

狗急跳墙，兔急咬人。

狗难劝，贼难冤。

狗窝里放不住剩馍。

庙小妖风大，池浅王八多。

疙瘩要往轻里解。

河已渡过，桥儿再见。

怕鬼终被鬼吓着。

官前少跑，马后少绕。

官逼民反，不得不反。

房屋不扫灰尘多，大路不走变荒山。

视死如归是英雄，贪生怕死可怜虫。

居安思危，有备无患。

挤疮不留脓，免受二回痛。

要打深山虎，须安四方土。

面慈心软吃大亏。

耐性子能驯服烈马，急性子会打死羊羔。

耐得心头气，方为有志人。

背后挂镜子，照人不照己。

临事得替别人想，论人先将自己想。

看物要看本，看人要看心。

胆大骑龙骑虎，胆小骑猫屁股。

胆小没得将军做，怕死不得做王侯。

独脚鬼若得势，门口就会扬尘土。

急躁越多，智慧越少。

将军头上堪走马，宰相肚内能撑船。

美色不美德，好比花无香。

觉悟不在年龄大小，修养不在文化高低。

恭可平人怒，让可息人争。

莫学流星一霎亮，要学太阳永放光。

莫说天下无好人，只顾自己不顾人。

荷出淤泥而不染。

恶人若得势，用斗来量水。

恶行结不出善果，污水当不了镜子。

恶狗怕揍，恶人怕斗。

根深不怕风动摇，树正不怕月

影斜。

破着一身剐，敢把皇帝打。

致富不忘勤俭，为官切记廉洁。

恩将仇报，借酒还水。

积善者昌，积恶者丧。

爱民以德，齐民以礼。

豹死留皮，人死留名。

狼走千里吃肉，狗走千里吃屎。

逢恶不怕，逢善不欺。

逢桥须下马，过渡莫争船。

饿死不做贼，屈死不告状。

高贵人因羞愧而亡者多，低贱人因贪婪而败者多。

高贵人善于礼节，低贱人心硬肚大。

准备玉龙擒彩凤，安排金锁困蛟龙。

粉向自己脸上擦，灰往别人脸上抹。

烦恼不寻人，人自寻烦恼。

酒杯虽小淹死人，筷子不粗打断腰。

酒是烧身硝焰，气是无形火药。

海中放毒，山顶点火。

涕泪悲愁，不如捏紧拳头。

害人之心不可有，防人之心不可无。

家里没有糌粑吃，窗外却要糊糌粑。

家贫知孝子，国乱显忠臣。

诸行要朝真理看，万事就会很顺利。

剥了皮的蛤蟆，临死还要跳三跳。

能忍一时之气，能防百日之忧。

能忍自安，知足常乐。

能察秋毫之末，不能自顾其睫。

理直才能气壮，正己方能正人。

黄连依旧苦，甘草自来甘。

黄金未为贵，安乐值钱多。

黄金丢失易找回，名誉丧失难挽回。

黄河尚有澄清日，岂可人无得运时。

雀儿急了还夹人一口。

常怀克己心，谨守法度门。

蛇死要摆尾，虎死跳三跳。

患得患失，是苦闷的伙伴；思想衰退，是青春的大敌。

唯真英雄不怕死。

做了宰相望诸侯。

做贼偷葱起，贪污揩油起。

得一望二。

得不足喜，失不足忧。

得民者昌，失民者亡。

得忍且忍，得耐且耐，不忍不耐，好事变坏。

得宠思辱，安居虑危。

脚不要踏两只船，心不要向着两面。

象以齿焚身，蚌以珠剖体。

猫儿不急不上树，兔子不急不咬人。

猫鼠不同眠，虎鹿不同行。

猛兽易服，人心难降。

麻子不去照镜，反说人家脸不平。

淡泊以明志，宁静以致远。

寄望于腹腔，腹却渗漏水。

敢在虎背备鞍，敢用绳子套豹。

敢把老虎当马骑，敢把豺狼当狗牵。

越怯越怕，小鬼越吓。

越是怕狗越挨咬。

搅抿辛劳，木瓢享受。

落在鬼手里，不怕见阎王。

惑者知返，迷途不远。

逼得好汉上梁山。

厨师常游酥油海，死后坠入地狱海。

掌柜不给吃好哩，剜了大的留小哩。

量大福也大，心宽体也胖。

量小非君子，无毒不丈夫（毒原为度）。

跌倒自己爬，别人只能拉一把。

喝了人家酒，跟着人家走。

道高龙虎伏，德重鬼神钦。

愤怒、骄傲和嫉妒，是人遭殃之祸根。

割倒庄稼闪出狼，拨开云彩见太阳。

寒天吃冷水，点点在心头。

寒冬过去春又来，不信穷人一世穷。

富人被贪婪的有权者所毁，贤人被嫉妒的坏人所毁。

富有的孩子似贫穷，贫穷的孩子似富有。

富贵人送人以钱，仁德者送人以好语言。

富贵招荣辱，清闲省是非。

廉者常乐无求，贪者虚度不足。

廉官不酌盗泉水，志士不受嗟来食。

静以养身，俭以养性。

静坐常思己过，闲谈少论人非。

腐肉不割，好肉难生。

慢火才能熬出饴糖。

慷慨捐生易，从容就死难。

撕了龙袍也是死，打死太子也是死。

撑死胆大的，饿死胆小的。

聪明人见错就改，糊涂人见错就瞒。

横草不动，竖草不拿。

暴躁的人跳着叫，有智的人坐着笑。

蝙蝠不自见，笑它梁上燕。

靠近大蒜沾臭味，靠近坏人沾恶习。

靠亲戚，望知己，不如自己立志气。

德胜才为君子，才胜德为小人。

篱笆扎得紧，野狗钻不进。

磨掉了锈就是好刀。

懒人想富窖，只能做梦笑。

蠹众而木折，隙大而墙坍。

第五章　实践警言

27. 实践为本

一世不走草，走草挨蛇咬。

一等二靠三落空，一想二干三成功。

一万个零抵不上一个一，一万次空想抵不上一次实干。

十年练得好文秀才，十年练不成田秀才。

十个空谈家，抵不上一个实干家。

十磨九难出好人。

人山之前先探路，出海之前先探风。

人乡问俗，人国问禁，人家问忌。

人在世上练，刀在石上磨。

人行千里路，胜读十年书。

人要练，马要骑。

人脑越用越灵，人手越用越巧。

力是压大的，胆是吓大的。

与其挂在嘴上，不如落实在行动上。

上山方知山高低，下水方知水深浅。

上山骡子平川马，下山毛驴不用打。

土地贵在耕种，知识贵在运用。

上得山多碰着虎。

口说不如身到，耳闻不如目睹。

千里之行，始于足下。

千锤成利器，百炼变纯钢。

木板锯得直要靠墨斗，工作做得好要靠调查。

不入虎穴，焉得虎子。

不干，不可能知晓；干了，不可能不会。

不下大海捕不到大鲸，不到西天取不到真经。

不下水，一辈子不会游泳；不扬帆，一辈子不会撑船。

不上山不知山高低，不下河不知河深浅。

不见不识，不做不会。

不动扫帚地不光，不动锅铲饭不香。

不在哪儿摔跤，不知哪儿路滑。

不在被中睡，不知被儿宽。

不当家，不知柴米价；不拿秤，怎知斤和两。

不吃苦中苦，难得甜上甜。

不担三分险，难练一身胆。

不到河中央，怎能知深浅。

不到高山，不知平川；不经挫折，不长知识。

不怕乱如麻，只怕不调查。

不经一番寒彻骨，怎得梅花扑鼻香。

不经历风雨，怎么见彩虹。

不经冬寒，不知春暖。

不经厨子手，没有五味香。

不挑担子不知重，不走长路不知远。

不尝黄连不知苦，不养娃娃不知痛。

不涉水不知河浅深，不调查难于下结论。

不探深山，采不到人参。

不做，手笨；不走，脚笨；不说，嘴笨；不思，脑笨。

不喝几口海水，练不成好水手。

不登名山不知五岳高，不游长江不知三峡险。

不登高山，不知天高；不人深渊，不知地厚。

不摸秤杆，不知秤砣的重量。

不摸锅底手不黑，不拿油瓶手不腻。

不磨不炼，不成好汉。

少许愿，多做事。

水上浮萍永远体会不到鱼虾的乐趣。

水的可贵沙漠里的人深知；太阳的可贵挨冻的人深知。

见一次比听百次强，实践一次比见百次强。

见多识广，工多手熟。

见识、见识，不见不识。

手拿鱼篮，避不得鱼腥。

风吹不动泰山，雨打不弯青松。

风暴使树木深深扎根。

火车不是推的，泰山不是堆的。

斗要量，秤要校。

书到用时方恨少，事非经过不知难。

书要读，拳要练，事理要通靠实践。

书读十遍，不如手过一遍。

玉不琢不成器，铁不炼不成钢。

玉成器需石匠精心雕，树成荫需园丁着意浇。

打了三年官司，当得半个律师。

打仗要先摸敌情，伏虎要先知虎性。

打鱼的不离船边，打柴的不离山边。

打空拳费力，说空话劳神。

打铁不离火，无筛不断谷。

打铁要自己把钳，种田要亲身下田。

打酒只问提壶人。

巧干来自熟练，熟练来自实践。

功夫下得越深，成果取得越多。

功夫不负有心人。

功夫到家，石头开花。

功到自然成。

世上无难事，只要肯攀登。

只有想不到的事，没有做不到的事。

只要调查摸得细，百病自有百药医。

宁做蚂蚁腿，不学麻雀嘴。

出水方知两腿泥。

边做边学是人，边红边甘是果。

发一回水，澄一层泥；经一回事，增一层智。

扬帆之前先探风，磨刀不误砍柴工。

耳听千遍，不如手过一遍。

耳闻不如目睹，目睹不如身受。

过的桥比你走的路多，吃的盐比你吃的米多。

在海边只能拾到贝壳，下大海方可收获鱼虾。

百日砍柴一日烧。

百学不如一练。

百闻不如一见，一见不如实践。

迈出第一步最艰难。

光说不练，枉学百年。

光说不练假把式，光练不说真把式，连说带练全把式。

曲子好唱起头难。

吃亏长见识。

吃过黄连苦，才知甘草甜。

吃苦在前，享受在后。

吃得苦中苦，方为人上人。

向阳房子先得暖，靠水人家会撑船。

年轻饱经风霜，老来不怕冰霜。

行动比语言更响亮。

行是知之始，知在行之后。

会挑水的人不怕水荡，会走路的人不怕路窄。

多做强似能说。

多锉出快锯，多做长知识。

闭门画花，不如走马看花；大胆的试验，是成功的一半。

闭门造车，出不合辙。

闭着眼睛捉不了麻雀。

戏台上胡须根根假，调查之后事事真。

观千剑而识器，尝百草而知药。

红瓤、白瓤，剖开西瓜才知道。

走马看花，不如下马栽花。

抓鱼要下水，伐木要人林。

劳动出智慧，实践出真知。

听一遍不如看一遍，看一遍不如做一遍。

听人说千遍，不如亲眼见。

听过不如见过，见过不如做过。

秀才不到田里来，见了麦子当韭菜。

作家是写出来的，将军是打出来的。

饭得一口一口吃，路得一步一步走。

没吃过葡萄，先不要说葡萄是酸的。

良好的开端是成功的一半。

初生之犊十八跌。

纸上得来终觉浅，深知此事要

躬行。

幸福从劳动中来，真理从实践中来。

苦思冥索打主意，条条落空；调查研究作结论，事事成功。

若要麦收，防冻开沟；若要成事，调查研究。

事不经不懂，路不走不平。

事非经过不知难。

事虽小，不做不成。

雨淋青松松更青，雪打红梅梅更红。

明人不被暗事欺，真人不为假象迷。

岸上学不好游泳，嘴里说不出庄稼。

泥人经不起雨打，假话经不起调查。

怕湿脚的人捉不到鱼。

学了就用处处行，光学不用等于零。

学生不离纸笔墨，木工不离斧锯刨。

实践长才干。

实践出真知。

实践是知识的源泉，知识是生活的明灯。

试试并非受罪，问问并不吃亏。

经一番挫折，长一番见识。

草木在土地上长，才干在实践中长。

药是试出来的，花是绣出来的。

要知三岔路，须问过来人。

要学老牛勤耕田，莫学鹦哥尽练嘴。

要摸老虎屁股，先懂得老虎脾气。

要想明底细，打破砂锅问到底。

要想知道，经过一遭。

要想嘴巧，多说就是了；要想手巧，多做就是了。

砍柴上山，捉鸟上树。

临河的善于游泳，靠山的善于攀登。

是酸是甜，尝过的人明白；是远是近，走过的人知道。

钢渣全凭火来验，真理要凭实践看。

看人挑担不吃力，自己挑担步步歇。

看花容易绣花难。

顺风好比射箭，倒风好比拉纤。

顺的好吃，横的难咽。

度过黑夜的人，才知光明可贵。

庭院里跑不开千里马，温室里养不出百日花。

亲身下河知深浅，亲口尝梨知酸甜。

逆水行舟，不进则退。

说一千，道一万，不如动手试试看。

说了一句不实践，百句千句都是空。

说了无数空话，不如以身作则。

说起来容易做起来难。

捕鲨鱼要下大海，挖人参要上深山。

赶马三年知马性。

真理无价宝，实践里面找。

铁匠没样，边打边象。

铁要打，人要练。

称一称知轻重，量一量知长短。

笔勤能使手快，多练能使手巧。

射箭看靶子，弹琴看听众。

涉浅水者得鱼虾，人深水者得蛟龙。

海阔凭鱼跃，天高任鸟飞。

害怕丛林，就别去打鸟。

被雨淋过的人不怕露水。

骏马是骑出来的，能人是干出来。

常说口里顺，常做手不笨。

常跋涉者脚板硬，常挑担者肩膀硬。

眼见方为实，传言未必真。

做事不要光在嘴上，还要在手上。

望梅不能止渴，画饼不能充饥。

博闻广见，不如调查一遍。

喜欢鸣唱的鸟儿，不会有如意的巢。

厨子的嘴，轿夫的腿。

晴天补漏，雨落照旧。

遇事详情，方算明人。

跑马看花，头昏眼花；走马看花，误差很大；下马栽花，能解疙瘩。

黑猫白猫紫花猫，捉住耗子便是好猫。

喊破嗓子，不如甩开膀子。

登山知高远，航海识博大。

路要自己走，关要自己闯。

路就在脚下。

煤球不是白的，本事不是吹的。

慢工出细活。

擒龙要下海，打虎要上山。

磨刀不误砍柴工。

28. 了解本质

大雪压不矮高山。

大象身高眼也高。

上山钓不到鱼，下水打不到柴。

山羊怎么跑也撞不倒高山，骆驼怎么跑也上不了青天。

山泉细流能穿透悬崖，却洗不白乌鸦一根羽毛。

山高挡不住南来的雁，墙高挡不住北来的风。

千琢磨，万琢磨，牛蹄究竟是四个。

弓箭弯了不变质，月亮缺了不改色。

云再高，也在太阳底下。

不要看母牛长得又黑又脏，挤出的奶却是洁白。

不是精肉不巴骨，不是肥肉不巴皮。

手向里边弯。

风大，山不会摇；火猛，金不怕烧。

月亮再亮也晒不干谷子。

乌云遮不住太阳，台风吹不落月亮。

乌鸦千年黑色不变，事过千载事实不变。

乌鸦飞得再高，也不能和山鹰相比。

乌鸦站着是乌鸦，飞起来还是乌鸦。

乌鸦插上美丽的羽毛，也变不成凤凰。

乌骨鸡的毛再美，骨头还是黑的。

孔雀的花翎虽然美观，但不适合于白鹤身上。

石头里榨不出油来。

龙生龙，凤生凤，老鼠的儿子会打洞。

生成的骆驼改不成象。

生姜改不了辣味。

生就的泥鳅，见了软土就钻。

白的易黑，黑的难白。

老辞窝里掏不出白鸡蛋。

过了一千年，乌鸦也是黑的。

再大的蓑衣也在雨笠下。

灰尘蒙不住宝石的光彩。

虫蚁也贪生怕死。

吃柿子吐不出枣核来。

冰雪压不倒青草，乌云遮不住太阳。

羊尾巴再长也遮不住羊屁股。

灯蛾变不成蝴蝶。

尽管乌鸦用细嗓门唱歌，但总不像百灵鸟。

如果是夜明珠，放在哪里也闪光。

好人，用恶语诬蔑不了；泉水，用手指堵塞不了。

好人脸上抹不了黑灰，坏人脸上生不了光辉。

好事没有人夸也香，坏事没有人咒也臭。

花香不能加工。

杨树开花结不成梨，石头蛋子孵不出鸡。

身子跌下井，耳朵挂不住。

狂风吹不灭萤火，槐树长不出苹果。

即使穿上绸缎，影子还是黑的。

鸡蛋里找不出骨头来。

鸡窝里出不了大鹏，猪窝里出不了山羊。

纯真的金子，光泽永远不变。

驴耳朵里存不住珠宝。

驴肚子局不出马粪来。

青蛙尽管千跳万跳，但始终跳不出池塘。

苦蔓上不结甜瓜。

若是骏马，虽无鞭架还是骏马。

到处的磨眼都朝天。

鱼身上剪不下羊毛。

狗肚子里不能装奶油。

狗改不了吃屎。

狗屎动不得，越动越臭。

狗窝里养不出金钱豹。

狗嘴不长象牙，狗头不生鹿角。

夜越黑珍珠越亮，天越冷梅花

越香。

泥土污染不了金子。

泥鳅掀不起大浪。

带刺的玫瑰都是芳香的。

草不遮人眼，水不遮鱼眼。

是白马变不了毛色，是真金变不了本色。

烂鼻子菩萨，喜闻臭猪头。

染缸里拉不出白布。

屎壳郎酿不出蜜来。

骆驼的马鞭垂不到地上。

骆驼虽瘦，也比马高大。

耗子的胆子再大，也不敢在猫耳朵里安家。

栽李不结桃，假的真不了。

盐在哪里也咸，醋在哪里也酸。

鸭子有翼不会飞。

圆木不稳，方木不滚。

铁在水里浮不起来。

倒驴不倒架。

狼终究是狼，即使它不吃你的羊。

狼虽掉牙，凶性不改。

家雀住不了凤凰窝。

聋子不怕炮声响。

脚趾再长，也长不过脚。

猫的儿子还是猫。

鹿角再长，顶不到星星；兔腿再短，照样翻山坡。

蛤蟆跳不出三尺远。

黑老鸦洗不成白鹅。

黑老辞洗不成白鸽子。

黑带子洗不成白的。

猴子再聪明，也不会解绳结。

猴子穿上裙子，仍旧是猴子。

粪堆里长不出灵芝草。

蜂无嘴，屁股伤人。

瞎子没有白天，醉鬼没有明智。

29. 掌控规律

一口吃不成胖子。

一个萝卜一个坑。

一个葫芦两个瓢。

一个拳头打不出一口井。

一天的春风吹不尽三冬的严寒。

一号藤子结一号瓜。

一块黑色的头纱，遮不住月亮的光辉。

一缸不酿两种酒，一树不开两样花。

十月怀胎，一朝分娩。

人老一年，稻黄一夜。

人去大地依然在。

人行有脚印，鸟过有落毛。

人道谁无烦恼，风来浪也白头。

力再大也拉不直江河，气再粗也吓不转人心。

三月的桃花红不久。

土块堵不住喷涌的泉水，石头压不住成长的竹笋。

大了的姑娘，留不住的客人。

大象虽然大，还是顺着道路走；河流虽然急，总要沿着河槽流。

万物兴歇皆自然。

上梁不正下梁歪。

口袋嘴往哪里倒，米就朝哪里滚。

山山有路，路路相通。

山不转路转，河不弯水弯。

山要崩，绳子箍不住。

女大自巧，狗大自咬。

飞来一只寒鸦，并不就是冬天。

马跑了，尾巴抓不住。

天下虽有无刺花，世上却无轻易事。

天下船载天下客。

天上众星皆拱北，世间无水不朝东。

天上的风不均匀，世上的人不永存。

天无常圆之月，人无不散之席。

天不能总晴，人不能常壮。

天亮不是公鸡叫出来的。

天亮睡不久，老来命不长。

无不透风的墙，无不衰老的人。

云走了天还在，水走了河还在。

不冷不热，不成世界；不丰不歉，不成年景。

不要忧来不要愁，自有晴天对日头。

太阳不从谁家门口过。

太阳每天都是新的，地球时刻都在转动。

太阳总是从东方升起，山泉总是潺潺流去。

日中则昃，月满则亏。

日月有常，星辰有行，四时顺径。

水大漫不了船，火大烧不掉锅。

水不平则流。

水可载舟，亦可覆舟。

水里葫芦不沉底。

水壶不漏水不滴。

水高船去急，沙陷马行迟。

水流千遭，绕回大海。

水朝下流，人争上游。

手指头有长有短，人无十全十美。

牛要放屁，尾巴挡不住。

牛渴自然下江。

什么鸟下什么蛋。

什么根，什么苗，什么葫芦结什么瓢。

什么藤结什么瓜，什么树开什么花。

月儿有圆有缺，花儿有开有谢。

月满则亏，水满则溢。

风往东吹，水可不一定向东流。

乌云遮不住太阳，冰雪锁不住春光。

凤眼识宝，龙眼识珠，牛眼识草。

火把倒下去，火焰仍向上。

火到猪头烂，功到自然成。

世界上没有不吃草的马。

可以隐瞒你的疾病，不能躲避你的死亡。

石头再多也压不住竹笋生长，山再高也挡不住云霞飘飞。

东方不亮西方亮，黑了南方有北方。

田是根，地是本，不养老母鸡没

蛋生。

只有狗咬人，哪有人咬狗。

只有藤缠树，没有树缠藤。

只要拽耳朵，嘴角必然动。

只要逆流而上，就能找到源头。

生姜不是树上生。

瓜熟了要摘，果熟了要采。

瓜熟蒂落，水到渠成。

乐极生悲，昏极则乱。

立一法，生一弊。

礼同天下书同文，处处老鸦一般黑。

老鼠怕天亮。

再急的水流，也不会没有渡口。

再美丽的玫瑰，节令到了也要凋谢。

再甜的甘蔗不如糖。

有一利必有一弊。

有上坡必有下坡，有进路必有出路。

有山必有路，有水必有渡。

有马鹿就有它吃水的塘。

有花自然香。

有花的地方有刺，有蜜的地方有蜂。

有鸡天也亮，无鸡天也明。

有泥土的地方就能长草。

有骨头不愁长肉。

早插秧，早收谷。

肉包子打狗，有去无回。

名医也会生大病。

好好开花好好谢。

好就是了，了就是好。

远水救不得近火。

花开不用剪刀裁。

花无长红，人无长富。

花到开时自然红。

花谢了的时候，果实才能成熟。

更深鼠当家。

两山之间必有一伏，两波之间必有一谷。

针过得去，线也过得去。

条条江河通大海。

冷热为邻。

没有无夏之年，没有无客之家。

没有佛爷的地方，也没有鬼怪。

迟睡也是同时天亮。

鸡叫一声天下明。

纸包不住火。

拦路石头有人搬。

坡鹿有睡觉的时候，山鹰有进窝的时候。

茂木之下无丰草。

枝条总是向下垂的。

物极必反，否极泰来。

爬得高，跌得重。

鱼不能离水，雁不能离群。

鱼恋鱼，虾恋虾，王八找的鳖亲家。

兔子转山坡，转来转去还得回老窝。

兔子的腿再短，一样能跑路。

狐狸找的是肉，兔子找的是草。

夜晚的黑暗阻止不了黎明。

夜越黑，星越明。

河有九曲八弯，人有三回六转。

春天过去夏天来，黑暗过去光明来。

药医不死病，死病无药医。

相打没好拳，相骂没好言。

树木离不开土地，月亮离不开太阳。

树有根就长枝，草有根就发芽。

哪有狐狸不偷鸡，哪有老鼠不偷油？

钟不打不响，禾不耘不长。

待到云开月自明。

急水也有回头浪。

弯竹子生直笋。

亲者割之不断，疏者续之不坚。

前轮向哪里走，后轮就跟着向哪里走。

洪水淹没了世界，鹅和鸭子不发愁。

莫为青枣去操心，到了时候自然红。

恶人自有恶人磨。

恶马恶人骑。

桥倒压不死鲜鱼。

桃花三月艳，菊花九月开，莫谓节气好，各自等时来。

烈马怎么跳跃，也毁不了鞍；骆驼怎么跳跃，也飞不上天。

爱美是人的天性，爱飞是鸟的天性。

爹死娘嫁人，各人顾各人。

高山没有不长草的，大海没有不生鱼的。

高山放纸鸢，全靠四边风。

站的山头越高，扔出去的石头越远。

海再深有底，山再高有顶。

浪再大，在船底下；山再高，在人脚底下。

容易得到的东西也容易失去。

谁家锅底没有黑，哪家灶火不冒烟。

天要下雨，娘要嫁人（指顺其自然）。

黄泉路上无老少。

雪山再高遮不住太阳，泥土再厚压不死种子。

雪再大，埋不住整个天山。

野火烧不尽，春风吹又生。

蛇有多粗，洞有多大。

得失为邻。

船到桥头自会直。

船到滩头水路开。

猫恋食，狗恋食，小孩恋妈妈。

猛火烧不出好烧饼。

惯骑马的惯摔跤。

森林里有孔雀也有乌鸦，人群中有好人也有坏人。

棺材找到山，不烧也要埋。

喷泉，泥土压不住；树木，石头压不住。

黑鸡下白蛋。

黑墨落在白纸上，钉子砸在木

头里。

鹅毛满天飞，必有落地时。

强盗喜欢天黑，豺狼喜欢雨夜。

路不管怎么远，也有终止的地方；夜不管怎么长，也有黎明的时候。

蜜蜂用嘴酿蜜，蚊子用嘴吸血。

潮涨必有潮落时。

篱笆隔不住声音。

鸳鸯不打脚下塘。

30. 因果关系

一报还一报。

一点水，一个泡。

一子受皇恩，全家食天禄。

人冷盖被，秧冷盖水。

人若满身虱子痒，坐在哪儿都不稳当。

大手大巴掌。

上不紧，下不忙，直钩钓不了鱼。

上炕不脱鞋，必是袜底破。

上河里涨水下河浑。

上面糊糊涂涂，下面麻麻杂杂。

上梁不正下梁歪，下梁不正塌下来。

山高一丈，水冷三分。

飞瀑之下，必有深潭。

开多少井，得多少书；读多少书，知多少事。

开好花，结好果。

天不下雨河不涨。

天不严寒水不冻，人不伤心泪不流。

无风树不响，无病人不死。

不因渔父引，怎得见波涛。

不进山门不受戒。

不听老人言，吃苦在眼前。

不拄哀杖不掉泪。

不图便宜不上当。

不图锅巴吃，不在锅边转。

不刮春风，难下秋雨。

不是孙猴子，不上花果山。

不是我的狗，不听我叫吼。

不饿不知粮食之可贵，不累不知骏马之功劳。

不请是个闲和尚，请到就是一尊佛。

不骑马不摔跤，不打水不掉笆。

不喝酒脸不红，不做贼心不虚。

不撒大网，不得大鱼。

车动铃铛响。

日有所思，夜有所梦。

水头不浑水尾清，水头不清水尾浑。

水有源，树有根。

水涨船高。

水落石出，雨过天晴。

水源不清，水尾就浑。

什么样的模子出什么样的糕。

父不正，子奔他乡；君不正，臣投国外。

今日来客，往日有意；今日打架，往日有气。

风不吹，树不摇。

风不静，浪不平。

心正路也正，心邪路也斜。

打得春风必有夏雨。

布谷鸟欢乐地歌唱，是因为春风吹。

只有吸干水，石头才露面。

只要是奔腾的骏马，就有健康的四蹄。

发什么响，得什么声。

母狗不摆尾，公狗不上身。

地下没有根，地上不长草。

有了老婆不愁孩，有了木匠不愁柴。

有了羊群就有了油房。

有了柴火，就有了木炭。

有车就有辙，有树就有影。

有风方起浪，无潮水自平。

有因必有果，有利必有害。

有灯不愁火。

有其师必有其徒。

有糖就有蚁，有肉有好汤。

吃不得是饿得不够，累不得是苦得不够。

肉肥汤也肥。

冰冻三尺，非一日之寒。

关门打鼓，响声在外。

灯盏无油枉费心。

如果你喜欢莲子，你就得保护荷花。

如果家里没有老鼠，外边野鼠进不来。

好树结好果，好铁铸好锅。

好模子出好坯，好窑口出好瓷。

花香蜜蜂多，水甜人爱喝。

苍蝇跟卖摊佬走。

来到花树下，必是采花人。

吹啥风，落啥雨。

乱麻必有头，事出必有因。

身上有屎狗跟踪。

肚子里有食，胳膊上有劲。

灶门口点火，烟囱口冒烟。

没风树不响，没水不起浪。

没有火的烟囱不会出烟。

没有神的地方，从来不会有鬼。

没有高山，不显平原。

没有家神，不引外鬼。

没做贼心不惊，没吃鱼嘴不腥。

良医之门疾者多。

鸡蛋不裂缝，苍蝇不下蛆。

到草原：大雪山闪耀着银光，是因为太阳发出光芒。

放起灯芯火，能烧万重山。

泡沫冒处，必有浅滩。

官清书吏瘦，神灵庙主肥。

虱子不咬人不挠。

草场好了牛羊肥，墨汁好了字迹美。

草怕严霜霜怕日，恶人自有恶人磨。

树大根深，母健子壮。

树倒猢狲散。

钟在寺里，声在外边。

种瓜得瓜，种豆得豆。

种好秧好，娘好娃好。

种荆棘得刺，种桃李得果。

泉水不息，井水不枯。

急火煮出夹生饭。

差之毫厘，失之千里。

屋内不烧锅，屋顶不冒烟。

恶有恶报，善有善报，不是不报，时候未到。

蚊子遭扇打，只为嘴伤人。

钹怎么拍，舞就怎么跳。

臭肉招苍蝇。

烟高火苗低。

家内无猫，老鼠踩脚。

家火不起，野火不来；小钱不去，大钱不来。

家有梧桐引凤凰，家有败子引流氓。

谁播种，谁收割。

菜花不开蜂不采，灶头无食蚊不来。

船大吃水深。

痒处有虱，怕处有鬼。

锅里有什么，勺里就盛出什么。

塘中鱼尽，白鹤起身。

锣鼓敲什么点，小鬼就怎么跳。

满屋老鼠跑，必定有窟窿。

31. 辨析事理

一个火星烧掉一条街。

一日动干戈，十年不太平。

一日结成冤，千日解不彻。

一正无不正，一邪无不邪。

一石激起千层浪。

一只烂梨烂整筐，一条死鱼臭一塘。

一失足成千古恨，再回头是百年身。

一次说了谎，到老人不信。

一把椅子轮流坐，当了媳妇当婆婆。

一指受伤，九指都疼。

一般树上两般花，五百年前是一家。

一颗稗子坏株秧，一条烂鱼害整筐。

入门休问枯荣时，细观容颜便得知。

人见利而不见害，鱼见食而不见钩。

人和太阳亲近。

八公山上，草木皆兵。

刀不离手，弓不离身。

刀伤药虽好，不破手为高。

三十年弄马骑，一日被驴扑。

三步一岗，五步一哨。

大匠手下的小匠，狭小地方的小官。

大江大海过多少，小河沟里把船翻。

大国有征伐之兵，小国有预备之固。

大将军用谋不在勇，贤臣折节不轻骄。

大处着眼，小处着手。

小心天下去得，鲁莽寸步难行。

小心百事可做，大意万事吃亏。

小事须细心，大事要谨慎。

小雨下久会成灾，防微杜渐祸不来。

小洞能沉万吨船，小隙能透刺骨风。

千年古道变成河。

千言能惹塌天祸，话不三思休启口。

久分必合，久合必分。

门内有君子，门外君子至；门内有小人，门外小人至。

天下无不可化之人，世间无不可变之俗。

无智的人嘴利，无实的穗头高。

不以一言举人，不以一言废人。

不打落水狗，提防咬一口。

不可不信，不可全信。

不卷裤角不过河，不摸底细不开腔。

不怕虎生三只眼，只怕人有麻痹心。

不怕虎狼当面坐，只怕人前两面刀。

不怕明处枪和棍，只怕阴阳两面刀。

不怕贼来偷，只怕贼惦记。

不要见风就是雨，大事小事自做主。

歹竹出好笋。

车轮滚上滚下，运气时兴时衰。

瓦片也有翻身日，困龙岂无上天时。

水小声势大。

水泼不入，针插不进。

水藉鱼，鱼藉水。

长江后浪推前浪，一代新人胜旧人。

长城万里今犹在，不见当年秦始皇。

今朝不保明朝事，上床难保下床事。

分明指出平川路，莫把忠言当恶言。

公听则明，偏听则暗。

文无定法，事有定规。

心急等不得人，性急钓不得鱼。

未到八十八，不可笑人瞎。

打不掉蜂窝，反被咬了手。

打仗先要摸敌情，伏虎先要知虎性。

打虎不成，反被虎伤。

田里能长谷子，也能长荒草。

囚鸟不忘飞，系马常念驰。

宁可千日备，不可一日松。

宁伤十君子，别伤一小人。

出门看天色，进门看脸色。

老了的千里马还不如一条狗。

老虎吃人易躲，人要吃人难防。

耳朵不离腮。

过去之事白如雪，未来之事暗如漆。

过河要知渡口，捕鱼要知鱼情。

有人烟的地方饿不死麻雀，长庄稼的田里旱不死野草。

有千年产，没千年主。

有钱不买河边地，三十河东四十河西。

虫在地下时，蚂蚁来挑逗。

吃饭防噎，走路防跌。

会钓鱼的看水流，会打猎的选地形。

多深的地基多高的墙。

衣不遮体是仆人，食不果肚是乞丐。

羊不离人，人不离羊。

关门养虎，虎大伤人。

防在前头，少吃苦头。

红梅不落青梅落，老者不亡少者亡。

走平地，防摔跤；顺水船，防暗礁。

把敌人引进厅堂，等于把毒蛇放在胸膛。

花枝叶下犹藏刺，人心怎保不怀毒。

来者不善，善者不来。

男无女伴财无主，女无男伴身无靠。

我不要成就，请松开拳头。

乱王年年改号，穷士日日更名。

兵贵神速，人贵思索。

你走你的阳关道，我过我的独木桥。

住山边，烧活柴；住河边，吃活蟹。

住在狼窝边，小心不为过。

近鲍者臭，近兰者香。

言多变则失信，步频改则难从。

没有永久的敌人，没有永久的朋友。

穷有好时，富有倒时。

鸡梦见小米，猫梦见老鼠。

青草发芽，不离旧根。

拔出萝卜带出泥。

枪不可离身，马不能离鞍。

事不三思，终有后悔。

事有凑巧，物有偶然。

事前没计划，临时没办法。

雨不能下一年，人不会穷一世。

明中去了暗中来，一文去了万文来。

乖子看一眼，呆子看到晚。

鱼过千层网，网网还有鱼。

兔急咬人。

忽视卫生得病，忽视敌人丧命。

狗取狮子名。

狗急跳墙，人急悬梁，富急出洋。

夜夜防贼不受害，天天防虫不受灾。

盲人骑瞎马，夜半临深池。

房子不扫灰尘满，大路不走变荒地。

荞麦和谷子合起来，成为一年口粮；聪明和愚蠢合起来，成为一个社会。

牵一发而动全身。

临河的善于游泳，靠山的善于登攀。

昨天的鸡蛋，今天的鸡雏。

虽有凶岁，必有丰年。

虽然没有可炫耀的财富，但是衣食却足够。

咬咬十个手指头，哪个都是一样疼。

哪怕是蜜，当作药用也是苦的。

看不见的病制造了看得见的病。

看到荷叶摸到藕。

将军一匹马，农夫一头牛。

哀兵必胜，骄兵必败。

差之毫厘，谬以千里。

前门拒了虎，后门可进狼。

前车之覆，后车之鉴。

洪水未到先筑坝，豺狼未来先磨刀。

挨金似金，挨玉似玉，挨着木匠会拉锯。

莫信直中直，须防仁不仁。

根深才能叶茂。

逗人爱，死得快；讨人嫌，活千年。

铁怕落炉，人怕落套。

敌人本性若能改，箩筐也能扣住海。

笋子靠竹竹靠山，禾苗靠水水靠潭。

健儿须快马，快马须健儿。

衰为盛之终，盛为衰之始。

酒杯虽小淹死人，筷子不粗打断腰。

海洋虽宽广，船头有时也相撞。

家里篱笆打得紧，外头野狗钻不进。

营生道路有千余，若无算计也徒功。

眼观六路，耳听八方。

患生于所忽，祸发于细微。

得荣思辱，处安思危。

船到江心牢把棹，箭安弦上慢张弓。

祸与福同门，利与害为邻。

骑名马的人爱赛跑，穿单衣的人爱摔跤。

跑了和尚跑不了庙。

帽子小了耳朵冷，靴子小了脚趾痛。

惺惺惜惺惺，好汉识好汉。

富贵又穷穷又富，沧海成路路成河。

谦虚人不会痛苦而死，无价宝不会被水冲走。

隔山隔海不知深，知人知面不知心。

隔墙须有耳，窗外岂无人。

勤俭生富贵，富贵生淫逸，淫逸生贫贱，贫贱生勤俭。

路平也会跌死马，水浅也会淹死人。

路逢侠客须呈剑，不是才人莫献诗。

跟上好人走正路，跟上坏人走

邪路。

粮食不是金银，却能饱肚；粮食变成金银，就要饿肚。

谨防怒时性，慢发喜中言。

酸石榴，总有味甜的一天。

聪者听于无声，明者见于未形。

瞎猫碰上个死老鼠。

踏破铁鞋无觅处，得来全不费工夫。

潮流不随你，你得随潮流。

鹌鹑找鹌鹑，沙鸥找沙鸥。

藤萝绕树生，树倒藤萝死。

32. 经验教训

一口吃不成胖子，一步跨不到天边。

一回生，二回熟，三回过来当师傅。

一笔画不成龙，一锹挖不出井。

一羽示风向，一草示水流。

一芽知春，一叶知秋。

一斧砍不倒大树。

一样事，百样做。

一熟三分巧。

人用财试，金用火试。

人有十不同，花有十样红。

人有人言，兽有兽语。是话有因，是草有根。

干东行不说西行，贩骡马不说猪羊。

上山看山势，入门看人意。

上一回当，学一回乖。

千金难买回头看。

久住坡，不嫌陡。

马老识路途，人老通世故。

天上无云不下雨，地上无风不扬尘。

天望天色，人望脸色。

不上当不成内行。

不比不知道，一比吓一跳。

不在哪儿摔倒，不知哪儿地滑。

不会看的看热闹，会看的看门道。

不识银色不算病，不识人色算大病。

不听老人言，吃亏在眼前。

不知心中事，但听口中言。

不经一事，不长一智。

车子走过，必有轮迹；狐狸走过，必有臊气。

少年木匠老郎中。

内行不上当，上当不内行。

水滴积多成大海，经历集多成学问。

见事知长短，听话评高低。

毛毛细雨能湿透衣服。

从旁人的错误中可以学到聪明。

从跌跤中学会走路。

今日记一事，明日悟一理。

六旬老人凭回忆，六岁孩童凭记忆。

斗米买枚针，试试你个心。

未看山头上，先观屋下人。

打出刀来看钢口。

打鱼的不离水边，打柴的不离山边。

打蛇打七寸，挖树先挖根。

只有傻瓜才会第二次跌进同一个池塘。

失败中有教训，成功中有经验。

失败是成功之母。

鸟飞过落羽毛，人走过留脚印。

市散方知谁人挎鱼篮。

头回上当，二回心亮。

头回被蛇咬，二回不走草。

宁可不识字，不可不识人。

记住山河好走路，记住波涛好行船。

记得从前话，到老不受骂。

出门看天色，说话看面色。

老人不讲古，后生会失谱。

老牛肉有嚼头，老人言有听头。

老牛识犁沟，老鸟知夜时。

老将刀熟，老马识途。

老姜辣味大，老人经验多。

过了河，忘了桥；愈了伤，忘了痛。

在哪里摔跤，就在哪儿爬起来。

有鱼的地方，必然冒水泡。

有钱难买经验多。

有眼不识宝，见着姑娘叫大嫂。

百尺高楼从地起。

吃亏得教训，人才变聪明。

吃药三年会行医，赶马三年知马性。

吃菜要吃心，听话要听音。

吸取他人教训，自己才会走运。

年轻人力气大，老年人经验多。

向昨天要教训，向今天要成果。

会挑水的不怕烫，会走路的不怕路窄。

冰冻三尺，非一日之寒。

问路不施礼，多走二十里。

买东西不识货，光挑大的摸。

买瓜看皮，买针看孔。

走路无向导，经常要迷路。

走路看地下，打鱼看浪花。

来说是非者，便是是非人。

园里选瓜，越选越差。

别人的沉船，就是你的航标。

近山知鸟音，近水知鱼性。

初生牛儿不怕虎，长出犄角倒怕狼。

识真金方能辨假货。

识得黄河水，方可浪里行。

鸡叫三遍，一遍比一遍亮；路走三遍，一遍比一遍熟。

玩花人，说花香；卖药人，说药方。

担子越重，脚印越深。

若要知道，经过一遭。

知识是经验的产儿。

凭着去时走错路的经验，回来时就顺利了。

货比三家不吃亏，路走三遭不陌生。

狗咬吕洞宾，不识好人心。

怕问路，要迷路。

话有三说三解。

绊三跤，方知天高地厚。

经验用黄金买不到。

经验是犯错误的记录。

经验是要付出昂贵学费的，但它比一切老师都好。

经常走的路不需要路标。

经得广，知得多。越碰钉子，越有心眼。

荒草野岭草丛多，勿晓得哪儿有蛇窝。

树老半心空，人老百事通。

树老根须多，人老见识多。

要知天高地厚，除非三十往后。

星星之火，可以燎原。

看人不能光看脸，恶貌不一定阴险。

看了他娘脚后跟，知她闺女二三分。

看在眼里，想在心里。

看树看根，看人看心。

看清敌人，如遇良师；认清毒物，如获良药。

顺风行船容易翻。

顺着鸡毛找鸡，顺着蒜皮找蒜。

闻鸟知音，闻言知人。

前人失脚，后人把滑。

前人就是后人眼。

前事不忘，后事之师。

前面已经摔了跟头，自己应该好好研究。

前船就是后船眼。

说的说，听的听，会说不如会听。

挨一拳，得一招；挨十拳，成诸葛。

积土成山，积水成渊。

海再深有底，树再高有根。

被犬所吠者，未必皆盗窃。

被热水烫过的狗，连冷水也害怕。

萤火虫只照见自己的屁股。

眼睛不亮，到处上当。

做一行，怨一行，到老不在行。

欲知心腹事，先听口中言。

猫哭老鼠是假，狗馋骨头是真。

深山打猎人，最识豺狼心。

惊弓的鸟儿看到丛林都胆战心惊。

葡萄是一点一点成熟的。

暂时的失利，比暂时的胜利好得多。

晴天铺好路，雨天不踩泥。

晴带雨伞，饱带干粮。

痛苦中捡回的教训，是人生的无价之宝。

错一回，精一回。

锯响有末，磨响有音。

满眼是花，看得眼花。

摔了个跟斗，捡了个明白。

摔了跟头要学会走路，呛了水要学会游泳。

滴水成河，积少成多。

熟水性，好划船。

燕子识旧巢。

嘴上无毛，办事不牢。

嘴有两张皮，咋说咋有理。

33. 差异比较

一人一个性格，两人两个脾气。

一人传虚，百人传实。

一匹马奔驰，看不出快慢。

一龙九种，种种各别。

一好遮不了百丑，百好遮不了一丑。

一块砖砌不成墙，一节甘蔗榨不成糖。

一言不合实际，百言无人相信。

一事全知，胜过万事半知。

一事精，百事精；一无成，百无成。

一树果子有酸甜，十个指头有长短。

一种米养百样人。

一俊遮百丑。

一家不知一家，和尚不知道家。

一娘生九子，连娘十条心。

一锅菜，有咸有淡；一树果，有酸有甜。

二人谈话有地头，三人说话有旁证。

丁是丁，卯是卯。

十个指头有长短，荷花出水有高低。

十分弓，只拉九分。

十家锅灶九不同。

人不在大小，要有本事；山不在高低，要有景致。

人不能荣华一世，树不能常绿一年。

人见利而不见害，鱼见食而不见钩。

人心似铁，官法如炉。

人在山外觉山小，人在山中觉山深。

人有十不同，花有十样红。

人有人路，蛇有蛇道。

人多一技有益，物裕一备有用。

人多吃狼，狼多吃人。

人多乱，龙多旱；母鸡多了不下蛋，媳妇多了婆婆做饭。

人多乱哄哄，猫多不捉虫。

人多没好汤，猪多没好糠。

人没一样的人，木没一样的木。

人到公门正好修，留写阴德在后头。

人是人，鳖是鳖，喇叭是铜锅是铁。

人都认识狼，狼不认识人。

刀上蜜糖不能尝，贪食鱼儿易上当。

力微休负重，言轻莫劝人。

三虎必有一彪，三鹰必有一鹞。

干什么，说什么；卖什么，吆喝什么。

干柴捆起来，也成不了房梁。

大小是个人，长短是根棍。

大有大难，小有小难。

大笔写大字，大人办大事。

大拳头打不着小跳蚤。

大船只怕钉眼漏。

大象不觉跳蚤叮。

大着肚皮容物，立定脚跟做人。

大漏漏不长，细漏漏干塘。

与其修饰面容，不如充实心胸。

上轿女儿哭是笑，落第秀才笑是哭。

山山有老虎，处处有强人。

山崩地裂有人见，捉生替死却难逢。

千人千品，万人万相。

千人千脾气，万人万模样。

千斤不为多，四两不算少。

千鸟在树，不如一鸟在手。

千年古树问老槐，老槐还是问松柏。

千年的野猪老虎的食。

千羊在望，不如一兔在手。

千张羊皮，不如一张狐皮。

千样玛猫万样玉。

千虚不抵一实。

门门有道，道道有门。

义理之勇不可无，血气之勇不可有。

马若能耕田，黄牛不值钱。

马和马都是同类，跑法却不相同。

马踏软地易失蹄，人听甜言易上当。

元根混鱼，茶酒共喝。

云里千条路，云外路千条。

云彩经不起风吹，朝霞经不住日晒。

云彩厚了要下雨，闲言多了惹是非。

扎头巾的并非皆可为妻；戴圆帽的并非皆是勇士。

不让灯红迷慧眼，莫为酒绿醉洁身。

不学灯笼千只眼，要学蜡烛一条心。

不要让没摸清性子的马驮东西。

不要取笑他人，留神自己出丑。

不要在懒汉面前询问羊群的情况，不要在强盗面前询问百姓的安详。

不要怕少得到一点，不要怕多付出一点。

不说大如山的谎，哪得小如牛的信。

不要拿着狗屎当麻花。

不能因为虱子撕皮袄。

不识庐山真面目。

少装些门面，多存些实货。

见事看长短，人面识高低。

手中的麻雀，胜如天上仙鹤。

手鼓响声虽大，鼓心却是空的。

牛大压不死虱子。

毛毛细雨湿衣衫，流言蜚语伤好汉。

今日卖得三担假，他日卖不出一担真。

今日要想明天，春暖要思冬寒。

公公不搭媳妇肩。

公鸡打鸣，母鸡生蛋。

月亮再亮也不如白昼。

尺水能兴百丈浪。

孔雀好看，却飞不了山鹰那么高。

以毛投炉无不焚，以卵投石无不碎。

打伞不如云遮日，捐扇不如自来风。

左耳朵进，右耳朵出。

石头不能割断东西，但它能磨快刀子。

石头虽小能砸烂瓦罐，火种虽小能烧掉群山。

龙多不治水。

平生莫做皱眉事，世上应免切齿人。

只有心虚人，才怕虚心事。

只有扯皮的人，没有扯皮的事。

只要自家上进，哪怕人家看轻。

叫你上坡，你偏下河。

用心计较般般错，退步思量事事宽。

冬瓜做不得甑子。

鸟飞飞到树梢，鹰飞飞到山顶。

鸟是三顾而后飞，人是三思而后行。

鸟惜羽毛虎惜皮，为人处世惜名誉。

宁可当众亮丑，不可脸上贴金。

宁可穷而有志，不可富而失节。

宁要百发百中的枪一支，不要百发一中的枪百支。

宁撞金钟一下，不敲破鼓三千。

对于恶人善不得，对于好人恶不得。

对盗贼不要告诉家住哪儿，对盲人要说清水井在哪里。

老鹰爪子大，不一定捉得住苍蝇。

耳、目、口为三盗；精、气、神为三宝。

过量的酒对己有害，过头的话对人有害。

再大的鞋也不能当船使。

有八岁的老师，有八旬的学生。

有千斤的臂力，却不能把一片树叶扔过河岸。

有风方起浪，无潮水自平。

有用的石头，千斤不嫌重，无用的东西，便宜也是贵。

有用的东西多保养，无用的东西多收拾。

有名须有实，无实便无名。

有衣倒比无衣冷，饱汉不知饿汉饥。

有好山的，有好水的。

有佛之处鬼多，有福之处孽多。

有样无样，看看世上。

有酒胆，无饭力。

有眼色不在大小，当家人不在老少。

有蛀虫的木料中间空。

百姓百姓，百人百姓。

百样麻雀百样音。

成大事者，不惜小费。

此地无朱砂，红土也为贵。

当断不断，反受其乱。

当路莫栽荆棘草，他年免挂子

孙衣。

吃饭不剩颗粒，说话须留余地。

吃香笋不忘栽竹人。

舌头是软的，证据是硬的。

竹笋不裂，雨水不进；人心不坏，恶习难侵。

任何虚假的庄严，都会在幽默面前被剥去伪装。

自重不可自大，自谦不可自卑。

后上船者先登岸。

全是花椒也不麻，全是芝麻也不香。

杀鸡不用牛刀。

各处的乌鸦，叫声不一样。

多得不如少得，少得不如现得。

冰上盖不住房屋，雪里藏不住珍珠。

衣服长了绊腿，心眼多了受累。

灯越拨越亮，理越辩越明。

守门的胜过皇帝，打更的强过活佛。

如果总是勒紧缰绳，最驯服的马也会踢人。

好人要敬，歹人要斗。

好说己长便是短，自知自短便是长。

妈妈嘴馋吃兔肉，孩子并排长兔唇。

买菜的吃菜心，卖菜的吃菜筋。

坏的有人抓，好的有人夸。

志不可满，乐不可极。

花丛里闻不出香水味。

花好看，色不同。

花言巧语非智慧，真诚耿直是高尚。

豆腐多了是泡水，军师多了打破船。

来得早，不如来得巧。

男人好强，女人好胜。

男识技艺是英雄，女精茶饭是佳人。

别在人前夸自己，别在背地论人非。

别因为落了一根牛毛，就把一锅奶油倒掉。

别因富有而得意，别为贫穷而丧气。

别看人的衣裳，要看人的心肠。

牡丹花好看，没有菊花耐寒。

利刀割体疮犹合，恶语伤人恨不消。

每个地方的大雁，叫法不一致。每个村庄的骡子，走法不相同。

低人低马过不了江，假心假意骗不来爱。

你想你的山，我望我的水。

身在福中要知福，承业要知创业难。

身有实在货，不用嘴吆喝。

没长毛的小鸟飞不出窝去。

没有经教冒充僧，没有毛儿佯为皮。

没影子的金子，不如到手的铜。

穷别垂头丧气，富别骄奢淫逸。

穷和富不同路，狼和羊不为伍。

穷算命，富吃药。

良言使人三九暖，恶语使人三伏寒。

鸡多不下蛋，人多瞎忙乱。

鸡蛋碰不过碌碡，乌龟碰不过石头。

青山只会明今古，绿水何曾洗是非。

责人则明，恕己则昏。

拔赵帜立赤帜。

择面杖刮不下四两面。

苦海无边，回头是岸。

若要金鞍配瘸马，不如木鞍配健驴。

画饼不能充饥，望梅难以止渴。

事事让人非我弱，平生守己任他强。

刺人的蒺藜，初生时也是软的。

国有国法，家有家规。

和尚有和尚经，强盗有强盗理。

和尚和喇嘛的经历各不同，榔头和镐头的用处各不同。

凭着饿眼看，野草也是灵芝。凭着馋眼看，粪土也是黄金。

金和铜的价值不相等，老和少的爱好不相同。

命强人欺鬼，时衰鬼欺人。

受恩深处宜先退，得意浓时便可休。

贫富非关天地，祸福非关鬼神。

朋友面前别昂首，敌人面前别低头。

鱼有鱼路，虾有虾路；泥鳅黄鳝，各有一路。

店大欺客，奴大欺主。

庙里的猪头各有主。

卒子过河能吃车马炮。

河水泛滥不是鸭子的错。

泥多佛爷大，肉肥汤油大。

房子多，累主人。

话要当众说，肉要当天吃。

屈己者好处众，好胜者难处身。

绊人的桩不在高。

春天的仔鸡要到秋后去数。

春天的梦，秋天的风。

珍珠虽小，价值千金。

拴惯了的狗，不能带去打猎。

指头是同时生的，但是长短不一样。

草原没有一样的马，花园没有一样的花。

树大影大，树小影小。

树皮要从小保养，名誉要自幼珍惜。

背着吃蒜，人前有味。

蚂蚁能啃大骨头。

哪里有富人，哪里有呻吟。

钝刀子也能割破手，小石头也能打破头。

钢再贵，也比不上金子；头发再粗，也比不过大腿。

钥匙不能劈柴，斧子不能开锁。

皇上虽大管不了天。

泉水虽小，但它还是海洋的哥哥。

鬼怕恶人蛇怕棒。

胆大骑龙又骑虎，胆小只骑抱鸡母。

胆大漂洋过海，胆小寸步难行。

将军额上可跑马，宰相肚里能行船。

差一线，隔一山。

穿皮袄的盼天冷，穿单衣的怕天冷。

神仙下凡，先问土地。

怒气从争吵来，智慧从商讨来。

热不挡人风头，冷不占人火炉。

莫为财产争功，要为廉耻争气。

莫学杨树半年绿，要学松柏万年青。

莫做亏心侥幸事，灾难祸患自不来。

莫道君行早，更有早行人。

真穷好过，假富难挨。

真的假不了，假的真不了。

真假要争辩，长短要衡量。

桥归桥，路归路。

破衣里面有圣人，破鞍底下有骏马。

钻石虽小，能穿瓷器；麦垛虽大，压鼠不死。

秤砣小，压千斤；胡椒小，辣人心。

胳膊扭不过大腿。

狼老被鸦欺。

饿急眼的乌鸦逮驴吃。

高者未必贤，下者未必愚。

高凳子不绊人，矮凳子绊人。

离了黄花菜，照做八大碗。

拳头再硬也比不上锤子。

烧瓦的住茅房，闲坐的倒住天堂。

酒肉兄弟有千个，落难之中无一人。

酒色财气四把刀，迷了心窍自己倒。

海里捞月，越捞越深。

扇子扑不灭烈火。

能耐苦方为志士，肯吃亏并非痴人。

能真实照出美丑的镜子，才是好镜子。

能管千军万马，难管厨房灶下。

骏马跑千里，耕田还是牛。

黄河尚有澄清日，好人岂无得运时。

黄鳝砍了三节尾，也比泥鳅长三分。

营生道路有千余，若无算计也徒功。

梅花优千香，桃花优千色。

曹操、诸葛亮，脾气不一样。

舡公多了打翻船。

船正不怕浪大，脚正不怕鞋歪。

欲望不能无止境，要求不能无限度。

彩云怕风吹，纸花怕雨淋。

彩虹虽美是假象，惊雷虽响是空声。

麻雀虽小，五脏俱全。

清贫常乐，浊富多忧。

谗言败坏真君子，美色消磨枉少年。

婶子大娘不是娘，穄子稗子不顶粮。

最下贱的奴才，才吻自己的镣铐。

最软的是水，最硬的也是水。

喉咙深似海，吃断斗星金。

帽子虽黑头是白。

赌近盗，奸近杀。

黑虎白虎，惹不起地老虎。

智者顺时而谋，愚者逆理而动。

鹅不食鱼大过鸭。

善人经不得三番挑，恶人经不得三番劝。

道高一尺，魔高一丈。

曾着卖糖君子哄，到今不信口甜人。

富的装穷，穷的装富。

强中自有强中人，能人里面有能人。

隔坳不同道，隔江不同腔。

编牛老了进屠宰场，男子老了进大法庭。

路不要走绝，话不能说死。

滚开的汤，尝不出是什么味道。

谨言不会出错，慎行不会跌跤。

静坐常思己过，闲谈莫论人非。

墙上画马不能骑，镜中画饼不充饥。

墙头草，随风倒。

蜘蛛丝扳不倒石牌楼。

蝉翼为重，千钧为轻。

瘦死的骆驼比马大。

撑死胆大的，饿死胆小的。

暴雨能穿通屋顶，细雨能穿通岩石。

橹樯虽大随人转，秤锤虽小压千斤。

嘴中所说并非都是真理，力大气粗并非都是英雄。

嘴里喊着舅舅，心里诅咒舅舅。

鲸吞鱼，鱼吞虾。

镰刀不能砍大树，斧头不能割青草。

鹰饱不拿兔，兔饱不出窝。

譬如积薪，后来者居上。

露水见不得太阳。

34. 事业工作

一个萝卜一个坑，一把钥匙一把锁。

一手捉不住两条鱼，一眼看不清两行书。

一手难遮两耳风，一脚难登两只船。

一分耕耘，一分收获。

一样的米面，百人的手段。

一样泥种出百样花。

十分干劲用十分，留下一分丑死人。

十事半通，不如一事精通。

人不劳动，喝西北风。

人有敬业精神，就会勤勤恳恳。

人字易写，人事难办。

人凭一双手，衣食样样有。

人粗活必粗，人细活必细。

力大不如方法巧，打蛇要打在七寸上。

又要马儿好，又要马儿不吃草。

干姜扭不出汁。

工作要做好，知识不可少。

工作莫应付，应付不算数。

大事不糊涂，小事不马虎。

大海捞针，一无踪影。

大厦千间眠八尺，粮田万顷食三餐。

上山钓不到鱼，人水打不到柴。

上山砍柴先看树，拉马赶车先看路。

上半天种树，下半天就想乘凉。

上漆先去锈，打铁观火候。

小毛驴使不出黄牛劲。

小心不为过，细致少差错。

小事当作大事做，轻担要当重担挑。

小塘能养大鱼，软绳能套猛虎。

口说无凭，事实为证。

千桨万篙，不如风吹帆跑。

门门有道，道道有门。

飞走的都是好鹌鹑，漏网的都是大鲤鱼。

马儿抓鬃牛牵鼻。

马快在四蹄，人勤在四体。

开车到站而停，做事量力而行。

开台锣鼓打不响，后边的戏不好唱。

天上飞的野鸭，不能算碗菜。

天边月，镜内花；看得见，摘不下。

天地无全功，万物无全用。

无牛狗拖犁。

无柴哪管金漆树，无米哪管稻米种。

不但要敢闯，而且要敢创。

不到火候不揭锅。

不到船翻不跳河。

不怕人不请，只怕艺不精。

不怕不会干，就怕不肯干。

不怕头绪多，就怕脑子乱。

不学蝴蝶花前逛，要学蜜蜂酿蜜忙。

不要千样会，只要一样成。

不是才子莫献诗。

不是撑船手，休拿竹篙头。

太阳虽暖不当衣，墙上画马人难骑。

歹竹也能出好笋。

水底捞月何曾有，海底寻针毕竟无。

水深好养鱼，钱多好办事。

手到心不到，事情办不好。

手脑并用，做事顺风。

手勤手活，脑勤脑活。

长跑要有耐力，做事要有耐心。

什么钥匙，开什么锁。

分清主次先后，安排轻重缓急。

仓促上阵，难免败阵。

月亮再亮也晒不干谷子。

欠债不拖一年，办事不拖一天。

火候不到菜做不好，功夫不到事做不好。

火烧眉毛救眼前，无牛捉了马耕田。

为人总要干点事，一事无成枉为人。

心急吃不得热粥，走马看不了《春秋》（孔子编订的一部儒家经典）。

心痛得从心上医。

办事不认真，半个糊涂人。

书不可不读，不可死读；事不能不干，不能盲干。

未来虽有一元钱，不如今日一分钱。

打石看石纹，医病看病根。

打蛇打头，钓鱼钓口，杀鸡割喉。

巧手难使两根针。

功夫到了家，自然有人夸。

去年老皇历，今年翻不得。

只有热爱工作，才能干好工作。

只要天天走，不怕千万里；只要天天干，不怕千万事。

只要苦干，事成一半。

四七廿八，各有各算法；三七廿一，各有各算计。

生手可以成熟手，外行可以变内行。

用自己的手，养自己的口。

用好一双手，吃穿不用愁。

宁可悔了做，不可做了悔。

对着先生就讲书，对着屠夫便讲猪。

动脑筋难可变易，盲目干易也变难。

扬汤止沸，不如釜底抽薪。

再大的步，也跨不过黄河去。

有气力还要有活力，有劲头还要有想头。

有心无力事难成，有力无心白折腾。

有尺水，行尺船。

有意栽花花必盛，无心做事事难成。

夸夸其谈十天，不如实干一天。

吃饭忌狼吞虎咽，做事怕虎头蛇尾。

先备鞍，后上马。

行事在己，褒贬由人。

会游泳的人不怕水深，会打猎

杀鸡用牛刀，刀钝怪肉老。

各家各有法，各庙各菩萨。

多大的锅，配多大的勺。

多劳者多获，多种者多收。

多深的根基，筑多高的墙。

好牛不用吆喝，好马不用甩鞭。

戏法人人会变，巧妙各有不同。

戏要一出一出地看，事要一件一件地办。

弄虚作假不像话，实事求是众人夸。

远离是非地，静心做点事。

远路从近处走，大事由小处着手。

抓住荷叶摸到藕。

劳动致富人光荣，不劳而获寄生虫。

极好草地，也有瘦牛。

卤水点豆腐，一物降一物。

助人要尽心尽力，在位要尽职尽责。

针无两头尖，甘蔗不会两头甜。

丁是丁，卯是卯。

伯乐相马，和氏识璧，慧眼识人才。

身有百斤力，不用九十九。

刨树要刨根，打井要打眼。

饭要一口一口地吃，事要一件一件地做。

冷锅里跳不出热栗子来。

没有动力就没有干劲，没有干

没有百斤力，难挑百斤担。

没有买好铜碗，不要打碎瓷碗。

直木适作梁，弯木适作竿。

快走滑路慢走桥。

局面打不开，必定有障碍。

陈规陋习有如一条绳子，常常把人的手脚捆住。

劲就没有成绩。

拨亮一盏灯，照红一大片。

画饼充饥难饱肚。

事在己做，话由人说。

事情一件一件地做，不要等到堆成箩。

事情越紧急，越要沉住气。

软藤缠死硬树。

到了山里再砍柴，到了河边再脱鞋。

到手的东西才算有。

到什么山唱什么歌，见什么人说什么话。

具体情况具体分析，特殊问题特殊处理。

钓鱼不在急水滩。

钓鱼要稳，捉鱼要狠。

舍得下苦功，不怕事难弄。

贪图省力气，事必不如意。

鱼过千层网，网网有漏鱼。

盲干和蛮干干不出名堂，苦干和巧干才能粮满仓。

泥鳅翻不起大浪，跳蚤掀不起被窝。

怕麻烦，事难办。

学到老，干到老，不枉世上走一遭。

空谈不如实干，苦干不如巧干。

实干能成事，虚心能添智。

话要认真说，事要认真做。

该动脑时不动脑，事情怎能办得好。

细针密线衣服能缝好，粗枝大叶事情会办糟。

指头当不了拳，兔子驾不了辕。

按倒母鸡不下蛋，撒倒牛头不喝水。

药不能包医百病，人不能包打

天下。

要干不能蛮干，蛮干不如不干。

要干就干个痛快，天塌下来当被盖。

要让别人点头，不使别人摇头。

要有鹰的目光，狗的嗅觉，牛的劲头。

要事先准备，不临阵磨枪。

要看实际工作，不看表面功夫。

要做大事，先做好小事。

要想画人像，须先勾底样。

要想炉火旺，还得风来吹。

砍树不倒斧口小，生产不好办法少。

牵一发而动全身。

牵牛要牵牛鼻子。

是好是歹看思想，是龙是虫看行动。

蚂蚁爬树路子多，智者动脑办法多。

钢要用在刀刃上，劲要使在关键上。

看问题要全面看，干工作要认真干。

看花容易绣花难。

看锅盛饭，看碗夹菜。

顺水行船，未必顺利。

顺水推舟，借着梯子下楼。

顺风吹火，用力不多。

胆大鲁莽会败事，胆大心细会成事。

急行无好步，慢嚼方知味。

举手之劳，也要做好。

穿针要穿鼻，买马要看蹄。

既有动力，无须压力。

既要做饼就要备好馅，既要出海就要备好船。

栽树望结果，做事看效果。

埋头苦干庄稼好，多说少干田长草。

顾了吹笛，顾不了捏眼。

紧火粥，慢火肉。

特殊体型穿特殊衣服，特殊问题特殊处理。

造房要架梁。

造屋请来箍桶匠。

拿衣提领，张网抓纲。

拳头打不着跳蚤。

酒吃头杯，茶吃二盏。

酒能激出心里话，网能捕出水里鱼。

能挑一百斤，不挑九十九。

职业无贵贱，行行出状元。

雀窠里掏不出凤凰来。

唱歌要心中有谱，办事要心中有数。

做一样，像一样，不要做得三不像。

做事不用脑，费力不讨好。

做事要针针见血，走路要步步留印。

做事莫急躁，急躁干不好。

做事莫粗心，粗心金变银。

做活投机巧，吃力不讨好。

做活要有头尾，裁衣要有尺寸。

做得梁的做梁，做得柱的做柱。

得什么病，吃什么药。

得风便扯篷。

船头驾马兜不转。

船到弯处得转舵，人遇难处需琢磨。

脱掉帽子看高低，卷起袖子看手段。

粗心大意会导致失败，深思熟虑能使人成功。

粗制滥造没好货，精雕细刻出精品。

敢闯而不瞎闯，敢干而不盲干。

越是苦差事，越要卖力气。

趁热打铁，趁水和泥。

搅浑水好摸鱼。

量力砍树，量才办事。

遇到乱麻一堆，首先清理头绪。

慌时易受挫，乱中易出错。

编筐不收口，一天白动手。

鼓要打到点上，笛要吹在眼上。

勤勤恳恳学习，兢兢业业工作。

想好再做不易错，做后再想心亮堂。

睡的时候要像猪，干的时候要像牛。

歇肩莫歇长，走路莫走忙。

遣将莫如激将。

蜂背虽花不称虎，蜗虽有角不称牛。

锣鼓未响，且莫开场。

满山都是树，是梁不做柱。

满天的星星，顶不了月亮。

满肚子文章，充不了饥。

摘瓜只要把藤牵。

敲鼓有快慢轻重，办事讲先后缓急。

演戏要有头有尾，做事要善始善终。

演戏要角色齐，办事要人手齐。

聪明人办事，能使复杂变成简单；糊涂人办事，能把简单变为复杂。

横吹笛子直吹箫。

潜水员沧海里显身手，飞行员蓝天上抒豪情。

劈柴不照纹，累死劈柴人。

嘴巧不如手巧，手巧不如心巧。

默默耕耘者，必有好收成。

懒惰一堆粪，勤劳一枝花。

避免差错要瞻前顾后，考虑效果要思前想后。

魔术师说变就变，建设者说干就干。

35. 思索争辩

一人说话全有理，两人说话见高低。

一次深思熟虑，胜过百次草率行动。

一时强，在于力；百年强，在于理。

一时强胜在于力，千古胜负在

于理。

一时强弱在于力，千古胜负在于理。

十二岁的孩子做了才想，六十岁的老人想了才做。

七次量衣一次裁。

人人都明理，但怕为了己。

人无远虑，必有近忧。

人无理，说横话；牛无力，拉横耙。

人有道理，马有缰绳。

人怕理，马怕鞭，蚊子怕火烟。

人贵多思。

三思有益，一忍为高。

大路有千条，真理只有一条。

山川永在，真理不灭。

山高高有限，天大大无边。

凡事预则立，不预则废。

凡话可听，不可全信；凡事可做，不可全为；凡人可识，不可全交；凡敌可恨，不可全敌。

天下的弓都是弯的，世上的理都是直的。

天上群星皆拱北，世间众人都向理。

木头不钻不透，理不辩不明。

木头可以弯，真理不可折。

不卷裤腿不过河，不摸底细不开腔。

不怕千着巧，就怕一着错。

不怕手粗，就怕心粗。

水不平要流，理不平要说。

水牛的角扳不直，狡猾的人不讲理。

反躬自问，休怪他人。

公土打公墙，有理走四方。

认理不认人，帮理不帮亲。

办事不用脑，本事大不了。

办事多用脑，越办越灵巧。

以理服人，心服；以力服人，身服。

世上无难事，只怕有心人。

世事深如海，须得细思量。

只向真理低头，不向屠刀屈服。

主观武断要不得，科学态度少不得，群众才干了不得。

宁可花一天时间好好思考，免得用一周时间蛮干徒劳。

台子四角方，道理天下同。

有刀枪势力大，有真理，天不怕。

有斧砍倒树，无理难服人。

有理不可灭，无理不可争。

有理不在先后，是非自有公论。

有理不讲为懦，有话不说为错。

有理不怕势来压，人正不怕影子歪。

有理可越高山，无理难跨稻草。

有理对得过君王，无理见不得婆娘。

有理讲得君王倒，不怕君王坐得高。

有理走遍天下，无理寸步难行。

成事都由多思考，败事都由少思量。

光辉不怕笼罩。

吃食要讲味，说话要讲理。

任凭你多刁，刁不过真理。

行成于思，业精于勤。

会走走不过影子，会说说不过真理。

多思索，少吐言。

争论是真理的母亲。

羊群里藏不住骆驼，纸里包不住火。

米靠碾，面靠磨，遇到问题靠琢磨。

讲理者君子，行蛮者小人。

阳光之下，阴影藏不住身；真理面前，谬论站不住脚。

好话不在多说，有理不在声高。

好钢使在刃上，有理摆到事上。

好梦多醒，好事多磨。

兵贵神速，人贵思索。

没有田埂不成田，没有是非不成理。

快斧不怕木节多，有理不怕无理人。

纯钢折不弯，真理驳不倒。

纯真的金子，光泽永远不变；坚持真理的人，信念至死不移。

驴子比不过骡子，歪理斗不过正理。

事前三思，免得后悔；事后三思，终有后悔。

事前无计划，临时无办法。

虎口大吃不着天，人嘴巧说不倒理。

金斧劈开通天路，真理说得众人服。

浅水也当深水渡。

细思出智慧，细嚼有滋味。

持之有据，言之成理。

树怕剥皮，人怕输理。

厚云才能下大雨；真理才能说服人。

是真难灭，是假易除。

思前想后，吃穿常够。

急来缓就，高来低接。

前留三步好走，后留三步好退。

浑水越澄越清，真理越辩越明。

说话细思考，吃饭细嚼咬。

既要远望千里，又要近看眼前。

既要敢于身受苦，又要舍得脑受累。

眉头一皱，计上心来。

恶狗怕的是棍子，坏人怕的是真理。

真金不怕火炼，真理不怕谗言。

真理可能被镇压，但是不能被扼杀。

真理驳不倒，谎言怕追考。

真理面前低头，不会变成矮子；无理把脸肿胖，也充不了胖子。

真理像太阳，手掌遮不住。

真理像盏灯，照亮你前程。

真理像座山，谁也推不翻。

真理腿最长，迈步走四方。

逗笑也要三思。

钱财如粪土，真理值千金。

案头书要少，心头书要多。

诸葛一生唯谨慎，吕端大事不糊涂。

理无三尺高，豪强跳不过。

理不辩不清，话不讲不明。

理正不怕官，心正不怕天。

理字不多重，万人抬不动。

理还理，情还情，是非黑白要分清。

理怕反理，水怕倒流。

理是真的，路是弯的。

理能通神，理能服傲。

做事要稳，改错要狠。

船的力量在帆上，人的力量在心上。

脚跑不过雨，嘴强不过理。

深谋远虑，常留余地。

谎言掩盖不了事实，乌云遮挡不住太阳。

棋不看三步不动子儿。

跑不过的是雨，讲不过的是理。

筛子挡不住太阳，谬论辩不过真理。

鲁莽之人必无思索，忧郁之人必无定见。

蛮法三千，道理一个。

道理讲得通，口服心也通。

谣言腿短，理亏嘴软。

鼓不敲不响，灯不拨不亮，理不辩不明。

想得全，讲得透，干起事来没个够。

愚蠢的人多花时间解释，聪明人多花时间思索。

路不平，众人踩；理不公，大家摆。

锯木不要离开墨线，说话不要离开道理。

愿为真理死，不为糊涂活。

聪明人听一次思索十次。

蝙蝠见不得太阳，骗子见不得真理。

劈柴看纹理，讲话凭道理。

镜子越擦越明，脑筋越用越灵。

糠能吃，菜能吃，气不能吃；吃让人，喝让人，理不让人。

蠢人饶舌，智者思考。

蠢家伙光说空话，聪明人认真思索。

露水怕太阳，坏人怕真理。

第六章　自然万象

36. 气象万千

一场秋雨一场寒，十场秋雨穿上棉。

一朝蒙雾，三朝雪。

二更上云三更开，三更上云雨就来。

十雾九晴。

八月十五云遮月，正月十五雪打灯。

八月十五月亮圆，明年好天年。

干雾露阴，湿雾露晴。

大雪小雪雪满天，来年准是丰收年。

大雪年年有，不在三九在四九。

大雁北来，无风必雨。

大雁南飞寒潮急。

大寒牛打泥浆，冷死早禾秧。

大雾不过山，过山十八天下大雨。

小暑一声雷，倒转做黄梅。

久晴见雾雨，久雨见雾晴。

飞禽晒翅盐发潮，大雨冲毁田禾苗。

天上乌云盖，大雨来得快。

天上豆荚云，地上晒死人。

天上豆荚云，不久雨将临。

天上鱼鳞斑，晒谷不用翻。

天上钩钩云，地上雨淋淋。

天上铁砧云，很快大雨淋。

天有城堡云，地上雷雨临。

天色亮一亮，河水涨一丈。

天顶出有半节彩虹，要做防台敢能成。

天空灰布悬，大雨必连绵。

无风现长浪，不久风必狂。

云下山，地不干。

云从东南涨，有雨不过响。

云在东，雨不凶；云在南，河水满。

云吃火有雨，火吃云晴天。

云吃雾有雨，雾吃云好天。

云向东，有雨变成风，云向南，水涟涟，云向西，下地披衣。

云绞云，雨淋淋。

云彩往西，关公骑马穿蓑衣。

不刮东风不下雨，不刮西风天不晴。

不怕云里黑，只怕云里红夹黑。

不怕东风刮得大，转了西风就要下。

不怕阴雨天气久，只要西北开

了口。

不怕雨不旱，就怕风雨连不断。

不怕炸雷震破天，就怕闷雷拉不断。

不怕黑云长，就怕云磨响。

不娶小婆不受穷，不刮西风不会晴。

日月有风圈，无雨也疯癫。

日出红云升，劝君莫远行；日落红云升，来日是晴天。

日落云里走，雨在半夜后。

日落乌云涨，半夜听雨响。

日落西山一点红，半夜起来搭雨篷。

日落射脚三天内雨落。

中午不露日，必定有小雨。

中午太阳暗，等水煮晚饭。

中午响雷下一阵，半夜响雷不等明。

中午雷轰轰，必定下冷冷。

水里泛青苔，天有风雨来。

水缸穿裙，大雨淋淋。

长闪多雨，横闪多雹。

长虫过道，雨打青苗。

今年麦子耩得早，来年麦子收得好。

今晚花花云，明天晒死人。

公鸡叫，日高照，母鸡愁，雨水流。

公鸡愁，顺天流，草鸡愁，晒破头。

风头一个翻，雨天变晴天。

风头儿，雨后摆，龙王爷带的雨布袋。

风再大，也刮不倒山。

风在雨头行，来雨先刮风。

风是雨的马，骑上就来啦。

风倒八遍，天气要变。

风停闷热，雷雨强烈。

风静又闷热，雷雨必强烈。

风箍来，风箍来，明天难拾烧的柴。

乌云拦东，不下雨也有风。乱云天顶绞，风雨来不小。

乌云接日高，有雨在明朝；乌云接日低，有雨在夜里。

乌龙打坝，不阴就下。

六月起南风，十冲干九冲。

未吃五月节粽，破裘不敢放。

扑地烟，雨连天。

艾草扎白根，必有大雨淋。

东风下雨东风晴，再刮东风就不灵。

东风下雨西风晴，北风晴天南风阴。

东风下雨西风晴，转了南风下不成。

东风四季晴，只怕东风起响声。

东风头大，西风尾大。

东风吹，云打架，瓦沟流水大雨下。

东风雨，北风晴，南风三天水淹城。

东风雨头大，西风腰里粗；南风腰里硬，北风两头尖。

东风转西风，有雨不放空。

东风刮，西风逆，流檐骤雨到天明。

东风刮下雨，西风送天晴。

东风带南风，下雨不必问天空。

东风是个精，不下也要阴。

东风急，备斗笠。

东风急溜溜，难熬五更头。

东风唤西雨，亲娘叫闺女。

东风解冻，西风吹霜。

东风潮雨西风下，只怕风儿起不大。

东方出虹是晴天，西方出虹把雨下。

东北风，雨祖宗，西南风，雨不停。

东闪西闪，没水洗脸。

东闪晴，西闪雨，南闪雾露北闪水。

东雨不向西行，行过沟满河平。

东明西暗，等不到吃饭。

东虹日头西虹雨，南虹出来卖儿女。

东虹晴，西虹雨，南虹大风，北虹大雨。

东虹雷声西虹雨，云接太阳不等黑。

东海现，西海现，不出三天有雨见。

北风转东，越刮越松。

北风送九，平地船走。

北斗七星佛儿星，南斗六星颠倒星。

北斗星下晃晃，不在清晨在晚上。

北闪半山高，大雨迎头浇。

电闪雷轰猛，大雨往下冲。

电光西边闪，有雨在天边。

电光西南，明日炎炎；电光西北，细雨涟涟。

电光乱明，没雨没风。

四川太阳云南风，贵州下雨如过冬。

四季东风是雨娘。

白天忽雷三后响，夜间起雷总到响。

白云赶黑云，天气就变晴。

白虹下降，恶雾必散。

冬天青蛙叫，烂冬跑不掉。

冬天起雾飞满天，大雪纷纷随后来。

冬天雪多，明年麦多。

冬无雪，夏无粮。

冬至雷震百日寒。

冬雪一百二十天见水，春雪一百二十天见霜。

冬雪对麦似棉袄，春雪对麦如利刀。

冬雪百日见水，春雪百日见霜。

冬雪好，春雪旱。

冬雪好墙情，春雪烂麦根。

冬雪是麦被，春雪是麦害。

冬雪是财，春雪伤心肠。

冬暖大棚忙修建，结构科学巧安排。

半山云不动，门前雨纷纷。

半夜闻鸡闹，是个风雨兆。

头白露割谷，过白露打枣。

发尽桃花水，必定旱黄梅。

对日虹，不到明。

对头风，百日雨。

对时雨连几天。

马嘴朝天，大雨在前。

地牛叫，雨就到。

地返潮，有雨到。

西北恶云长，冰雹在后晌。

有雨山戴帽，无雨云拦腰。

有雨天边亮，无雨顶上光。

百鸟集中，有风有雨。

百里不同风，千里不同俗。

当午日一现，几天不见面。

当头雷无雨，夕前雷有雨。

早上红云照，不是大风便是雹。

早雨一日晴，晚雨到天明。

早起浮云走，中午晒死狗

早晨下雨当日晴，晚上下雨到天明。

早晨云挡坝，三天有雨下。

早晨浮云走，午后晒死狗。

吃得住十天晴，吃不住三天雨。

先雷后雨雨必小，先雨后雷雨必大。

先雷后刮风，有雨也不凶。

竹子开花连月旱。

伏天碗底烫，近日有雨降。

灯花亮是晴天，灯花暗阴雨天。

池塘起泡天要变。

阴雨亮一亮，还要下一丈。

红云风多，白云雨多。

红云加梢，恶雨加雹。

红云变黑云，必有大雨淋。

红日云中升，劝君莫远行。

红日带白圈，大风在眼前；明月带白圈，下雨在后边。

麦收十年早，谷收十年晚。

麦种毒谷拌，不怕害虫犯。

豆叶翻天，细雨绵绵。

豆芽突然翻，暴雨在眼前。

豆荚云，晒煞人。

旱风树梢响，雨风地皮狂。

旱刮东南不下雨，涝刮西北不开晴。

旱刮南风无雨，涝刮南风不晴。

旱涝山，雨涝川。

别说白露种麦早，要是河套就正好。

针尖大的窟窿斗大的风。

低云不见走，落雨在不久。

坐冬雪，坚如铁。

饭时雨，下到底，饭罢雨，一天泥。

冷在四九，热在中伏。

冷得早，暖得早。

闷雷拉磨声，雹子必定生。

初一下雨初二晴，十五下雨半月淋。

初一生下，初二长大；月亮打伞，淋得兔喊。

初一晴，半月晴，十五阴，半月阴。

初二初三不见月，阴阴闪闪得半月。

初三月亮一条线，十五月亮似圆盘。

初三初四一道眉，初五初六月牙齐。

初三初四不见日，一月只能晴九天。

初五初六月正西，初七初八月半边。

初霜来得晚，冬天雪雨少。

纵云雨，横云雹。

顶头长白塔，午后雹子落。

直雷雨小横雷雨大

枣红肚，磨镰割谷。

枣花多主旱，梨花多主涝。

雨水有，年成好。

雨过起东风，夜里雨更凶。

雨浇上元灯，日晒清明种。

厕所翻了底，一定要下雨。

昙天西北闪，有雨没多远。

刮风走小巷，下雨走大街。

刮东风，还西风，小雨不用问天公。

鱼儿出水跳，风雨就来到。

忽雷雨，连三场。

狗儿洗脸，天气好转。

狗吐舌头鸡张嘴，黑云遮天要下雨。

狗吃青草蛇过道，龙王驾云几天到。

夜晚东风掀，明日好晴天。

疙瘩云，雹临门。

炊烟直上蹿，晴天连晴天，炊烟地面走，雨点淋湿手。

河汉有云，三日必风。

河里鱼打花，明天有雨下。

治风先去热，热去风自灭。

空山回声响，天气晴又朗。

孤雷大旱四十日。

春天起雾天要变，阴雨连限无晴天。

春季斗柄指正东，秋夏斗柄指南针，斗柄指北是寒冬。

春晨三场雾，必有一场风。

春雨贵如油。

春寒四十天。

春雷十日阴，春雷十日寒。

春雾晴，夏雾热，秋雾连阴冬雾雪。

春霜不隔宿，霜重见晴天。

草上露水大，当日准不下。

草尿床，疤痂痒，下雨就在半后晌。

南风吹到底，北风来还礼。

南风转东风，三天不落空。

南风暖，北风寒，东风潮湿，西风干。

柱石脚下潮有雨。

咸物返潮天将雨。

星星水汪汪，下雨有希望。

星星眨眼，有雨不起。

星星眨眼天要变。

虹晒死，天要晴，虹淋死，天要阴。

虹高日头低，早晚披雨衣。

虹遮住雨下一指，雨遮住虹下一丈。

蚂蚁垒窝要下雨。

缸出水，大雨淋，缸起泡，大雨到。

选好种，晒得干，来年多打没黑疸。

种麦种到老，还是早种麦子好。

秋后北风起，干到断半滴。

重雾三日，必下大雨。

急雨易晴，慢雨不开。

饵足水优养好鱼，土壮藕蒲长得乖。

疮疤发痒抓出血，午后挖渠不敢歇。

疮疤发痒骨头酸，大雨不过两三天。

炸雷雨小，闷雷雨大。

昼雾阴，夜雾晴。

荷花开在夏至前，不到几天雨涟涟。

蚊子咬得凶，雨在三天中。

候鸟早飞来之年，雪较多。

高山云缠腰，有雨也得消。

高山河套瘩薄地，此刻即可种小麦。

病人怕肚胀，下雨怕天亮。

病人就是寒暑表，天气变化他知道。

海水起黄沫，大风不久过。

海鸟成群飞上陆，台风就要来掀屋。

海鸥飞进乔，天气要打暴。

海猫乱窜，渔船趁早归。

海港猫上陆，大风劈竹。

海燕齐飞风雨急。

浮云低飞，大雨很来。

黄瓜云，淋死人。

晨露打湿鞋袜，上午晒死鸡兔。

鸽子不出门，天天雨淋淋。

猪儿狗儿嘴衔草，说说话儿雨来了。

猪儿绕圈跑，下雨就来到。

猪爬窝，雨水多。

猪筑窝，大雪落。

断虹高挂，有风不怕。

清明要清，谷雨要雨。

斑鸠叫来雨，麻雀报天晴。

喜鹊搭窝高，当年雨水涝。

朝见西天虹，有雨不到午。

朝有破紫云，午后雷雨临。

朝虹雨，夕虹晴，虹低雨，虹高晴。

朝看东南黑，势急午前雨，暮看西北黑，半夜看风雨。

朝起红霞晚落雨，晚起红霞晒

谷米。

朝雾收天晴，雾不收天雨。

棉花云，雨快淋。

蛤蟆冬天叫会下雪。

蛤蟆连闷叫，大雨快来到。

蛤蟆夜间叫声脆，来日一定好天气。

喝了白露水，蚊子闭了嘴。

黑云对着白云跑，这场冰雹小不了。

黑云红烧单闪电，雷声不断雹常见。

黑云尾，黄云头，雹子打死羊和牛。

黑云雨，黄云雹。

黑云金镶边，恶风暴雨在眼前。

黑云接日头，等不到放枕头。

黑云接驾，不阴就下。

黑云黄云上下翻，云过下阵冷蛋蛋。

黑云戴红帽，天要下冰雹。

黑吃虹，等不到明；虹吃黑，等不到黑。

黑夜下雨白天晒，地里庄稼看着变。

黑底灰身红头云，预防冰雹要留神。

黑黄云滚翻，冰雹在眼前。

黑黄云滚翻，将要下冰蛋。

黑猪过河，大雨滂沱。

锅底火星崩眼，明天定是阴天。

锅底烟黑起火星，明天下雨也刮风。

傍晚西北风，明天天必晴；常刮西北风，近日好天气。

傍晚羊恋坡，来日雨滂沱。

寒潮过后天转晴，一朝西风有霜冻。

椿树发芽时，进入有雨期。

槐树叶子卷，雨在明天晚。

碑座潮，下雨兆。

雷公先唱歌，有雨也不多。

雷声连成片，雨下沟河漫。

雷声绕圈转，有雨不久远。

雷轰天边，大雨连天。

雷轰天顶，虽雨不猛。

雾气升山顶，将有倾盆大雨；雾气散大地，无风且无雨。

雾露在山腰，有雨今明朝。

雹来顺风走，顶风就扭头。

蛾扑灯，雨来临。

罩雾罩不开，戴笠仔襻棕蓑。

腰酸疮疤痒，有雨在半晌。

满天水上波，有雨跑不脱。

满天乱飞云，雨雪下不停。

蜜蜂不出门，大雨快来临

暴热黑云起，雹子要落地。

骤雨不终朝，迅雷不终日。

鞭草返青，天要下雨。

鳖鱼探头，风雨前兆。

露水见晴天。

露水闪，来日晴。

37. 节气时令

立春

立春北风雨水多。

立春不下是旱年。

立春不逢九,五谷般般有。

立春晴,雨水匀;立春阴,花倒春。

立春落雨到清明,一日落雨一日晴。

立春之日雨淋淋,阴阴湿湿到清明。

立春东风回暖早,立春西风回暖迟。

立春当日,水暖三分;立春十日,水内热人。

立春晴一日,耕田不费力。

立春天不晴,还要冷一月。

立春阳气生,草木发新根。

立春无后霜,插柳正相当。

立春雨水到,早起晚睡觉。

立春打了霜,当春会烂秧。

立春到,农人跳。

立春晴,雨水匀。

立春雨水二月间,顶凌压麦种大蒜。

打了春,脱了瘟,人不知春草知春。

打了春,赤脚奔,棉袄棉裤不上身。

立春不是春,雨水还结冰。

立春一声雷,一月不见天。

打春下大雪,百日还大雨。

早春晚播田。

春打六九头,备耕早动手。

最好立春晴一日,风调雨顺好种田。

雷打立春节,惊蛰雨不歇。

雨水

冷雨水,暖惊蛰;暖雨水,冷惊蛰。

雨水明,夏至晴。

雨水有雨,一年多水。

雨水雨水,有雨无水。

雨水前雷,雨雪霏霏。

雨水阴寒,春季勿会早。

雨水日晴,春雨发得早。

雨水淋带风,冷到五月中。

雨打雨水节,二月落不歇。

雨水东风起,伏天必有雨。

雨水落了雨,阴阴沉沉到谷雨。

雨水落雨三大碗,大河小河都要满。

雨水草萌动,嫩芽往上拱,大雁往北飞,农夫备春耕。

雨水南风紧,回春早;南风不紧,会反春。

雨水有雨庄稼好,大麦小麦粒粒饱。

雨水无水多春旱,清明无雨多吃面。

雨水有雨庄稼好,大春小春一片宝。

雨水清明紧相连,植树季节在

眼前。

雨水不落，下秧无着。

雨水无雨，夏至无雨。

雷响雨水后，晚春阴雨报。

惊蛰

过了惊蛰节，亲家有话田间说。

未到惊蛰雷先鸣，必有四十五天阴。

惊蛰高粱春分秧。

惊蛰秧，赛油汤。

惊蛰一犁土，春分地气通。

惊蛰不耙地，就像蒸馍走了气。

惊蛰过，暖和和，蛤蟆老角唱山歌。

惊蛰早，清明迟，春分插秧正适时。

惊蛰不开地，不过三五日。

惊蛰点瓜，遍地开花。

惊蛰不过不下种。

惊蛰地气通。

惊蛰不藏牛。

惊蛰点瓜，不开空花。

点在惊蛰口，一碗打一斗。

惊蛰闻雷米如泥。

惊蛰打雷，小满发水。

惊蛰云不动，寒到五月中。

惊蛰刮北风，从头另过冬。

惊蛰乌鸦叫，春分地皮干。

惊蛰不放蜂，十箱九箱空。

惊蛰过后雷声响，蒜苗谷苗迎风长。

前响惊蛰，后响拿锄。

惊蛰不放蜂，十笼九笼空。

雷响惊蛰前，夜里捕鱼日过鲜。

春分

吃了春分饭，一天长一线。

时到春分昼夜忙，清沟排涝第一桩。

春不分不暖，夏不至不热。

麦过春分昼夜忙。

春分秋分，昼夜平分。

春分春分，百草返青。

春分在前，斗米斗钱。

春分半豆，清明全豆。

春分麦起身，一刻值千金。

春分种芍药，到老不开花。

春分前好布田，春分后好种豆。

春分有雨家家忙，先种瓜豆后插秧。

春分早报西南风，台风虫害有一宗。

春分有雨病人稀，五谷稻作处处宜。

春分麦，芒种糜，小满种谷正合适。

春分至，把树接；园树佬，没空歇。

春分无雨莫耕田，秋分无雨莫种园。

春分前后怕春霜，一见春霜麦苗伤。

春分雷吼，豌豆不出犁沟。

春分吹南风，麦子加三分。

春分春分，犁耙乱纷纷。

春分麦起身，肥水要紧跟。

春分降雪春播寒。

春分有雨是丰年。

春分日，植树木。

春分豆苗粒粒伸。

春分橄榄两头黄

春分前，整秧田。

春分阴雨天，春季雨不歇。

春分雨不歇，清明前后有好天。

清明

二月清明你莫赶，三月清明你莫懒。

二月清明花不老，三月清明老了花。

二月清明放着种，三月清明抢着种。

阴雨下了清明节，断断续续三个月。

麦怕清明霜，谷要秋来旱。

雨打清明前，洼地好种田。

清明前，去种棉。

清明前后，点瓜种豆。

憋到死，清明不插插谷雨。

清明不戴柳，红颜变白首。

清明忙种麦，谷雨种大田。

清明出现大头鲢，白带鱼跟在后面追。

清明秧子谷雨花，立夏苞谷顶呱呱。

雨打清明前，春雨定频繁。

清明难得晴，谷雨难得阴。

清明不怕晴，谷雨不怕雨。

清明雨星星，一棵高粱打一升。

清明断雪不断雪，谷雨断霜不断霜。

清明无雨旱黄梅，清明有雨水黄梅。

清明起尘，黄土埋人。

清明宜晴，谷雨宜雨。

清明有霜梅雨少。

清明刮动土，要刮四十五。

清明有雾，夏秋有雨。

清明雾浓，一日天晴。

清明暖，寒露寒。

清明响雷头个梅。

清明冷，好年景。

清明断雪，谷雨断霜。

清明北风十天寒，春霜结束在眼前。

清明一吹西北风，当年天旱黄风多。

清明南风，夏水较多；清明北风，夏水较少。

清明晴，斗笠蓑衣跟背行；清明落，斗笠蓑衣挂屋角。

清明淋，果果吃不成；清明晴，果果吃不赢。

清明晒干柳，撑死老黄狗。

清明谷雨风，冻死老家公。

清明天雨旱黄霉。

清明对立夏，不种秋田也罢。

清明有霜梅雨少。

清明早种一天，地里粮多半年。

谷雨

过了谷雨种花生。

谷雨补老母。

谷雨鸟儿做母。

谷雨下秧，立夏栽。

过了谷雨，不怕风雨。

谷雨阴沉沉，立夏雨淋淋。

谷雨下雨，四十五日无干土。

谷雨是旺汛，一刻值千金。

谷雨前后，种瓜点豆。

谷雨前后栽地瓜，最好不要过立夏。

谷雨前，清明后，种花正是好时候。

谷雨前后一场雨，胜似秀才中了举。

谷雨有雨兆雨多，谷雨无雨水来迟。

谷雨到，布谷叫；前三天叫干，后三天叫淹。

谷雨三日满海红，百日活海一时兴。

谷雨前后栽地瓜，最好不要过立夏。

谷雨前应种棉，谷雨后应种豆。

谷雨花大把抓，小满花不回家。

早稻播谷雨，收成没够饲老鼠。

谷雨种棉花，不用问人家。

谷雨在月头，秧多不要愁。

谷雨在月中，寻秧乱筑冲。

谷雨在月尾，寻秧不知归。

谷雨麦挑旗，立夏麦头齐。

谷雨麦怀胎，立夏长胡须。

谷雨种棉花，能长好疙瘩。

谷雨雨，蓑衣笠麻高挂起。

谷雨下谷种，不敢往后等。

谷雨不种花，心头像蟹爬。

谷雨无雨，后来哭雨。

谷雨无雨，交回田主。

谷雨前后，安瓜点豆。

谷雨有雨棉苗肥。

谷雨前，好种棉。

谷雨三朝看牡丹。

谷雨三朝蚕白头。

谷雨种棉家家忙。

谷雨南风好收成。

春田播到谷雨兜，晚田播到大暑后。

清明谷雨两相连，浸种耕田莫迟延。

棉花种在谷雨前，开得利索苗儿全。

立夏

一年四季东风雨，立夏东风昼夜晴。

上午立了夏，下午把扇拿。

立夏雷，六月旱。

立夏雨，涨大水。

立夏晴，雨淋淋。

立夏日晴，必有旱情。

立夏下雨，九场大水。

立夏下雨，夏至少雨。

立夏小满，江河水满。

立夏小满，河满缸满。

立夏见夏，立秋见秋。

立夏到夏至，热必有暴雨。

立夏汗湿身，当日大雨淋。

立夏日鸣雷，早稻害虫多。

立夏蛇出洞，准备快防洪。

立夏起北风，十口鱼塘九口空。

立夏小满青蛙叫，雨水也将到。

立夏小满，雨水相赶。

立夏不热，五谷不结。

立夏东风麦面多。

立夏北风当日雨。

立夏雨少，立冬雪好。

立夏不下雨，犁耙高挂起。

立夏后冷生风，热必有暴雨。

立夏小满青蛙叫，雨水也将到。

立夏前后种棉花，结的棉桃鸭蛋大。

立夏无雨三伏热，重阳无雨一冬晴。

小满

小满见三新。

小满三天遍地锄。

小满谷，打满屋。

小满十日见白面。

小满不满，干断田坎。

小满不满，芒种不管。

小满小满，麦粒渐满。

小满未满，还有危险。

小满不满，芒种开镰。

小满不满，无水洗碗。

小满前后，种瓜种豆。

小满十八天，不熟自干。

小满天天赶，芒种不容缓。

小满十八天，青麦也成面。

小满割不得，芒种割不及。

小满桑葚黑，芒种小麦割。

小满小满，还得半月二十天。

小满防虫患，农药备齐全。

小麦到小满，不割自会断。

小满暖洋洋，锄麦种杂粮。

小满不种花，种花不回家。

小满青粒硬，收成方可定。

小满满齐沿，芒种管半年。

小满不满，高田不管。

小满不下，黄梅雨少。

小满吃水，大满吃米。

小满大满江河满。

小满无雨，芒种无水。

小满不下，黄梅偏少。

小满不满，麦有一险。

小满动三车，忙得不知他。

小满雨滔滔，芒种似火烧。

小满有雨豌豆收，小满无雨豌豆丢。

过了小满十日种，十日不种一场空。

大麦不过小满，小麦不过芒种。

立夏小满正栽秧。

麦到小满，稻到立秋。

秧奔小满谷奔秋。

芒种

四月芒种如赶仗，误了芒种要上当。

四月芒种雨，五月无干土，六月火

烧埔。

四月芒种不见面，五月芒种不搭镰。

芒种夏至是水节，如若无雨是旱天。

芒种怕雷公，夏至怕北风。

芒种夏至，水浸禾田。

芒种夏至，芒果落蒂。

芒种落雨，端午涨水。

芒种热得很，八月冷得早。

芒种火烧鸡，夏至烂草鞋。

芒种夏至常雨，台风迟来；芒种夏至少雨，台风早来。

芒种夏至天，走路要人牵。

芒种栽薯重十斤，夏至栽薯光根根。

芒种晴天，夏至有雨。

芒种闻雷美自然。

芒种日晴热，夏天多大水。

芒种忙忙栽，夏至谷怀胎。

芒种不下雨，夏至十八河。

芒种西南风，夏至雨连天。

芒种雨涟涟，夏至旱燥田。

芒种火烧天，夏至水满田。

芒种火烧天，夏至雨涟涟。

芒种火烧天，夏至水满田。

芒种雨涟涟，夏至火烧天。

芒种节到，夏种忙闹。

芒种前后把种下。

夏至

不到夏至不热，不到冬至不寒。

日长长到夏至，日短短到冬至。

长到夏至短到冬。

过了夏至节，夫妻各自歇。

吃了夏至面，一天短一线。

爱玩夏至日，爱眠冬至夜。

夏至食个荔，一年都无弊。

夏至东南风，平地把船撑。

夏至无雨三伏热，处暑难得十日阴。

夏至杨梅满山红，小暑杨梅要生虫。

夏至落雨十八落，一天要落七八砣。

夏至东南风，十八天后大雨淋。

夏至一场雨，一滴值千金。

夏至刮东风，半月水来冲。

夏至见春天，有雨到秋天。

夏至东风摇，麦子水里捞。

夏至大烂，梅雨当饭。

夏至闷热汛来早。

夏至有雨应秋旱。

夏至狗，无处走。

夏至三庚便入伏。

夏至下雨十八河。

夏至大烂，梅雨当饭。

夏至天天短，冬至日日长。

夏至未过莫道热，冬至未过莫道冷。

夏至有风三伏热，重阳无雨一冬晴。

夏至无云三伏烧。

夏至响雷天多晴。

夏至落大雨，八月涨大水。

夏至落雨，九场大水。

小暑

小暑节，筑塘缺。

小暑黄鳝赛人参。

小暑小割，大暑大割。

小暑过，一日热三分。

小暑无雨，饿死老鼠。

小暑不热，五谷不结。

小暑打雷，大暑打堤。

小暑东北风，大水淹地头。

小暑东风早，大雨落到饱。

小暑怕东风，大暑怕红霞。

小暑一声雷，倒转作黄梅。

小暑无青稻，大暑连头无。

小暑见个儿，大暑见垛儿。

小暑收大麦，大暑收小麦。

小暑一只鼎，陈年宿债还干净。

小暑无雨十八风，大暑无雨一场空。

小暑过后十八天，庄稼不收土里钻。

小暑北风水流柴，大暑北风天红霞。

小暑头上一点漏，拔掉黄秧种绿豆。

小暑西南淹小桥，大暑西南踏入腰。

小暑后，大暑前，二暑之间种绿豆。

小暑大暑不是暑，立秋处暑才是暑。

小暑不见日头，大暑晒开石头。

小暑有雨旱，小寒有雨冷。

小暑起爆风，日夜好天空。

小暑热得透，大暑凉悠悠。

小暑热得透，大暑凉飕飕。

小暑凉飕飕，大暑热熬熬。

大暑前小暑后，庄稼老头种绿豆。

羊盼清明牛盼夏，人过小暑说大话。

雨搭小暑头，二十四天不断头。

大暑

大暑前后，晒死泥鳅。

大暑连阴，遍地黄金。

大暑前后，衣裳湿透。

大暑小暑，遍地开锄。

大暑大雨，百日见霜。

大暑不暑，五谷不起。

大暑种蔬菜，生活巧安排。

大暑到立秋，割草沤肥正时候。

大暑热，田头歇；大暑凉，水满塘。

大暑小暑不是暑，立秋处暑正当暑。

大暑前，小暑后，两暑之间种绿豆。

大暑早，处暑迟，三秋荞麦正当时。

大暑不割禾，一天少一箩。

大暑无酷热，五谷多不结。

大暑后插秧，立冬谷满仓。

大暑不浇苗，到老无好稻。

大暑到立秋，积粪到田头。

大暑大落大死，无落无死。

大暑天，三天不下干一砖。

大暑热得慌，四个月无霜。

大暑展秋风，秋后热到狂。

大暑热不透，大热在秋后。

大暑不雨秋边旱。

大暑老鸭胜补药。

大暑到，暑气冒。

大暑热，秋后凉。

大暑深锄草。

小暑大暑七月间，追肥授粉种菜园。

禾到大暑日夜黄。

早稻不见大暑脸。

立秋

一场秋雨一场寒，十场秋雨要穿棉。

中午立秋，早晨夜晚凉幽幽。

立秋之日凉风至。

立秋十天遍地黄。

立秋响雷，百日见霜。

立了秋，便把扇子丢。

立了秋，一把半把一齐收。

立秋后三场雨，夏布衣裳高搁起。

立秋下雨人欢乐，处暑下雨万人愁。

立秋无雨秋干热，立秋有雨秋落落。

立秋有雨一秋吊，吊不起来就要涝。

立秋处暑有阵头，三秋天气多雨水。

六月立秋紧丢丢，七月立秋秋里游。

立秋晴，一秋晴；立秋雨，一秋雨。

立秋洗肚子，不长痱子拉肚子。

立秋不立秋，六月二十六。

立秋顺秋，绵绵不休。

立秋早晚凉。

立秋一场雨，夏衣高挂起。

立秋节日雾，长河做大路。

立秋发雾，晴到白露。

立秋无雨甚堪忧，万物种来一半收；处暑若是逢天雨，纵然结实也难留。

早立秋，凉飕飕；晚立秋，热死牛。

早上立了秋，晚上凉飕飕。

早立秋冷飕飕，晚立秋热死牛。

交秋末伏，鸡蛋晒熟。

有钱难买秋后热。

秋前秋后一场雨，白露前后一场风。

秋前北风马上雨，秋后北风无滴水。

秋前北风秋后雨，秋后北风干河底。

秋前南风雨潭潭。

蚊从立秋死。

处暑

处暑天还暑，好似秋老虎。

处暑天不暑，炎热在中午。

处暑里的雨，谷仓里的米。

处暑满地黄，家家修禀仓。

处暑好晴天，家家摘新棉。

处暑花红枣，秋分打尽了。

处暑落了雨，秋季雨水多。

处暑雷唱歌，阴雨天气多。

处暑一声雷，干到白露底。

处暑三日稻有孕，寒露到来稻入囤。

处暑有雨十八江，处暑无雨干断江。

处暑晴，干死河边铁马根。

处暑出大日，秋旱暴死鲫。

处暑东北风，大路做河通。

处暑不觉热，水果免想结。

处暑有下雨，中稻粒粒米。

处暑白露节，夜凉白天热。

处暑种荞，白露看苗。

处暑收黍，白露收谷。

处暑处暑，处处要水。

处暑雨，粒粒皆是米。

处暑高粱遍地红。

处暑高粱遍拿镰。

处暑高粱白露谷。

处暑三日割黄谷。

处暑十日忙割谷。

处暑萝卜白露菜。

处暑见新花。

处暑长薯。

处暑下雨多灾害。

处暑若逢天下雨，纵然结实也难留。

处暑落了雨，秋季雨水多。

处暑雷唱歌，阴雨天气多。

白露

一场秋风一场凉，一场白露一场霜。

九月白露又秋分，秋收秋种闹纷纷。

不到白露不种蒜。

白露高粱秋分豆。

白露晴，寒露阴。

白露无雨，百日无霜。

白露有雨，寒露有风。

白露白茫茫，寒露添衣裳。

白露身不露，着凉易泻肚。

白露天气晴，谷子如白银。

白露白茫茫，无被不上床。

白露刮北风，越刮越干旱。

白露晴，有米无仓盛；白露雨，有谷无好米。

白露早，寒露迟，秋分的麦子正当时。

白露有雨连秋分，麦种豆种不出门。

白露有雨霜冻早，秋分有雨收成好。

白露前后看，莜麦荞麦收一半。

白露在仲秋，早晚凉悠悠。

白露过秋分，农事忙纷纷。

白露种高山，寒露种平地。

白露不出头，割了喂老牛。

白露勿露身，早晚要叮咛。

白露身不露，寒露脚不露。

白露谷，寒露豆，花生收在秋分后。

白露种高山，秋分种平川，寒露种沙滩。

白露种高山，秋分种河湾。

白露秋分夜，一夜凉一夜。

白露割谷子，霜降摘柿子。

白露播得早，就怕虫子咬。

冬麦白露后十天。

过了白露节，屠夫硬似铁。

过了白露节，一天死片叶。

过了白露节，夜寒日里热。

过了白露节，早寒夜冷中时热。

蚕豆不要粪，只要白露种。

秋分

秋分有雨寒露凉。

秋分有雨天不干。

秋分有雨来年丰。

秋分北风多寒冷。

秋分冷雨来春早。

秋分以后雪连天。

秋分天晴必久旱。

秋分秋分，雨水纷纷。

秋分出雾，三九前有雪。

秋分冷得怪，三伏天气坏。

秋分雨多雷电闪，今冬雪雨不会多。

秋分早，霜降迟，寒露种麦正应时。

秋分天气白云多，处处欢歌好晚禾。

秋分种麦，前十天不早，后十天不迟。

秋分种山岭，寒露种平川。

秋分四忙，割打晒藏。

秋分梨子甜。

秋分前后有风霜。

秋分过后必有风。

秋分露重，冬季多霜。

秋分北风，热到脱壳。

秋分暝，一暝寒过一暝。

秋分西北风，来年早春多阴雨。

秋分西北风，冬天多雨雪。

秋分有雨来年丰。

秋分无雨春分补。

秋分见麦苗，寒露麦针倒。

秋分前十天不早，秋分后十天不晚。

秋分放大田。

秋分日晴，万物不生。

秋分有雨，寒露有冷。

秋分不割，霜打风磨。

秋分已来临，种麦要抓紧。

秋分谷子割不得，寒露谷子养不得。

秋分只怕雷电闪，多来米价贵如油。

秋分麦粒圆溜溜，寒露麦粒一道沟。

秋分天气白云来，处处好歌好稻栽。

热至秋分，冷至春分。

寒露

八月寒露抢着种，九月寒露想着种。

过了寒露节，黄土硬似铁。

时到寒露天，捕成鱼，采藕芡。

豆子寒露使镰钩，地瓜待到霜降收。

豆子寒露动镰钩，骑着霜降收芋头。

要得苗儿壮，寒露到霜降。

棉怕八月连阴雨，稻怕寒露一朝霜。

寒露到霜降，种麦就慌张。

寒露到霜降，种麦日夜忙。

寒露不摘棉，霜打莫怨天。

寒露收豆，花生收在秋分后。

寒露到，割晚稻；霜降到，割糯稻。

寒露前，六七天，催熟剂，快喷棉。

寒露节到天气凉，相同鱼种要并塘。

寒露不摘烟，霜打甭怨天。

寒露不刨葱，必定心里空。

寒露收山楂，霜降刨地瓜。

寒露柿红皮，摘下去赶集。

寒露到立冬，翻土冻死虫。

寒露霜降，赶快抛上。

寒露北风小雪霜。

寒露三日无青豆。

寒露霜降麦归土。

寒露前后看早麦。

寒露十月已秋深，田里种麦要当心。

寒露不算冷，霜降变了天。

寒露过三朝，过水要寻桥。

寒露脚不露。

霜降

九月霜降无霜打，十月霜降霜打霜。

几时霜降几时冬，四十五天就打春。

霜打两匹荚，到老都不发。

霜降霜降，移花进房。

霜降见霜，谷米满仓。

霜降无雨，清明断车。

霜降无霜，碓头无糠。

霜降不降霜，来春天气凉。

霜降下雨连阴雨，霜降不下一季干。

霜降气候渐渐冷，牲畜感冒易发生。

霜降摘柿子，立冬打软枣。

霜降摘柿子，小雪砍白菜。

霜降不刨葱，到时半截空。

霜降快打场，抓紧入库房。

霜降不见霜，还要暖一暖。

霜降当日霜，庄稼尽遭殃。

霜降至立冬，种麦莫放松。

霜降没下霜，大雪满山冈。

霜降不割禾，一天少一箩。

霜降抽勿齐，晚稻牵牛犁。

霜降采柿子，立冬打晚枣。

霜降种麦，不消问得。

霜降晴，风雪少。

霜降雨，风雪多。

霜降腌白菜。

霜降露凝霜，树叶飘地层，蛰虫归

屋去，准备过一冬。

立冬

立冬打雷要反春。

立冬阴，一冬温。

立冬晴，一冬凌。

立冬无雨满冬空。

立冬晴，好收成。

立冬打雷三趟雪。

立冬白一白，晴至割大麦。

冬前不下雪，来春多雨雪。

立冬雷隆隆，立春雨蒙蒙。

立冬交十月，小雪河封上。

立冬日，水始冰，地始冻。

立冬刮北风，皮袄贵如金；立冬刮南风，皮袄挂墙根。

立冬到冬至寒，来年雨水好；立冬到冬至暖，来年雨水少。

立冬小雪，抓紧冬耕。结合复播，增加收成。土地深翻，加厚土层。压砂换土，冻死害虫。

立冬北风冰雪多，立冬南风无雨雪。

立冬无雨一冬晴，立冬有雨一冬阴。

立冬有雨防烂冬，立冬无雨防春旱。

立冬一片寒霜白，晴到来年割大麦。

立冬晴，一冬晴；立冬雨，一冬雨。

立冬太阳睁眼睛，一冬无雨格外晴。

立冬晴，一冬阴；立冬阴，雪迎春。

立冬西北风，来年哭天公。

立冬雪花飞，一冬烂泥堆。

立冬西北风，来年五谷丰。

冬里烧去地边草，来年虫子定然少。

冬季雪满天，来岁是丰年。

立冬一日，水冷三分。

立冬补冬，补嘴空。

立冬下麦迟，小雪搞积肥。

立冬之日起大雾，冬水田里点萝卜。

立冬那天冷，一年冷气多。

冬前不结冰，冬后冻死人。

重阳无雨看立冬，立冬无雨一冬干。

做田只惊立冬风，做人只惊老来穷。

小雪

小雪点青稻。

小雪无云大旱。

小雪晴天，雨至年边。

小雪收葱，不收就空。

小雪封地，大雪封河。

小雪大雪，炊烟不歇。

小雪雪满天，来年必丰年。

小雪不封地，不过三五日。

小雪不分股，大雪不出土。

小雪不耕地，大雪不行船。

小雪地能耕，大雪船帆撑。

小雪下了雪，来年旱三月。

小雪不见雪，大雪满天飞。

小雪见晴天，有雨在年边。

小雪西北风，当夜要打霜。

小雪见晴天，有雪到年边。

小雪满田红，大雪满田空。

小雪不收菜，必定要受害。

小雪棚羊圈，大雪堵窟窿。

小雪节到下大雪，大雪节到没了雪。

小雪大雪不见雪，小麦大麦粒要瘪。

小雪封地地不封，大雪封河河无冰。

小雪封地地不封，老汉继续把地耕。

小雪不下看大雪，小寒不下看大寒。

小雪大雪不见雪，来年灭虫忙不撤。

小雪收葱，不收就空。萝卜白菜，收藏窖中。小麦冬灌，保墒防冻。植树造林，采集树种。改造涝洼，治水治岭。水利配套，修渠打井。

节到小雪天下雪。

大雪

大雪天寒三九暖。

大雪不冻，惊蛰不开。

大雪下大雪，来年雨不缺。

小雪不耕地，大雪不上山。

小雪地不封，大雪还能耕。

大雪冬至雪花飞，搞好副业多积肥。

冬雪消除四边草，来年肥多害虫少。

冬雪回暖迟，春雪回暖早。

冬季雪满天，来岁是丰年。

先下大片无大雪，先下小雪有大片。

先下小雪有大片，先下大片后晴天。

沙雪打了底，大雪蓬蓬起。

到了大雪无雪落，明年大雨定不多。

寒风迎大雪，三九天气暖。

落雪是个名，融雪冻死人。

落雪见晴天，瑞雪兆丰年。

冬至

干净冬至邋遢年，邋遢冬至干净年。

大雪河封住，冬至不行船。

冬至不离十一月。

冬至十天阳历年。

冬至无雨一冬晴。

冬节丸，一食就过年。

冬天不喂牛，春耕要发愁。

冬节夜最长，难得到天光。

冬至萝卜夏至姜，适时进食无病痛。

冬至天晴日光多，来年定唱太平歌。

冬在头，卖被去买牛；冬在尾，卖牛去买被。

冬至不过不冷，夏至不过不热。

冬至过，地皮破。

冬至在月中，天寒也无霜。

冬在头，冷在节气前；冬在中，冷在节气中；冬在尾，冷在节气尾。

冬至在头，冻死老牛；冬至在中，单衣过冬；冬至在尾，没有火炉后悔。

冬至在月头，大寒年夜交；冬至在月中，天寒也无霜；冬至在月尾，大寒正二月。

冬至在月头，要冷在年底；冬至在月尾，要冷在正月；冬至在月中，无雪也无霜。

不到冬至不寒，不到夏至不热。

冬至江南风短，夏至天气干旱。

冬至羊，夏至狗，吃了满山走。

冬至一日晴，来年雨均匀。

冬至不下雨，来年要返春。

冬至出日头，过年冻死牛。

冬至天气晴，来年百果生。

冬至前犁金，冬至后犁铁。

冬至一场风，夏至一场暴。

冬至始打雷，夏至干长江。

冬至日头升，每天长一针。

冬至下雨，晴到年底。

冬至前后，冻破石头。

冬至过，地皮破。

犁田冬至内，一犁比一金。

算不算，数不数，过了冬至就进九。

小寒

三九不封河，来年雹子多。

小寒胜大寒，常见不稀罕。

小寒大寒，滴水成团。

小寒大寒，杀猪过年（春节）。

小寒大寒不下雪，小暑大暑田开裂。

小寒大寒寒得透，来年春天天暖和。

小寒不如大寒寒，大寒之后天渐暖

小寒不寒寒大寒。

小寒节，十五天，七八天处三九天。

小寒多积肥，大寒迎新年。

小寒胜大寒，常见不稀罕。

小寒节，十五天，七八天处三九天。

大雪年年有，不在三九在四九。

天寒人不寒，改变冬闲旧习惯。

麦苗被啃，产量受损。

草木灰，单积攒，上地壮棵又增产。

腊月大雪半尺厚，麦子还嫌被不够。

腊月三场白，来年收小麦。

腊月三场白，家家都有麦。

腊月三场雾，河底踏成路。

腊七腊八，冻死旱鸭。

腊七腊八，冻裂脚丫。

腊月三白，适宜麦菜。

数九寒天鸡下蛋，鸡舍保温是关键。

薯菜窖，牲口棚，堵封严密来防冻。

避免畜啃青，认真订奖惩。

大寒

小寒不如大寒寒，大寒之后天渐暖。

大寒雾，春头早；大寒阴，阴二月。

大寒大寒，防风御寒。

大寒不寒，人马不安。

大寒不寒，春分不暖。

大寒不冻，冷到芒种。

大寒东风不下雨。

大寒过年，总结经验。

大寒见三白，农人衣食足。

大寒猪屯湿，三月谷芽烂。

大寒一夜星，谷米贵如金。

大寒到顶点，日后天渐暖。

大寒天气暖，寒到二月满。

大寒牛眠湿，冷至明年三月三。

大寒日怕南风起，当天最忌下雨时。

过了大寒，又是一年。

交了大寒就是雪，明年又是丰收年。

南风打大寒，雪打清明秧。

数九寒天天不寒，来年田里少粮食。

综合

一早一晚勤动手，管它地冻九尺九。

一年三季东风雨，独有夏季东风晴。

一候鸿雁来；二候元鸟归；三候群鸟养羞。

一九二九不出手，三九四九冰上走，五九六九沿河插柳，七九河开，八九雁来，九九加一九，耕牛遍地走。

九里的雪，硬似铁。

二八月，乱穿衣。

二月二十晴，花果爱煞人。

二月踏草青，二八三九乱穿衣。

二三月冷暖不定，八九月时寒时热。

八月十五冻到底。

八月冷，九月温，十月还有小阳春。

三九不冷看六九，六九不冷倒春寒。

三九不封河，来年雹子多。

三九水流，来年渴死老牛。

三九四九，霜凌夜夜有。

三九四九，冻破碓臼。

三日风，三日霜，三日以内天清光。

天寒人不寒，改变冬闲旧习惯。

三十夜里的火，元宵夜里的灯。

七月半，八月半，蚊子还在脚下串。

七月秋风雨，八月秋风凉。

大雪年年有，不在三九在四九。

牛喂三九，马喂三伏。

六月秋，提前冷；七月秋，推迟冷。

五月六月开黄花，六月七月拾棉花。

五月杏，六月瓜，七月葡萄架上挂。

白天下雨晚上晴，连续三天不会停。

正月二十晴，树上挂银瓶。

正月寒，二月温，正好的时候三月春。

正月雷，二月雪，三月无水过田岸。

头伏萝卜二伏菜，三伏种荞麦。

未吃端午粽，棉衣勿要送。

冬天多积一担肥，秋天多打一石粮。

过小年，脚板响；过大年，砧板响。

节令不到，不知冷暖。

节前节后多商量，想法再把台阶上。

过了重阳九，牛羊遍地走。

过了重阳节，一怕霜来二怕雪。

年逢双春雨水多，年逢无春好种田。

冷在三九，热在中伏。

热不过三伏，冷不过三九。

桃花三月开，菊花九月开，各自等时来。

38. 地震前兆

大旱又大涝，地震要来到。

大震发生前，声、光、味常现；地光分五色，如虹似闪电。

大震声发沉，小震声发尖。

上下颠，在眼前；晃来晃去在天边。

上下颠一颠，来回晃半天。

上看天，下看地，天地变化有联系。

久雨或久旱，地皮颤一颤。

女儿墙，房檐围，地震一来最倒霉。

井水上涨是前兆，雨若不到地要闹。

井水变化变味道，地震就在近时到。

天干井水冒，地震要来到。

天变雨要到，水变地要闹；人人得注意，防震莫忘掉。

无雨井水混，防震要在心。

水打旋，冒气泡，一发现，速报告。

牛羊骡马不进圈，兔子竖耳蹦又跳。

六畜不安，地震不远。

白天蝙蝠飞满院，特大地震在眼前。

穴住动物跟着闹，临震骡马驴猪跳。

老鼠跑，狗狂叫，时刻小心地震到。

地下水，有前兆：不是涨，就是落；甜变苦，苦变甜；又发浑，又翻砂。见到了，要报告。为什么？闹预报。

地光一闪，地就变脸。

地声似闷雷，动物皆不安，硫黄气味浓，振布成一线。

地怪叫，大震到，速离屋，压

不着。

地基牢，房顶轻，地震来了一场风。

地摇三遍，狗吃白面。

地震三年好收成。

地震有预兆，动物早知道。

地震闹，像雨到，不是嚣，就是暴。

先听响，后地动，听到响声快行动。

先听响，后地震，一听响声快行动。

先响后动，先拱后晃。

阴历初五搭初一，家里干活要注意。

豆腐一挤，出水出渣；地震一闹，喷水喷沙。

利用动物搞预报，简单易行好办到。

冷热大交错，地震肯发作。

鸡飞上树猪拱圈，鸭子下水狗狂咬。

鸡飞狗上墙，谨把地震防。

驴儿乱踢马跳圈，地震可能会出现。

抬头一看月儿圆，十五这天有点悬。

雨后阴，震后闹，提高警惕别忘掉。

鱼儿跃，地震到。

房子东西摆，地震南北来；要是南北摆，它是东西来。

砖包土坯墙，抗震最不强。

临震不乱，沉着应战。

冒水喷沙沿条道，地下正是故河道。

冒水喷沙哪最多，涝洼碱地不用说。

响声一报告，地震就来到。

响得长，在远方；响得短，离不远。

洼地重，平地轻；沙地重，土地轻。

离得近，上下蹦；离得远，左右摆。

蛇儿冬眠早出洞，老鼠搬家往外逃。

甜变苦，苦变甜，又发混，又翻花。

鸽子惊飞不回巢，鱼儿惊慌水面跳。

猫儿上树梢，地震要来到。

酥在颠劲上，倒在晃劲上。

喷沙冒水沿条道，地下正是故河道。

39. 环境保护

一人栽树，万人乘凉。

一年之计，莫如种谷；十年之计，莫如树木。

一棵大树十担水，千亩森林水长流。

一棵树，一把伞，截留降雨保

地面。

人要衣服装饰，地要林木点缀。

人需要文化，环境需要美化。

干劲足，荒山绿；干劲大，顽石怕。

土蓄水，水养林，林保土，土肥农。

寸树，斗水，丈地湿。

大地绿化春常在，改造自然抗灾害。

大路好走要人开，大树遮阴要人栽。

小小一口痰，细菌千千万。

山上树木光，山下走泥浆。

山上栽满树，等于修水库；雨多它能吞，雨少它能吐。

山上绿油油，山下清水流。

山无林，坡无草，一遇暴雨土冲跑。

山无林木景不美，树无叶子易枯萎。

山好能容四面看。

山高林密云遮天，风调雨顺少灾年。

山戴帽，河穿裤，地镶边。

天旱雨淋山，有林泉不干。

不了；今年栽下一棵槐，他年烧柴不用买。

不栽树是荒山，栽上树是宝山。

今年栽下一棵桃，来年果子吃。

公路两旁八行林，绿化环境防噪声。

过河要搭桥，造林先育苗。

宁要绿水青山，不要金山银山。

有林山泉满，无树河套干。

光栽不护，白费工夫。

吃山要养山。

多栽一棵树，断病一条路。

多造一片林，少病一万人。

农田实现林网化，旱涝风沙都不怕。

你来绕一绕，我来笑一笑。

沙区要想富，就得风沙住；风沙何时住，山川栽满树。

环保做不好，生命就难保。

青山常在，绿水长流。

现在人栽树，来年树养人。

坡上一片青，坡下好收成；坡上一片黄，田里难插秧。

林成片，树成林，沙土窝里不起尘。

林带林网，赛过铁壁铜墙。

到处绿葱葱，旱涝无影踪。

河边树成排，不怕风沙来。

河边栽柳，道边栽杨。

河堤多栽树，汛期防浪头；平原多栽树，成林调气候。

治山治水不栽树，有水有土保不住。

治水先要治山，治山先要造林。

前人栽树，后人乘凉。

房前屋后，栽桑插柳。

房前屋后栽满竹，三年之后换新屋。

城镇变绿海，除尘少公害。

荒山变林山，不愁吃和穿。

荒山荒地栽刺槐，不愁灶上没烧柴。

树木成林，风调雨顺。

树木结成林，沙窝不起尘。

树木满庄，人畜兴旺。

要想风沙住，山川多栽树。

种田眼前饱，种树万年福。

保护环境，人人有责。

保护环境，利在当代；造福子孙，功在千秋。

独树不成林，独花不成景。

美化环境，大家动手。

前人多栽树，后人好遮阴。

栽一株，活一株，树林里面也有珍珠。

栽下常青树，寄托思念情。

栽树十年，面貌一新。

栽树在河畔，防洪保堤岸。

栽树栽树，何愁不富。

栽树容易护树难。

家门栽杨柳，砍柴不远走。

家有千颗棕，子孙不受穷。

家家都有树，全村有好处。

绿水青山，就是金山银山。

眼前富，金养猪；年年富，多植树。

清爽的空气，百病的良药。

窑崖背上栽棵松，夏遮日头冬遮风。

绿了大地，润了人心。

绿了荒山头，浊水变清流。

绿化荒山，清水潺潺。

绿化赛过宝，一宝变百宝。

植树把林造，搞旱又防涝。

植树造林，利国富民。

植树造林锁风沙，遍地一片好庄稼。

靠山吃山又养山，荒山变成金不换。

40. 风土名胜

一个地区，一种方言；一个喇嘛，一个信念。

一乡一俗，一湾一曲。

一天有四季，十里不同天。

一方水土养一方人。

一把栗子一把枣，小的跟着大的跑。

一苦、二甜、三回味。

十里温塘河，九曲十八弯（重庆渝北统景峡）。

七层锅，八屋炕，九屋煤火烧得旺。

七倍长江八倍巢，只抵洞庭半截腰。

入乡随俗，见机而作。

人过腊子口，像过老虎口。

人家半凿山腰住，车马都在屋顶过。

八分半山一分田，半分水路和庄园。

八月十五月儿圆，西瓜月饼摆得全。

八月桂花十里香，九月菊花胜牡丹。

九乡溶洞九十九，数完溶洞白了头。

九寨归来不进沟，九寨归来不看水。

九寨沟的水，张家界的山。

三山六水一分田。

三天不吃酸，走路乱打战。

大人生日一餐饭，仔子生日一个蛋。

大三峡不如小三峡，小三峡靠的是大三峡。

大江之南风景殊，杭州西湖天下无。

上有天堂，下有苏杭。

山上七十二峰，山下七十二寺。

山上绿油油，泉水不断流。

乡风处处异。

天下名山僧占多。

天无三日晴，地无三里平（指贵州省的天气、地理特点）。

无衣无裳，莫过渔梁（山名，在今福建省境内，此地甚寒）。

云南山茶甲天下，丽江山茶甲于滇。

五岳归来不看山，黄山归来不看岳。

五湖四海玩，巧样看不完。

不上天都峰、游山一场空。

不上莲花顶，等于没看景。

不到长城非好汉。

不到文殊院，不见黄山面。

不到狮子峰，不见黄山踪。

不到黄鹤楼，白去武汉游。

不到新疆不知中国之大，不到伊犁不知新疆之美。

太湖深，太湖宽，太湖是只金饭碗；银鱼肥，白虾鲜，银碗里鱼虾吃不完。

内有苏杭，外有巴塘。

风霜不向窗口人，车马还从屋上过（指的是陕北一带的窑洞特点）。

六月拢无巧，七月顿顿饱。

孔孟之乡，礼仪之邦。

邓州有个塔，离天一丈八。

正月初一逛厂甸，糖葫芦，好大串。

卢沟桥的石狮子，数不清。

只顾览胜探奇，不顾山遥水远。

四川太阳云南风，贵州下雨如过冬。

匡庐奇秀甲天下。

吉林三件宝：人参、貂皮、乌拉草。

地上看石林，地下游九乡，石林之美在于峰，九乡之美在于谷。

百里不同风，十里不同俗。

吐鲁番的葡萄哈密的瓜，库车的羊羔一枝花。

华山自古一条道。

自古黄河不夜渡。

名泉七十二，趵突天下无（趵突泉，人称"天下第一泉"）。

江阴莫动手，无锡莫开口。

江南园林甲天下，苏州园林甲江南。

兴城有三宝：古城、温泉、菊花岛。

远安一大片，兴山一条线，巴东像鸡圈。

走千走万，不如淮河两岸。

走遍天下路，难过通天渡。

苏杭不到枉为人。

来到张家口，大风刮人走。

庐山之美在南山，南山之美在秀峰。

庐山有三石：石鱼、石耳和石鸡。

庐山最美在山南，山南最美数三叠（三叠瀑布）。

沂沭两岸好风光，赛过西湖钱塘江。

沧州狮子景州塔，正定府里大菩萨。

阿里山三大奇观：森林、云海和日出。

武当远、鸣风险，五指灵官最灵验。

青滩、泄滩不算滩，崆岭才是鬼门关。

金山屋里山，焦山山里屋。

河跟山走，城住河流。

宜兴有三奇：善卷洞、张公洞、灵谷洞。

西湖景致六座桥，一枝杨柳一枝桃（描绘了杭州西湖苏堤的美景）。

春天柳，夏天荷，秋冬二季菊梅多。

南天春意浓，北国正冰封。

南有苏杭，北有胜芳（在河北省霸州市境内）。

南昌有三宝：普贤铁像、佑民寺铜钟、宋代铜钟。

南岳四绝：祝融蜂之高、藏经殿之秀、方广寺之深、水帘洞之奇。

树木成林，风调雨顺。

树木葱茏，泉水叮咚。

食在广州，住在苏州，穿在杭州，死在柳州。

送行的饺子，接风的面。

洞庭天下水，岳阳天下楼。

洛阳牡丹甲天下。

济南有三宝：湖光、山色与水清。

神农谷里走一遭，有病不治自己消。

神农架的名，远安的林。

泰山天下雄 华山天下险。

泰安有三美：白菜、豆腐、水。

莫说高山石头多，栽上松柏绿满坡。

晋祠三绝：难老泉、侍女像、齐年柏。

桂林山水甲天下，阳朔山水甲桂林。

桃花水，龙门浪。

峨眉天下秀，三峡天下雄。

峨眉天下秀，青城天下幽，剑阁天

下险，三峡天下雄。

峰无不奇，石无不怪，洞无不香，泉无不吼（指的是安徽省潜山县境内的天柱山）。

离城十里路，各有各乡风。

离家三里远，别是一乡风。

唐古拉，伸手把天抓。

黄山四绝：奇松、怪石、云海、温泉。

黄昏兽入山，日落鸟归林。

黄河九曲十八弯。

黄河百害，唯富一套。

晚开的花照样香。

随口曲子自来腔。

绿树成荫，空气清新。

雁门关外有人家，早穿皮袄午穿纱，抱着火炉吃西瓜。

喝烧酒到汾州，看鼓楼到代州，买烟袋到忻州。

湖中有岛千岛湖，岛中有湖龙川岛。

路旁栽满树，走路不打伞。

41. 农事活动

一场秋雨一场寒，十场秋雨要穿暖。

一年红花草，三年地脚好。

一年劳动在于秋，谷不到家不算收。

一年两头春，带角贵似金。

七十二行，种田为王。

七月十五定旱涝，八月十五定干戈。

七月枣，八月梨，九月柿子红了皮。

人不知春草知春，桐子开花种花生。

人尽其力田不荒，合理密植多打粮。

人凭土，虎凭山，渔民凭的网和船。

人要暖，麦要寒。

人勤地生宝，人懒地长草。

人靠地养，地靠粪养。

九冬十月不修塘，五荒六月望断肠。

九成熟，十成收，十成熟，一成丢。

三年不选种，增产会落空。

干锄棉花湿锄豆。

万物生于土，万物归于土。

小麦种迟没头，油菜种迟没油。

小雪封地，大雪封河。

山上多种树，等于修水库。

山上没有树，水土保不住。

山林松柏青，胜过捡黄金。

山林泉不干，天旱雨淋山。

马无夜草不肥，地不冬耕不收。

天晴不开沟，雨落遍地流。

无酒不请客，无灰不种麦。

五十养子不得力，五月栽茄不得食。

五月金，六月银，错过光阴无

处寻。

五月端午雨生虫。六月六日雨灭灾。

五忙六月站一站，十冬腊月少顿饭。

不知季世看花草，不知地气看五谷。

不栽果树，哪来果子。

水不流会臭，苗不管没收。

水稻水多是糖霜，小麦水多是砒霜。

牛不吃饱草，拖犁满田跑。

牛有千斤力，不能一时逼。

玉米去了头，力气大如牛。

打铁看火候，庄稼赶时候。

正月种竹，二月种木。

田不翻冬，来年草凶。

田头地角不落空，拔出萝卜就种葱。

田里水汪汪，家里谷满仓，要想年成熟，春水要灌足。

田间管理如绣花，功夫越深越到家。

四月南风大麦黄，蚕桑才了又插秧。

白露白，正好种荞麦。

白露早，寒露迟，秋分种麦正当时。

冬水灌满田，来秋是丰年。

冬至前犁金，冬至后犁铁。

冬挖一口塘，秋收万担粮。

冬耕划破皮，强似春天犁一犁。

冬耕耕得深，庄稼肯生根。

冬耕深一寸，春天省堆粪。

立冬不倒股，个如土里捂（这里指小麦）。

头伏萝卜二伏芥，三伏就种大白菜。

奶足娃娃胖，水足禾苗壮。

扫帚响，粪堆长。

芒种芝麻夏至豆，秋分种麦正时侯。

芒种前，忙种田；芒种后，忙种豆。

芒种赶快栽，夏至谷怀胎。

过了芒种不种棉，过了立夏不种田。

有水三分收，无水三分丢；百业农为本。

早种三分收，晚种三分丢。

早稻水上漂，晚稻插齐腰。

早稻要抢，晚稻要养。

年里施肥施根线，胜过年外施三遍。

年怕中秋月怕半，庄稼就怕误时间。

竹开花，饿死农家。

多栽杉和桐，子孙不怕穷。

庄稼一枝花，全靠肥当家。

庄稼不认爹和娘，深耕细作多打粮。

庄稼户，三件宝，鸡飞猪咬羊娃叫。

交了六月节，龙王不得歇。

农家不种茶，白饭莫见怪。

收麦如救火。

好种出好稻，坏种变青草。

好酒好肉待女婿，好粪好肥上秧田。

麦子锄过两三遍，麦粒多出面。

麦吃三月雨，还得二月下。

麦苗不怕草，就怕坷垃咬。

麦怕胎里旱，人怕老来穷。

麦黄不收怕风摔，稻黄不收怕雨来。

谷子堆满仓，全靠修水塘。

冷在三九，热在中伏。

沙土花生泥土麦。

沙土拌泥，好得出奇。

拉到场里一半，收到仓里才算。

若要虫子少，除尽田边草。

季节不等人，一刻值千金。

肥料足，多收谷，一熟顶两熟。

鱼有鱼路，虾有虾路。

油足灯才亮，肥足禾才壮。

泥鳅、黄鳝各自一路。

春天的笋是秋天的竹，春天的肥是秋天的谷。

春分有雨家家忙，先种瓜豆后插秧。

春争日，夏争时，农事宜早不宜迟。

春雨如油夏雨金，管好秋水一冬春。

春雨贵似油，夏雨遍地流。

春送千车粪，秋收万石粮。

春积一担肥，秋收一担米。

春蓄一塘水，秋收谷一仓。

要把风沙堵，山川多栽树。

要种四季豆，不在清明后。

点灯不离油，种田不离牛。

选种忙几天，收割甜一年。

种子壮，苗儿胖。

种子换，产量变。一年平，二年增，三年四年就不中。

种田不养猪，好比秀才不读书。

种田有谷，养猪有肉。

种种甘薯种种稻，产量年年高。

修渠如修仓，储水如储粮。

保秧如保命，留种如留金。

养兔养羊，本短利长。

屋前屋后种满竹，三年以后修新屋。

栽树种桐，子孙不穷。

栽秧要抢先，割麦要抢天。

栽得一亩桑，胜过十亩粮。

捕鱼不离船头，钓鱼不离滩头。

捕蛾一个，增产一箩。

盐水把种浸，麦粒绿茵茵。

秧稀不长，麦稀不黄。

积肥如囤粮，肥足粮满仓。

家有千株杨，不用打柴郎。

家有两只兔，油盐酱醋有出数。

调茬如上粪，本小也得劲。

娶女看娘，种树看秧。

黄土掺黑上，一亩顶二亩。

菜没盐无味，田没肥无谷。

晚谷不过秧，过秧九不收。

猪肥膘壮，粪足苗旺。

清明早，立夏迟，谷雨种棉正适时。

清明谷雨紧相连，浸种耕田莫迟延。

渠里水长流，种地不发愁。

惊蛰早，清明迟，春分插秧正适时。

惊蛰高粱春分秧。

绿了荒山头，千沟清水流。

锄头底下有三宝：防旱、防涝、除杂草。

锄头耙得勤，棉花似白银。

番薯不怕羞，一直栽到秋。

粪是地里金，水是地里银。

湿锄高粱干锄花，不干不湿锄棉花。

粮是宝中宝，牛是农家宝。

樟树落叶桃花红，白豆种子好出瓮。

靠山吃山，靠水吃水。

燕子来，齐插秧，燕子去，稻花香。

燕走不过九月九，燕来不过三月三。

三判无三卯，田间米不饱。

歇后语

第一章 为人处世

1. 聪明能干

一个萝卜一个坑—— 一个顶一个

一只手遮脸——独当一面

二十二岁当博士——初露头角

二齿钉耙锄地——有两下子

二齿钩子挠痒——全是硬功夫

二郎神斗孙悟空——以变应变

二郎神的慧眼——有远见

十八般武艺全使出来——大显身手

十里高山观景——站得高，看得远

人上一百——武艺俱全

入秋的石榴——点子多

八十老头学打球——老练

八十岁站柜台——老在行

八月的石榴——满脑袋的点子

八仙过海——各显神通

刀子上打滚——身子硬

三下子少了一下子——还有两下子

土里埋金——有内才（财）

大师傅下伙房——来了内行

大师傅打蛋——各个击破

大江边的小雀——见过风浪

大肚罗汉写文章——肚里有货

大海里的鱼——经过风浪

万金油——样样来得

小炉匠敢揽大瓷缸
　　　　　——怀里必揣着金刚钻

口袋里装钉子——锋芒毕露

山头上看飞机——高瞻远瞩

山顶上点灯——高明

山坡上烤火——就地取材（柴）

千臂观音——多面手

门里出身——强人三分

门楼上挂红灯——高明

飞机上打拳——高手

飞机上吹喇叭——高明（鸣）

飞机上招手——高招

飞机上挂电灯——高明

飞机上挂茶壶——水瓶（平）高

飞行员的降落伞——随机应变

王二麻子当军师——点子多

王宝钏爱上叫花子——有远见

井底下看书——学问不浅

云里摆手——高招

五号比三号厉害——多两下子

少林寺的高僧——出手不凡

水塘里挖藕
　　　　　——心眼儿多；心眼不少

手臂上生毛——老手

牛背上翻跟头——有点硬功夫

长江里的石头——经过风浪

长城上的砖——不知经过多少风雨

从糠里熬出油来——是把好手

火烧房子还瞧唱本

　　　　　　——沉着；沉得住气

孔夫子的嘴巴——出口成章

孔明张嘴——计上心来

巴掌心里长胡子——老手

巴掌里煎鸡蛋——巧手；好手

巴掌劈砖头——硬功夫

打开棺材治好病——起死回生

打好的渔网——心眼儿多

古董贩子——眼里识货

石板上耍瓷坛——硬功夫

石榴脑袋——点子多

石榴剥了皮——点子多

龙王爷的帽子——道道多

东山跑过驴，西山打过虎

　　　　　　——见过点阵势

北冰洋的夜晚——冷静

电线杆子挂暖瓶——水平（瓶）高

电线杆顶上雕花——手艺高

叫花子打狗——一手功夫

生意佬出身——会做交易

白骨精骗唐僧

　　　　　　——一计不成，又生一计

半天云中拍巴掌——高手

半天云里做衣服——高才（裁）

半夜三更放鞭炮——一鸣惊人

半空中的火把——高明

半空中挂剪刀——高才（裁）

扛犁头下关东——经（耕）得多

老牛走路——不慌不忙

老方丈打拳——出手不凡

老将出马——一个顶俩儿

老猎手打野兽——百发百中

老鹰捕食——见机（鸡）行事

芝麻做饼——点子不少

机器人打拳——全是硬功夫

过河洗脚——一举两得

百尺竿头挂剪刀——高才（裁）

百货大楼卖西装——一套一套的

成吉思汗的战马——所向无敌

吕洞宾推掌——出手不凡

丢下犁耙拿扫把

　　　　　　——里里外外一把手

华佗的医术

　　　　　　——手到病除，起死回生

刘备编草鞋——内行

关门打拳——里手

关公舞大刀——拿手好戏

米筛当房门——心眼多；心眼不少

军师皱眉头——计上心来

孙行者的毫毛——随机应变

孙武用兵——以一当十

孙悟空西天取经——大显神威

孙悟空翻跟头——拿手好戏

进港的轮船——不怕风浪

走江湖的耍猴——拿手好戏

扮猪吃老虎——大智若愚

杆秤上的准星——分得出斤两

杆秤打人——有斤两

李时珍看病

　　　　　　——手到病除；妙手回春

李逵开铁匠铺——人强货硬

豆腐场里的石磨——道道多

两横一竖——干就是

囫囵吞芝麻

　　——满肚子点子；一肚子点子

秀才作诗——有两手（首）

兵来将挡，水来土掩

　　——一物降一物；各有办法

肚子里怀了个地图——知晓天下事

肚子里揣漏勺——心眼太多

肚子里撑船——内行（航）

肚子里磨刀

　　——内秀（锈）；秀（锈）气在内

肚里开飞机——内行（航）

肚脐眼里藏书——满腹经纶

沟边大树——见识（湿）多

怀胎妇女——肚内有货

张飞卖秤锤——人强货硬

张飞绣花——粗中有细

张天师捉妖——拿手好戏

阿奶抱孙子——老手

阿庆嫂倒茶——滴水不漏

枪枪打中靶心——百发百中

画龙点睛——功夫到家了

账房的算盘——一个子儿不差

舍身崖边弹琵琶——临危不乱

周文王请姜太公——尽找明白人

狗挑门帘——露一鼻子

庙里的金刚——大显神威

单箭射双雕——一举两得

浅碟子盛水——一眼看透

油漆匠的家当——有两把刷子

空中伸巴掌——高手

空城计退敌——反败为胜

房顶上放风筝——起手高一层

房梁上挂水壶——高水平（瓶）

春草闹堂——急中生智

玻璃瓶装宝物

　　——一眼看透；一眼看穿

玻璃弹子变鸡蛋——有一套

城门楼上的哨兵——高手（守）

赵子龙上阵——百战百胜

赵子龙带兵——一世不打败仗

赵云大战长坂坡——大显神威

挑水骑单车——武艺高；本领高

荔枝皮翻个儿

　　——点子多；点子不少

药王爷的匾

　　——手到病除；妙手回春

树林里生火——就地取材（柴）

砖窑旁边盖楼房——就地取材

砍柴刀刮脸——高手

牵牛牵牛鼻子——抓住了关键

哑巴听报告——心领神会

秋天的菊花——经得起风霜

顺水推舟，顺风扯篷——见机行事

独膀子打拳——露一手

独臂将军亮相——露一手

独臂照镜子——里里外外一把手

急水滩头的大鱼——经过风浪

姜太公算卦——好准；未卜先知

洞庭湖里的麻雀——见过风浪

济公的扇子——神通广大

扁鹊开处方

        ——手到病除；妙手回春

神枪手打靶——百发百中

既会杀猪，又会做饭——多面手

眉毛上安灯泡——明眼人

珠峰上的猎户——高人

珠峰上站岗——高瞻远瞩

珠穆朗玛峰上点灯——高招（照）

蚕吃桑叶吐丝——肚里有货

核桃皮翻脸——点子不少

紧水滩上的石头——见过风浪

铁匠打铁不用锤——好手

铁刷子抓痒——道道多

铁耙搔痒——是把硬手

缺牙啃西瓜——道道多

缺胳膊的穿坎肩——露一手

秤杆上的准星——分得出斤两

秤杆打人——有斤两

秤杆塞肚腹——满肚子点子

高大的乔木——腰杆硬

高山顶上点灯——高明

高级合金钢——过得硬

高射炮手——见机行事

高粱秆子挑水——担当不起

高山上的青松——根子硬

唐三藏读佛经——出口成章

拳头上跑马——能人儿

烧火不旺——天才（添柴）

海边的大雁——见过风浪

海军的衬衫——道道多

海底打拳——功夫深

诸葛亮三气周瑜——略施小技

诸葛亮开口——尽是计谋

诸葛亮用兵——神出鬼没

诸葛亮当军师——办法多

诸葛亮的隆中对策——有先见之明

诸葛亮的鹅毛扇——神妙莫测

诸葛亮的锦囊——神机妙算

诸葛亮放孟获——欲擒故纵

诸葛亮草船借箭——用的是疑兵计

诸葛亮皱眉头——计上心头

诸葛亮唱空城计——急办法

诸葛亮弹琴退仲达——临危不乱

读书人当兵

        ——能文能武；文武双全

袖筒里伸爪爪——露一小手

被单面子围桌子

        ——桌围（作为）很大

陶工手里的黏土——得心应手

黄豆切细丝——功夫到家了

黄豆地里带芝麻——点子多

黄忠射箭——百发百中

黄鼠狼等食——见机（鸡）行事

菜刀切藕——心眼多

梅兰芳唱《霸王别姬》

        ——拿手好戏

常胜将军上疆场

        ——不获全胜不收兵

常胜将军出征——所向无敌

常胜将军回朝——凯旋

悬崖边上打太极——临危不乱

做烧饼的卖汤圆——多面手

船到竹篙撑——随机应变

脚盆里撑船——内行（航）

脱了毛的鞋刷子——有板有眼

猪八戒驾云——大显身手

猪八戒喝磨刀水

    ——心里锈（秀）的人

猫捉老鼠——拿手好戏

麻丫头照镜子

    ——点子多；点子不少

麻子管事——点子多

麻雀子过路分公母——厉害角色

梁山泊有吴用——足智多谋

窑上的瓦盆——一套一套的

屠夫杀羊——内行

弹棉花的进宫

    ——有功（弓）之臣

骑兵打胜仗——马到成功

塔尖上点灯——高明

喜马拉雅山上鸡儿叫

    ——高明（鸣）

裁缝铺里的衣服——一套一套的

葵花结籽——心眼儿多

森林里野炊——有的是才（柴）

喝了御酒——有功之臣

喝了磨刀水——秀（锈）气在内

喝海水长大的——见过风浪

剩下九十九个——百里挑一

程咬金的本事——三斧头的硬功夫

筛子做锅盖

    ——心眼儿多；心眼不少

鲁班的手艺——巧夺天工

猴子爬树——拿手好戏

就汤下面——随机应变

痢痢头上打苍蝇——百发百中

属珍珠鱼的——浑身尽是点子

属锛子木的——身子硬

靶场上的老黄忠——百发百中

楚庄王理政——一鸣惊人

照明弹上天——高明

跟诸葛亮学本事——能掐能算

峨眉山的猴子——机灵得很

峨眉内功少林拳——练出来的

算盘子进位——以一当十

鼻头上摆摊子——眼界宽

旗杆上吹号角——高明（鸣）

熊瞎子耍马枪——露一手

瞎子打拳——手法熟

熟透了的藕——心眼儿多

摩天岭上放哨——高瞻远瞩

额头上放块冰——头脑冷静

擂台上见高低——全凭真本事

戴着乌纱弹棉花

    ——有功（弓）之臣

癞蛤蟆吃骰子——一肚子点子

癞蛤蟆的脊梁——点子多

2. 团结和谐

一个月亮底下跳舞——形影不离

一个方凳坐两人——亲密无间

一个洞里的蛇——早有勾结

一个窝里的蝎子——早有勾结

十个手指头做事——同心协力

十月的荠菜——齐心

十步九回头——难分难舍

八十岁没儿女——老来孤单

八个钱的膏药——沾（粘）上了

九牛爬坡——个个使劲；个个出力

三个泥菩萨打烂做成两个

　　　　　——你中有我，我中有你

三年没人登门槛——孤家寡人

土地公和土地婆——一对孤寡

土地爷的蜡台——一对儿

大门上的对联——一对红

大门口的石狮子——成双成对

大年初一吃饺子——没外人

大雁飞行——成群结队

小二姐走钢丝——无依无靠

山羊拴在竹院里——乱缠；缠住了

山羊野马在一起——不合群

千人同船——共一条命

马王爷——不管驴事

井水与河水——两不相犯

井里放糖精——甜头大家尝

夫妻开店——齐心合力

夫妻俩唱小调——一唱一和

木匠铺里拉大锯——你来我去

见了王母娘娘叫大姑

　　　　　　——想沾点仙气

见了熟人握握手——你好我也好

长坂坡上的赵子龙——单枪匹马

长衫改夹袄——取长补短

公鸡打鸣，母鸡下蛋——各尽其职

月亮下看书——沾你的光了

月亮底下跳舞——形影不离

月亮跟着太阳转——沾光；借光

火车带车皮——勾（钩）搭得紧

孔明会李逵

　　　　　——有敢想的，有敢干的

正月十五卖元宵——抱成团

平地搭梯子——无依无靠

电线上的风筝——缠住了

田埂上的豆子——一路

叫花子碰上要饭的——穷对穷

叫花子嫁长工——穷对穷；一对穷

失群的大雁——孤孤单单

白菜叶子炒大葱

　　　　　——亲（青）上加亲（青）

瓜藤绕到豆棚上——纠缠不清

包子馒头做一笼——大家都争气

出炉的铁水——沾不得

发菜炒豆芽——纠缠不清

母鸡带小鸡——寸步不离

老两口埋在一个坟里——死活一对

老虎不嫌黄羊瘦——沾荤就行

老虎吃大象——沾不上边

老藤爬树——缠住不放

地瓜地里种豆角——纠缠不清

过年吃饺子——都是一家人

百里草原一人家——孤孤单单

死了丈夫没了儿——孤家寡人

成对的蝴蝶——比翼双飞

师傅当丈人——亲上加亲

光屁股的娃娃单独走

　　　　　　——无牵无挂

光棍儿分田——单干

光棍儿过日子——孤单得很

光棍儿种地——自食其力

同一个马鞍上的人
　　　　　　——走的是一个方向
吃歪藤长大的——乱纠缠
刚出笼的糖包子
　　　　　——热乎乎，甜蜜蜜
刚买来的马——不合群
竹篙里捻灯草——一条心
众人拔河——同心协力
爷见孙，猫见鼠——亲
米锅刚开抽柴米
　　　　——关键时刻不讲合作
讲话没人听，下令没人行
　　　　　　　　——光杆司令
戏台上的鼓槌——离不开的一对儿
红烙铁——沾不得
折了翅膀往里弯——总是帮自己人
花花轿子——人抬人
苍蝇钻茅房——沾腥惹臭
苍蝇落在蜜盆里——沾（粘）上了
芭蕉结果——一条心
杨家将——一起上
豆芽拌粉条
　　　　——内外勾结；里勾外连
豆腐渣糊门——不沾（粘）板
豆腐渣糊墙——两不沾（粘）
两人共伞——互相遮掩
两口子回门——成双成对
两口子推磨——同心协力
两个人做买卖——缺一不可
两个鼓槌——一对儿
两个鼻子眼出气——息息相关
两扇磨磨面粉——缺一不可

连鬓胡子吃麻糖——纠缠不清
冷水调米粉——不沾（粘）
沙漠里相遇的鸟——一见如故
没有根的浮萍——无依无靠
鸡狗做邻居——老死不相往来
抽烟不带火——沾光
拆散的鸳鸯——成不了双
披鞋衣钻篱笆——勾勾搭搭
林子里的斑鸠——一对儿
和尚的念珠——串通好的
金瓜对银瓜——两个顶呱呱
周瑜打黄盖
　　——一个愿打，一个愿挨；两相
情愿
狗背上贴膏药——两不沾（粘）
夜空中的月亮——大家都沾光
庙门前的石狮子——谁也离不开谁
庙里的和尚——无牵无挂
盲人的拐棍——寸步不离
放屁打饱嗝——上下通气
单身汉跑江湖——无牵无挂
河里划龙船——同心协力
河里的鸳鸯——一对儿
油浇的蜡烛——一条心
孤老头子光棍儿子——相依为命
孤老头对老寡妇——孤寡一对
线团打架——纠缠不清
城隍庙里的鼓槌——一对儿
赵子龙上阵——单枪匹马
草地上的蘑菇——单根独苗
荞麦地里种萝卜——搭配得当
南瓜秧攀葫芦——纠缠不清

枯藤缠大树——生死不离

柳条穿鱼——串联起来

柳条穿螃蟹——勾勾搭搭

树林里放风筝——缠住了

面粉掺石灰——密不可分

面糊糊手——碰到啥都沾一点

蚂蚁拖蝗虫——齐心合力

蚂蟥叮住水牛腿——寸步不离

贴身的丫鬟——寸步不离

毡袜裹脚靴——寸步不离；离不开

俩螃蟹打架——纠缠不清

皇帝不称皇帝——孤家寡人

俞伯牙遇到钟子期——有了知音

独根灯草——一条心

前脚不离后脚——紧相连

染匠的衣服——不可能不受沾染

孩子离开娘——无依无靠

给下山虎开路——头号帮凶

莲花并蒂开——恰好一对

莲梗结子——心连心

桃园结义——同了心

哥俩上京城——同奔前程

哥俩并坐——亲密无间

鸭吃长虫——缠住了

鸭背上泼水——两不沾；不沾

铁屑见磁石——密不可分

秤杆与秤砣——密不可分

借汤下面——沾光

离群的羊羔——孤孤单单

粉丝汤里下面条——纠缠不清

海上的孤舟——无依无靠

浮在面上的水草——无依无靠

绣花针碰上吸铁石——沾上了

黄沙里掺水泥——和在一起干

黄鳝爆泥鳅——勾勾搭搭

菩萨坐冷庙——孤苦伶仃

笨狗撵兔子——不沾边；沾不上边

脱了线的气球——无牵无挂

麻子打哈欠——全面动员

麻线搓绳——合在一起干

断了线的风筝——无牵无挂

梁山伯与祝英台——生死不离

梁山的兄弟——不打不相识

鹅卵石跌进刺蓬里——无牵无挂

鲁智深出家——无牵无挂

馋猫见了腥味——沾上了

湿棉花做鞋底——打成一片

隔山买牛——两不见面

隔着玻璃窗亲嘴——里应外合

靴子里抹胶——沾（粘）上了

雹子砸了棉花棵——光杆司令

跟着老爷喝酒——沾光

跟着秃子走路——沾光

矮子踩高跷——取长补短

筷子绑成把——拆不开

衙门口的狮子——一对儿

满地竹子——根连着根

滚水煮饺子

　　　　　——你不靠我，我不靠你

模范找英雄——一对红

蜡烛点火——一条心

蜘蛛拉网——七勾八扯

鼻涕流到嘴里

　　　　　——吃亏沾光没外人

瞎子丢拐杖——无依无靠

糍粑打狗——沾（粘）上了

操练的士兵——步调一致

操面杖分长短——大小各有用场

瘸子骑瞎驴——互相照应

瘸子靠着瞎子走——取长补短

豁嘴过冬——唇亡齿寒

藕丝炒黄豆芽——勾勾搭搭

藤萝爬上葡萄架——纠缠不清

簸箕比天大，叫花子比神仙

　　　　　　　　——无法沾边

糯米团滚芝麻——多少沾点

3. 干脆直爽

一步到台口——开门见山

一根肠子通到底

　　　　　　——有什么说什么

八斗丘过坎——直插

三下五去二——干脆利落

大丈夫做事——说干就干

大热天吃炒豆——干脆

小巷子抬大梁——直来直去

小胡同赶骆驼——直来直去

门脚上砍稻草——一刀两断

门槛上切萝卜——干干脆脆

木匠推刨子——直来直去

气头上做事——说一不二

打手击掌——一言为定

出门带扁担——直出直进

扛着竹竿进城——不知转弯

老婆婆拉家常——想起什么说什么

吃竹竿长大的——直性子；直性人

竹筒里倒豆子

　　　　　　——干脆利索；直来直去

竹筒倒豆子——都抖搂出来

竹筒倒豌豆——一干二净

杀猪的尖刀——心直口快

冰糖拌黄瓜——干（甘）脆

关公进曹营——单刀直入

关公赴会——单刀直入

弄堂里扛木头——直来直去

吞了择面杖——直肠子

肠子不打弯——直性子

快刀切黄鳝——一刀两断

快刀斩乱麻——干脆利落

直筒炮——一点就着

虎头铡下服刑——一刀两断

金蝉脱壳——干脆利落

油炸麻花——干脆

茶馆里摆龙门阵

　　　　　　——想起什么说什么

胡同里跑马

　——直来直去；直进直出；直出
直入

姜太公封神——一言为定

炮筒子里放炮弹——直来直去

扁担砸杠子——直打直

说起风便扯帆——说干就干

架起砧板切菜——说干就干

铁锤打石头——干脆利落

铁锤擂山石——干净利索

饿狗舔盘子——一干二净

烟囱里的烟——直来直去

袖筒里揣棒槌——直来直去

蚯蚓的肚子——直心肠

馆子里端菜——和盘托出

提着口袋倒核桃——一个不剩

朝廷表态——一言为定

程咬金的本领——三板斧

搬竹竿进胡同——直来直去

4. 虚伪浮华

大字丢了横——装人样

一丈二加八尺——两丈（仰仗）

一手遮天，一手捂地——瞒上瞒下

一叶障目——不见泰山

一拳头打死只蚊子——冒充好汉

一棵大树枯了心——外强中干

八十岁学郎中

    ——诊（真）鬼（诡）

干打雷不下雨——虚张声势

土地庙没顶——神气通天

大风里点灯——靠不住

大拇指挖鼻孔——挤得没缝

大姑娘上花轿——半推半就

大桅尖上拉二胡——唱高调

上这山看那山高——见异思迁

小狗落茅厕——有吃的

山头上搭戏台——高高在上

乞丐算卦——假卖斯文

卫生口罩——嘴上一套

飞机上讲哲学——高谈阔论

马勺里淘菜——水泄不通

马吃白灰——一张白嘴

马谬用兵——言过其实

王八背着两面鼓

    ——人前一面，人后一面

王麻子剪刀——冒牌多

开弓不放箭——虚张声势

开水碗上的葱花

    ——华（花）而（儿）不实

天上裂了缝——日月难过

天桥上的把式——光说不练

无病呻吟——装模作样

云里贴告示——空话连篇

木头眼睛——看不透

木匠的锯子——不具实（锯石）

木偶流眼泪——虚情假意

木偶脱睡衣——成了光架子

木偶登场——故作姿态；装腔作势

不孝媳妇哭婆婆——干打雷不下雨

牙齿缝里插花——嘴上漂亮

少年郎穿花旗袍——花花公子

水牛吃李芽——食而不知其味

水仙不开花——装蒜

牛皮灯笼——不亮

牛皮蒙鼓——声大肚中空

牛棚里养鸡——架子不小

牛鼻子插大葱——装相（象）

牛魔王披袈裟——充善人

反穿大皮袄——装洋（羊）

公鸡打架——全仗着嘴

公鸡难下蛋——肚里没货

月亮下面晒谷——将就天

月亮里点灯——空挂名（明）

风地里的草人——装模作样

风箱的嘴巴——光会吹

乌龟爬进园里——不是吃菜的虫

乌龟戴帽子——假充大老信

乌鸦喝墨汁——硬充黑秀才

孔夫子门前讲《孝经》

　　　　　　　　——假装斯文

孔夫子的文章——之乎者也

孔夫子唱戏——出口成章

孔明夸诸葛——自夸

双脚踩在棉花堆上——不踏实

书呆子的背包——净是文章

玉皇大帝讲天书——空谈

打肿脸充胖子——死要面子活受罪

打破脑壳不叫痛——死称好汉

打粉进棺材——死要面子

石头狮子灌米汤——滴水不进

石板上栽花——靠不住

龙王爷卖酸菜——穷神

叶公好龙——假爱

申公豹的脑袋

　　　　　　——人前一面，人后一面

电影里面谈恋爱——虚情假意

叫花子过瘾——讨烟（厌）

叫花子吃豆腐——一穷二白

叫花子请长年——大家挨饿

叫花子住破庙——户大家虚

代别人写情书——不是真心

白骨精给唐僧送饭——假心假意

白眼狼戴草帽——变不了人

瓜田里扯鞋——遭人嫌疑

半夜里鸡叫——不晓

半空中吊帐子——不着实地

半空里翻筋斗——不着实地

半空荡秋千——不落实

半路上接姑娘——从头学起

头枕茅厕板

　　　　——闻（文）粪（风）人家

写文章怕落笔——肚里没货

奶娃娃张口——要吃的

皮软骨头硬——表面和气

皮球落水——浮在表面

母狗戴佛珠——假装善菩萨

母猪耕地——光会使嘴

丝瓜筋打老婆——装腔作势

老太太捋胡子——假牵须（谦虚）

老母鸡上树——冒充英雄（鹰凶）

老母猪打架——光动嘴

老虎挂佛珠

——吃人是真，慈善是假；当善人

老虎咧嘴笑——用心歹毒

老虎戴面具——人面兽心

老虎戴道士帽——假装出家人

老岳母死了哭娘——干嚎

老鸭子游水

　　　　　——表面老实，暗里使劲

老舅舅拉破二胡——陈词滥调

老鼠爬进书箱里——咬文嚼字

老鼠钻进灯笼里——吃烛（粥）

老鼠偷米汤——糊嘴

地老鼠钻到土疙瘩里

　　　　　　　　——冒充地老虎

地烧三尺——寸草不留

过了寒露的螃蟹——净是空壳

光打雷不下雨——虚张声势

光说不练——假把式

光起风不下雨——干吹

光腿穿大衫——光讲阔气不讲丑

当面是人，背后是鬼

　　　　　　　——阴一套，阳一套

当面诵善佛，背后念死咒

　　　　　　　——阳奉阴违

当家神卖土地——一贫如洗

虫子钻进核桃里

　　　　　　　——假充好人（仁）

虫蛀的老槐树——腹内空空

吊死鬼上香火——假充正神

吊死鬼搽胭脂——死要面子

吃猪肉念佛经——假善人

吃蜂蜜说好话——甜言蜜语

吃霸王的饭，给刘邦干事

　　　　　　　　　——不是真心

伤风了的鼻涕——甩了

后娘坟上哭鼻子——假伤心

后颈窝抹血——假充挨刀

杀了和尚念大悲咒——口是心非

杀狗不会，谈狗有余

　　　　　　　　——会谈不会做

杂耍班子走江湖——逢场作戏

冰上盖房子——不牢靠

冰块掉进醋缸里——寒酸

羊伴虎睡——靠不住

羊披虎皮——凶不起来

关上大门演皇帝——自看自的戏

关羽降曹操——身在曹营心在汉

米汤里和盐——咸咸（含含）糊糊

米粉包饺子——只能蒸不能煮

灯草箍水桶——挑就崩

江湖骗子耍贫嘴——夸夸其谈

池塘里的萍——浮在表面

汤锅里煨鸭——只露一张嘴

阴沟里洗手——假爱清洁

戏台上的书生——装斯文

戏台上的官——做不长

观音菩萨靠石岩——背膀子厚

红萝卜放辣椒

　　　　　　——没有把你放在盐里

寿星卖了张果老——倚老卖老

抓住头发就织布

　　　　　　　——自以为是（丝）

花木瓜——空好看

苍蝇到处飞——讨人嫌

苍蝇药不死人——恶心

巫婆下神——装模作样

李逵扮新娘——装不像

豆腐坊里的把式——没有硬货

豆腐垒地基——底子软

两样布做夹袄——表里不一

吹喇叭响爆竹——有鸣有放

财神爷要饭——装穷

囫囵吞枣——不知味

秃子演戏——大家观光

坐飞机讲哲学——空谈理论

肚子里撑船——海量大得很

肚饿不论荞和麦——不用选择

灶王爷骑竹马——神上天了

沙子筑坝——一冲便垮

没睡打呼噜——装迷糊

初一夜里——处处不明

尿壶镶金边——图好看

鸡毛上天——轻飘

纸糊灯笼——一戳就穿

纸糊的灯笼——肚里空

纸糊的眼镜——遮人眼目

驴子削了耳朵——假马

驴头伸进马奶桶——一张白嘴

青蛙的眼睛——长在头顶上

拔了萝卜窟窿在——有根有据

担大粪进城——熏人

拆袜子补鞋——顾面不顾里

抱木偶打狗——把你不当人

茅厕里吃香瓜——不对味

茅房里装电扇——臭吹

枇杷叶遮面——一面毛一面光

画匠的妈——会说不会画

枣核搭牌楼

　　　　　——尖（奸）对尖（奸）

雨过送伞——空头人情

雨淋菩萨两行泪——假慈悲

卖了儿子招女婿——只图热闹

明烛的屁股——没多大的亮（量）

刮风扫地，下雨泼街——假积极

和尚不斋——口是心非

周瑜打黄盖——装样子

兔子拉犁——装老黄牛

兔子钻老坟——装先人

兔子睡在牛车道上——充硬汉子

兔子戴夹板——充大耳朵驴

狐狸引着老虎走——狐假虎威

狐狸哭兔子——假慈悲

狗上锅台——扒饼（把柄）

狗进厕所

　　　　　——文（闻）进文（闻）出

狗拿耗子——假积极

狗熊耍把戏——装人样

狗戴吊铃——假充大牲口

夜里的粉——不用搽（茶）了

夜猫子落在牌楼上——好大的架子

夜猫子落屋檐——挨骂的鸟

盲人戴眼镜——假聪（充）明

闹钟打哈哈——自鸣得意

油盐罐子——紧相连

泥水匠招手——要土（吐）

泥水匠的瓦刀——光图（涂）表面

泥菩萨镀金——表面一层

空中楼阁——不着实地

空心墙——不实在

空着肚子打饱嗝——硬装门面

姐姐做鞋——妹妹有样

虱子躲在皮袄里

　　　　　——有住处，没吃处

珍宝商店——八面玲珑

挂羊头卖狗肉——言行不一

政治家说的大话——大而无当

草把儿打仗——假充好汉

草原上的百灵鸟——嘴巧

南郭先生吹竽——不懂装懂

树荫底下使罗盘

　　　　　——阴不阴来阳不阳

咸鱼下水——假新鲜

厚纸糊窗——不透风

面团炸成果子卖——全是虚货

背着铜锣进庙——一副挨打的相

星星跟着月亮走——沾光

虾子骑在龙背上——伴风搭雨

蚂蚁过垄沟——觉得是一江

蚂蚁爬树梢——好高骛远

蚂蚁背田螺——假充大头鬼

哈巴狗掀门帘——全仗一张嘴

钝刀子杀鸡——靠手劲

鬼蘑菇充灵芝草——装（长）得像

闻鼻烟蘸唾沫——假行家

烂茅屋上挂绣球——假漂亮

穿上航空衣——要飞了

穿背心作揖——光想露两手

穿袜子没底——装面子

穿绸缎吃粗糠——外光里不光

说着正东往西走——言行不一

屎坑上搭凉棚——臭架子

屎壳郎上马路——自充黑吉普

屎壳郎抹口红——冒充佳人

屎壳郎趴在书本上——充秀才

屎壳郎趴钢轨——假充大铆钉

屎壳郎钻竹子——过不了节

屎壳郎钻进核桃窟——充个大黑豆

屎壳郎戴口罩——充什么卫生

娃娃鱼爬上树——左看右看不是人

骆驼跑到羊群里——自高自大

耗子上树梢——自高自大

秦桧的后代——奸儿子

班门弄斧——忘了师傅

捂着耳朵偷铃铛——自己骗自己

捂着肛门放屁——假装斯文

赶车的打响鞭——虚张声势

盐罐子里冒烟——盐气（厌弃）

恶老雕戴皮帽——假充鹰

贾家姑娘嫁贾家
　　——假（贾）门假事（贾氏）

夏夜的萤火虫——明一下，暗一下

鸭子进鸡群——摆架子

鸭子逛大街——大摇大摆

钱串子捆腰带——勒（腊）肉

铁钉耙挠痒——充硬手

铁嘴豆腐脚——能说不能行

借票当衣穿——浑身是债

拿了秤杆忘秤砣——不知轻重

拿着钥匙满街跑——当家不主事

脑壳上顶娃娃——举人

狼哭羊羔——假慈悲

饿瘪的臭虫——死叮

唐三藏取经——全靠孙猴子

唐僧念紧箍咒——就此一招

酒糟鼻子不喝酒——虚有其表

海绵里藏水——靠挤出来的

流水簿做袍子——满身都是账

诸葛亮哭周瑜——假悲假叹

绣出来的寿桃——好看不好吃

绣花枕头——华而不实

绣花被头盖鸡笼
　　　　——外面好看里面空

黄鼠狼进庙堂——装神

黄鼠狼拄拐棍——假充二先生

黄鼠狼拉磨——假充大尾巴驴

黄鼠狼唱小调——给鸡听

黄鳝尾巴——又尖（奸）又滑

菩萨的胡子——人安的

聋子的耳朵——虚摆设

眼中钉，肉中刺——讨厌的东西

眼睛上贴膏药——遮人眼目

野鸡戴皮帽子——混充鹰

啄木鸟打跟头——卖弄花屁股

蛇头上的苍蝇——自来的食

唱戏的打转——走过场

唱戏的抖威——假神气

唱戏的吹胡子——假生气

唱戏的点兵——名不副实

唱戏的卸了装——原形毕露

唱戏的穿龙袍——成不了皇帝

笼里的鹦哥——成天耍嘴

偷马贼披袈裟——嫁祸于人

脸上写字——表面文章

象棋斗胜——纸上谈兵

猪八戒吹牛——大嘴说大话

猪八戒卖凉粉——人丑名堂多

猪八戒耍金箍棒——装猴儿

猪八戒做报告——说大话

猪八戒戴红花——自觉自美

猪八戒戴眼镜——假斯文

猪食钵开裂——夹食

猪嘴的能耐——光会拱

猫儿尾巴——越摸越翘

猫儿念经——假充善人

猫不吃死耗子——假斯文

猫不吃鱼——假斯文

猫头上藏干鱼——靠不住

猫哭耗子——假慈悲

麻雀生鸡蛋——硬逞能

麻袋装菱角——硬出头

梁上君子——上不沾天，下不着地

弹琵琶的人——爱抖擞

婊子送客——虚情假意

骑跑马吃烧鸡

　　　　　——这把骨头还不知道

绵羊跑到驴群里——充大个

绵羊锯了角——假装大头狗

搽粉上吊——死要面子

裁缝师傅打狗——有尺寸

裁缝师傅做衣服——有尺寸

落水的油滴——浮在上面

落雨天寻牛——看脚印

朝天铳走火——放空炮

棺材上开气孔——死出风头

棺材里放镜子——死要面子

翘棍子打蛇——没有一头着实

喇叭匠扬脖子——起高调

喇叭匠娶媳妇儿——自吹

喝水用筷子——故作姿态

喝江水，说海话——没边没沿

喝凉水栽跟头——装晕

程咬金的斧子——头三下狠

腊月尾正月头——不愁吃的

鲁班门前问斧子——讨学问来了

猩猩穿西装——装文明人

猴子争衔烟斗——假装

猴子看镜——得意忘形

猴子穿大褂——充阔佬

猴子穿衣服——冒充善人

猴子戴草帽——充人·

猴子戴凉帽——不知几品

猴子戴眼镜——假斯文

裤腰上挂死耗子——假充打猎人

属公鸡的——光叫唤不下蛋

属狐狸的——奸巧

隔口袋买猫——蒙着交易

隔山买猪——过估

隔着门缝瞧人——把人瞧扁了

隔着针眼看人——把人看小了

隔墙的簸箕——不知翻覆

媒婆夸闺女——光拣好的说

搬楼梯摘星星——没靠头

新衣服上打补丁——装穷

满天刷糨糊——沾不着边

蜻蜓点水——东一下，西一下

舞台上做戏——当假不真

算命瞎子进村——一阵横吹

鼻子里插大葱——装相（象）

鼻孔眼里穿草绳——不牢（老）实

鼻梁上摆摊子——眼界宽

敲小锣的——装腔作势

敲山震虎——虚张声势

演员化妆——涂脂抹粉

瞎子丢了杖棍——无依无靠

瞎子看天——靠不住

瞎鸡吃食——靠造化

稻田里的稗草

　　　　——看着是稻，其实是草

稻草肚子棉花心——虚透了

瘪粒儿的麦穗——头扬得高

糊墙的灶神——有名无实

潘金莲上庵堂——假正经

额角上长眼睛——眼界高

燕雀叫三年——空话一句

嘴上无毛——办事不牢

嘴上没把门的——随口而出

嘴巴上挂饭篮——不愁吃

嘴请客，手关门——无真心

鹦鹉讲话——跟着别人学

懒婆娘的裹脚布——又臭又长

壁上挂团鱼——四脚无靠处

壁上挂蒲席——不成画（话）

壁画上的耕牛——不中用

戴草帽扎猛子——沉不下去

戴着孝帽进灵棚——假充近人

癞蛤蟆打呵欠——好大的口气

癞蛤蟆张嘴——口阔（渴）

癞蛤蟆鼓气——装相

魔术师表演——弄虚作假

5. 趋势附会

一个坑里的蛤蟆——跟着哇哇

一毛一毛一虫爬树梢——沾高枝儿

一面篱笆——两面倒

七个矮人睡一头——低三下四

八哥的嘴——随人说话

才过门的媳妇见公婆——唯唯诺诺

大年初一见到人——都讲恭维话

小鸡吃食——点头哈腰

小鸡配凤凰——想高攀

小姑娘的辫子——两边摆

山洞里说话——随声附和

马屁股上挂蒲扇——拍马屁

王爷的奴才——低三下四

专往肥肉上贴膘——势利眼

水中荡葫芦——两边摆

水银泻地——无孔不入

见了大官叫舅——高攀

见了王母娘娘叫大姑——攀高亲

见了县官喊姑爷——乱巴结

见高就拜，见低就踩——势利眼

牛一舔一鼻子——舌头长

长虫（蛇）吃高粱——顺杆爬

长虫过门槛——点头哈腰

长杆打猴——爬到高处去

风吹墙头草

　　　　　——东吹西倒，西吹东倒

风吹墙头草——两边倒

乌鸦占了凤凰枝——高攀了

六个指头搔痒——格外奉承

六指头上茶——格外巴结

双簧戏表演——随声附和

正月十五赶庙会——随大流

电扇上伸双手——吹捧

四两花椒炖只鸡——肉麻

冬瓜上霜——两头光

冬瓜藤缠到茄地里——东攀西牵

出锅的大虾——卑躬（背弓）屈膝

老母猪吃秫秸

　　　　　——顺秆（杆）子爬上来

老母猪爬楼梯——高攀

老爷家里当差的——低三下四

老鼠给猫捋胡子——拼命溜须

地上的影子——你走他也走

有钱人家的看门狗——势利眼

死了丈人哭爹——随大流

吃辣的送海椒，吃甜的遂蛋糕

　　　　　——投其所好

羊羔吃奶——跪下啦

花椒煮猪头——肉麻

苍蝇飞到牛胯上——抱粗腿

芦席夹囤——随方就圆

两个人吹笙——一个吹，一个捧

吹笛子请人捂眼——爱求别人

床底下吹喇叭——低声下气

顶礼膜拜的小人——一副奴才相

拉着状元喊姐夫——想高攀

拉着娄阿鼠叫干爹——认贼作父

茅坑里的蛆——无孔不入

茅房里打躬（作揖）——臭奉承

丧家狗——头低低

牧人不刮胡子——溜（留）须拍马

和尚念经——那么也是那么

货郎鼓——两边摆

爬山虎的本领——会巴结

狗一舔一油葫芦——顺圈圈溜

狗见了主人——摇头摆尾

狗脸亲家——三日好，两日臭

狗嘴里丢骨头——投其所好

炉边雪狮子

　　　　　——一近身便溶化了一半

泥巴捏的小人——没骨气

房上的草——哪边刮风哪边倒

房顶的冬瓜——两边滚

驼子坏了腿——卑躬（背弓）屈膝

荞麦捏的——没有骨头

牵牛花上树——顺杆爬

背身桌下井——随方就圆

哑巴进庙门——多磕头少说话

哈巴狗见主人

　　——摇尾乞怜；俯首帖耳

哈巴狗摇尾巴——献殷勤

哈巴狗舔脚跟——亲的不是地方

拜年的嘴巴——尽说好话

看人上菜——势利眼

烂肉喂苍蝇——投其所好

神龛底下搭铺——伴神享福

耗子给猫捋胡子——溜须不要命

耗子啃玉米棒——顺杆（秆）爬

赶车不带鞭子——光拍马屁

热脸孔贴人家冷屁一股

　　　　　　——奴颜媚骨

热脸蛋贴人家冷屁股——奴颜媚骨

挨了巴掌赔不是——奴颜媚骨

晒场上泼水银——无孔不入

鸭子过河——随大流

钻在水道眼里叹息——低声下气

桀犬吠尧——各为其主

留声机片——转着圆圈说

高粱秆上点火

　　　　——顺杆（秆）儿往上爬

高粱秆点火

　　　　——顺杆（秆）儿往上爬

浮萍遇洪水——随波逐流

浪里撑船——见风使舵

黄瓜藤爬电线杆——高攀

黄鼠狼的脊梁——软骨头

菩萨脚下开铺——伴神享福

梅香拜把子——全是奴才

眼睛长到头顶上

　　　　　——光看上，不看下

野狸子舔虎鼻梁——溜须不要命

野雀跟着孔雀飞——高攀

猪头挂在花椒树上——肉麻

猪狃出痘子——肉麻

猫儿眼——看时候变

猫嘴里塞鲤鱼——投其所好

断了脊梁骨的癞皮狗——没骨气

骑马不带鞭子——猛拍马屁

蒋干保曹操——各为其主

蒋干保曹操——好心办坏事

韩湘子拉着铁拐李

　　　　——一个会吹，一个会捧

棺材头上画花——讨好鬼

蛟龙头上搔痒——溜须不要命

筐箩里睡觉——卑躬（背弓）屈膝

街头的狗——谁有吃的就跟谁走

猴子上旗杆——顺杆爬

属喜鹊的——专拣高枝飞

属猴子的——顺杆爬

属螃蟹的——横着走

靴子梦见帽子——想高攀

矮人看戏——随人上下

矮子放屁——低声下气

矮子看戏——见人道好，他也道好

撑船的老板——见风使舵

躺在怀里的猫儿——俯首帖耳

鹦鹉学舌——人云亦云

篮球场上的裁判——跟着跑

瘸子驼背——卑躬（背弓）屈膝

戴着面具进棺材——死不要脸

癞蛤蟆吃秫秫（高粱）

　　　　　——顺杆（秆）爬

6. 消极懈怠

一斤肉放进四两盐——闲（咸）人

一张凳子两人坐——将就将就

二流子学徒——混日子

二愣子做活——猛一阵

十二月的蛇——打一下，动一下

八十老翁吹喇叭——有气无力

八十婆婆嫁到米馆里

              ——不图生意只图吃

八寸脚穿七寸鞋——别别扭扭

九牛失一毛——不在乎

三天不睡觉——无精打采

三天打鱼，两天晒网——磨洋工

三尺长的锯——又拉又推

三里地两天走——磨蹭

下雨天走路——拖泥带水

丈母娘遇亲家母——婆婆妈妈

大石板压蛤蟆——鼓不起劲来

大虫头，长虫尾——虎头蛇尾

大肚罗汉戏观音——睁只眼闭只眼

大河决了堤

             ——放任自流；任其自流

大河里洗煤——闲着没事干

大姑娘的长辫子——置之脑后

大烟鬼拉车

             ——有气无力；少气无力

大象的屁股——推不动

大雾天看山峰——渺茫

大路上的砖头——踢来踢去

大懒使小懒——懒对懒

小囡拔萝卜——拉倒

小和尚念经——念过算数

小炉匠补锅——穷凑合

小鲤鱼戏水——吞吞吐吐

山上的竹子——内部空虚

山中无老虎——猴子称大王

久旱的庄稼——蔫了

飞车走壁——尽兜圈子

马槽边上的苍蝇——混饭吃

王八拉车——有前劲，没有后劲

王佐断臂——留一手

王婆卖了磨——没有推的了

天干禾苗黄——奄奄一息

天天练打靶

             ——睁只眼闭只眼过日子

无牛狗拉车——将就；凑合

木匠吊线——睁只眼，闭只眼

木鱼改梆子——将就材料

木偶吊孝——无动于衷

不栽果树吃桃子——坐享其成

太阳晒屁股——懒人

少吃咸鱼少口干

             ——多一事不如少一事

日头晒屁股——懒人

水牛身上拔根毛——毫不在乎

水牛踩浆——拖泥带水

水龙头失灵——放任自流

水进葫芦——吞吞吐吐

牛皮鼓——不打不响

牛皮篮球——不打就不跳

毛驴推磨——兜圈子

气球上扎窟窿——泄气

长虫过乱石滩——绕来绕去

长虫吃鸡蛋——吞吞吐吐

从盐店里闹着出来的伙计
        ——闲（成）得发慌

乏驴子上磨——无精打采

乌龟拉车——没后劲

火炉上撒盐——热闹一阵儿

火烧灯草——灰心

斗败的公鸡——垂头丧气

孔夫子的弟子——闲（贤）人

打了霜的烟叶——蔫了

打水不关水龙头——放任自流

打鸟姿态——睁只眼，闭只眼

打更人睡觉——做事不当事

打败的士兵——垂头丧气

打鱼人回家——不在乎（湖）

打排球——靠推

打猎人瞄准——睁只眼，闭只眼

打靶眯眼睛——睁只眼，闭只眼

甘蔗命——吃一节算一节

石打的眼睛——两眼无光

石柱子戴草帽——凑人头

布娃娃——缺乏生气

田径场上跑步——尽兜圈子

生米做熟饭——将就着吧

甩手掌柜——什么也不管

冬天的蟒蛇——有气无力

鸟枪打兔子——睁只眼，闭只眼

半夜里梦见做皇帝
        ——快活一时是一时

半路开小差——有始无终

头痛医头，脚痛医脚——将就着过

出嫁女上轿——迟迟不出门

奶娃娃张口——光等吃

对牛弹琴——充耳不闻

对着聋子打鼓——充耳不闻

对着镜子怒吼——自暴自弃（气）

母猪的尾巴——拖泥带水

老牛反刍——吞吞吐吐

老牛拉破车——慢慢腾腾

老虎头皮蛇尾巴——有始无终

老和尚撞钟——过一日是一日

老渔翁钓鱼——坐等

老婆婆吃腊肉——扯皮

老鼠管仓——越管越光

地板擦子刷地——拖泥带水

耳朵长在膝盖上——懒得听

机器人看戏——无动于衷

百年松树，十年芭蕉——粗枝大叶

当了衣服买酒喝——顾嘴不顾身

当天和尚撞天钟——得过且过

吃了冬眠灵——昏昏欲睡

吃了迷魂汤——全忘记

吃瓜子——吞吞吐吐

吃死老公睡塌床——懒婆娘

丢了铁棒担灯草——专拣轻事做

竹筒子里塞棉花——空虚

自行车下田坎——得过且过

自行车放气——泄了气

向河里泼水——随大流

后脑勺挂笊篱——置之脑后

后脖子抽筋——耷拉着脑袋

行船不划桨——随大流

决了口的水渠——放任自流

闭眼吃毛虱——眼不见为净

闭着眼睛蹚河——听天由命

关公在曹营——心不在焉

池中捞藕——拖泥带水

阴沟里的鸭子——顾嘴不顾身

好马遭鞭打——忍辱负重

好花离了枝——蔫了

戏园子里看《论语》——心不在焉

走上步看下步——瞻前顾后

护城河的王八——混年号

花果山的猴子——与世无争

花椒水洗脸——麻痹（皮）

两个臂膀抬一张嘴
　　　　　——走到哪里吃到哪里

呆子娶个秃老婆
　　　　　——两将就；两凑合

秃子当和尚——将就

秃尾巴驴——有头无尾，后梢里虚

佛顶珠——拨也不动

坐等禾苗黄——懒汉

饭来张口，衣来伸手——坐享其成

床上的花枕头——置之脑后

灶边磨子——推一下动一下

汽车放炮——泄气

没舵的船儿
　　　　　——放任自流；任其自流

快锯伐大树——拉倒

穷秀才娶亲——将就着办

穷债户过年——躲躲闪闪

补了又补的破轮胎——到处泄气

尿壶掉井里——吞吞吐吐

抽了架的丝瓜——蔫了

拖过黄牛当马骑——只得将就

抱紧肚子装饱汉——空虚

抱着木棍推磨——死转圈儿

卖油条的拉胡琴
　　　　　——游（油）手好闲（弦）

卖煤的跟个狗——尽吃闲饭

软面包一块——随人捏

虎头蛇尾——有始无终

和尚头上盘辫子——空绕一圈儿

和尚敲钟——过一日是一日

受潮的麻花——不干脆

鱼口里的水——吞吞吐吐

兔子炝蹶子——没后劲

狗叼来的肉猫吃了——坐享其成

夜猫子睡觉——睁只眼，闭只眼

庙台上拉屎——懒鬼

盲人剥蒜——瞎扯皮

放到案板上的肉
　　　　　——提起一条，放下一堆

单眼看布告——睁只眼，闭只眼

炕洞里的耗子——灰溜溜的

浅滩上放木排
　　　　　——拖拖拉拉；一拖再拖

泥瓦匠干活——拖泥带水

泥水匠刷墙——一手推

泥水塘里洗萝卜——拖泥带水

泥菩萨救火——无动于衷

沼泽地里的推土机——拖泥带水

房檐滴水——放任自流；任其自流

玻璃缸里的标本——缺乏生气

玻璃瓶子装开水——三分钟的热劲

城头上出殡——绕一个大弯儿

城头上跑马——兜圈子

指头挖耳朵——不深入

草船借箭——坐享其成

茶壶打掉了把子——就落了个嘴

茶碗打酒——不在乎（壶）

荒野的墓地——死气沉沉

栏里的肥猪——吃了就睡

树叶子掉到河里——随波逐流

歪锅配扁灶——两将就

歪嘴吹海螺——两凑合

面条里拌疙瘩——混着干

贱陀螺——不打不转

钝刀子切豆腐——凑合使用

钝刀子割肉

　　　——不爽快；半晌割不出血来

钝镰刀割麦——拉倒

卸架的黄烟叶——蔫了

缸里盛酒——不在乎（壶）

看家拳头——留一手

牲口进磨道——兜圈子

秋天剥黄麻——净是扯皮事

秋后的黄瓜——蔫了

顺梯下楼——随他去

美女嫁痴汉——凑合着过；混着过

送殡的脸——老套拉着

活剥兔子——扯皮

穿了鼻子的牛——让人牵着走

穿孔的皮球——泄了气

穿着靴子搔痒痒——麻木不仁

捂着鼻子讲卫生——不闻不问

盐场罢工——闲（咸）得发慌

盐店里卖气球

　　　——闲（咸）极生非（飞）

盐堆里的花生——闲人（咸仁）

盐罐露头——闲（咸）人

捏住鼻子过日子——不闻香臭

捏鼻子捂嘴巴——不闻不问

捆绑的夫妻——过一天算一天

挨了刀的皮球——瘪了

挨了棒的狗——垂头丧气

挨了霜的狗尾巴草——蔫了

挨打的乌龟——缩脖子啦

破皮球，烂轮胎——到处泄气

柴油机抽水——吞吞吐吐

晒干的萝卜——蔫了

晒干的黑枣——缩成一团

鸭子过河——随大流

鸭子吃鲫鱼——吞吞吐吐

鸭子身上泼水

　　　——飘飘（漂漂）而过

铁匠改行学弹匠——拈轻怕重

铁拐李背何仙姑——将就

缺口碗盛米汤——放任自流

倒了油瓶不扶

　　　——懒到家了；袖手旁观

拿着钥匙满街跑——当家不主事

高粱秆儿拴骡子——拉倒

高粱秆上挂个破气球——垂头丧气

病人拍皮球

　　　——有气无力；少气无力

站在高处看打架——袖手旁观

拳师教徒弟——留一手

烧焦了的米饭——凑合着吃

浸水的麻花——不干脆

袜筒改护腕——将就材料

球场上的足球——被人踢来踢去

球场上跑步——尽兜圈子

黄牛吃草——吞吞吐吐

黄头鸟搭窝

　　——得过且过（黄头鸟指的是金丝雀）

黄泥塘里洗单子——拖泥带水

黄鼠狼过水田——拖泥带水

菜地里少水——蔫啦

梳头姑娘吃火腿

　　——游（油）手好闲（咸）

聋子见哑巴——不闻不问

聋子打铃——充耳不闻

聋子放炮仗——充耳不闻

聋子拜客——不闻不问

聋子戴耳机——充耳不闻

眼睛生在鼻子下——悲观失望

笛子吹火——到处泄气

脚后跟拴藤条——拉倒

猪尿脬上扎刀子——泄了气

猫儿盖屎——应付差事

猫头鹰打瞌睡——睁只眼，闭只眼

猫吃鸡食——捞现成

猫被老虎撵上树——多亏留一手

猫教徒弟——留一手

麻线穿针眼——过得去就行

断了翅膀的凤凰——神气不了

断尾巴蜻蜓——有头无尾

骑马观花——不深入

骑驴找驴——心不在焉

骑瞎马拼命跑——听天由命

提唢呐打瞌睡——做事不当事

揪住马尾巴不放——过拖

葫芦落塘——吞吞吐吐

葫芦瓢——空虚

落水的桃花——随波逐流

棒槌拉板胡——一粗二糙

棉袄上套布衫——硬撑；死撑

厨子剥葱——扯皮

蛤蟆拉车——没后劲

程咬金打仗——全靠三板斧

程咬金的三斧头——虎头蛇尾

程咬金的斧子

　　——头三下；头三下狠

等天上掉馅饼——坐享其成

筛子做锅盖——到处泄气

腌萝卜拌黄瓜——都闲（咸）着

猴子带皮手套——毛手毛脚

寒号鸟晒太阳——得过且过

属大肚罗汉的——睁只眼，闭只眼

属皮球的——踢来踢去

属猪八戒的——好吃懒做

属寒号鸟的——得过且过

隔年的臭虫——瘪了

隔岸观火——袖手旁观

靶场上练瞄准——睁只眼，闭只眼

椿树上的虫子——懒相（象）

输了的赌徒——垂头丧气

矮子里面拔将军——将就

筷子的一生——吃了饭就睡觉

傻子洗泥巴——闲着没事干

傻女婿娶个呆闺女——凑合着过

腿上绑绳子——拉倒

酱坊里开除的伙计——闲（咸）人

酱缸的蛆——闲（咸）逛

酱菜缸里的瓜子——闲人（仁）

碟子里的开水——三分钟的热劲

蜻蜓点水——不深入

算盘珠子——拨一下，动一下

管水员开闸门

　　　　——放任自流；任其自流

鼻涕流到嘴里——吃现成的

撑船不用篙

　　　　——放任自流；任其自流

醋坛子打酒——满不在乎（壶）

瞎子嫁瘸子——两将就

踩瘪了的鱼泡——泄气

蝌蚪变青蛙——有头无尾

稻田里拉犁耙——拖泥带水

鲤鱼吃水——吞吞吐吐

鲤鱼跳船上——不劳（捞）而获

嘴上无毛——办事不牢

黔虎吃驴——兜圈子

镜子里的影子——空虚

瘸子跌断腿——一蹶不振

瘸驴配破磨——两将就

懒大嫂赶场——中间不急两头忙

懒木匠的锯子——不错(链)

懒牛拉磨——不打不走

懒鸟不搭窝——得过且过

懒汉学徒——拨拨动动；不拨不动

懒鸡婆抱窝——守着摊几过

懒驴上磨——屎尿多

懒驴子驾辕——不打不走

懒婆娘坐轿——愿上不愿下

懒婆娘的针线筐——乱七八糟

懒婆娘的裹脚——又长又臭

懒厨子做席——不想给你吵（炒）

藏民穿皮袄——露一手，留一手

霜打的茄子——瘪了

霜打的黄瓜——蔫了

霜打的麻叶——垂头丧气

霜打的嫩苗——奄奄一息

螺丝帽上劲——尽绕圈子

豁嘴罐子打水——放任自流

鞭打快牛——忍辱负重

鹰饱不抓兔，兔饱不出窝

　　　　——懒对懒

癞蛤蟆张口——吃自来食

7. 愚蠢无能

一千文钱分四处——二百五

一百七加八十——二百五

一百个傻瓜给你磕头——大傻瓜

一脚踢不出个屁来——窝囊废

二杆子做活——傻干

二姑娘的包袱——窝窝囊囊

十二月种麦子——外行

十二岁做媳妇——不懂事

七窍通六窍——一窍不通

八只麻雀抬轿——担当不起

八仙桌上摆夜壶

　　　　——没有成就（盛酒）的家伙

刀马旦不会刀枪

　　　　——笨蛋(旦)徒有虚名

刀马旦不会刀枪——笨蛋（旦）

三九天卖凉粉——不识时务

三伏天穿皮袄——不懂得看气候

土地爷啃地瓜——窝囊神

大老粗看佛经——茫然不懂

大年夜卖年画——不懂买卖经

大观园里的闺秀

　　　　　——四体不勤，五谷不分

大佛殿的罗汉——一肚子泥

大狗熊的奶奶——更笨

大船离港——外行（航）

大象扛木头——做笨事

上山背石头——真笨

上鸡窝摔跟头——奔蛋笨蛋

上眼皮看下眼皮——目光短浅

小牛犊抓家雀——心灵手脚笨

小狗吠牛蹄——无能为力愚笨

小孩吹喇叭——没谱

千年古树当火棍——大老粗

门缝里看天——目光狭小

马笼头给牛套——生搬硬套

井底丢砖头——不懂（扑通）

开会请了假——没出息（席）

天空中的浮云——一吹就散

木头鸡儿——呆头呆脑

木头脑瓜——四六不懂

木偶谈恋爱——呆头呆脑

不倒翁湖茶——没水平

水泥柱当顶门杠——大老粗

牛羊的肚腹——草包

牛背上的笨虫——吃里爬外

牛追兔子——看你那笨劲

牛犊子扑家雀——心灵身子笨

牛犊子拉犁耙——不在行

牛犊扑蝴蝶

　　——心灵身子笨；看着容易做着难

公鸡难下蛋——肚里没货

风炉子不进气——缺个心眼

乌龟打二踢——拙手笨脚

凤凰山上没凤凰——徒有虚名

火笨过——青姆偷雅配灯吹灭

斗大的字不识半口袋——睁眼瞎

孔夫子的褡裢——书呆（袋）子

孔夫子挂腰刀——文不文，武不武

打肿脸充胖子——外强里虚

打铁不看火色——傻干

石灰水刷标语——净写别（白）字

石菩萨的眼睛——有眼无珠

平地的骡子——不懂坎儿

北门外开米店——外行

电线杆上拉胡琴——大老粗

田塍边栽洋芋——外行

叫羊看菜园——靠不住

叫花子夸祖业——自己没出息

四大天王流涎水——没出息

白米换猪糠——贴钱买笨伯做

白痴的葫芦——傻瓜一个

用武大郎卖豆腐——人松货也软

冬天贩冰棒——不懂买卖经

半吊子的一半——二百五

写字出了格——不在行

司马迁的名著——死（史）记

出国的大轮船——外行（航）

母猪吵架——笨嘴拙舌

老木中空——外强中干

老太太扭秧歌——笨手笨脚

老太太的脚指头——窝囊一辈子

老太太学绣花——心灵手笨

老太太站岗——立场不稳

老太婆上鸡窝——笨蛋（奔蛋）

老牛打喷嚏——笨嘴笨舌

老母鸡啼晨——教（叫）不会

老母猪下棋——瞧你那笨脑瓜

老母猪打喷嚏——笨嘴拙舌

老虎和猪生的

　　　　　　——又恶又蠢又笨又恶

老虎变猪猡——又丑又恶又笨又恶

老虎捉蟋蟀——笨手笨脚

老和尚吹管子——不懂的（笛）

百斤重担能上肩，一两笔杆提不动

　　　　　　　　——大老粗

虫鱼脑袋——笨头笨脑

虫蛀的老槐树——腹内空空

刚出生的娃娃——没见过世面

竹节火筒——一窍不通

竹筒子里看天——一孔之见

杀鸡用上宰牛的劲——真笨

杀猪捅屁股——外行

庄稼佬不识桂圆——外行（黄）

池塘里的鱼——没见过风浪

孙猴子坐金銮殿——屁股不稳

阴沟里的泥巴——扶不上墙

形容自己无能愚蠢的歇后语

抓地坑沟找豆包吃——没出息

花了眼的老汉玩绣花针

　　　　　　——眼拙手笨玩不转

花公鸡的能耐——就会叫那么几声

花盆里栽松树——不成材

杨国忠做宰相——冰山难靠

豆芽做拐杖——嫩得很；太嫩

豆腐身子——经不起摔打

旱天的井——水平低

旱鸭子过河

　　　　　　——飞不能飞，游不会游

坐井观天——小见识；眼光狭窄

坐轿闷得慌，骑马嫌摇晃

　　　　　　　　——有福不会享

肝脏的兄弟——窝囊废（肺）

龟兔赛跑——笨家伙占先

刨倒树捉老鸹——笨透了

沙滩上盖楼房——不稳当

初一吃十五的饭——前吃后空

阿二当郎中——没人敢请

阿二当差——呆头呆脑

阿斗当皇帝——软弱无能

纸做的雨伞——不顶事；不顶用

纸糊的大鼓——不堪一击

纸糊的老虎——不堪一击

纸糊的墙——靠不住

驴子听相声——茫然不懂

武大郎卖豆腐——人熊货软

武大郎耍门杠——人熊家伙笨

青龙杠打人——笨杀

青蛙跳塘——不懂（扑通）

抽了脊梁骨的癞皮狗——扶不上墙

抱着擀面杖当笙吹——一窍不通

拉着眼睫毛也会倒——弱不禁风

抬柱就凿子——做事愚笨

茅草秆打狗——软弱无力

板凳上放鸡蛋——靠不住

轮船开往亚非拉——外行（航）

软面包饺子——好捏

虎生猪猡——又笨又恶

国际商船——外行（航）

和尚拜堂——全是外行

爬不动的王八——笨鳖一个

兔子拉车——不懂那一套

狐狸打马蜂

　　　——不懂得死活；不知道厉害

狗屁股里塞黄豆——一窍不通

狗咬吕洞宾——不识好歹

狗熊耍棍棒——人熊家伙笨

夜明珠笨佐料——宝得有盐有味的

放鸭子的人——老落后

泥人戴纸帽——经不起风吹雨打

泥塞笔管——一窍不通

实柱子吹火——一窍不通

姓林——木木的

春凳折了靠背儿——无靠

玻璃做鼓——经不起敲打

玻璃铺里的家当——不堪一击

挂历上的花瓶——中看不中用

城外头开钱庄——外行

拴驴找个棉花垛——窝囊货

挑盐巴腌海——尽干傻事

草包竖大汉——能吃不能干

草甸上的苇子——靠不住

树枝上挂团鱼——四脚无靠

砍倒大树捉鸟——呆子

背集摆摊子——外行

点名不到——没出息（席）

哑巴说话聋子听——两不懂

蚂蚁背书本——识（湿）字不多

蚂蚁群里的屎壳郎——又臭又笨

疯子摇头——呆头呆脑

烂柱子搭桥——不牢靠

剃头的挖耳朵——外行

扁担吹火——一窍不通

扁担倒了也认不出来——一字不识

屋檐下的麻雀——经不起风吹雨打

屎壳郎过车辙——笨蛋奔蛋

娃娃当家——啥事不懂

骆驼踢飞脚——还要笨彩

耗子啃木头——吃不消

耗子戴眼镜——鼠目寸光

赶马车人的草料袋——草包

赶脚的开车——不懂那一套

起个五更，赶个晚集——老落后

热水瓶上系索子——水平有限

铁匠绣花——外行

铁砣掉井里——不懂（扑通）

秤砣掉在鼓上——不懂（扑通）

拿柴担戳壁——蛮笨

高射炮打坦克——水平太低

站在房顶跳伞——水平太低

畜户上走人——门外汉

海滩上开店——外行

案板上的肉

　　　——任人宰割；随人宰割

能字添四点——熊样

掉进陷阱里的狗熊——熊到底了

接彩球的乞丐——高兴得发傻

黄牛打喷嚏——笨嘴拙舌

黄牛的肚子——草包

蚯蚓上墙——无能为力

银样镴枪头

——中看不中用（银样镴枪头：样子像银子，实际上是焊锡做的枪头。这句话出自《西厢记》，比喻外表很好看，实际上不中用）

笨人下棋——死不顾家

笨鸟先飞——早入林

笨狗熊想吃人参果——妄想

笨姑娘剪鞋样——有备无患

笨鸭子——上不了架

笨猪拱刺蓬——自找苦吃

笨媳妇纳的鞋底——凹凸不平

笨媳妇纳鞋底——凹凸不平

猪八戒打蚂蚱——笨手笨脚

猪八戒西天拜佛——禅心不稳

猪八戒听天书——一窍不通

猪八戒的后脊梁

——无能之辈（悟能之背）

猪八戒的法名——无（悟）能

猪八戒的脊背

——无（悟）能之辈（背）

猪大肠——扶不起来

猪脑壳——死不开窍；去世不开窍笨

猫儿吃腌菜——没能耐

麻袋里装麦秸——草包

阉猪割耳朵——外行

剪被单请裁缝——手头太笨

绿皮南瓜——嫩着呢

葱皮筒子——经不起吹

葵花秆子当大梁——支架不住

棒槌吹火——一窍不通

棉花耳朵——没有主见

棉纱线牵毛驴——不牢靠

蛤蟆钻窟窿——眼光短，办法笨

蛤蟆跳井——不懂（扑通）

黑瞎子上房脊——熊到顶了

黑瞎子打花脸——熊样

黑瞎子叫门——熊到家了

黑瞎子头上长犄角

——还是那个熊样子

黑瞎子耍门扇——人熊家伙笨

黑瞎子照镜子——熊样

黑瞎子跳井——熊到底了

锉子婆娘——见识低

鹅卵石砌墙——根基不稳

稀泥巴糊墙——扶不上去

腊月种小麦——外行

温室里的花朵——经不起风吹雨打

窗户上走人——门外汉

属吕布的——有勇无谋

强盗偷石碾——笨贼

强盗滚酱缸——笨贼拌贼

搬石头上山——又蠢又笨

榆木脑袋——不开窍

矮子排队——倒数第一

傻瓜伸脑壳——呆头呆脑

满天浮动的云霞

——经不起风吹雨打

裹脚布做鞭子

——文（闻）不能文（闻），武（舞）不能武（舞）

熊瞎子下棋——瞧你那笨脑瓜

熊瞎子上戏台——熊样

熊瞎子照相——一副熊样子
瞎猫碰上死老鼠——笨人巧遇
稻草秆打人——软弱无力
擀面杖吹火——一窍不通
摇槌吹火——一窍不通
嘴上没毛——办事不牢
懒婆娘的包袱——窝窝囊囊
鞭杆当笛吹——没心眼

8. 自作自受

丁丁猫（蜻蜓）咬尾巴——自害自

大虫口里夺脆骨，骊龙颌下取明珠
　　　　　　　　　　——找死

大拇指卷煎饼吃
　　　　　　——自吃自；自咬自

大胖子走窄门
　　　　　　——自己跟自己过不去

小丑跳梁——自取灭亡
小姐熬夜赶嫁妆——自作自受
小鬼拜见张天师——自投罗网
山蚕作茧——自作自受
飞蛾扑灯
　——惹火烧身；引火烧身；自焚
飞蛾撵蜘蛛——自投罗网
无病吃药——自讨苦吃
木匠挨板子——自作自受
木鱼改梆子——还是挨打的货
木鱼张嘴——等着挨敲
太岁头上动土——惹祸上身
手掌心放烙铁——自作自受
六月里穿皮袄——自找难受

打上黑脸照镜子——自己吓唬自己
石头做枕头——自讨苦吃
石灰点眼——自找难看
龙嘴上拔胡须——送死；自己找死
叫花子吃苦瓜——自讨苦吃
叫花子要黄连——自讨苦吃
白猫钻灶坑——自己给自己抹黑
犯人打枷——自作自受
让了香瓜寻苦瓜——自讨苦吃
让羊看菜园——自找苦吃
出炉的红铁——找打
对着镜子发脾气
　　　　　　——自己跟自己过不去
对着镜子扮鬼脸——丑化自己
对着镜子挥拳头——自己吓自己
母猪钻进玉米地——找着吃棒子
动物园里找猪圈——自找难看
扛着棍去挨打
　　　　　——自讨苦吃；自找苦吃
老母猪尿窝——自作自受
老寿星上吊——活得不耐烦
老张的拳头捣老张的腿
　　　　　　　　　——自作自受
老虎进闸门——死路一条
老虎屁股上挠痒痒——惹祸上身
老虎背上拍苍蝇——自己找死
老虎背上翻跟头——惹祸上身
老猪婆撒屎在食槽里——自作自受
老鼠上了老鼠夹——死到临头
老鼠进口袋——寻死；自己找死
老鼠钻进入堆里——找死
老鼠钻炉膛——自取灭亡

老鼠碰上猫——在劫难逃

光屁股打灯笼——自己献丑

光着脚丫子走刀刃——惹祸上身

光棍栽桃子——自食其果

吊死鬼照镜子——自己吓唬自己

吃了砒霜再上吊
 ——必死无疑；死定了

吃不了兜着走——自担责任

吸烟烧枕头——自找麻烦

竹篾绑竹子——自己捆自己

传闲话，落不是
 ——自讨没趣；自找没趣

自己挖坑埋自己——找死

杀鸡割破胆——自讨苦吃

衣袖揩屁股——自己搞臭自己

灯笼救火——自焚

孙猴子守桃园——自食其果

孙猴子戴金箍——自作自受

羽毛扇扑火
 ——惹火烧身；引火烧身

买门神不买挂线儿——捉弄自己

买石头砸锅——自寻倒灶

麦糠擦屁股——自找麻烦

把手插在磨眼里——自找苦吃

把鼻涕往脸上抹——自找难看

花钱买黄连——自讨苦吃

苍蝇飞进牛眼里——自讨麻烦

苍蝇会蜘蛛——自投罗网

严嵩挨打——自作自受

呆子吃砒霜——找死

吹鼓手赶集——没事找事

吹糖人的改行——不想做人

伸脖子套绞索——送死；自己找死

伸着嘴巴找笼头——自己上了套

肚子饿了填黄连——自找苦吃

迎风吐唾沫——自作自受

饮鸩止渴——自取灭亡

没事找枷板——自找难受

没病抓药——自讨苦吃

宋三的弟弟——送（宋）死（四）

鸡斗黄鼠狼——送死；自己找死

鸡给黄鼠狼拜年——自投罗网

鸡蛋碰石头——自取灭亡

鸡遇黄鼠狼——命难逃

玩水淹自己——自作自受

玩火烧自身——自作自受

玩火烧自身——自作自受

青蛙钻蛇洞——自寻死路

抹黑脸照镜子——自找难看

拔草引蛇——自讨苦吃；自找苦吃

抽烟烧枕头——怨不着别人

顶风放屁——自己臭自己

顶着被子玩火——引火烧身

顶着碾盘唱戏——自找苦吃

抱着老虎喊救命——自找死

抱着灯芯救火——引火烧身

抱着金砖挨饿——活该

抱着铁耙子亲嘴——自找钉子碰

招亲招来猪八戒——自找难看

披章衣救火——引火烧身

茅厕里打电筒——找死（屎）

茅厕板上打滚——寻死（屎）

卖鞭炮的炸了手——自作自受

虎头上捉虱子——找死

钓上来的鱼——自己上钩

知了落在粘竿上——自投罗网

金銮殿上告王子——自讨苦吃

周扒皮学鸡叫——自找挨打

兔子叫门——送肉来了

兔子逗老鹰

　　　　　　——自取其祸；没事找事

狗咬老虎——不识死

放虎归山——自找麻烦

放炮仗（爆竹）崩瞎眼

　　　　　　　——自作自受

放炮仗崩瞎眼——自作自受

放着平路不走爬大坡——自讨苦吃

放鞭炮崩瞎眼——自作自受

房门前挖陷阱——自己坑害自己

姑姑被茧困——自作自受

拾粪的敲门——找死（屎）

背石头上山——自找麻烦

背油桶救火

　　　　　——惹火烧身；引火烧身

背着粪篓满街串——找死（屎）

背鼓追槌——自讨打

蚂蚁碰上鸡——活该

咳嗽下坛里——自作自受不敢说

鬼做老巫婆——自作自受

斗鸡眼照镜子——自找难看

养蛇咬自己

　　　　　——惹祸上身；自取其祸

逆风放火——惹祸上身

蚱蜢碰上鸡——在劫难逃

活人躺在棺材里——等死

耗子逗猫——惹祸上身

耗子啃菜刀——死路一条

耗子嫁猫——自找死

耗子舔猫鼻子——自己找死

秦始皇修坟墓

　　　——自作自受；找死；自己找死

蚕宝宝作茧——自己捆自己

赶着牛车拉大粪——送死（屎）

捉虱子上头

　　　　　——自寻烦恼；自找麻烦

逗哑巴挨口水——自讨没趣

蚊子找蜘蛛——自投罗网

铁匠死在宝剑下——自作自受

铁匠被锁——自作自受；自食其果

铁匠戴手铐——自作自受

拿舌头舔刀——吃亏是自己

狼窝里养孩子——性命难保

饿狗下茅房——找死（屎）

病重不吃药——等死

病鬼开药店——自产自销

脊背上背鼓——找着挨捶；找捶

拳头打跳蚤——自己吃亏

请狼来做客——活得不耐烦

被窝里挤眉弄眼——自己糊弄自己

黄连当茶叶——自讨苦吃

黄盖挨板子——自讨的

悬崖上翻跟头——送死；自己找死

啄木鸟飞上黄连树——自讨苦吃

蛀虫咬黄连

　　　　　——自讨苦吃；自找苦吃

蛇进竹筒——走上绝路了

笨贼偷法官——自投罗网

做贼盗黄连——自讨苦吃

做梦进棺材——想死

脖子送到铡刀下

——送死；自己找死

猪八戒进屠场——自己贡献自己

猪八戒照相——自找难看

猫舔狗鼻子——自找没趣

麻婆照镜子——自找难看

商鞅制法——自作自受

阎王嘴上拔胡子

——寻死；自己找死

屠场里的肥猪——等死；末日来临

绵羊进狼窝——自投罗网

提着灯笼拾粪——找死（屎）

敬德鞭打尉迟恭——自己打自己

棉花套上晒芝麻——自找麻烦

喝敌敌畏跳井——必死无疑

猴儿戳蜂窝——自讨苦吃

猴子偷黄连——自讨苦吃

馋嘴巴走进药材店——自讨苦吃

道士遭雷打——作法自毙

割了猫尾巴拌猫食——自己吃自己

强盗上法唱——自作自受

搬起石头砸自己的脚——自作自受

蒙在被子里放屁——自作自受

跟狐狸结交——自取其祸

锦鸡扑火——自取灭亡

满脑壳长疮钻刺窝——自讨苦吃

蜻蜓飞进蜘蛛网——命难逃

鼻涕流进喉咙里

——吃亏沾光没外人

稻草人放火——引火上身

鲤鱼碰网——自取灭亡

鲤鱼跳到渔船上——寻着死来

镜子里骂人——自骂自己

癞蛤蟆吞鱼钩——自作自受

癞蛤蟆垫床脚——死撑活挨

癞蛤蟆跳油锅——寻死

9. 顽固守旧

一锥子扎到底——死心眼

三百钱买了个瘟猪——死活不开口

大卡车开进小巷子

——难转弯；转不过弯来

大姑娘讨饭——死心眼

大炮筒子——不转向；不会拐弯

小鬼的肚肠——死心眼

口吞擀面杖——横了心

口吞秤砣——铁了心

门角落里的秤砣——死（实）心眼

马脱缰绳鸟出笼——决不回头

木偶进棺材——死不瞑目

不见棺材不掉泪——死心眼

不通气的烟袋——死心眼儿

不碰南墙不回头

——倔强；顽固到底

水牛过小巷——转不过弯来

手拿谜语猜不出

——执迷（谜）不悟

牛打架——死顶

长竹竿进城门——转不过弯来

六月的瘟猪——死不开口

火烧芭蕉——不死心；心不死

去年的棉袄今年穿——老一套

石头人——死心眼

石头脑瓜子——不开窍

石头掉进大粪里——又臭又硬

石狮子的鼻子——不开窍

石膏做冰糕——顽固不化

东西耳朵南北听——横竖听不进

电话断了线——说不通

生成的牛角——直不了

生姜脱不了辣气——本性难移

生就的驼子——直不了

外甥打灯笼——照旧（舅）

冬天的大葱——叶烂皮干心不死

冬天的腊鸭——硬撑

出膛的子弹

　　　　——不会拐弯；永不回头

对着棺材唱大戏——死不听

老虎拉车——不听那一套

老和尚念经——没啥新套儿

耳朵塞驴毛——听不进

死胡同里赶大车——转不过弯来

吊在房檐上的大葱

　　　　——叶黄皮干心不死

吊死鬼瞪眼——死不瞑目

吃了扁担——横了肠子

吃石头拉硬屎——顽固不化

吃多了安眠药——不醒悟

吃屎狗难断吃屎路——本性难移

杀死的公鸡扑棱翅——垂死挣扎

孙子穿爷爷的鞋——老样

好马不吃回头草——倔强

寿星唱大曲——老调子

花岗岩脑袋——顽固不化

乱坟堆里找人——都是死硬货

拔了塞子不消水——死心眼

抱着石头跳深渊——死不回头

抱着葫芦不开瓢——死脑筋

茅坑里的石头——又臭又硬

枣木疙瘩——不开窍

依样画葫芦——照样仿效

兔死了还要跳三跳——垂死挣扎

狗走千里吃屎，狼行千里吃肉

　　　　——本性难移

狗熊拉磨子——不听招呼

泥鳅吃了石灰水——死硬

宝玉出家——一去不回

官老爷上朝——按部就班

春风刮驴耳——一点儿听不进去

城头上跑马——转不过弯来

带着花岗岩脑袋见上帝

　　　　——死不悔改

砍倒的柳树——死不甘（干）心

韭菜割头——不死心

临刑不告饶——执迷不悟

哑巴挨夹杠——痛死不开腔

急水滩放鸭子——一去不复返

烂了根的葱——心不死

穿新鞋走老路——因循守旧

扁担做裤带——转不过弯来

贾府门前的狮子

　　　　——死（实）心眼儿

鸭子呱呱狗吃屎——本性难移

秤砣囫囵吞——铁了心

殷纣王的棺材——古板

饿猪占木槽——死不放

高山上滚石头——永不回头

剥了皮的蛤蟆

　——死不瞑目；心不死；不死心

黄泥烧成砖——化不开

菜刀割麦——转不过弯来

猪脑壳——死不开窍

猪嘴里挖泥鳅——死也挖不出来

麻布袋里的菱角——硬要钻出来

断尾巴蜻蜓——一去永不来

提炼过的纯金——一成不变

煮熟的猪头——死不开口

韩湘子出家——一去不复返

喝西北风打饱嗝——硬挺

割了脑袋还走十里路

　　　　　　——人死心没死

割了脖子的鸡还想飞——垂死挣扎

割屁股肉补脸蛋

　　　　　　——死要面子活受罪

属芭蕉的——叶烂皮干心不死

属核桃的——非得用棒槌

隔墙扔五脏——死心塌地

榆木疙瘩——死心眼

跳河闭眼睛——横了心

傻子捡柴火——就认准这条道儿

腿上的牛皮癣——顽固不化

滩上的枯草——心不死

墙上有耳——听不进

瞎子骑驴——一条道走到黑

鲤鱼下油锅——死不瞑目

鲤鱼吞秤砣——铁了心

螃蟹的眼睛——死不瞑目

磨道上的老虎——不听那套

霜后的大蒜——不死心

爆炒鹅卵石——不进油盐

10. 糊涂无知

一个指头和面——硬搲

一个将军一个令——到底听谁的

一个跳蚤蹦起来——不知去向

一个媳妇几个婆——不知该听谁的

一脚踩死个麒麟——不知贵贱

二十只耗子拉犁——乱套了

二愣子当演员——胡闹

十二岁做媳妇——什么也不懂

十八罗汉乱点头

　　　　　　——不知哪位是真神

十字路口迷了道

　　　　　　——不分东西；晕头转向

十字路口摔跟头

　　　　　　——分不清东南西北

十盏明灯熄五盏——半明半不明

七寸脚装三寸鞋——硬装

七斤面粉调三斤褙糊——糊里糊涂

七仙女走娘家——云里来，雾里去

七仙女做梦——天晓得

八月十五种花生——瞎指挥

八辈子的老陈账——说不清

儿子打老子——岂有此理

刀尖上走路——玄乎

刀尖上耍杂技——硬逞能

三丈长的扁担——摸不着头尾

三个头头一个兵——不知听谁的

三个醉汉撒酒疯——闹个不停

三分面粉七分水——十分糊涂
三岁小孩贴对联——上下不分
三伏天穿皮袄——乱套了
干活打瞌睡——迷迷糊糊
土地爷的胳膊——胡搅蛮缠
丈二和尚——摸不着头脑
大白天打更——乱了时辰
大舌头读报——含糊其辞
大姑娘的心事——摸不透
大树底下晒太阳——阴阳不分
大海里下竿子——不知深浅
大海里行船——摸不着边
大腿上把脉——不对路数；胡来
上炕不点灯——瞎摸
小米煮红薯——糊里糊涂
小鸡踩键盘——乱弹琴
小孩儿放炮仗——闹着玩
小偷打警察——岂有此理
小脚婆娘过独木桥——摇摇摆摆
山洞里迷了路——摸不清方向
女婿认不得丈人——有眼不识泰山
马大哈当会计——全是糊涂账
马拉车炮蹶子——乱了套
马桶里倒香水——香臭不分
井台上的辘轴——摇摇摆摆
井里头打水往河里倒——胡折腾
井里丢石头，蛤蟆跳上鼓
　　　　　　——两不懂
开刀不上麻药——蛮干；硬干
天空的浮云
　　　　——下落不明；不知下落
无头苍蝇——乱撞

木头眼镜——看不透
木匠丢了折尺——没有分寸
木偶下海——摸不着底
不倒翁坐车——左右摇摆
切菜刀剃头——真玄
水缸里的鱼——乱碰
水壶里翻跟头——胡（壶）闹
水罐里的王八——瞎碰；瞎撞
见了丈母娘叫大嫂——乱了辈
见了麦苗喊韭菜——五谷不分
牛头不对马嘴——胡拉乱扯
牛奶拌墨汁——黑白不分
牛尾巴——两边摇摆
牛背上放马鞍——乱套了
牛犊拉车——乱套
毛玻璃做灯罩——半明半不明
毛猴子拉车——乱套了
长丝瓜当扁担——不晓得软硬
长虫过街——莽（蟒）行
长虫没眼——盲从（虫）
长虫碰壁——莽（蟒）撞
从小娇惯的公主——随心所欲
公孙并坐——大小不分
公鸡钻灶——官僚（冠燎）
风中的羊毛——下落不明
风吹灯笼——左右摇摆；摇摆不定
风吹芦苇——左右摇摆；摇摆不定
风吹杨柳——左右摇摆；摇摆不定
风浪中行船——摇摆不定
六月里戴皮帽——乱套
六指头拨琵琶——乱弹琴
方不方圆不圆——没有规矩

火盆里栽牡丹——不知死活

双目失明的司令——瞎指挥

打舌头读报

　　　　——含糊其辞；含含糊糊

打枪不瞄准——无的放矢

甘蔗地里长草——荒唐（糖）

甘蔗当火筒——一节也不通

石灰木炭一把抓——黑白不分

石菩萨的眼睛——有眼无珠

布袋里买猫——不知底细

东扯葫芦西扯瓢——胡拉乱扯

东郭先生救狼——善恶不分

叫兔子去拉磨——没有那一套

四方萝卜——愣头青

失灵的汽车——横冲直撞

失踪的飞机

　　　　——下落不明；不知下落

白日见鬼——玄乎

用煤油灯炒豆子——胡来

冬天摇蒲扇——不知春秋

包公的尚方宝剑——先斩后奏

半夜下雨——下落不明

半夜吃甘蔗——不知头尾

半夜吃黄瓜——不知头尾

半夜里扯裹脚——想起一条是一条

半夜里和面——瞎鼓捣

半夜里捉虱子——摸不着

半夜里捉迷藏——瞎摸

半夜里摘茄子——不分老嫩

半夜鸡叫——乱了时辰

半夜爬山——不知高低

头顶磨盘——不知轻重

出东门往西拐——糊涂东西

出家人娶媳妇——不守规矩

边放鞭炮边打枪——真真假假

母猪毁墙根——乱拱

扛着碌碡撵兔子——不分轻重缓急

老驴拉磨——瞎转圈

老虎出山——横冲直撞

老鼠咬象鼻——不识大体

地下流出来的水——来路不明

地图上画个圈——谁知道有多大

过河的卒子——横冲直撞

有理三扁担，无理扁担三

　　　　——是非不分

灰堆里的苍蝇——糊涂虫

吃了早饭睡午觉——乱了时辰

吃歪藤长大的——乱纠缠

吃错了耗子药——胡折腾

刚飞的鸟儿——不知高低

刚落地的雨水——浑浊不清

网包里的田鸡——瞎碰；瞎撞

先穿靴后穿裤——乱了套

丢了黄牛撵兔子——不知哪大哪小

舌头打滚——含糊其辞；含含糊糊

舌头绕到牛桩上

　　　　——胡缠；胡搅蛮缠

行云流水——难以捉摸

色盲——不分青红皂白

决了堤的水——横冲直撞

闭着眼和面——瞎掺和

闭着眼睛下围棋——黑白不分

闭着眼睛走路

　　　　　——净想歪道儿；瞎摸

闭着眼睛摸田螺——瞎撞

闭着眼睛跳舞——盲目乐观

闭着眼睛撞南墙——瞎碰

羊拉套——瞎胡闹

米汤里和盐——含含（咸咸）糊糊

米汤洗芋头——糊里糊涂

米饭煮成粥——糊涂

灯盏里洗澡——不晓得大小

江湖郎中的膏药——不知真假

守着老虎睡觉——不知死活

阴雨天观景致

　　　　　——模糊不清；看不清

好心当做驴肝肺——不知好歹

戏台下面开店铺——光图热闹

观音请假——天晓得

买干鱼放生——不知死活

麦苗当成韭菜割——胡拉乱扯

麦秸堆里装炸药——乱放炮

抓住芝麻，丢掉西瓜——主次不分

坟地里躺个酒鬼——醉生梦死

把妖精当成菩萨——善恶不分

花了眼的婆婆绣花——看不清

花旦戴胡子——没有那一套

李逵升堂判案——乱打一通

两个哑巴吵架——不知谁是谁非

两只风筝一起飞——胡搅蛮缠

旱鸭子过河——不知深浅

呆子进迷宫——摸不清东南西北

呆子把脉——摸不着

呆子看戏——光图热闹

呆子哼曲子——没谱

吹灯捉虱子——瞎摸

吹灯裹脚——瞎缠

乱麻团缠皂角树——理不清

乱弹琴——没谱

秀才遇到兵——有理讲不清

近视眼打靶——目的不明

闷葫芦盛药——内情不清楚

判官错点生死簿——糊涂鬼

汽车坏了方向盘——横冲直撞

汽车爬大树——瞎来

没切开的西瓜——红白不分

没手指和面——瞎鼓捣

没尾巴的风筝——乱飞

没砣的秤——分不出轻重

没准星的炮——乱轰

没眼判官进赌场——瞎鬼混

没等开口三巴掌——不由分说

初一夜里出门——处处不明

初二三的月亮——不明不白

张飞上阵——横冲直撞

阿哥吃面——瞎抓

鸡拿耗子猫打鸣——乱套

鸡蛋里挑骨头——找茬

驴踢琵琶——乱弹琴

青石板上钉钉子——硬钻

青蛙跳水——扑通（不懂）

拐子上楼梯——乱碰头

顶风顶水行船——硬撑

顶针儿眼多——一个不懂

拉琴的丢唱本——没谱

拉磨的驴戴眼罩——瞎转悠

直尺量曲线——没准儿

事急马行田——乱走

刺笆林里的斑鸠——不知春秋

刺笆林里放风筝

        ——胡搅蛮缠；胡缠

刺猬抖毛——干挖刺

卖了儿子招女婿——颠倒着做

卖豆芽的不带秤——乱抓

卖鸡子换筐——捣蛋

卖盆的摔跤——乱套了

厕所里洒香水——香臭不分

斩草不除根——后患无穷

到饭馆里买葱——未必给你

虎口里的人——生死未定

和尚吃荤——知法犯法

和尚庙前讲假话

        ——惹是（寺）生非

和尚背枷——知法犯法

和尚娶老婆——岂有此理

兔子驾辕牛拉套

        ——乱了套；乱套了

狗吃猪食——乱插嘴

狗吃粽子——不解

狗咬旗杆——不知高低

狗急了——要跳墙

狗拿耗子——多管闲事

狗熊捉麻雀——瞎扑打

夜行人迷了路——方向不明

夜里行船——摸不到边

盲人不问路——瞎碰；瞎撞

盲人打牌九——瞎摸

盲人当司令——瞎指挥

盲人拉风箱——瞎鼓捣

盲人的拐棍——瞎指点

盲人放枪——无的放矢

盲人学绣花——瞎逞能

盲人耍把式——硬逞能

盲人赶庙会——瞎凑热闹

盲人读书——瞎摸

盲人剥葱——瞎扯皮

盲人救火——瞎扑打

盲人骑瞎马——乱闯

盲人敲鼓——瞎打一阵

盲驴下河——瞎扑腾

盲驴拉磨——瞎转圈

盲佬射箭——目的不明

放牛娃去放马——乱了套；乱套了

放咸鱼入塘——不知死活

油炸泥鳅——乱蹦乱跳

油盏里沐浴——不知道大小

空中踩钢丝——左右摇摆

实心竹子吹火——一窍不通

房梁上逮鸟——不好捉摸

城隍老爷剃头——鬼摸脑壳

赵匡胤赌钱——输打赢要

草里的斑鸠——不知春秋

茶壶里喊冤——胡（壶）闹

茶铺里不要的伙计

        ——哪壶不开提哪壶

茶铺里招手——胡（壶）来

树梢上逮老辞——不好捉摸

歪嘴巴和尚念经——越念越歪

砖头丢在井里——扑通（不懂）

砍头打赌——霸蛮行事

面粉掉在肉锅里——荤（昏）了

背心穿在衬衫外——乱套了

蚂蚁头上戴斗笠——乱扣帽子

蚂蚁看天——不知高低

蚂蚁搬泰山——瞎逞能

蚂蚱跳塘——不知深浅

钟表里的摆

　　　　——左右不定；摇摆不定

钢钎打石头——硬钻

便壶没鼻——不好捉摸

侯门的小姐，王府的少爷——四体
不勤，五谷不分

弯扁担吹火筒

　　　　——一翘（窍）而（二）不通

亮月下耍大刀——胡侃（砍）

剃头店关门——不理法（发）

洞里的老鼠——晚上害人

洞里的蛇——不知长短

济公吃狗肉——不管清规戒律

浑水池子——看不透

穿冬衣摇夏扇——不知冷热

穿汗衫戴棉帽——不知春秋

扁担倒在鸡窝里——捣蛋

扁嘴子（鸭子）过河——摸不着底

神龛里的虫——硬钻

屎壳郎爬树——玄乎

眉毛上荡秋千——玄乎

眉毛胡子一把抓——主次不分

娃娃吃面条——瞎抓

娃娃学走路

　　　　——左右摇摆；摇摆不定

耗子钻灰堆——闭着眼混

耗子钻进乱麻堆——没头绪

捂着眼睛捉麻雀——瞎摸

捉来的鸡婆娘——不肯让抱的

挨刀的鸭子——乱窜

挨打的狗去咬鸡——拿别人出气

荷花池里的并蒂莲——不分上下

套马杆子逮兔子——瞎胡闹

鸭子走路——左右摇摆

圆桌会议——不分上下

铁拐李的葫芦——不知卖的什么药

秤杆掉了星——不识斤两

秤砣掉在鸡窝里——捣蛋

射箭没靶子——无的放矢

拿了秤杆忘秤砣——不知轻重

拿着凤凰当鸡卖——贵贱不分

拿着草帽当锅盖——乱扣帽子

拿着酒壶打架——豁（喝）着干

拿着鞋子当帽子——上下不分

拿着碾盆打月亮——不知轻重

脑壳上顶锅——乱扣帽子

脑袋上刷浆糊——糊涂到顶

高粱地里找棒子（玉米）

　　　　　　——瞎摆（掰）

病人掷铁球——强挣扎

烟雾里赏花——模糊不清；看不清

酒肉和尚菜道士——岂有此理

酒壶里插棒棒——胡（壶）搅

海底的坑洼——摸不透

浴室里的灯——模模糊糊

诸葛亮玩狗

　　　　——聪明一世，糊涂一时

被窝里捉跳蚤——瞎抓

通天的深井——摸不着底

黄牛打架——死顶

黄毛鸭子下水——不知深浅

黄狗当马骑——胡来

黄河的水——不清不白

黄鼠狼拉骆驼——不识大体

梦里讲的话——不知是真是假

聋子拉二胡——胡扯

睁着眼睛打呼噜——昏了头了

眼睛上套棉花——看不透

眼瞎耳聋鼻塞嘴哑——一窍不通

野马脱了缰——横冲直撞

野鸽子起飞

　　　　　——下落不明；不知下落

唱戏没主角——胡闹台

做知县的丢了印——糊涂官

脚上戴帽子——乱了套

脚长鸡眼拔火罐——胡摆治

脚盆里和面——不知香臭

脚盆洗脸——不分上下

脚脖子上把脉——瞎摸

脚踏两只船——左右摇摆

脚戴帽子头顶靴——上下不分

猪八戒开战——倒打一耙

猪油倒进水缸里——昏（荤）啦

猫儿扒琵琶——乱弹琴

麻姑娘搽雪花膏——观点模糊

麻袋里装猪——不知黑白

麻绳打毛衣——乱牵扯

断了线的风筝——下落不明

断头的苍蝇——乱闯乱碰

密林里耍大刀——瞎干

骑马过闹市——岂有此理

骑马会判官——马上见鬼

骑着驴找驴——昏头昏脑

绿头苍蝇——乱闻乱碰

搭米汤上吊——十分糊涂

揪着马尾巴赛跑——玄（悬）

葫芦里卖药——不知底细

葫芦秧套南瓜秧——胡搅蛮缠

葫芦落塘——摇摇摆摆

敬酒不喝喝罚酒

　　　　　——不知好歹；不识抬举

朝天一箭——无的放矢

棒槌当针——粗细不分

棺材里抓痒——不知死活

跛子走路——左右摇摆；摇摆不定

喝了迷魂汤——神魂颠倒

喝酒不拿盅子——胡（壶）来

黑天过河——不知深浅

黑天捉牛——摸不着角

黑天摸黄鳝——不知长短

黑纸糊灯笼——不明不白

黑夜里摘黄瓜——不分老嫩

黑洞里裹脚——瞎缠

黑屋里做活——瞎干

黑瞎子按键盘——乱弹琴

番瓜（南瓜）秧牵上葡萄树

　　　　　　　　　——胡搅蛮缠

腊月盼打雷——不识时务

猴儿耍大刀——胡侃（砍）

猴儿拿棒槌——胡抡

猴子舂米——乱冲（舂）

猴子耍扁担——胡抡

猴子拿（捉）虱子——瞎抓

猴子唱大戏——胡闹台

猴子戴凉帽——不知几品

猴弹棉花狗拉车

           ——乱了套；乱套了

寒冬腊月送扇子——不识时务

属唐僧的——是非不分；好歹不分

强盗的钱财——来路不明

粥锅里煮蚯蚓——糊涂虫

隔口袋买猫儿——不知是黑是白

隔墙扔簸箕——反复不定

隔壁包的饺子——谁知是什么馅儿

蒙上眼睛拉磨——瞎转悠

蒙上眼睛卖豆芽——瞎抓

蒸包子不放馅——是个蛮（慢）头

雾中追车——路线不明

雾里赏花——模糊不清

暗地里耍拳——瞎打一阵

跪在老虎面前喊人——善恶不分

傻大姐弹竖琴——不知道拨哪根弦

傻子看戏——不明不白

傻子赶庙会——光图热闹

酱油瓶里倒醋——不知啥滋味

痴人说梦——胡言乱语

新媳妇不上轿——不识抬举

煤灰拌石灰——黑白不分

煤炭砌台阶——一抹黑

满天刷糊糊——胡（糊）云

墙上的茅草——左右摇摆

碟子里面扎猛子——不知深浅

鼻子上挂粪桶——不知香臭

鼻窟窿看天——有眼无珠

鲑巴头脑壳——又大又硬

敲山镇虎——瞎咋呼

熊瞎子耍棒子——胡抡

撒了谷子拾稻草

           ——不分主次；主次不分

瞎子上轿——摸不着门道

瞎子打哈哈——盲目乐观

瞎子讨饭——摸不着门道

瞎子出门——盲目行动

瞎子过独木桥——盲目冒险

瞎子当向导——摸不清方向

瞎子吃鱼——摸不着头尾

瞎子吃黄瓜——不分老嫩

瞎子纫针——摸不着门道

瞎子进村——摸不着门

瞎子抓琵琶——乱弹琴

瞎子作揖——盲目崇拜

瞎子拉二胡——没谱

瞎子爬窗户——摸不着门道

瞎子看钟——观点不明

瞎子哼曲子——盲目乐观

瞎子望天窗——不明不白

瞎子敬神——盲目崇拜

瞎子摸鱼——瞎摸

瞎子跳舞——盲目乐观

瞎子跟着娶媳妇的笑——瞎凑热闹

瞎子踩高跷——盲目冒险

墨汁里加石灰——乱掺和

躺在粪堆上睡觉——不知香臭

颜料店的抹布——分不清青红皂白

糊涂官判案——是非不清

螃蟹过街——横行霸（爬）道

磨刀师傅打铁——看不出火候来

戴着帽子鞠躬——岂有此理（礼）

檀香木盖茅坑——香臭不分

豁牙子说话

　　　　——含糊其辞；含含糊糊

藤攀枯树——乱纠缠

第二章 品格修养

11. 正直无私

一轮红日出东方——正大光明

八月十五的月亮——正大光明

八月的苦瓜——心里红

八月的萝卜——心里美

才子配佳人——十全十美

下水救落婴——舍己为人

大厅中央挂字画——堂堂正正

大姑娘当媒人——先人后己

山谷里的回声——不平则鸣

门后面的扫帚——专拣脏事做

飞机上打凉扇——高风亮节

飞机上的客人——高贵

马路上说马路——公道

马路不拐弯——正直公道

开封府里的包公——铁面无私

木匠的吊线——正直

木匠的刨子——抱（刨）打不平

中秋节的月亮——正大光明

打抱不平的说理——仗义执言

石灰石进了火窑里

　　——要留清（青）白在人间

四两豆腐半斤盐

　　——贤（咸）惠（烩）

瓜子待客——有仁有义

乐山大佛——形象高大

外甥打阿舅——公事公办

包公斩包勉

　　——公事公办；正人先正己

包公的作风——铁面无私

包公的铡子——不认人

包公审案——铁面无私

包公铡陈世美

　　——公事公办；刚正不阿

包公铡皇亲——法不容人

包公断案——铁面无私；六亲不认

包老爷的衙门——认理不认亲

司务长买饭票——公是公来私是私

出水的芙蓉——一尘不染

地上栽电杆——正直

光头上打苍蝇——正大（打）光明

刚出炉的铁——心地纯正

竹林里挂灯笼——高风亮节

池塘里的荷花——出淤泥而不染

好人喊冤——不平则鸣

妈妈奶孩子——舍己为人

观音的肚腹——慈善心肠

红娘牵线——成人之美

县太爷审他爹——公事公办

鸡婆抱鸭子——舍己为人

南天门上长大树——顶天立地

剃头的头发长，修脚的脚生疮
　　　　　　　——先人后己

屋门口的穿衣镜——正大光明

桃子破肚——杀身成仁

铁轨上的火车——走得正，行得直

胳膊弯里打凉扇——两袖清风

高山上的雪莲——一尘不染

海瑞上金殿——为民请命

诸葛亮挥泪斩马谡——顾全大局

诸葛亮娶丑妻——为事业着想

诸葛亮做丞相
　　　　　——鞠躬尽瘁，死而后已

曹操用人——唯才是举

雪里送炭——急人所急

堂前中央挂灯笼——正大光明

清水衙门——一尘不染

喜马拉雅山上卖牛黄——高贵

属唐僧的——慈悲为怀

雷锋送大嫂上车——助人为乐

衙门皂子打老爹——公事公办

腮帮贴膏药——不留脸面

精雕的玉人——十全十美

嫦娥跳舞——两袖清风

警察打他爹——公事公办

12. 勇敢细致

一步一个脚印——脚踏实地

八十岁学散打——拼老命

八磅大锤钉钉子——稳扎稳打

刀子嘴豆腐心——吃软不吃硬

刀刃上过日子——忘了生死

大轮船下锚——稳稳当当

大姑娘绣花——细功夫

大缸里放针——粗中有细

大象走路——踏实稳重

小鬼打城隍——死都不怕

千斤顶干活——不怕压力大

千年的铜钟——经得起打击

开弓的箭——绝不回头

开坛的烧酒——有冲劲

木匠钉钉子——硬往里挤

不见兔子不撒鹰——做事稳当

不饿带干粮——有备无患

水滴石穿——贵在坚持

见了棺材不落泪——心肠硬

长虫吃扁担
——直杠一条（长虫，指的是蛇）

公牛打架——有闯（撞）劲

书桌上的笔筒——相中有细

打破脑袋叫扇子扇——豁出去了

石匠的凿子——专拣硬的刻

生铁换豆腐——吃软不吃硬

生铁犁头——宁折不弯

老了的虎——雄心还在

老大懒惰老二勤——一不做二不休

老太太上台阶——一步步来

老太太的嘴——吃软不吃硬

老太太荡秋千——玩命

老牛不怕狼咬——豁出去了

老玉米面里掺白面——粗中有细

老母猪和牛打架——豁出命来摔

老绵羊撵狼——拼老命

过河拆桥——不留后路

过河的卒子——只进不退

死娃子不怕狼来啃——豁出去的人

死猪不怕开水烫——豁出去了

光着膀子打架——赤膊上阵

吊着头发打秋千——不要命

吃了定心丸——做事踏实

吃了秤砣——铁了心

向上游撑船——逆水行舟

爷爷同孙子赛跑——不服老

关门不上门——顶住

关云长刮骨疗疮——全无痛苦之色

戏台上的钟馗——不怕鬼

进港的轮船——不怕风浪

花岗岩下油锅——扎实（炸石）

两勤夹一懒——一不做，二不休

坐电梯上楼——不怕（爬）

冷库里的五脏——心肠硬

沙漠里的红柳——不怕风沙

沙滩上走路——一步一个脚印

初生的牛犊——不怕虎

张飞使计谋——粗中有细

张飞绣花——粗中有细

顶刀子求雨——豁出命来

画上的老虎——谁怕你凶

卒子过河——勇往直前；横冲直撞

泥地上跑马——一步一个脚印

房檐上玩把戏——玩命

姑娘绣花——细针密缕

城隍庙的菩萨——不怕鬼

南京坐船到武汉——逆水行舟

柏木橛子——宁折不弯

背水作战——断了后路

背起棺材过黄河

　　　　　——连后路都准备好了

背着灵牌上火线——要拼命

临刑前唱大戏——视死如归

星星之火——可以燎原

蚂蚁爬树——不怕高

蚂蟥见血——盯（叮）住不放

秋后拔萝卜——再硬也要碰

鬼门关止步——出生入死

独木桥上唱猴戏——不要命

姜太公在此——百无禁忌

蛐蟮斗公鸡——玩命

穿钉鞋拄拐杖——步步扎实

穿没底的鞋——脚踏实地

绝壁上的爬山虎——勇攀高峰

挨了刀的肥猪——不怕开水烫

挨鞭子不挨棍子——吃软不吃硬

砸锅卖铁——豁出去了

晒过的麻秆——宁折不弯

铁锤打夯——层层着实

铁锤砸乌龟——不怕你硬

拿头押宝——不要命

脑袋系在裤带上——豁出去了

脑袋掉了不过碗口大的疤

　　　　　——视死如归

桑木扁担——宁折不弯

唱戏的挨刀——不怕

崖头上睡觉——不怕死

欲穷千里目——更上一层楼

猪八戒吃面条——粗中有细

猪八戒绣花——粗中有细

猛将军上阵——勇往直前
麻袋片上绣花——粗中有细
淬过火的钢条——宁折不弯
密封的蜡丸——毫无破绽
密封罐头——无缝可钻
裁缝师傅的戒指——顶真（针）
握着蒺藜死不丢——不怕扎手
董存瑞炸碉堡——视死如归
棒槌里插针——粗中有细
晴天带伞——有备无患
谢安做官——东山再起
属张飞的——粗中有细
蒸鱼不沾水——凭着一口气
路旁的车前子——压不死
麂子咬豹子——不怕死
鼻梁上挂眼镜——四平八稳
醉汉开车——不要命；玩命干
瞎子上楼梯——一步步来
踩高跷过吊桥——拿性命开玩笑
踩着石头过河——脚踏实（湿）地
箭头离了弦——勇往直前
躺在柳条上睡觉——细致（枝）人

13. 乐观自信

一肚子加减乘除——心中有数
三十晚上盼初一——指日可待
三个指头捏田螺
            ——万无一失；稳拿
三个指头捡田螺——不费吹灰之力
三钱米下锅里——不稠（愁）
三钱米下锅里——不愁（稠）

口吞账本——心中有数
天文台里望高空
            ——满是信心（星星）
木匠做家具——心中有数
牛吃笋——胸有成竹
叫花子唱戏——穷开心
叫花子滚雪球——穷快活
叫花子擂鼓——穷快活
叫花子哼着太平调——穷开心
半夜弹琴——暗中作乐
讨口子打死狗——有祸也不大
讨饭的吹笛子——穷开心
老母猪吃破鞋——心里有底
百灵鸟唱歌——自得其乐
吃了算盘子——心里有数
吃下了算盘珠子——心里有数
吃着黄连唱着歌——以苦为乐
吃稀糊糊游西湖——穷开心
网中捉鱼——笃定
闭着眼睛哼曲子——心里有谱
孙悟空打猪八戒——稳赢
阴沟里的篾片——总有翻身的一天
坛中捉鳖——稳捉稳拿
扳着指头算账——有数
两手捏兔子——稳拿
囫囵吞笋——成竹在胸
肚子里长笋——胸有成竹
肚里吃了鞋帮——心里有底
沙发上打盹——有依靠
穷风流，饿快活——苦中作乐
抱着枕头跳舞——自得其乐
狗咬屁股——肯定（啃腚）

盲人吃汤丸——心中有数

油多捻子粗——灭不了

弥勒佛——笑口常开

弥勒佛管山门——自得其乐

孤儿院下棋——穷快活；穷作乐

茶食店失火——果然（燃）

茶壶煮饺子——心中有数

要饭的挂钥匙——穷开心

哑巴上学——绝对没有问题

哑巴吃汤圆——心中有数

哑巴吃馄饨——心中有数

顺藤摸瓜——十拿九稳

皇帝的女儿——不愁嫁

姜子牙钓鱼——稳坐钓鱼台

神枪手打靶——十拿九稳

鸭子进秧田——心中有数

铁饭碗——打不破

笔杆子吞进肚——胸有成竹

诸葛亮草船借箭——有把握

被窝里放收音机——自得其乐

堵住窟窿灌耗子——稳拿

黄连木做笛子——苦中作乐

曹操败走华容道——不出所料

船上失火——有底

脸盆里摸鱼——十拿九稳

断了翅膀的野鸡——飞不了

随口唱山歌——心里早有谱

煮熟了的鸭子——飞不了

煮熟了放进自己菜盘的雀儿

　　　　　　　——不会飞掉

黑灯瞎火跳舞——暗中作乐

蒜臼子打水——没关（罐）系

槐树下弹琴

　　　——苦中作乐；苦中取乐

碓嘴舂在碓窝里——稳妥妥

14. 诚实谨慎

一步一个脚印——脚踏实地

二大娘腌咸菜——有言（盐）在先

二小子穿大褂——规规矩矩

二尺长的吹火筒——只有一个心眼

八磅大锤钉钉子——稳扎稳打

刀子刻碑——尽是夹（石）话

三个铜子放两处

　　　　　——一是一，二是二

三本经书掉了两本——一本正经

三伏天絮棉袄——闲时预备忙时用

土命人——一心眼实

土做的人儿——实心眼

下地不穿鞋——脚踏实地

下雪天走路——一步一个脚印

丈母娘疼女婿——诚心实意

大轮船下锚——稳稳当当

大姑娘绣花——细功夫

大姑娘作嫁衣——闲时预备忙时用

大姑娘缝娃娃衣

　　　　　　——总有用着的时候

大缸里放针——粗中有细

大闺女裁尿布——闲里置下忙来用

大象走路

　——稳重；稳稳当当；稳当当的

大蒜剥皮——层层深入

千斤磨盘——无二心

马尾穿萝卜——粗中有细

开口的邮箱——信得过

无风下双锚——稳稳当当

木匠推刨子——直来直去

木箱钻洞——有板有眼

不见兔子不撒鹰——做事稳当

不饿带干粮——有备无患

太监出家——诚心实意

手捧鸡蛋过河——小心过度（渡）

长竹竿进巷道
　　　　　——直进直出；直出直入

孔夫子出门——三思而行

书桌上的笔筒——粗中有细

打手击掌——一言为定

打赤脚过刺蓬——小心在意

石头人开口——说实（石）话

石头雕的人——实（石）心眼

石臼放鸡蛋——稳稳当当

石狮子的五脏——实（石）心肠

石榔头打石桩
　　　　　——实（石）打实（石）

平房门前不漏雨
　　　　　——有言（檐）在先

生铁秤砣——老实疙瘩

白娘子救许仙——尽心尽力

乐山的大佛——老实（石）人

外婆待外甥——诚心实意

冬天买扇子——备用

半山崖的观音——老实（石）人

半夜打雷心不惊——问心无愧

半夜过独木桥——步步小心

出门带伞——有备无患

发面馒头送闺女——实心实意

扛着救生圈过河
　　　　　——小心过度（渡）

老九的弟弟——老实（十）

老太太上台阶——一步步来

老太太算账——一码是一码

老太婆吃黄连——苦口婆心

老太婆坐牛车——稳稳当当

老太婆纳鞋底
　　　　　——千真（针）万真（针）

老太婆数鸡蛋——一个个来

老玉米面里掺白面——粗中有细

老婆婆拉家常——想起什么说什么

老婆婆烧香——一片诚心

老鼠偷饺子——一个个来

过河摸屁股——小心过度（渡）

光屁股坐板凳——有板有眼

早餐啃馒头——一口一口地吃

吃了定心丸——做事踏实

吃竹竿长大的——直性人；直性子

吃豆腐怕扎牙根——小心过分

吃挂面不调盐——有言（盐）在先

冰上走路——小心翼翼

庄户人办事——实实在在

刘备三请诸葛亮——诚心诚意

关公开刀铺——货真价实

关老爷赴宴——单刀直入

江边上洗萝卜——一个个来

观音庙许愿——真心实意

买个喇叭不透气——实心眼

扶着栏杆上楼梯——稳步上升

坛子里的咸菜——有言（盐）在先

走上步看下步——瞻前顾后

走路看脚印——太小心

赤脚拜观音——诚心实意

花旦唱戏——有板有眼

花岗岩下油锅——扎实（炸石）

苏三上公堂——句句是实话

李逵穿针——粗中有细

豆腐干煎腊肉——有言（盐）在先

两手攥三大钱——一是一，二是二

钉铆在钢板上——扎扎实实

近视眼过独木桥——小心翼翼

坐着吃甘蔗——一节一节来

肠子不打弯——直性子

沙滩上走路——一步一个脚印

怀里揣马勺——诚（盛）心

张飞使计谋——粗中有细

张飞穿针——粗中有细

张飞绣花——粗中有细

抱着黄连做生意——苦心经营

拄拐棍走泥路——步步有点

苞谷棒子生虫——专（钻）心

直性人发言——有啥说啥

林黛玉进贾府——谨小慎微

板上敲钉子——稳扎稳打

板凳上钻窟窿——有板有眼

枣木棍子——实心

念九九表——说话算数

饱带干粮晴带伞——有备无患

疙瘩饼子送闺女——实心实意

放屁捂屁股——多加一分小心

炒咸菜不放盐——有言（盐）在先

泥地上跑马——一步一个脚印

泥菩萨的肚腹——实心实肠

空手挖萝卜——一个个地提拔

实心饺子——不掺假

姑娘绣荷包——专心致志

带着救生圈出海——有备无患

茶馆里摆龙门阵
——想起什么说什么

南山滚石头
——实（石）打实（石）

树叶落下来捂脑袋
——多加一分小心

咸菜拌豆腐——有言（盐）在先

钢板上铆铆钉——一是一，二是二

看着账本聊天——说话算数

俩王八拉双车
——规规矩矩（龟龟车车）

顺着梯子下矿井——步步深入

皇上下令——一言为定

独根蜡烛——无二心

姜太公封神——一言为定

穿钉鞋拄拐棍——步步扎实

穿没底的鞋子——脚踏实地

扁担砸杠子——直打直

娃娃学走路——一步步来

耗子在窝里藏粮——有备无患

耗子爬竹竿——一节一节来

捂着屁股过河——多加一份小心

捂着钱包捉贼——过分小心

铁板上钉钉——有板有眼

秤杆子拄路——小心（星）点

倒了碾盘砸了磨
——实（石）打实（石）

拿着鸡蛋走滑路——小心翼翼
拿着擀面杖当箫吹——没眼儿
唐僧上西天——一心取经
黄泥巴脚杆子——老实巴交（脚）
猪八戒吃面条——粗中有细
猪八戒绣花——粗中有细
猫咪洞口等老鼠——目不转睛
麻雀开会——细商量
麻雀嫁女——细吹细打
麻袋片上绣花——粗中有细
婆吃黄连劝儿媳——苦口婆心
梁上插针——粗中有细
密封的蜡丸——毫无破绽
骑车过独木桥——小心翼翼
裁缝师傅的戒指——顶真（针）
裁缝师傅做衣服
　　　——千真（针）万真（针）
裁缝的手艺——认真（纫针）
裁缝的家当——真正（针挣）的
朝廷表态——一言为定
棒槌里插针——粗中有细
晴天带伞——有备无患
跛子走路——一步步来
腊肉汤里煮挂面
　　　——有言（盐）在先
猴子坐板凳——有板有眼
童养媳伺候公婆——小心在意
善男信女拜观音——心诚
割韭菜，剥黄麻——一码是一码
属长虫的——一股节一股节往前赶
摸着石头过河——稳稳当当
搬竹竿进胡同——直来直去

搬起石磅碾盘
　　　——实（石）打实（石）
碓窝里舂米
　　　——实（石）打实（石）
筷子夹豌豆——一个个来
傻大姐下棋——见一步走一步
鼻梁上挂眼镜——四平八稳
敲不响的木鼓——心太实
鞋刷子脱毛——有板有眼
碾盘对碾盘
　　　——实（石）打实（石）
瞎子上梯子——一步步来
踩死的蚂蚁也验尸——过分认真
踩着石头过河——脚踏实（湿）地

15. 谦逊好学

八级工学技术
　　——精益求精；长到老，学到老
刀剜黄连木——刻苦
三句话不离本行——干啥说啥
土包子开洋荤——全靠指点
大蒜剥皮——层层深人
大腿上贴商标
　　　——走到哪儿宣传到哪儿
王母娘娘开蟠桃会——聚精会神
开水锅里煮空笼
　　——不争（蒸）包子争（蒸）口气
见啥菩萨念啥经——到哪说哪
孔夫子出门——三思而行
孔夫子拜师——不耻下问
玉石店里的珍品——精雕细刻

打架揪胡子——谦虚（牵须）
打破砂锅——问（纹）到底
白娘子救许仙——尽心尽力
半天云里吹唢呐——哪里哪里
半路上出家——从头学起
司马懿夸诸葛——甘拜下风
老太太没事打鞋底——顶真（针）
老牛拉车——埋头苦干
老会计拨算盘——精打细算
老鼠啃书——字字句句往肚里吃
老鼠啃皮球——客（嗑）气
过河拽胡子——谦虚（牵须）
会计戴眼镜——精打细算
羊群里跑个兔——数它小，数它精
农人说谷，屠夫说猪
——干一行爱一行
利刀石上磨——精益求精
抱着黄连做生意——苦心经营
拉胡子过河
——谦（牵）虚（须）过度（渡）
苞谷棒子生虫——专（钻）心
卖了麦子买蒸笼
——不争（蒸）馒头争（蒸）口气
夜明珠埋在地里——有宝不显
姑娘绣荷包——专心致志
胡子套索索——谦虚（牵须）
哑巴拜年——多磕头少说话
虾子过河——谦虚（牵须）
唐僧念佛——一本正（真）经
诸葛亮战地开会——集思广益
理发师带徒弟——从头教起
黄连树上雕字——刻苦
偶像面前磕头——毕恭毕敬
猪八戒撞上罗刹女——甘拜下风
腰里别镰刀——走到哪儿干到哪儿
瞎子背着拐杖走——由你指点
踩死的蚂蚁也验尸——过分认真
稿纸上写情诗——做一行爱一行
雕花师傅戴眼镜——精雕细刻

16. 贪婪自私

一口吃了十二个饺子
——好大的胃口
一口吃个牛排——贪多嚼不烂
一口饮尽四海水——好大胃口
一个枣核也舍不得丢——抠得要命
一把抓了个星星
——手伸到天上去了
一根木头劈八开——不大方
一钱不落虚空地——全有目的
一嘴吞下仁馒头——贪多嚼不烂
十月丝瓜——满肚私（丝）
八十岁婆婆嫁屠户——只要有肉吃
九寸加一寸——得寸进尺
又想要公羊，又盼有奶喝
——贪得无厌
三九天吃梅子——寒酸
三分钱买个烧饼还看薄厚
——小气得很
干丝瓜开膛——满肚子私（丝）
土地爷开银行——钱能通神
土地爷吃马蜂——大小是个荤腥
土地爷剃头——生刮死刮

大车拉煎饼——贪（摊）得多了

大师傅的肚子——油水多

大衣柜没把手——抠门儿

大海里撑篙子——点不到底

大嘴乌鸦吃食——一副贪相

上了山顶想上天——不知足

上等牙刷——一毛不拔

小秃子的脑袋——一毛不拔

小鸡吃胡豆——贪欲太大

小鸡配凤凰——想高攀

小狗子吃马鹿——好大的胃口

小孩儿拜年——伸手要钱

小偷进牧场——顺手牵羊

小鼎锅想炖大牛头——好大的胃口

小蜘蛛吊在房子里
　　　　　　——自私（织丝）

山上钓鱼——财迷

山洞里开河——只进不出

丫鬟枕着元宝睡——守财奴

飞过的麻雀也要扯根毛
　　　　　　——爱占便宜

马食槽不许驴插嘴——独吞

无底的提包——装不满

专往肥肉上贴膘——势利眼

不吃桑叶的老蚕——尽是私（丝）

车干塘水捉鱼
　　　　——只图一回；不顾后患

牙齿朝外长——专吃别人

见了大官叫舅——高攀

见了王母娘娘叫大姑——攀高亲

见了寿衣也想要——贪心鬼

见了苍蝇撕条腿——贪得无厌

见了兔子才放鹰——有利才出征

见物手痒——利欲熏心

见高就拜，见低就踩——势利眼

乌龟爬旗杆——想高升

心里揣着个小算盘
　　　　　——打着自己的小九九

孔方兄进庙门——钱能通神

打狗看主人——势利眼

扒手遇见贼打劫——见财分一半

扔下铁锤拿灯草——拈轻怕重

北冰洋的梅子——寒酸

只尝不买——光占便宜

叫花子讨饭——各顾各

叫花子烤火——尽往自己怀里扒

四川的蚊子——吃客

生意佬的秤——斤斤计较

白银子碰见黑眼睛——见财起意

用人家的火做自家的饭
　　　　　　——爱占便宜

甩了西瓜捡芝麻——避重就轻

冬天吃葡萄——寒酸

眉毛胡子一把抓——公私不分

皮包商做生意——沾手三分肥

对着镜子看——里里外外都是自己

考上秀才想当官，登上泰山想升天
　　　　　　——贪得无厌

老太太搬家——什么都拿

老母猪爬楼梯——高攀

老爷坐马桶——赃（脏）官

老寿星吃人参果——嫌命短

老虎不嫌山羊瘦——沾荤就行

老虎吃羊羔——不吐骨头

老虎吃兔子——一口吞
老虎借猪——有进没出
老虎嘴塞马蜂——填不满
老鼠吃骆驼——大有油水可捞
老鼠坐供桌——想充神仙
老蜘蛛跑腿——办私（丝）事
有了一福想二福，有了肉吃嫌豆腐
　　　　　　　——贪得无厌
有钱人家的看门狗——势利眼
成天想蚕茧——只顾私（丝）
当了皇帝想成仙——贪得无厌
当差放私骆驼——假公营私
吊死鬼上银行——死要钱
吃了猪肝想猪心——贪得无厌
吃口樱桃肉塞了嗓子眼——小心眼
吃饭舔碗边——吝啬鬼
吃虱子留后腿——小气
吃着鸡，抓着鸭——贪心不足
吃着碗里，瞧着锅里——贪心
刚来报到就要跳槽
　　　　　　——这山望着那山高
肉案上的买卖——斤斤计较
竹子当鼓——敲竹杠
自留地里拉屎——泄私愤（粪）
后背挨了棍子——望钱（往前）扑
行医捎带卖棺材——死活都要钱
杂货铺的掌柜——见钱眼开
冰块掉进醋缸里——寒酸
刘备借荆州——有借无还
交易所的拿破仑——财棍
米数颗粒麻数根——小气鬼
米满粮仓人饿倒——爱财不爱命

米醋做冰棍——寒酸
江西人补碗——自顾自（瓷）
守着窝门抓鸡——一个也不留
孙大圣赴宴——偷吃偷喝
麦秆做吹火筒——小气
走路算账——财迷转向
花灯、锣鼓——各打各
苍蝇钻茅房——沾腥惹臭
豆腐放在杀猪锅里——沾点油水
两口子锄地——不顾（雇）人
两个铜板做眼镜——睁眼光是钱
两个麻雀吵架——为争一颗米
两只眼盯着一个小钱——见钱眼开
两块银圆做眼镜——睁眼就是钱
医院办火葬场——死活都要钱
县太爷盗金库——财迷心窍
囫囵吞枣——独吞
坐在钱眼儿里摸钱边——财迷心窍
肚皮里的蛔虫——只等着吃
吝啬鬼过日子——分钱攥出汗
冷水褪鸡——一毛不拔
灶台上抹布——专门揩油
怀里打算盘——打进不打出
屁股上吊算盘——见利就沾
抱元宝跳井——舍命不舍财
抱鸡婆带娃娃——只管自家一窝
抱着钱罐子打盹——财迷
垃圾堆里打气——光进不出
拉着状元喊姑夫——想高攀
卖水的看大河——全是钱
卖煎饼的赔本——贪（摊）大了
轮胎里打气——只进不出

到了山顶想上天——贪得无厌

到了黄山想泰山

　　　　　　——这山望着那山高

岸上看人溺水——见死不救

舍身崖边摘牡丹——贪花不怕死

念完了经打和尚

　　　　　　——有用是亲·无用是仇

肥鸡炖汤——油水多

狗眼看人——咬穷不咬富

店铺里的蚊子——吃客

泥菩萨伸手——死活都要钱

空手抓鱼——白捞

空心罗汉——没肚量

郎中卖棺材——死活都要钱

春蚕到死——怀着私（丝）

拾到金娃找它妈——贪心不足

拾钱不认街坊——见利忘义

挖鼻屎当盐吃——吝啬鬼

带着存折进棺材——死要钱

带着秤杆买小菜——斤斤计较

荞麦皮里挤油——死抠

茶壶里下元宵——只进不出

南瓜藤爬电杆——高攀

药铺里卖花圈——死活都要钱

虾吞礁石——好大的胃口

蚂蚁打哈欠——小气

蚂蚁觅食——顾自家

蚂蚱吞老虎——贪心不足

钞票洗额头——见钱眼开

钢针屁股上的眼

　　　　　　——只认衣衫不认人

拜把子兄弟开茧店

　　　　　　——结党营私（丝）

看人下菜碟——势利眼

看衣裳行事——狗眼看人

看病先生开棺材铺——死活都要钱

看着星星想着月亮——贪得无厌

狮子张嘴——一口吞

送走客人做饭吃——吝啬鬼

浑水摸鱼——都想捞一把

举重比赛——斤斤计较

娃娃吹喇叭——小气

给了九寸想十寸——得寸进尺

耗子拖泰山——野心太大

耗子看粮仓——监守自盗

耗子啃骆驼——大有油水可捞

蚕肚子——私（丝）心

蚕宝宝吃桑叶——胃口越来越大

蚕宝宝牵蜘蛛

　　　　　　——私（丝）连私（丝）

紧口坛子——装得多，倒得少

蚊子的血都要舔——吝啬鬼

蚊子放屁——小气

钱串子脑壳——见钱眼开

钱眼里翻跟头——财迷转向

钻进鸟笼里的猫——嘴馋上了当

铁公鸡请客——一毛不拔

笔筒吹火——小气

倒爷发家——不义之财

臭虫咬胖子——揩油；沾油水

拿个小钱当月亮——吝啬鬼

拿针眼当烟筒——小气

拿着野鸡做贡献——家财难舍

爹死娘嫁人——各人顾各人

脑袋进了拍卖行——要钱不要命

狼叼来的喂狗——白享受

饿汉子抢猪头——争嘴吃

饿虎吃樱桃——馋红了眼

饿狗掉茅房——饱餐一顿

饿狼吞食——一副贪相

饿狼窜进羊厩——想饱口福

瓷公鸡，玻璃猫——一毛不拔

剖腹藏珍珠——舍命不舍财

旅店里的老鼠——吃客

粉球滚芝麻——多少沾点儿

烟锅里炒芝麻——小气（器）

酒杯里量米——小气（器）

被窝里放屁——独吞

恶心他妈给恶心开门
　　　　　　　——恶心到家了

黄牛角，水牛角
　　　　　　——各（角）顾各（角）

黄鼠狼见了鸡——眼馋

黄鼠狼吃鸡毛——填不饱肚子

黄鼠狼借鸡——有借无还

萤火虫照屁股——只顾自己

萧何月下追韩信——爱才如命

梦里拾钞票——财迷心窍

梦里啃甘蔗——想得倒甜

梦里聚餐——嘴馋

聋子擂鼓——各打各

雀儿的肚子——心眼小

眼睛长在头顶上
　　　　　　——光看上，不看下

眼睛瞪着孔方兄——见钱眼开

蛇吞大象——贪心不足

铜圆做镜子——满眼是钱

铜板当眼镜——认钱不认人

银子拴在肋骨上——一动就心疼

银行的出纳——没钱不好办

做了皇帝想成仙——欲无止境

做小本生意——斤斤计较

得一望十，得十望百——贪得无厌

得了五谷想六谷——欲无止境

得了雨衣还要伞——贪得无厌

得陇望蜀——贪得无厌

脚登黄山，眼望峨眉
　　　　　　——这山望着那山高

脚踏棒槌，头顶西瓜——两头要

猪八戒见了白骨精——垂涎三尺

猪八戒吃西瓜——独吞

猪八戒的嘴——贪吃贪喝

猪头往钢刀上碰——舍得花血本

猪拱粮囤——记吃不记打

猫爪伸到鱼池里
　　　　　　——想捞一把；捞一把

馆子里的厨师——咸淡都得尝

麻雀吃不下二两谷——肚量小

麻雀的内脏——小心肝儿

麻雀的肚腹——小心眼

望乡台上抢元宝——贪心鬼

望乡台上抢骨头——饿鬼

阎王爷挑库兵——看钱鬼

剪开个蚕茧贴在眼上
　　　　　　——满眼都是私（丝）

婆婆嘴吃西瓜——滴水不漏

梁山泊的王伦

　　　　——妒贤嫉能；容不得人

骑着驴子思骏马，官居宰相望王侯

　　　　——贪得无厌；贪心不足

棺材里伸手——死要钱

棺材铺的生意——赚死人的钱

雁过拔毛——转眼捞一把

跌倒还要抓把沙——不落空

喉咙里伸出手来——真馋

锈死的铁钉——抠不出来

鹅盆里不准鸭插嘴——独吞；独食

猴子夺锣槌——起了要钱的心

猴子爬樱桃树——想吃高口味

馋人打赌——净是吃的

馋鬼打灯笼——找吃的

馋鬼抢生肉——贪多嚼不烂

湿手抓面粉——占小便宜

割草的捡到大南瓜——捞外快

属鸭子的——填不饱

强盗的逻辑——得寸进尺

强盗的欲望——填不满

隔着围墙摘花——手伸得太长

隔墙果子分外甜——别人家的好

靴子梦见帽子——想高攀

蓝采和的花篮——装不满

蒙着被子放屁——独（毒）吞

睡梦里抱元宝——财迷心窍

跳蚤放屁——小气

跪着养猪——看在钱份上

蜗牛盖房子——自己顾自己

毽子上的鸡毛——钻进钱眼里了

矮子爬坡——贪便宜

衙门口打转悠——想捞顶乌纱帽

腰里挂算盘——光为自己打算

腹中容不得一根毛——肚量小

煤铺的掌柜——赚黑钱

嫌豆腐——欲无止境

鼻头上抹蜂蜜——干馋捞不着

瞎子吃小枣——大把抓

躺在棺材里想金条——贪心鬼

鲤鱼跳上船——不劳而获

嘴巴上擦石灰——白吃

嘴扛在肩上——到处吃人家

辨病鬼开药铺——为了方便自己

戴马桶坐大堂——赃（脏）官

篾匠的手艺——不刮就削

癞蛤蟆吞大象——想头不低

癞蛤蟆吹唢呐——小气

17. 高傲自大

一个人拜把子——你算老几

二大娘抱秃娃娃

　　　　——人家不夸自己夸

土地菩萨打哈欠——神气

丈八高的灯台

　　　　——照见别人，照不见自己

大龙不吃小干鱼——看不上眼

大鸡不吃碎米——看不上眼

大象抓凤凰——眼高手低

大雁东南飞——趾高气扬

大鲨鱼不吃小虾——看不上眼

上天的气球——飘飘然

小王卖画——自卖自夸

口袋里冒烟——烧包

山顶上煮稀饭——高傲（熬）

门里金刚——自高自大

门框脱坯子——大模大样

飞机的尾巴

　　　——翘到天上去了；翘得高

马尾绷琵琶——不值一谈（弹）

井里的蛤蟆——不知天高地厚

开了锁的猴子——得意忘形

开水泡黄豆——有点自大

天文台上的望远镜——好高骛远

天灵盖上长眼睛——目中无人

木器店里的棺材

　　　——目（木）中无人

水泡豆子——自大；自我膨胀

手电筒的光

　　　——照见别人，照不见自己

手托灯笼上山顶——唯我高明

牛鼻子上的跳蚤——自高自大

长颈鹿的脑袋突出——头扬得高

月亮当镜子——太把自己看大了

孔明夸诸葛——自夸

孔雀开屏——翘尾巴；尾巴翘得高

玉皇大帝——高高在上

田螺爬到旗杆上——唯我独尊

四大金刚摇船——大摇大摆

仙女下凡——飘飘然

半天云里飘气球——高高在上

半斤放在四两上——翘得高

半瓶子醋——乱晃荡

头上长嘴——说天话

头上顶灯笼——自作高明

头上点灯——唯我高明

司号员打鼓——自吹自擂

司令上树——趾（枝）高气扬

对着穿衣镜作揖——自我崇拜

对着镜子说漂亮——自我欣赏

对着镜子演奏——自吹自擂

台上唱戏，台下打鼾——看不上眼

动物园里的长颈鹿——心高气傲

老王卖瓜——自卖自夸

老虎上磅秤——自称威风

老鸦落在猪身上——看不见自己黑

老婆婆戴刺梨花

　　　——人家不夸自己夸

老鼠爬秤杆——自称自大

扫把写字——好大话

后脑勺挂镜子

　　　——照见别人，照不见自己

闭门造车——自作聪明

关门唱山歌——自我欣赏

关门踩高跷——自看自高

关羽失荆州——骄兵必败

灯芯草做琴弦——不值一谈（弹）

灯草烧灰——飘飘然

孙悟空当齐天大圣——自尊自大

孙猴子上天宫——得意忘形

观音菩萨坐莲台——高高在上

红萝卜菜放辣柚

　　　——没把你放在眼里

花公鸡的尾巴——翘得高

花猫蹲在屋脊上——唯我独尊

两脚踏云——飘飘然

吹鼓手办喜事——自吹

坐着飞机想上月球——心比天高

快活一时算一时——得意忘形

张飞哈气——自我吹嘘（须）

鸡群里的鹅——高傲

青蛙笑蝌蚪——忘了自己从哪来了

抱着屁股上楼——自己抬自己

松鼠的尾巴——翘得高

卖瓜的夸瓜甜，卖鱼的夸鱼鲜

　　　　　　　——自卖自夸

卖花的，说花香；卖菜的，说菜鲜

　　　　　　　——自卖自夸

卖豆腐的扯马脚

　　　　　　——生意不大架子大

爬上马背想飞天——好高骛远

狗咬日头——狂妄（汪）

府官进县衙——大摇大摆

盲人上大街——目中无人

盲人的眼珠子——目中无人

盲公打灯笼——照人不照己

闹钟打哈哈——自鸣得意

驼子背火球——烧包

胡敲梆子乱击磬——得意忘形

南天门踩高跷——高高在上

枯树上的知了——自鸣得意

树枝上吹喇叭——趾（枝）高气扬

竖起大拇指当扇子——自夸

看着天说话——不知眼有多高

看着天摸着地——眼高手低

秋天的蝉——自鸣得意

疯狗吃太阳——不晓得天高地厚

疯狗咬月亮——狂妄

举着灯笼照镜子——自我欣赏

骆驼看天——眼高

耕地里甩鞭子——吹（催）牛

耗子爬到牛角上——自以为大

耗子爬到树梢上——自高自大

耗子爬秤钩——自称自

鸭子走路——大摇大摆

鸭子的屁股——爱翘

鸭子浮水——飘飘然

秤钩吊在屁股上——自称自

脑勺子后长疙瘩

　　　　　——看不见自己的缺点

脑门上挂灯笼——唯我高明

脑门上戴眼镜——眼高

高山顶上搭台子——高高在上

站在热甏上放屁——趾高气扬

黄牛背上的跳蚤——自高自大

萤火虫落在秤杆上

　　　　　——自以为是颗亮星

梳头照镜子——只看到自己

笛子独奏——自吹

做了皇帝想成仙——心高

做个大褂丈二宽

　　　　　——大摇（腰）大摆

猪八戒的嘴巴——自我欣赏

猪八戒弹弦子——自鸣得意

猪八戒戴耳环——自以为美

麻袋厂遭火灾——烧包

提着尺子满街跑

　　　　　——只量别人，不量自己

喜鹊的尾巴——爱翘

裁缝的尺子——量人不量己

棉花店失火——烧包

蛤蟆跳到牛背上——自以为大

锅底笑话缸底黑

　　——光看别人黑，不见自己黑

鹅在水中寻食——尾巴翘上天

鹅行鸭步——大摇大摆

鲁班门前抡斧——不知天高地厚

猴子爬上旗杆顶——高高在上

猴子穿花衣——光显自己漂亮

猴子倒立——尾巴翘起来了

猴子骑马——高高在上

猴子骑绵羊——趾高气扬

猴子照镜子——得意忘形

粪车掉轮子——臭架子

裤腰带挂杆秤——自称自

属鸡毛的——越吹越觉得自己高

隔着门缝看吕洞宾

　　——小看贤（仙）人

登上泰山想升天——好高骛远

蒸笼里的馒头——自我膨胀

路边的技技草——看不上眼

矮子穿木屐——自高自大

馒头里包豆渣——人家不夸自己夸

瞎子打手电

　　——只照人家，不照自己

瞎子坐上席——目中无人

瞎子看戏——目中无人

瞎子逛大街——目中无人

躺在功劳簿上睡大觉——沾沾自喜

瘪粒儿的麦穗——头扬得高

额头上长眼睛——眼界高

螳螂吞地球——狂妄

癞大哥坐秤盘——自称自大

癞蛤蟆敲大鼓——自吹自擂

癞蛤蟆戴礼帽——妄自尊大

霸王项羽——不可一世

18. 阴险狡诈

一个水洞里的泥鳅——都够滑的

一手抓泥鳅，一手逮黄鳝

　　——两头耍滑

一手遮天，一手捂地——上下两瞒

一时猫脸，一时狗脸——变化无常

一肚子花花肠子——找不到心

一根筷子拣花生米——挑拨

刀切豆腐——两面光

又做巫婆又做鬼

　　——两头出面装好人

干水塘里的泥鳅——滑不到哪里去

下山虎开路——头号帮凶

下山的饿虎——一副吃人样

下雨洒街，刮风扫地——假积极

丈母娘疼姑爷——为闺女

大白天里抢劫——明火执仗

大虫打哈哈——笑面虎

大金牙说媒——满口谎（黄）言

大便带出个操面杖——恶（局）棍

小偷不经吓——做贼心虚

口吞土地庙——满肚子鬼

山上的竹子——内部空虚

凡士林涂嘴巴——油腔滑调

马蜂的儿子——带（歹）毒

马蹄后腿——逞强

王麻子的剪刀

——名牌货；货真价实；名不虚传

王婆子照应武大郎——不是好事

井里投砒霜——害人不浅

开弓不放箭——虚张声势

开水烫泥鳅——看你怎么耍滑

天坑里种辣椒——阴险毒辣

木脑壳流眼泪

——假仁假义；虚情假意

不炸嘴的石榴——满肚子花花点子

不喊叫的狗——暗里咬人

气死周瑜去吊孝

——假仁假义；虚情假意

长尾巴蝎子——满肚子毒水

凶神扮恶鬼——又凶又恶

公共汽车翻沟里——乘人之危

月亮底下抡大刀——明刀暗砍

乌鸦难入凤凰群——太黑了

六月的日头——毒

火车进站——叫得凶，走得慢

孔明斩魏延——借刀杀人

孔明哭周瑜——假慈悲

巴掌生疮——毒手

打一巴掌揉三揉——假仁假义

打破嘴巴骂大街——血口喷人

东西路南北拐——走邪（斜）道

东吴杀人——移祸于曹

叶公好龙——口是心非

电风扇的脑袋——专吹冷风

白杨树叶子——两面光

白骨精开口——不讲人话

白骨精化美女——人面鬼心

白骨精打跟头——鬼把戏

白铁斧头——两面光

白眼狼戴眼镜——冒充好人

白糖包砒霜——心里毒

白糖嘴巴刀子心——口蜜腹剑

冬瓜皮做帽子——滑头；滑头滑脑

半天云里打靶——放空炮

半夜叫大姑娘的门——来者不善

半夜拔河——暗中使劲

半夜闹王殿——暗中搞鬼

半夜洗衣月下晒

——明是阳来暗是阴

半夜捅鸡窝——暗中捣蛋

半夜弹琴——暗中作乐

半空的云彩——变化多端

出了芽的蒜头——多心

发臭的酸奶——坏透了

老太太吃海蜇——搬嘴弄舌

老母猪吞镰刀头——弯弯肠子

老虎爪子蝎子心——又狠又毒

老虎头上挂佛珠——假慈悲

老虎进庙堂——没安好心

老虎坐莲台——假充善人

老虎咧嘴笑——阴险歹毒

老虎请客——吃人

老狼哭羊羔——虚情假意

老舵公撑船——看风使舵

老鼠啃神龛——欺神灭相

老蝎子撒尿——毒汁四溅

老鹰飞入鸡场——没个好心肠

地龙回家——弯弯道儿多

地窖里的橘子——阴险；阴鲜

地窖里聊天——说黑话

朽木搭桥——存心害人

西门庆请武大郎——没安好心

西瓜抹油——又圆又滑

西瓜掉在油桶里——滑头

尖尖筷子夹凉粉——滑头对滑头

光筷子吃豌豆——滑头对滑头

当面诵善佛，背后念死咒

　　　　　　　——阳奉阴违

吃人不吐骨头——心狠手辣

吃人饭拉狗屎——没人味

吃人的东西坐大殿——豺狼当道

吃了一堆烂芝麻——满肚子坏点子

吃了一筐烂石榴——满肚子坏点子

吃了鱼钩的牛打架——钩心斗角

吃了秤杆——一肚子心眼

吃了海椒啃甘蔗——嘴甜心辣

吃了蝎子——心肠歹毒

吃豹子胆长大的——凶恶极了

吃斋的恶婆子——口素心不善

吃麻油唱曲子——油腔滑调

吃着肥肉唱歌——油腔滑调

吃剩饭长大的——尽出馊主意

吃蜂蜜说好话——甜言蜜语

年过花甲不成才

　　——虚度年华；枉活了大半辈子

竹叶青打喷嚏——满嘴放毒

伏天的太阳——毒极了

忤逆子讲孝经——假做作

后娘打孩子——暗里使劲

杀鸡问客——多此一举；虚情假意

冲着柳树要枣吃——故意刁难

冰河上赶鸭子——大家耍滑

刘邦乌江追项羽——赶尽杀绝

刘备摔阿斗——收买人心

问客杀鸡——虚情假意

关公开凤眼——要杀人

阴间秀才——阴阳怪气

阴沟里的老鼠

　　　　——明的不敢来暗地里来

如来佛出虚恭（放屁）——好神气

好心走一遭，回转被狗咬

　　　　　　　——以怨报德

妈妈的姊妹好几个——多疑（姨）

戏台上的朋友

　　　　——假仁假义；虚情假意

戏台上赌咒——口是心非

红皮萝卜紫皮蒜——最辣嘴

红萝卜掉油篓

　　　　——又奸（尖）又猾（滑）

红鼻绿眼的鬼——不安好心

寿星出虚恭（放屁）　　——老气

坏鬼军师——专出坏主意

走路绕小道——净拐弯

坟里埋砒霜——阴毒

把墨水喝到肚子里——五脏黑透了

李鬼舞双斧——硬充好汉

李逵卖黑炭——人黑货也黑

豆腐烩泥鳅——软加滑

豆腐嘴刀子心——口善心恶

医生开刀——尽往人的痛处挑

邮递员的挎包——心（信）多

吹灯打哈欠——暗中出气

针尖上擦油
　　　——又奸（尖）又猾（滑）

针尖对麦芒
　　　——奸（尖）对奸（尖）

针挑手中刺
　　　——一个更比一个奸（尖）

乱葬坟里掷骰子
　　　——净是鬼点子；鬼点子多

秃尾巴驴
——有头无尾；后梢里虚；抓不住

秀才哭哥——凶（兄）啊

坐山观虎斗——想从中渔利

坐飞机扔炸弹
　　　——抬高自己，打击别人

含冰糖说好话——甜言蜜语

肚皮贴到脊梁骨
　　　——恶（饿）得要命

肚里长牙齿——心里狠

肚里装着冰坨子
　　　——说话冷冰冰、硬邦邦

床底下支张弓——暗箭伤人

灶旁的风箱——煽风点火

怀里揣刀子——不存好心

张飞摆屠案——凶神恶煞

张天师叫门——内中有鬼

鸡蛋掉油缸——圆滑；又圆又滑

纸糊的岩鹰——有翅难飞

拉大旗作虎皮——吓唬人

枣子骨头——两头奸（尖）

枣核搭牌楼
　　　——奸（尖）对奸（尖）

到了火车站——鬼（轨）多

罗汉菩萨——个个都是笑脸

和尚杀牛——口善心恶

侦察员破案——暗中活动

金鱼缸里放泥鳅
　　　——看你怎么耍滑头

刽子手红了眼——凶相毕露

刽子手的本领——杀人的勾当

刽子手咧嘴——笑里藏刀

刽子手烧香——假装慈悲相

狐狸进宅院——来者不善

狐狸找羊交朋友——居心不良

狐狸给鸡拜年
　　　——不怀好意；阴险歹毒

狐狸做梦——想着投机（偷鸡）

狗头军师
　　——出不了好主意；尽出鬼点子

狗舔猫鼻子
　　　——不存好心；居心不良

夜叉怀胎——肚里有鬼

夜猫子进宅——没安好心

放暗箭，打冷枪——背后伤人

河里的泥鳅种，山上的狐狸王
　　　　　——老奸巨猾

河伯娶妻——坑害民女

泡桐树锯菜板——心虚

房子着了抢东西——趁火打劫

妲己献媚——残害忠良

毒蛇出洞——伺机伤人

毒蛇爬竹竿
　　　——又狡（绞）又猾（滑）

项庄舞剑——意在沛公

项羽设宴请刘邦

　　——不存好心；居心不良

城隍爷不穿裤子——羞死鬼；无耻

城隍的扇子——扇阴风

城隍娘娘害喜——怀的鬼胎

指桑骂槐——明人做暗事

荆轲刺秦王——图穷匕首见

荆轲献地图——暗藏杀机

草丛里的眼镜蛇——歹毒

药铺里招手——把人往苦处引

药罐子里的枣子——虚胖

背后拉弓——暗箭伤人

哑巴看书——毒（读）在心里

蚂蟥无骨头——两头喝血

咬人的狗不露齿——暗中伤人

钟馗打饱嗝——肚里有鬼

牯牛拼命——钩心斗角

鬼子兵弄刀枪——杀气腾腾

鬼子兵进村——来者不善

养蜂人的嘴巴——甜言蜜语

娄阿鼠走路——贼头贼脑

烂西瓜——一肚子坏水

烂鱼开了膛——一副坏心肠

烂泥巴捏神像——没个好心肠

烂膏药往别人嘴里送——专门害人

洞房里说悄悄话——甜言蜜语

扁担无钉——两头滑脱；两头耍滑

耗子盯小偷——贼眉鼠眼

耗子和蛤蟆交朋友——不怀好意

捉了老虎再烧山——连窝端

恶人先告状——反咬一口

恶老婆骂街——四邻不安

恶狗咬天——狂妄（汪）

恶狗看见棍棒——又恨又怕

恶狼扒门——成心糟蹋人

恶狼对羊笑——不怀好意

恶狼和疯狗做伴——坏到一块了

恶狼学狗叫——没怀好意

恶狼落陷阱——作恶到头了

恶狼遭雷劈——恶贯满盈

恶魔对丑怪——一对坏

鸭子的屁股——又圆又滑

蚌壳里取珍珠——谋财害命

借东风杀曹操——间接害人

借花敬神——假恭敬

倒吊的腊鸭——一嘴油

豺狼请客——没安好心；居心不良

豺狼朝羊堆笑脸——阴险歹毒

胸脯上挂茄子——多心

狸猫装猫叫——想投机（偷鸡）

狼夸羊肥——不怀好意

狼给羊献礼——没安好心

饿狗争食——自相残杀

饿狼吃羊羔——生吞活剥

饿着肚子造反——借机（饥）闹事

病好打太医——恩将仇报

站在人背后拉弓——暗箭伤人

烟囱里招手——往黑处引

浪里撑船——看风使舵

浸透水的黄金瓜

　　　　　——外面好看里面空

家雀扑老鹰——凶得不要命

袖里藏刀——不露风（锋）

袖里藏宝剑——杀人不露风

袖筒里捅斧子——出手就砍

袖筒里揣刀子——暗藏杀机

被窝里磨牙——怀恨在心

掉在油缸里的老鼠——滑头滑脑

掂刀子宰孩子——灭绝人性

黄鼠狼进宅院——来者不善

黄鼠狼给鸡拜年——没安好心

黄鼠狼唱山歌——没安好心

黄鼠狼蹲在鸡窝里

　　　　　　——投机（偷鸡）

黄鳝遇见泥鳅——滑头对滑头

梦里失火喊救命——虚惊一场

曹操用计——又奸又猾

曹操做事——疑心重

眼镜蛇打喷嚏——满嘴喷毒

野狼扒门——来者不善

野猪头做贡物——虚情假意

唱戏哭娘——假泪两行

做梦见阎王——疑神疑鬼

做梦吞大象——野心勃勃

船老大坐后船——看风使舵

脚底下长疮，头上冒脓

　　　　　　——坏到底了

脚底下使绊子——暗中害人

脚踩棒槌，头顶西瓜——两头耍滑

脸上写字——表面文章

脸上含笑，脚下使绊子——暗伤人

脸上带笑，肚里藏刀——假充好人

脸盆里的泥鳅——滑不到哪里去

猪八戒吃炒肝——自残骨肉

猪八戒败了阵——倒打一耙

猪八戒相亲——怕露嘴脸

猪八戒啃蹄爪——自残（餐）骨肉

猫给老鼠吊孝

　　　　　　——虚情假意；假仁假义

麻子敲门——坑人到家

阎王办事——尽想鬼点子

阎王奶奶绣荷包——鬼花招

阎王发令箭——要命

阎王老爷嫁女儿

　　——抬轿的是鬼，坐轿的也是鬼

阎王爷出天花——净是鬼点子

阎王爷出主意——净是诡（鬼）计

阎王爷的扇子——两面阴

阎王爷变戏法——鬼把戏

阎王爷皱眉头——又在想鬼主意

阎王爷献计——尽出鬼主意

阎王爷敲门——鬼到家了

阎王的参谋——诡（鬼）计多端

阎王的蒲扇——阴阳风

阎王爷做的芝麻饼——鬼点子多

惊蛰后的蜈蚣——越来越毒

趁水踏沉船——助人为恶

裁缝不带尺——存心不良（量）

裁缝师傅的本事——针（真）狠

董卓进京——来者不善

韩信伐楚——暗度陈仓

朝天辣椒——又尖又辣

棉花里掺柳絮——弄虚作假

棉花堆里藏铁砣

　　　　　　——不知轻重；虚虚实实

棺材里讨账——逼死人

棺材店咬牙——恨人不死

棺材铺里打牙祭——要死人

榔头对锤子——狠对狠

黑地里张弓——暗藏杀机

黑夜里打算盘——暗算；暗中盘算

程咬金的斧头——乱杀乱砍

猢狲扫地——眼前光鲜

猴子的舅舅——假惺惺（猩猩）

猴子看果园——监守自盗

粪巴牛叫门——臭到家

属狐狸的——狡猾得很

属泥鳅的——圆滑

碉堡里伸机枪——伺机伤人

蜈蚣遇到眼镜蛇——个比一个毒

筷子掉油篓

　　　　——又奸（尖）又猾（滑）

傻子活了九十八——虚度年华

慈禧太后听政——专出鬼点子

舞台上亲嘴——逢场作戏

鼻子上挂肉——油嘴滑舌

鼻头搽白粉——一副奸相

辣椒身上长柿子——越红越圆滑

撑船的老板——看风使舵

嘻嘻哈哈，年过十八——虚度年华

踩着西瓜打球

　　　　——能推就推，能滑就滑

蝎子驮马蜂——毒上加毒

蝎子的尾巴——真毒

蝎子放屁——毒气冲天

蝎子背蜈蚣——毒上加毒

蝎子翘尾巴——好毒的一招

鹌鹑嘴里寻豌豆——谋财害命

嘴巴上拴油瓶——油嘴滑舌

嘴巴里藏刀子——出口伤人

鳄鱼上岸——来者不善

鳄鱼挂念珠——冒充善人

翻了篓的螃蟹——到处横行

翻手为云，覆手为雨——出尔反尔

癞蛤蟆生蝎子——一窝更比一窝毒

警犬的鼻子——真奸（尖）

鳖蛋上抹香油——圆滑；又圆又滑

魔术师的本领——弄虚作假

19. 凶残霸道

一二三四五六七——王（忘）八

一张纸画了三个鼻子——不要脸

十指头生疮——毒手

七尺布拦腰剪——不三不四

八只脚的螃蟹——横行霸道

儿子打老子——无法无天

三月的蚕豆花——黑了心

三更半夜出世

　　　　——害（亥）死（时）人

大车后面拴小牛——歹毒（带犊）

大石头压死蟹——以势压人

大蛇过路——蟒行

大路上的螃蟹——横行霸道

口吞墨水——黑心

口罩戴到鼻梁上——不要脸

山里的五步蛇——毒极了；最毒

马蜂过河——歹（带）毒

马蜂窝，蝎子窝

　　　　——一窝更比一窝毒

云缝里的日头——毒极了；最毒

木偶人——没心肝

牛吃赶车人——无法无天

长尾巴蝎子——毒极了；最毒

公堂里造反——无法无天

巴财主的心——又毒又辣又刺

巴掌长疮——毒手

打死儿子毒死女儿
　　　　　　——自家人害自家人

龙王揍河神——自家人打自家人

叫花子打架——穷横

叫花子咬牙——穷凶极恶；穷横

叫花子篮里抢冷饭——不近人情

用了三代的钉耙——无耻（齿）

出山的猛虎——凶相毕露

母老虎，地头蛇——惹不起

母老虎骂街——没人敢惹

老太太吃炒蚕豆——咬牙切齿

老太太喝稀饭——无耻（齿）下流

老白干泡砒霜——又毒又辣

老头发脾气——吹胡子瞪眼

老虎不吃人——恶名在外

老虎爪子蝎子心——又狠又毒

老虎出山遇见豹
　　　　　　——一个更比一个恶

老虎吃羊羔——不吐骨头

老虎吃豆腐——口素心不善

老虎咧嘴笑——用心歹毒

老鼠进棺材——咬死人；咬住不放

老鼠咬猫——无法无天

过街老鼠——人人喊打

百年乌龟下臭卵——老坏蛋

光头打伞——无法（发）无天

吃人的老虎拍照——恶相；恶模样

吃了木炭——黑了良心

吃豹子胆长大的——凶恶极了

杀人不见血——心狠手辣；阴毒

刘备借荆州——有借无还

孙猴子上了花果山——称王称霸

孙猴甩掉紧箍咒——无法无天

扯掉画皮的恶鬼——凶相毕露

走过的路上不长草——太毒了

扳倒碓窝吓婆婆——泼妇

坟墓里埋砒霜——阴毒

坑里的长虫——地头蛇

花果山的猴子——无法无天

花眼蛇打喷嚏——满嘴是毒

苍蝇的世界观——哪里臭往哪里钻

豆腐做匕首——软刀子

两虎相斗——自相残杀

旱地的葱，过道的风——蝎子尾

秃子当皇上——不要王法（发）

秃子的脑袋——无法（发）无天

灶前老虎——屋里凶

屁股上吊棒槌——自家人打自家人

张飞翻脸——吹胡子瞪眼

张驴儿上公堂——恶人先告状

青竹蛇，黄蜂尾上针——最毒

顶风顶水行船——硬撑

抱鸡婆打摆子——窝里战（颤）

和尚打阳伞——无法（发）无天

念完了经打和尚——没良心

周瑜打黄盖——自己人打自己人

狐狸拜年——用心歹毒

狐狸窝里斗——自相残杀

单口相声——一个人说了算

法场上的刽子手——杀人不眨眼

河豚投胎——全身是毒

泥捏的老虎——样子凶

空肚罗汉——没心没肝

房子着了抢东西——趁火打劫

孟良杀焦赞——自家人害自家人

毒蛇的牙齿马蜂针——最毒

城隍庙里内讧——鬼打鬼

带患的母老虎——分外凶

草丛里的眼镜蛇——歹毒

茶馆里挂斧头

　　　　——胡（壶）作（斧）非为

南山的豹，北山的蛟

　　　　　　——狠的狠，凶的凶

要饭的打狗——穷横

要麻雀子生蛋——霸蛮

砒霜里浸辣椒——毒辣透顶

砍头打赌——霸蛮行事

背着梯子骂街——发贼横

战争贩子唱和平——口蜜腹剑

蚂蚁打群架——自相残杀

看羊的狗——一个比一个凶

秋天的花椒——黑心

皇上的旨，将军的令——说了算

皇帝出家——没王法（发）

皇帝坐上金銮殿——一人说了算

鬼子兵弄刀枪——杀气腾腾

疯狗的脾气——见人就咬

疯婆娘出门——没人敢惹

前面是狼，后面是虎

　　　　　　　——一个比一个凶

屎壳郎出国——臭名远扬

屎壳郎扛大旗——臭名昭著

屎壳郎戴面具——臭不要脸

耗子下患——没一个好东西

耗子找枪——窝里反

耗子洞里打架

　　　　——窝里战；自相残杀

捉来的鸡婆娘——不肯上抱的

哥们瞪眼——凶（兄）相毕露

鸭子的头上长脓疮

　　　　　——一副恶（鹅）势

哼哈二将——样子凶

敌敌畏拌大蒜——又毒又辣；毒辣

拿着酒壶打架——喝（豁）着干

豺狼朝羊堆笑脸——阴险歹毒

胳肢窝里生疮——阴毒

饿狼争食——自相残杀

病人掷铁球——强挣扎

病医好了打医生——恩将仇报

害儿子坑闺女——灭绝人性

害亲人挖祖坟——无恶不作

家神揍灶神——自家人打自家人

剥了皮的蛤蟆——还在挣扎

剥开墨鱼皮的肚——一副黑心肠

掏了肚子的鱼——全无心肝

黄蜂的尾巴——最毒

蛇吞蝎子——以毒攻毒

蛇和蝎子交朋友——毒上加毒

蛇遭蝎子蜇——一个更比一个毒

脸丑怪镜歪——强词夺理

脱了皮的蛇——毒性在

猪八戒倒打一耙——翻脸不认账

麻雀子学乌鸦的步伐
　　　　　　　——扭断了脚肢

麻雀斗鸡——越小越凶

阎王老爷——要命的

剪刀的口——张开嘴就咬

深山里的饿虎——穷凶极恶

惊蛰后的蜈蚣——越来越凶

屠夫先生掉账本——肉落千斤

煮豆燃豆萁——自家人整自家人

散黄的鸡蛋——坏心

硬要麻雀生鹅蛋——蛮不讲理

喝足酒跳太湖——罪（醉）该万死

黑瞎子打立正——一手遮天

街上的疯狗——乱咬人

裤兜里的跳蚤——乱咬

属狗的——老爱咬人

属疯狗的——见人就咬

属蚊子的——专吸人血

属蛇的——张嘴就放毒

属螃蟹的——横行霸道

催命鬼对阎王——一个比一个凶

腰里绑扁担——横行一方

躲过了老虎，又撞上了野牛
　　　　　　　——一个比一个凶

墙头上的马蜂，墙缝里的蝎子
　　　　　　　——一个比一个毒

蜘蛛结网——独霸一方

撵走狐狸遇上狼——一个比一个恶

撑歪墙的木柱子——死顶

横着扁担走路——霸道

瞎猫拖鸡——死不放

蝎子炒辣椒——又毒又辣

蝎子贴膏药——又毒又黑

墨鱼肚肠河豚肝——又黑又毒

鲢巴头脑壳——又大又硬

糊涂虫当会计——混账

螃蟹过街——横行爬（霸）道

戴斗笠坐席子——独霸一方

戴着墨镜倒骑驴——尽走黑道

篾条拴竹子——自己人整自己人

癞蛤蟆生蝎子——一窝更比一窝毒

第三章　言谈举止

20. 能言善辩

二郎神缝破皮袄——神聊（缭）

三片子嘴——能说会道

三两棉花四张弓——细细弹（谈）

小鸡啃碎碗片

　　　　　——一口一个瓷（词）

小猪吃碗碴——满嘴尽瓷（词）

门神卷灶爷

　　　　——画（话）里有画（话）

马来西亚的咖啡——耐人寻味

马蹄上钉铁

　　　　——题（蹄）外有题（蹄）

巧八哥的嘴——能说会道

四扇屏里卷小人书

　　　　——话（画）里有话（画）

老母猪吃碗碴

　　　　——肚里怪有词（瓷）

刚出窑的瓦盆——一套一套的

舌头上抹蜜——尽说甜话

讲演团的团长——出口成章

佛龛里的灶王爷

　　　　——关上门金口玉言

灶王爷贴门神

　　　　——画（话）里有画（话）

卖瓦盆的——一套一套

空中悬河——滔滔不绝

胡琴里藏知了——弦外有音

咸菜炒大葱——有盐（言）在先

缸坛店里卖钵头——一套一套的

急水滩头洗簸箕——走了腔了

脑袋上的蚂蚁——头头是道

唐三藏讲佛经——出口成章

瓷窑上的瓦盆儿——一套一套

铜铃打锣——另有意

清水煮挂面——有盐（言）在先

斑马的脑袋——头头是道

景德镇的大窑——净词（瓷）儿

敲门惊柱子——旁敲侧击

嘴皮子抹白糖——说得甜

21. 寡言少语

二三尺长的梯子

　　　　——搭（答）不上言（檐）

儿看见娘丑——不好开口

三餐萝卜炒现饭——没有盐（言）

下巴底下支砖——张不开嘴

大风里吃炒面——开不了嘴

大米干饭——焖（闷）起来

牛嘴上了篾箓子——开不得口

六月的庙堂——鸦雀无声

石人张嘴——没话

死水上的破船——沉默（没）了

舌头掉进肚子里——不说了

关了闸的喇叭——一声不响

吞了火炭——哑了口

迎风吃炒面——张不开口

冷锅爆豆子——无声无息

鸡毛掉井里——不声不响

鸡毛落地——毫无反响

茅厕板上的纸——揩（开）不得嘴

泥菩萨——不开腔

封了嘴的八哥儿——一声不吭

茶壶里的饺子——倒（道）不出来

秋蝉落地——哑口了

徐庶进曹营——一语不发

雪花落地——一声不响

雪花落到大海里——一声不响

船底下放鞭炮——闷声不响

棉花店挂弓——不弹（谈）

锯了嘴的葫芦——一句话也没有

矮梯子上高房——搭不上檐（言）

蝎子当琵琶——谈（弹）不得

嘴上贴封条——闷声不响

嘴巴贴膏药——开不得口

22. 行为动作

一个槽里养两头猪——抢食吃

一根筷子吃面条——独挑儿

一筐子鳖倒在沙滩上

　　——滚的滚，爬的爬；连滚带爬

一颗心掰成八瓣儿——操碎了心

十字加两点——斗起来了

三十六计——走为上策

三代人出门——扶老携幼

土豆下山——滚蛋

大肚子上班——挺着干

大胖子做前滚翻——滚球

大炮打群狼——一哄（轰）而散

大眼筛子里捉黄鳝

　　——跑的跑，溜的溜

小鸡的爪子——闲不住

小狗娃跌屎坑——饱餐一顿

门角里晾衣裳——阴干

飞机离跑道——远走高飞

开会差半点——知道迟到了

不着窝的兔子——东跑西颠

水田里插秧——直往后退

水坑里的癞蛤蟆——叫个不停

水里加油——漂在上边

水泥地上穿冰鞋——能溜就溜

水面上看人——看倒了

牛屁股后的苍蝇

　　——一哄而散；叮（盯）上不放

气球上天——远走高飞

月亮地里晒谷子——阴干

田埂上种黄豆——靠边站

白娘子水漫金山——大动干戈

白蜡杆子翻场——独挑

冬天不戴帽子——动（冻）脑筋

冬天的青蛙——躲起来啦

冬瓜下山——滚了

鸟儿搬家——远走高飞

鸟见树不落——要飞了

半天云里挂锅铲

　　　　——吵（炒）翻（飞）了天

半天云里骑仙鹤——远走高飞

半截砖头——甩了

出门坐飞机——远走高飞

母鸡跌米缸——饱餐一顿

母猪掉进壮水缸——饱餐一顿

老驴子打滚——翻不过身来

老鼠拖西瓜——连滚带爬

芋头叶上的水珠——滚了

西瓜皮钉鞋掌——溜啦

死牛拉木马——一动不动

当兵的背算盘——找仗（账）打

当兵的垒灶——安营扎寨

吃了蒙汗药——动弹不得

吃完饭就砸锅——不干了

刚出水的虾——活蹦乱跳

刚逮住的鲤鱼——活蹦乱跳

网袋捞泥鳅——跑的跑，溜的溜

羊粪蛋下山——滚蛋

关公当木匠——大刀阔斧

孙子打爷——犯上作乱

孙行者钻进铁扇公主肚里

　　　　　　——折腾个没完

孙猴子上天宫——大闹一场

孙猴子的手脚——闲不住

买铁锅的——敲敲打打

进冰场穿冰鞋——马上就溜

走路拨算盘——手脚不闲

苍蝇见粪堆——盯（叮）住不放

邮递员进门——带信儿的来了

吹鼓手掉进井里

　　　　——想（响）着想（响）着下去了

吹鼓手跳舞——蹦着吹

坐火箭上月球——远走高飞

谷子里的石头——甩了

床底下关鸡——提（啼）醒你

床底下拜年——伸不直腰

床底下晒谷子——阴干

冷锅贴饼子——溜啦

砂锅里煮皮球——滚蛋

沙漠里撵小偷——跟踪追击

沙滩上的鱼——干蹦干跳

汽车灭了火——要人推

张三和大虫（老虎）抢食

　　　　　　——狼吞虎咽

鸡子儿（鸡蛋）长爪子

　——滚的滚，爬的爬；连滚带爬

青蛙过冬——待着不动

青蛙走路——又蹦又跳；连蹦带跳

青蛙谈恋爱——吵闹不休

拔河比赛——两头拉

拆房逮耗子——大干一场

抱鸡婆打摆子——又扑又颠

拨了的闹钟——专做提醒人的事

卖西瓜的碰到卖王八的

　——滚的滚，爬的爬；连滚带爬

卖鸡蛋的跌跤——滚蛋

金沙江赴宴——大动刀枪

金蝉脱壳——溜了

兔子拉车——又蹦又跳；连蹦带跳

狗吃豆腐脑——闲（衔）不住

狗进茅坑——吃现成的

放了血的猪——趴下了

放出笼子的鸟——远走高飞

泥瓦匠收拾家什——不干了

泥鳅落旱田——干蹦干跳

官仓里的大老鼠——肥吃肥喝

空袋子——立不起来

帘子脸儿——落下来了

房檐上吊的鱼——干起来了

织布机上的梭子——两头窜

春天的蜜蜂——闲不住

玻璃缸内关苍蝇——乱窜

城隍庙里的判官——龇牙咧嘴

茶铺子里的水——滚开

胡萝卜拴驴——跟着跑了

胡萝卜搬家——挪挪窝

柳条篮子摇元宵——滚蛋

背着喇叭赶集——揽差事

蚂蚁的腿——闲不住

哈巴狗掉进茅坑里——饱餐一顿

胆小鬼打仗——临阵脱逃

烂簸箕捞泥鳅——溜啦

洞门边捉黄鳝——出来就抓

活鱼丢在沙滩上——干蹦干跳

屎壳郎推车——滚蛋

屎壳郎推蛋蛋

　　——滚的滚，爬的爬；连滚带爬

屎壳郎跌粪坑——饱餐一顿

骆驼打架——歇够了再干

骆驼打滚儿——翻不过身来

骆驼的头——昂着脸

耗子拉鸡子儿（鸡蛋）——滚蛋

耗子滑冰——溜得快

热锅爆米花——乱蹦乱跳

热蹄子马——闲不住

挨了打的鸭子——乱窜

荷叶包鲫鱼——溜啦；溜之大吉

铁匠上班——不打不行

铁匠出身——光会打

铁匠当官——打字在先

铁匠教徒弟——打上前去；只讲打

铁匠铺开门——动手就打

铁匠铺里的风箱——不拉不开窍

铁匠摆手——欠捶（锤）

铁笼里装猴子——乱窜

乘飞机打伞——兜风

倾巢的黄蜂——一哄而散

航天飞机出发——远走高飞

脑门上贴邮票——走人了

饿汉下馆子——大吃大喝

饿狼扑兔子——抓住不放

骏马跑千里，银燕人云霄

　　　　　　　——远走高飞

菜篮子装泥鳅——走的走，溜的溜

唱戏不拉胡琴——干号

崩了群的马——四处逃散

笨婆娘打架——拉拉扯扯

做泥人的手艺

　　　——蹶（捏）手蹶（捏）脚

袋鼠的本事——会跳

脚板儿擦油——溜啦

脚踩西瓜皮，手里抓把泥

　　　　　——滑的滑，溜的溜

猪八戒甩耙子

　　——不干了；不伺候（猴）

猪八戒吃面条——狼吞虎咽

猪八戒掉到壮水桶里——大吃大喝

猪八戒跌进酒瓮里——饱餐一顿

阎王打瞌睡——点错了名

断了线的风筝——远走高飞

断藤的西瓜——满地乱滚

惊弓之鸟——远走高飞

落地风扇转动——不断地摇头

跛子打围——坐地呐喊

蛤蟆爬楼梯——连蹦带跳

黑瞎子扭身——大反扑

猴子坐火箭——远走高飞

猴子拉车——又蹦又跳

猴子爬竹竿——上蹿下跳

猴子偷南瓜

　　——滚的滚，爬的爬；连滚带爬

猴子骑骆驼——往上蹿

猴子滚绣球

　　——滚的滚，爬的爬；连滚带爬

猴王闹天宫——大打出手

游泳池里垂钓——引人上钩

属兔子的——一蹦三尺高

蓝天的鸿雁——展翅飞翔

跷跷板上搁鸡蛋——滚了

腿上贴邮票——走人了

墙头上的鸽子——东张西望

蜻蜓撼树——纹丝不动

鼻梁上挂钥匙——开口

膀子一甩——不干了

敲锣撵兔子——起哄

演员化妆——涂脂抹粉

演员卸妆——恢复原貌

稻草包黄鳝——溜啦

瘪肚臭虫——要叮人

瘫子上楼——爬上去

瘫子造反——坐地呐喊

螃蟹夹鸡蛋——滚蛋

邋遢兵败阵

　　——滚的滚，爬的爬；连滚带爬

鳖咬手指头

　　——抓住不放；揪住不放四、外表姿态

二十岁长胡子——少年老成

二大娘的肿脸——更难看啦

人到古稀穿花衣——老来俏

八十老汉吹笛子——上气不接下气

八十岁学跳舞——老天真

八十岁演员扮孩子——返老还童

九毛加一毛——时髦（十毛）

三九天穿裙子——美丽动（冻）人

丈二的褂子——大摇(腰)大摆

大胡子，厚脖子，大肚皮，两只耳

　　　　　　　——胖头大汉

千年的铜器——老古董

王八（老鳖）抱西瓜

　　　　　——滚的滚，爬的爬

王母娘娘设蟠桃宴——聚精会神

牛眼看人——大个儿

毛驴拉磨——原地打转

风水先生吹大曲——阴阳怪气

乌鸦嫌猪黑——不知自丑

勾魂眼，瓜子脸，黄皮肤，笑起来

　　　　　　　——漂亮姑娘

六月里的梨疙瘩——有点酸

孔夫子穿西装——土不土来洋不洋

龙王爷亮相——张牙舞爪

东施效颦——丑上加丑

白骨精扮新娘——妖里妖气

白菜长心——老了

白脸奸臣出场——恶相

白脸奸臣出场——恶相；恶模样

冬天的葡萄——寒酸

头顶二个黑煤球，洋装穿在肚北

　　　　　　　　——煤球西装

老和尚念经——有气无力

老裁缝做衣裳——不肥不瘦

百岁公公吹火——老气

百里挑一——美人儿

师字去掉横——真帅

吃了灵芝草——长生不老

刚从水沟里钻出的泥鳅

　　　　　　　　——黑不溜秋

伏天的烂鱼——肮脏货

庄户人家的孩子——土生土长

衣架撑裙衫——不美

关云长害甲亢——脸红脖子粗

孙悟空放屁——猴里猴气

坟头儿不叫坟头儿——土包子

花椒树下睡觉——麻人

肚脐眼打哈欠——妖（腰）气

没沿的破筛子——千孔百疮

张飞穿针——大眼瞪小眼

张飞摆屠案——凶神恶煞

驴粪蛋——外光里毛

雨浇泥菩萨——土里土气

油条泡汤——软瘫了

刷白烟囱

　　——外貌清秀内心黑；表里不一

带泥的萝卜——有点土气

贵妃醉酒——仪态万千

蚂蚁身上砍一刀——浑身是伤

哈哈镜照人——怪模怪样

济公走路——疯疯癫癫

祖传的被单——破烂不堪

祖孙回家——返老还童

耗子掉水缸——时髦（湿毛）

热锅上的蚂蚁——团团转

热锅里爆虾米——连蹦带跳

烘炉里的王八——干瘪（鳖）

被虫子咬过的果实——未老先衰

脸长似兔，头大如牛——兔头牛面

猪八戒挎大刀——邋遢兵

猫头鹰唱歌——怪声怪调

猫额上画虎王——虎头虎脑

猛张飞翻脸——吹胡子瞪眼睛

麻婆搽粉——好看有限

提着葡萄要饭——穷酸

博物馆的陈列品——老古董

落水狗乘凉——一身的水

喝凉水拿筷子——扭捏作态

黑的像炭，瘦的像竿——黑炭竿子

属狐狸的——一身臊气

强盗拍照片——贼相难看

蒙上眼睛拉磨——瞎转

像个扫把过门槛，岔得很宽又很短

　　　　　　　　——姜太公

鹤立鸡群——才貌出众

嘴唇朝天下嘴唇朝地——中间没脸

穆桂英挂帅——威风凛凛

戴着面罩做人——其貌不扬

霜打的庄稼——耷拉着脑袋

23. 赞美夸奖

一只手遮脸——独当一面

一雷天下响——处处皆知

二月的青蛙——呱呱叫

二郎神的慧眼——有远见

十个小钱掉一个——九文（久闻）

十五的月亮——完美无缺

十月怀胎——肚里有货

十字街头开饭店——四方吃得开

十里高山观景——站得高，看得远

七十岁学气功——老练

人上一百——武艺俱全

八十岁玩猴子——老把式

八月的柿子——越老越红

八仙过海——各显神通

九月的高粱——老来红

刀剁黄连木——刻苦

三十年的寡妇——好手（守）

大人不记小人过——宽宏大量

大丈夫有肚量——能屈能伸

大门口挂灯笼

　　——光耀门庭；美名（鸣）在外

大厅中央挂字画——堂堂正正

大水冲了菩萨——绝妙（庙）

大师傅打蛋——各个击破

大师傅掌勺——行家

大姑娘送郎——老走在前面

大理石做门圈——牌子硬

大象走路——稳稳当当

大象的鼻子——能曲（屈）能伸

大象喝水——双管齐下

大馅包子——肚里有货

大槐树上挂电灯

　　　　　　——四方有名（鸣）

大鹏展翅——前程万里

大腿上挂篷帆——一路顺风

万金油——样样来得

绱鞋不用锥子——真（针）好

小炉匠敢揽大瓷缸

　　　　　　——怀里必揣着金刚钻

口袋里装钉子——锋芒毕露

山头上吹喇叭——名（鸣）声远扬

山头打虎——高名在外

千里投军，志在报国——好汉一个

门里放鞭炮——名（鸣）声在外

飞机上耍拳——高手

王母娘娘看姑爷——不是凡人

井下种花生——根底深

开封府的包公——铁面无私

五号比三号厉害——多两下子

不见兔子不撒鹰——做事稳当

少林寺的和尚——拳（全）是好事

中国的功夫——名不虚传

水兵的汗衫——道道多

手臂上生毛——老手

长白山的人参——越老越好

风刮尘土——不费吹灰之力

凤凰头上戴牡丹——好上加好

火车头没灯——前途无量（亮）

火车拉笛——名（鸣）声大

斗篷烂边——顶好

孔夫子唱戏——出口成章

孔明张嘴——计上心来

孔明借箭——满载而归

孔明弹琴——化险为夷

巴掌心里长胡子——老手

打蛇打到七寸上——恰到好处

巧姑娘绣花——难不住

石板上耍坛子——硬功夫

电线杆顶上雕花——手艺高

叫花子吃鲜桃——一个个好

乍出水的芙蓉——一尘不染

仙人放屁——不同凡响

白鹤落到鸡群里——高众一头

瓜瓢里点灯——漂（瓢）亮

冬天不戴帽——动（冻）脑筋

包公办案——明察秋毫

半天云里打闪——高明

半天云里打铜锣

　　　　——四方闻名（鸣）；响当当

半夜三更放火炮——一鸣惊人

半空中拍巴掌——高手

半空中挂剪刀——高才（裁）

半空里做衣裳——高才（裁）

圣人从军——文武双全

对着窗口吹喇叭

　　　　——名（鸣）声在外

丝绸上绣蜡梅——锦上添花

老鸦站树头——呱呱叫

老将出马——一个顶俩

地里的辣椒——老来红

芝麻开花——节节高

芝麻掉到针尖上——难得

百丈高竿挂红灯——红到顶了

吃桑叶吐丝——肚里有货

刚出山的老虎——有股猛劲

刚出炉的铁——心底纯正

刚出笼的年糕——炙手可热

丢下犁耙拿扫帚

　　　　——里里外外一把手

华佗施医术——起死回生

冰糖调黄瓜——干干脆脆

刘伯温的八卦——神机妙算

刘备编草鞋——内行

关门打锣——名（鸣）声在外

关云长做木匠——大刀阔斧

关公吃尺——肚里有分寸

论堆卖的菜——没得挑

孙武用兵——以一当十

孙悟空七十二变——神通广大

好斗的公鸡——好了不起

观音的肚腹——慈善心肠

红木做匾——是块好料

红糖拌蜜——甜上加甜

扳着炉子烤头发——了（燎）不得

扮猪吃老虎——大智若愚

花旦念道白——句句好听

花果山的美猴王——个小本领强

花绸子上绣牡丹——锦上添花

两横一竖——干就是

旱地里的泥鳅——钻得深

囤子顶上插旗杆——尖上拔尖

秃子枕着门槛睡
　　　　——名（明）头在外
秃子跟着月亮走——沾光不觉
坐着飞机吹军号——声震远方
坐着飞机放声唱——高歌猛进
肚子里怀了个地图——知晓天下事
肚脐眼长笋子——胸有成竹
肚脐眼里通电——心明眼亮
肚脐眼里藏书——满腹经纶
沙漠里的水——点滴都可贵
快刀切西瓜——迎刃而解
张飞吃豆腐——不费劲
张飞卖酒——拿手好戏
张飞穿针——粗中有细
张飞绣花——粗中有细
张飞骑虎——人强马壮
阿庆嫂倒茶——滴水不漏
武松打虎——一举成名
拔节的高粱——节节高；节节上升
松树林里挂灯笼
　　　　——万绿丛中一点红
画龙点睛——功夫到家了
雨打沙滩——点子多
雨后的春笋，清明的茶
　　　　——全是尖儿
卖豆芽的抖箩筐——干净利索
虎死不倒尸——雄心在
罗成的回马枪——绝招儿
钓鱼钩变成针——以曲求伸
和尚的住处——妙（庙）
和尚敲钟——响当当
金戒指上镶宝石——锦上添花

瓮中捉鳖——十拿九稳
狗熊耍扁担——有一套
狗撵鸭子——呱呱叫
庙里的和尚撞钟
　　　　——名（鸣）声在外
房梁上放水壶——高水平
孤庙里的旗杆——独一无二
春茶尖儿——又细又嫩
玻璃瓦盖寺庙——顶好
玻璃观音——神明
项羽砸锅——破金沉舟
城头上放风筝——出手高
城楼上的士兵——高手（守）
赵子龙上阵——百战百胜
赵云大战长坂坡——大显神威
赵云闯曹营——浑身是胆
草帽烂了边——顶好的
牵牛牵牛鼻子——抓住了关键
背着手爬泰山——步步高升
哑巴见面——没得说
哑巴吃仙桃——妙不可言
拜年的话——好听
秋天的柿子——越老越红
秋天的菊花——经得起风霜
重锤敲锣鼓——响当当
顺风划船——又快又好
俏媳妇戴凤冠——好上加好
皇上家的祠堂——太妙（庙）
独臂将军——有一手
姜太公八十遇文王——交好运
穿不破的鞋——底子好
扁鹊开处方——药到病除

神枪手打靶——百发百中

眉毛上生虱子——有眼虱（色）

娃娃看飞机——人小见识高

泰山顶上看日出——高瞻远瞩

荷花莲子——心连心

桂林风光——山清水秀

桦木拐杖——宁折不弯

桅杆上面打跟头——好本事

哥俩并坐——亲密无间

鸭子下河滩——呱呱叫

鸭棚的老汉睡懒觉

　　　　　　——不简单（捡蛋）

蚌里藏珍珠——好的在里面

钻头上加钢针——好厉害

铁匠的锤子——过硬

铁锤敲钟——响当当

胳膊弯里打凉扇——两袖清风

高山上打锣——四方闻名（鸣）

高山上的松柏——四季常青

高山上的雪莲——一尘不染

高山顶上点灯——高明

高粱秸子——一窝红

烧火不旺——天才（添柴）

烧酒医毛病——醉（最）好

海瑞上书——为民请愿

诸葛亮六出祁山——图谋大业

诸葛亮用兵——出奇制胜

诸葛亮做丞相

　　　　　　——鞠躬尽瘁，死而后已

读书人当兵——文武双全

被单面子围桌子

　　　　　　——桌围（作为）很大

黄豆切细丝——功夫到家了

黄忠射箭——百发百中

菜园里的苦瓜——越老心越红

菜园里的海椒——越老越红

菩萨跺脚——庙（妙）急（极）了

盛夏的荷花——满塘（堂）红

雪地里的青松——巍然挺立

啄木鸟的嘴——硬功夫

脚底板上绑大锣

　　　　　　——走到哪里响到哪里

脚盆里撑船——内航（行）

脚踏梯子——步步高升

脚踏楼梯板

　　　　　　——步步高升；步步登高

脱了毛的鞋刷子——有板有眼

猪八戒耍钉耙——有两下子

猪八戒喝磨刀水

　　　　　　——心里锈（秀）的人

猫捉老鼠——拿手好戏

麻子管事——点子多

麻雀下鸡蛋——个子小贡献大

麻雀子过路分公母——厉害角色

章鱼的肚子——有墨水

淬过火的钢条——宁折不弯

梁山的兄弟——讲义气

梁山泊有吴用——足智多谋

密封的饮料——滴水不漏

弹棉花匠上朝——有功（弓）之臣

随口唱山歌——心里早有谱

骑马上天山——步步登高

骑在房梁上吹喇叭

　　　　　　——名（鸣）声在外

骑兵队长打冲锋——一马当先

喜马拉雅山上鸡叫

——名（鸣）声远扬；远近闻名（鸣）

裁缝师傅做衣服

——千真（针）万真（针）

棉袄改皮袄——越变越好

掌心上出毛——一把老手

景德镇的瓷器——又细又好

程咬金的本事——三斧头的硬功夫

腊月里的梅花——傲霜斗雪

鲁班的手艺——巧夺天工

鲁班的锯子——不错（锉）

鲁班皱眉头——别有匠心

鲁智深大闹野猪林——粗中有细

谢安做官——东山再起

属侨子木的——身子硬

属珍珠鱼的——浑身净点子

隔山射虎——全凭硬功（弓）

隔门缝吹喇叭——名（鸣）声在外

媒婆的嘴——能说会道

靶场上的老黄忠——百发百中

照相馆里挂相片——好样的

峨眉山的猴子——机灵得很

蜂窝样的心窝——窍门多

矮子上楼梯——步步高升

矮子放风筝——节节上升

酱油烧豆腐——出色

新人过火盆——红红火火

满园果子——就数（属）你红

滚珠子脑壳——转得快

缝鞋不用锥子——针（真）棒

算盘子进位——以一当十

鼻子下面挂电灯——闻名（明）

鼻子上挂灯笼——高明

鼻孔里的汗毛——了（燎）不得

馒头张开口了——真（蒸）得好

敲头顶脚底响——灵透了

蜜蜂采花——劳苦功高

鞋头上刺花——前程锦绣

樊梨花下西凉——马到成功

醋泡的蘑菇——坏不了

瞎子打拳——手法熟

墨斗鱼下酒——没刺儿可挑

鲤鱼跳龙门——高升了

瘸子赶马——望尘莫及

懒木匠的锯子——不错（锉）

24. 妄想虚言

一口吞个星星——想头不低

一锹挖出个金娃娃——异想天开

二百五上天——痴心妄想

二踢脚上天——空想（响）

八仙聚会——神聊

三十晚上挂判官——废话（画）

丈八的灯台

——照见人家，照不见自己

大年三十盼月亮——痴心妄想

大金牙说媒——满口谎（黄）言

大姑娘盼闺女——想得太早

大海大洋里的小舟——不着边际

大海里行船，草原上放牧

——漫无边际

上天摘云——拟想

上天摘月亮——痴心妄想；妄想
上嘴皮挨天，下嘴皮贴地
　　　　　　——好大的口
小水沟里撑大船——异想天开
小鸡配凤凰——想高攀
小鬼梦里做皇上——痴心妄想
口朝下的咸菜罐——空谈（坛）
山中无老虎——猴子称霸王
飞机上吹喇叭——空想（响）
飞机上做报告——空话连篇
飞机上张网——捕风捉影
飞机上放大炮——空想（响）
飞机上放鞭炮——想（响）得高
飞机上弹琵琶——高调
天上的雷——空想（响）
云头里贴告示——空话连篇
云端摘日，海底捞月——痴心妄想
木屐脱了底——尽牛皮
太阳地里望星星——白日做梦
太阳和月亮讲话——空谈
太监娶媳妇——痴心妄想
水桶当喇叭——大吹
手电筒——专照别人，不照自己
牛屁股后面念祭文——说空话
公鸡下蛋——妄想
公鸡飞到屋顶上——唱高调
风吹下巴——随便开口
风钻进鼓里——吹牛皮
乌龟爬旗杆——想高升
乌龟想骑凤凰背——痴心妄想
玉皇大帝讲天书——空谈
石头缝里挤水——异想天开

龙背上刮鳞——痴心妄想
卢生享荣华——黄粱好梦
卢生享荣华——黄粱好梦
叫铁公鸡下蛋——异想天开
白天做梦——胡思乱想
白日做梦——痴心妄想
白骨精说人话——妖言惑众
白骨精想吃唐僧肉——痴心妄想
半天云里打算盘——算得高
半天云里写文章——空话连篇
半天云里找对象——要求太高
半天云里扭秧歌——空欢喜
半天云里吹唢呐——想（响）得高
半天云里拍巴掌——空想（响）
半天云里拉家常——空谈
半天云里唱歌——调子太高
半夜做梦娶新娘——想得倒美
半空中放爆竹——想（响）得高
半空中数指头——算得高
皮坊老板——吹牛皮大王
发高烧不出汗——胡说
圣人作画——空话（孔画）
对天讲话——空话连篇
对阵下棋——纸上谈兵
对着月亮攀谈——空话连篇
老辞配凤凰——痴心妄想
老鼠跳到糠箩里——空欢喜
扫帚写家书——大话（画）
死马当活马骑——那是妄想
死马当活马骑——痴心妄想；妄想
光棍梦见娶老婆
　　　　　——尽想好事；想得倒美

吕蒙正盖房子——造谣（窑）

吃天鹅肉——痴心妄想

吃多了盐——尽讲闲（咸）话

竹竿作枕头——空想

竹竿敲竹筒——空想（响）

闭着眼睛训话——瞎说

羊身上取驼毛——梦想

江湖佬卖假药——招摇撞骗

讲武堂里学打仗——纸上谈兵

军师斗胜——纸上谈兵

军事家的论文——纸上谈兵

军棋比赛——纸上谈兵

孙悟空当齐天大圣——自封为王

寿星老爷卖妈妈——倚老卖老

扯铃扯到半空中——空想（响）

走路拾馒头，摔跟头捡票子
　　　　——尽想好事；想得倒美

吹牛皮不犯死罪——大话由你说

坐在飞机上打电话——空谈

肚脐眼里说话——谣（腰）言

没弦的琵琶——空谈（弹）

张勋复辟——痴心妄想

鸡屁股上拴线——扯淡（蛋）

鸡梦见小米
　　　　——尽想好事；想得倒美

鸡蛋上刮毛——痴心妄想

鸡窝里飞出金凤凰——异想天开

抱着枕头做好梦——空喜一场

垃圾堆里的八骏图——废话（画）

垃圾堆里的仕女图——废话（画）

枕头底下放罐子——空想

枕头底下放罐子——空想

枕着竹筒睡大觉——空想；空做梦

枕着扁担睡觉——想得宽

画饼充饥——空喜一场

轮船上观海——无边无沿

国画馆里倒垃圾——尽废话（画）

和尚看花轿——空欢喜

爬高梯摘月亮——空想

周幽王戏诸侯——言而无信

兔子想抱月亮——空想

狐狸吵架——一派胡（狐）言

狐狸想偷天上月——梦想

泥牛掉在河里——架子不倒

泥鳅跳龙门——痴心妄想；妄想

弥勒佛推碾子——肚转（杜撰）

胡子粘在眉毛上——瞎扯

背唢呐坐飞机——吹上天了

背筑里头摇锣鼓——乱想（响）

盼望长空裂大缝——异想天开

蚂蚁爬皮球——无边无沿

蚂蚁说成大象——言过其实

看着地图摆阵势——纸上谈兵

洞庭湖里捞针
　　——想得到，办不到；白日做梦

屎壳郎遇到放屁的——空喜一场

架楼梯上天——妄想

骆驼想吃隔山草
　　　　——痴心妄想；妄想

赶着王母娘娘叫大姑——妄想

钱铺子的幌子——好大的调儿

铁桶里放鞭炮——空想（响）

饿汉梦中吃馅饼
　　　　——痴心妄想；妄想

饿着肚子做梦——空想

海上聊天——漫无边际

家雀变凤凰——想得倒美

家雀学老鹰——想得高

黄鼠狼拖着鸡毛掸——白欢喜

梦中游太空——想入非非（飞飞）

梦里打牙祭——想得香

梦里吃蜜——想得甜

梦里拾钱——瞎高兴

梦里坐飞机——想得高

梦里啃甘蔗——想得倒甜

梦里戴凤冠——想得倒美

做梦讨老婆——想偏心了

做梦出差——想到哪儿去了

做梦吃仙桃——想得倒甜

做梦吃扁食（饺子）——想得香

做梦吃糖——想得甜

做梦招驸马——想偏心了

做梦变蝴蝶——想入非非（飞飞）

做梦学吹打——快活一时

做梦拾元宝——空欢喜

做梦结婚——想得好

做梦娶西施——胡思乱想

做梦骑老虎——想得出奇

做梦戴乌纱——想做官

猪八戒吹牛——大嘴说大话

猪八戒娶媳妇——痴心妄想

麻子跳伞——天花乱坠

麻雀子下鹅蛋——讲大话

麻雀局屎大过箩——大话；讲大话

麻雀掉到洞庭湖里——不着边际

麻雀落糠堆——空喜一场

阎王爷写文章——鬼话连篇

盖了九床被子做美梦——想不透

煮熟的鸭子飞上天——弥天大谎

朝天放炮——空想（响）

喝江水说海话——无边无沿

黑老鸦想在水里漂白——妄想

腊月盼打雷——空想

猴子捞月亮——白欢喜一场

强盗做梦——想着偷

登着梯子说话——想高攀

鼓上安电扇——吹牛皮

靴子梦见帽子——想高攀

鹌鹑要吃红樱桃

——想得好,吃不着

睡歪了枕头——想偏心了

睡梦里观景致

——尽想好事；想得倒美

睡梦里捡钱——想得好

睡梦拾银子——想得倒美

矮子想登天——痴心妄想

傻子打赌——说了不算

痴鸟等湖干——痴心妄想

墙头上睡觉——想得宽

蜻蜓摇石柱——妄想

旗杆上挂地雷——空想（响）

漫天大雪飞舞——天花乱坠

蜜蜂飞到彩画上——空欢喜

蝼蚁撼树——不自量力

癞蛤蟆吃樱桃——想得高

癞蛤蟆吞月亮——痴心妄想

癞蛤蟆坐金銮殿——痴心妄想

癞蛤蟆想吃天鹅肉——异想天开

25. 卖弄嘲讽

一口吃个旋风——好大的口气

一口吹灭火焰山——口气不小

一口咬断铁钉子——好硬的嘴

一个人拜把子——你算老几

一分钱的醋——又酸又贱

一脚登上泰山——蹦得高

一脚踩翻醋瓶子——酸味都来

一群骆驼跳舞——没一个有人样的

二八自行车

　　　　——架子不小；好大的架子

二分钱开个店——穷张罗

二郎神放屁——神气

三九天穿单褂——抖起来了

三九天谈心——冷言冷语

三个老爷两顶轿——没有你的份

三个钱买个猪头——就是一张嘴

三个菩萨两炷香——没你的份

三斤面包个包子——好大的面皮

三分钱买个小黑瞎子——熊玩意儿

三分钱买个臭猪蹄——贱货

三百斤的野猪

　　　　　　——全凭一张嘴

三张纸画个鼻子——好大的面子

三根屎棍撑个瘦肩膀——摆臭架子

土地奶奶放屁——好神气

土地佬腾空——神气（起）来了

土地庙没顶——神气通天

大公鸡打架——全仗着嘴

大花脸舞刀——耍威风

大锹刨黄连——挖苦

上嘴唇贴天，下嘴唇贴地

　　　　　　——好大的口

口技表演——嘴上功夫；全凭嘴劲

口袋里装满锥子——爱露尖

山中的野猪——嘴巴好厉害

乞丐吃梅子——穷酸

乞丐扭秧歌——穷快活

乞丐说相声——耍贫嘴

乞丐跳舞——穷快活

门板上画个鼻子——好大的脸皮

门缝里看人——把人看扁了

马抓痒——全凭一张嘴；全仗嘴

开水泼蛤蟆——看你怎么跳

开着电扇聊天——尽讲风凉话

天主教堂搬家——还拿架子呢

无花的蔷薇——浑身是刺

不开花的玫瑰——净刺儿

不熟的杏子——酸极了

不熟的葡萄——酸得很；酸气十足

见人扯媚眼——卖弄风流

牛栏里伸进张马嘴

　　　　　　——没你开口的份儿

牛眼看人——高瞧了你

牛棚里养鸡

　　　　——架子不小；好大的架子

毛驴啃石磨——好硬的嘴

毛驴碰门——来的不是人

公鸡打架——看谁的嘴巴厉害

乌鸦笑猪黑——不看自己是啥色

凤凰站在凉亭上——卖弄风流

火盆里放泥鳅——看你往哪里钻

火柴盒做棺材——成（盛）不了人

斗赢了的公鸡——神气活现

打足了气的皮球——爱蹦

打针鼻眼里往外望——小瞧死人了

打肿脸充胖子——死要面子活受罪

打粉进棺材——死要面子

石板上炒豆子——熟了就蹦

石榴树上挂醋瓶——又酸又涩

布袋里兜菱角——尖的出头

龙王爷打哈欠

　　　　　——好神气；神气十足

龙王吹喇叭——神气

北冰洋上聊天——全是冷言冷语

电线杆上晒衣服——好大的架子

只说不练的把式——光耍嘴

叫花子出龙灯——穷欢

叫花子吃葡萄——穷酸

叫花子扭秧歌——穷快活

叫花子抱着醋坛子——穷酸

叫花子卖醋——穷酸

叫花子看独角戏——穷开心

叫花子哼着太平调——穷开心

叫花子请客——穷张罗；穷大方

叫花子唱山歌——穷快活

叫花子提亲——穷凑合

叫花子喝醋——一副穷酸相

叫花子醉酒——穷开心

叫花子擂鼓——穷开心

鸟枪换炮——越来越神气

半两人说千斤语——好大的口气

半拉瓜子——不算个人（仁）

半夜做梦娶新娘

　　　　——尽想好事；想得倒美

半夜做梦啃猪蹄

　　　　——尽想好事；想得倒美

半瓶子醋——晃荡得很

头上安电风扇——大出风头

讨口的掉醋坛——穷酸

讨口的摆堂戏——穷开心

讨饭的吹笛子——穷开心

对着镜子伸小指

　　　　——自己瞧不起自己

母鸡下蛋呱呱叫

　　　　——生怕别人不知道

扛着牌坊卖肉——好大的架子

老太太打补丁——穷凑合

老太太坐飞机——抖起来了

老公鸡戴眼镜

　——官（冠）儿不大，架子不小

老母猪打架

　　　　——动口不动手；光使嘴

老母猪吃铁饼——好硬的嘴

老佛爷出虚恭（放屁）

　　　　——神气活现；神气十足

老虎上磅秤——自称威风

老虎打哈欠——口气真大

老虎披蓑衣——终归不是人

老鼠掉进醋缸——一身酸气

老鼠嗑瓜子——嘴巧

扫帚头上戴帽——不算人

芝麻脸儿——好大的脸皮

机关枪上鲕刀——连打带刺

过端午的龙头——光耍嘴

西北风刮蒺藜——连讽（风）带刺

有大哥有二哥——你算老几

死了三年的老鸹——光剩嘴

光说不练——嘴巴子戏

光腿穿大衫——光讲阔气不讲丑

吊死鬼搽粉——死要面子

吊扇下面拉家常——讲风凉话

吃了一筐烂杏——心酸；心酸得很

吃过三斤老蒜头——好大的口气

吃鱼不吐骨头——说话带刺儿

吃着冰棍拉家常——冷言冷语

吃着话梅讲话——一股酸味

吃着海椒训人
    ——说话带辣味（海椒：辣椒）

吃稀糊糊游西湖——穷开心

舌头上长了酸枣树——说话带刺

杂技团里的空竹——抖起来了

冰天雪地发牢骚——冷言冷语

冰窖里打哈哈——冷笑

羊圈蹦出个驴来——数你大

羊群里跑出个骆驼——抖什么威风

羊群里跑出个骆驼——抖威风

关上门捉麻雀——看你往哪儿逃

孙猴子斗牛魔王
            ——打你个牛角朝天

戏台上的将军——神气一时

戏台上的绸子舞——抖起来了

观音菩萨打喷嚏——好神气

红花胸前戴——脸上光彩

麦秆当秤——把人看得太没斤两

麦秸秆里看人——小瞧

扯着老虎尾巴——抖威风

扯着胡子打滴溜——嘴巴上的劲儿

扯旗杆放炮——生怕别人不知道

走路拾馒头，摔跟头捡票子
            ——尽想好事；想得倒美

扮秦桧的没卸装
            ——谁没见过那二花脸

把好心眼挂在鼻子上
                ——专给别人看

花子婆娘翻跟头——穷折腾

花公鸡上舞台——显显你的漂亮

花椒树——浑身是刺

两块钱买去个猪头——便宜了他

两张纸画个驴头——好大的脸皮

卤煮寒鸭手——肉烂嘴不烂

园中的韭菜——你算哪一黄

吹气灭火——口气不小

吹糖人出身——口气挺大

针挑黄连——挖苦

针眼里看人——小瞧

近视眼看月亮——好大的星

坐飞机撵西北风——大出风头

灶王爷吹灯——好神气

砂锅里煮羊头
            ——脑袋早软了嘴还硬

没吃三两煎豆腐——称什么老斋公

没把的茶壶——光剩嘴

穷风流；饿快活——苦中作乐

鸡尾巴上绑扫帚——好伟（尾）大

鸡屎蚊子戴眼镜
        ——架子不小；好大的架子

鸡梦见小米
        ——尽想好事；想得倒美

纸糊的板凳
——是人做的，不是做（坐）人的

驴粪蛋上插花——臭美

拆了东篱补西壁——穷凑合

拉来黄牛当马骑——穷凑合

茅坑里的孔雀——臭美

卖豆腐的扛台脚

　　　　　——生意不大架子大

卖完孩子唱大戏——庆的什么功

卖油的敲锅盖——为显大牌子

卖香烟的敲床腿——架子不小

厕所门口挂绣球——臭美

厕所里抹胭脂——臭美

厕所里搭棚——臭架子

厕所里照镜子——臭美

刮大风穿绸衫——抖起来了

金刚化佛——更神气

鱼盆里的螃蟹——你算哪一路

狐狸吃不到的葡萄——全是酸的

狐狸戴草帽——不算人；不是人

狗长了角——洋（羊）气

狗打哈哈——一张臭嘴

狗咬秤砣——好硬的嘴；嘴硬

狗掀门帘

　　　　　——全凭一张嘴；嘴上功夫

狗喝凉水——耍舌头

狗熊贴膏药——耍伤了

店铺前吊门板——好大的牌子

夜明珠喘气——活宝贝

河马打呵欠——好大的口气

宜兴的壶——好嘴

城门楼上挂猪头

　　　　　——架子不小；好大的架子

城门楼上乘凉——好出风头

挑担子卖豆腐——本钱小，架子大

草原上的百灵鸟——嘴巧

荞麦地里藏秃子——没有看出你来

茶壶打掉把儿——只剩一张嘴了

树枝丫盖房——不是正经材料

背门板上街——好大的牌子

背着粪筐上银行——臭钱

背着醋罐子讨饭——穷酸

咧着嘴吃梅子——看你那个酸相

虾子得意——爱蹦

蚂蚁打哈欠——好大的口气

蚂蚁驮秤砣——好大的口气

蚂蚁啃碾盘——嘴上的劲

蚂蚁戴谷壳——好大的脸皮

蚂蚁戴眼镜——没有那么大的脸蛋

蚂蚁戴眼镜——没有那么大脸面

蚂蚱上豆架——借大架子吓人

蚂蚱打喷嚏——好大的口气

蚂蚱头摆碟子——尽是嘴

哈巴狗没了眼珠——瞎神气

钟馗开饭店——鬼都不上门

钟鼓楼上摆肉案

　　　　　——架子不小；好大的架子

秋后的蚊子——又欢起来了

胆小鬼坐飞机——抖起来了

亭子里谈心——讲风凉话

烂木头刻章——不是这块料

烂茅屋上挂绣球——假漂亮

烂泥菩萨——样子神气

祖坟上长棵酸枣树

　　　　　——尽出带刺子货

屎壳郎进花园——不是这里的虫儿

屎壳郎爬在炭堆上
　　　　　——不动显不出自己黑
屎壳郎爬在算盘上——混账
屎壳郎落在粪盆里
　　　　　——过什么大江大海
屎猴儿照镜子——臭美
娃娃放风筝——抖起来了
给你麦芒——岂可当真（针）
耗子掉到醋缸里——一身酸味
耗子眼看天——小瞧
耗子搬家——穷折腾
捡个孩子唱大戏
　　　　　——看你庆哪家的功
热锅上的蒸笼——好大的气
鸭子死了——嘴还硬
鸭子肉好吃——就是嘴硬
鸭子改鸡——光磨嘴皮
鸭群里闯进一只鹅
　　　　　——数你脖子长
秤砣砸核桃
　　　　——看他（它）硬到几时
倒坐炕沿扇扇子——耍风流
拿禾苗当草锄——不像个庄稼人
拿空心草看人——小瞧
胸前挂板——好大的牌子
胸窝里挂门板——好大的牌子
脑壳上安电扇——出风头
脑壳上顶门板——好大的牌子
狼吃蓑衣——没有人味
狼啃葫芦头——没有人味；没人味
饿狼吞泥土——没有人味

烟囱里放坛醋——酸气冲天
烟袋锅里炒鸡蛋——请的哪门子客
海龙王打哈欠——好大的口气
海象打架——光使嘴
家雀变凤凰
　　　　——尽想好事；想得倒美
诸葛亮战群儒
　　　　——全凭一张嘴；全仗嘴
扇着扇子聊天——说风凉话
被窝里伸出一只脚——你算老几
披着个孙悟空——憋出个猴来
勒紧裤带拉二胡
　　　　　——穷作乐；穷快活
黄连木做笛子——苦中作乐
黄鼠狼的脏——放不出什么好屁来
黄鼠狼骂狐狸——都不是好货
黄鼠狼戴花——臭美
黄鹤楼上看行人——把人看矮了
菩萨头上冒烟——好神气
梦里讨媳妇——想得倒美
梦里搽胭脂——尽想好事
聋子的耳朵——摆样子
啄木鸟找食
　　　　——全凭一张嘴；全仗嘴
啄木鸟治树——嘴上功夫
啄木鸟修房子——斗嘴劲
啄木鸟翻跟头——卖弄花屁股
啃着鱼骨聊天——说话带刺
蛇吃大象
　　　——看他（它）怎么吞下去
笼里的鹦哥——成天耍嘴
做梦当司令——神气一时

做梦拣到金子——尽想好事

做梦娶西施——想得美

做梦娶媳妇——光想美事

做旗袍用土布——不是这块料

脚丫子抓痒痒——你算哪把手

脱了裤子打扇——卖弄风流

猪八戒拱帘子——嘴先进

猪八戒做梦娶媳妇

　　　　——尽想好事；想得倒美

猛虎抖毛——使威风

麻布袋做龙袍——不是这块料

麻雀子想生鸡蛋——怎开口的

麻雀飞到旗杆上

　　　——鸟不大，架子倒不小

麻雀剁了身子——光剩嘴

麻雀落在房梁上

　　　　——架子不小；好大的架子

麻雀落在牌坊上

　　　　——东西不大，架子不小

阎王开会——都不是人

阎王开饭店——鬼都不上门

剪了翅膀的八哥

　　　　　——看你还能飞上天

清蒸鸭子——浑身稀烂嘴巴硬

斑鸠打架——卖弄风流

搭起戏台卖豆腐

　　　　　——买卖不大架子大

搭起牌楼卖酸枣

　　　　　——买卖不大，架子不小

搭棚子卖绣花针

　　　　　——买卖不大，架子不小

提上葡萄要饭——穷酸

搅屎棍支桌子——臭架子

朝天辣椒——又尖又辣

棒子面做蛋糕——不是正经材料

棺材里洗脸——死要面子

硬牛皮——看你咋吹

蛤蟆的嘴——唱不出好歌

蛤蟆带笼头——好大的脸皮

喝老陈醋长大的——光说酸话

黑瞎子披大氅（大衣）

　　　　　　——不像人样

黑瞎子舔马蜂窝

　　　——要怕挨蜇就别想吃甜头

锄头刨黄连——挖苦

猢狲穿衣裳——像个人似的

猢狲骑山羊——抖威风

猢狲戴帽子——学做人

猴子上凉亭——丑鬼要风流

猴子扇扇子——学人样

猴子骑绵羊

　　　　——神气活现；神气十足

粪车掉轮子——臭架子

粪船上放书柜

　　　　　——臭架子；摆臭架子

寒冬腊月摆龙门阵——冷言冷语

寒流来了吹暖气

　　　——冷嘲（潮）热讽（风）

寒潮消息——冷言冷语

窗户眼里看人——小瞧

属刺猬的——谁碰扎谁手

属豪猪的——浑身是刺

摇着脑袋吃梅子——瞧你那个酸相

槐树下弹琴

　　　　——苦中作乐；苦中取乐

睡梦里观景致

　　　　——尽想好事；想得倒美

嗑瓜子嗑出个臭虫来

　　　　——什么人（仁）儿都有

筷子充大梁——不是这块料

新上市的黄瓜——带刺

数九寒天穿裙子——抖起来了

满身沾油的老鼠往火里钻

　　　　　　——哪还有它好过的

窟窿眼里看人——小瞧

鼻子上挂肉——油嘴

敲着空米缸唱戏——穷开心

敲锅盖卖大饼——好大的牌子

演戏扮皇帝——神气一时

演员化装——涂脂抹粉

横匾压塌龙王庙——好大的牌子

醋厂里冒烟——酸气冲天

醋坛里酿酒——坛坛酸

醋泡辣椒——又酸又辣

醋瓶子打飞机——酸气冲天

踏死蛤蟆肚子胀——好大的气

踩高跷的过河——半截不是人

鹌鹑要吃树上果

　　　　——尽想好事；想得倒美

嘴巴含钢针——说话带刺

嘴里吞旋风——口气不小

嘴里含冰棒——尽讲风凉话

瘸子穿大衫——抖起来了

搽胭脂进棺材——死要面子

鞭杆做大梁——不是正经东西

癞蛤蟆打呵欠——好大的口气

癞蛤蟆剥皮不闭眼

　　　　　　——还想蹦跳几下

第四章 情绪感受

26. 悲欢有时

一只鸡娃两只鹰
　　　　——给了你他就不高兴
一屁股坐在铡刀上——切肤之痛
一根竹子搭轿——难过
一跤跌在青云里——好运（云）气
十里高山望平川
　　　　——光景要往长处看
入秋的高粱——老来红
八十老爹学吹打——老来青
八月十五的月饼——人人欢喜
九月里的甘蔗——甜了心
九曲桥上拖毛竹——难过
儿子成亲父做寿——好事成双
刀口遇滚水烫——疼痛难忍
又做媳妇又做娘——三代同堂
三十亩地一头牛，老婆孩子热炕头
　　　　——安居乐业
三九天吃冰块——凉透了
三月里扇扇子——满面春风
三伏天的冰棍——个个喜爱
三把钥匙挂胸膛
　　　　——开心开心真开心
土地奶奶嫁玉皇——一步登天

土地老信吃三牲——一脸的笑
土地佬的姑娘嫁玉帝——一步登天
丈母娘看女婿——越看越欢喜
大年初一生娃娃——双喜临门
大年初一迎新娘——双喜临门
大旱天的甘霖——点点喜心头
小两口结婚——欢喜在一起
小孩见了娘——没事哭一场
小偷娶媳妇——贼高兴
口渴喝了酸梅汤——美滋滋的
山坳上的松树——饱经风霜
千里遇知音——喜相逢
久旱逢甘雨——人人欢喜
飞机上吊邮箱——高兴（信）
马缨花的别名——合欢
夫妻俩看热闹——又说又笑
夫妻俩种甘蔗——甜蜜的事业
木刻的苦罗汉——难得一点笑容
木炭搭桥——难过
中秋节赏桂花——花好月圆
中秋过了闰八月
　　　　——团圆过了又团圆
中秋后一天结婚——喜出望外
水煮石头——难熬
手抓刺猬——又（有）刺又痛
手榴弹爆炸——心胆俱裂

牛吃草，鸭吃谷
　　　　　　——各人有各人的福

牛郎会织女——喜相逢

乌龟遭牛踩——痛在肚里

六月里吃西瓜
　　　　　　——甜透了心；甜在心上

六月间喝冰水——寒心

火车上演戏——载歌载舞

火柴棍搭桥——难过

火烧乌龟——心里痛

火烧旗杆——长叹（炭）

忆苦会开完了——不欢而散

玉帝娶亲，阎王嫁女——欢天喜地

玉帝娶亲——天大的喜事

打开蜜罐又撒糖——要多甜有多甜

打针吃黄连——痛苦

打鱼的网
　　　——在家干瘪瘪，出去湿汪汪

甘蔗皮编席子——甜蜜（篾）

甘蔗林里种香瓜——从头甜到脚

石灰窑里造房子
　　　　　　　——白手起（砌）家

石榴开花——老来红

北京的萝卜——心里美

电线杆上挂邮箱——高兴（信）

叫花子拾元宝——心里乐滋滋

叫花子哼着太平调——穷开心

叫花子接彩球
　　　　　　——喜出望外；喜疯了

叫花子做皇帝——喜从天降

叫花子舞讨饭棍——穷开心

叫花子醉酒——穷开心

叫花子擂鼓——穷开心

生气踢石头——痛自己的脚

外婆得了个小儿子
　　　　　　　——有救（舅）了

冬天火炉夏天扇——个个喜爱

冬天吃冰块——太心寒了

冬月里的甘蔗
　　　　　——甜在心上；甜透了心

包子吃到豆沙边——尝到甜头

包公铡陈世美——大快人心

包脚布上飞机——一步（布）登天

半天云里出亮星——吉星高照

半夜吃黄连——暗中叫苦

半道上遇亲人——喜相逢

讨饭的吹笛子——穷开心

讨饭的捡黄金——喜出望外

讨饭的摆堂戏——穷开心

出土甘蔗——节节甜

出嫁的姑娘——满面风光

对着墙壁流眼泪——独自悲伤

老太太走独木桥——难过

老太太骑驴——乐颠啦

老太婆抱孙子——眉开眼笑

老光棍娶媳妇——心满意足

老来得子——大喜

芝麻开花——节节高

芝麻蘸糖——又香又甜

过年娶媳妇——双喜临门

死罪逢恩诏——喜出望外

成对的蝴蝶——比翼双飞

成熟的莲子——心里苦

吐鲁番的葡萄
　　　　　——甜上加甜；甜透了

吃了喜鹊蛋——乐开怀

吃了蜂蜜——心里甜

吃甘蔗上楼梯——节节甜，步步高

吃得耳朵都动弹——味道好爽

吃着黄连唱着歌——以苦为乐

刚开锅的水——热气腾腾

刚出土的黄连——苦苗苗

刚出山的太阳——红光满面

刚出水的虾子——活蹦乱跳

年过花甲得子——老来喜

竹席上晒甘蔗——甜蜜（篾）

冰库里点蜡——洞（冻）房花烛

冰糖做药引子——苦尽甘来

冰糖蒸荔枝——甜透了

关门打叫花子——拿穷人开心

关门唱歌——自得其乐

灯草剖肚——开心

兴奋得四脚爬地——得意忘形

孙猴子上了花果山——称心如意

戏台上的花旦——要多美有多美

戏台上着火——热闹又热闹

红绸上绣牡丹——锦上添花

红糖拌蜜——甜上加甜

麦芒戳到眼睛里
　　　　　——又（有）刺又痛

扶着栏杆上楼梯——稳步上升

坟地里摆酒席——鬼作乐

花轿到了家门口——喜气盈盈

两口子回门——成双成对

围着叫花子逗乐——拿穷人开心

财神爷摸脑壳——好事临头

财神爷敲门——福从天降

坐火箭鼓掌——拍手称快

含糖睡觉——梦里甜

肚脐眼插钥匙——开心

冷天吞了热汤圆——心里甜滋滋

沙瓤西瓜吃到嘴——甜到心上

没有根的浮萍——无依无靠

怀里揣梳子——梳（舒）心

穷风流，饿快活——苦中作乐

拔节的高粱——节节高

抱着枕头跳舞——自得其乐

抱着孩子拜天地——双喜临门

范进中举——喜出望外

茅坑里放炮——振奋（震粪）

画笔敲鼓——有声有色

雨后春笋——直往上蹿

雨后彩虹——五光十色

软米粥拌粉面
　　　　　——愁（稠）上加愁（稠）

到了重庆——双喜

罗汉菩萨——个个是笑脸

和尚的木鱼
　　　　　——合不拢嘴；咧开了嘴

爬上高山喝汽水——真痛快

金刚钻儿包饺子——钻心痛

金鸡配凤凰——天生一对

兔死狐悲——物伤其类

泥娃娃的嘴——总是笑呵呵的

泥菩萨摆渡——难过

沸了的一锅水——热气腾腾

弥勒头上筑鹊窝——喜上加喜

弥勒佛的脸——笑眯眯

弥勒佛管山门——自得其乐

孤儿院下棋——穷快活

孤子遇亲人——喜出望外

挂娃看戏——欢天喜地

胡椒浸在醋里——辛酸得很

胡敲梆子乱击磬——欢喜若狂

药王爷的嘴——吃尽苦头

药店里招手——把人往苦处引

牵牛过独木桥——难过

临嫁的姑娘——满面春风

哑巴讨媳妇——喜在心头

哑巴吃蜂蜜——甜得不能说

哑巴拾黄金——说不出的高兴

哈密瓜泡冰糖——甜上加甜

种黄连的和尚——苦师傅

秋天的野兔子——撒欢

胆汁拌黄连——苦上加苦

狮子龙灯一起舞——热闹非凡

独木桥——难过

疯姑娘讲笑话——嘻嘻哈哈

烂板子搭桥——难过

洞房里过十五——花好月圆

洛阳的牡丹——人人欢喜

神仙女儿下凡间——天配良缘

娃娃过年——真快活；蹦得欢

娃娃看戏——欢天喜地

娃娃逗妹妹——嘻嘻哈哈

起重机吊灯草——不值一提

贾宝玉哭灵——悲伤已极

紧口坛子盛屋檐水

　　　　——乐（落）在其中

鸭绒被裹尸体——舒服死啦

哭孩子得了个洋娃娃——破涕为笑

铁钉钉黄连——硬往苦里钻

铁球掉在江心里——团圆到底

倒啃甘蔗——越来越甜

拿着钝刀抹脖子——杀不死也痛

胸口挂钥匙——开心

狼也跑了，羊也保了——两全其美

逢年过生日——双喜临门

高兴得四脚爬地——得意忘形

离群的羊羔——孤孤单单

剖鱼得珠——喜出望外

宾馆里的小姐——笑脸迎人

被面上刺绣——锦上添花

被窝里放收音机——自得其乐

捧着金碗当乞丐——高兴得发傻

接彩球的乞丐——高兴得发傻

娶媳妇嫁女——双喜临门

勒紧腰带数日月——难过

黄豆碰上热锅——欢蹦乱跳

黄连木头打娃子——痛苦

黄连木做笛子——苦中作乐

黄连水待客——给他点苦头

黄连水洗胸口——一番苦心

黄连水洗脑袋——苦到头啦

黄连水做饭——口口苦

黄连水喂婴儿——苦了孩子

黄连炒猪头——苦了大嘴

黄连树下喊上帝——叫苦连天

黄连树上结苦瓜——一串串儿苦

黄连煮汤——苦水多

黄忠出阵——不服老

黄檗汁里泡过的——苦不堪言
菩萨坐冷庙——孤苦伶仃
梦里见黄连——想苦了
梦里坐朝廷——高兴一时是一时
梦里拾钱——瞎高兴
梦里啃甘蔗——想得倒甜
曹操遇关公——喜不自胜
崔莺莺送郎——一片伤心说不出来
做梦当长工——想得苦
做梦吃大餐——高兴得流出口水
得胜的猫儿——欢似虎
盘古跳舞——老开心
船上开晚会——载歌载舞
脚踏乌龟背——心里痛
猫儿抓心——难受
麻秆搭桥——难过
麻油拌小菜——个个喜爱
渔夫听到鱼汛，猎手赶上兽群
　　　　　　　——喜之不尽
梁上挂猪胆
　　——哭哭（苦苦）泣泣（滴滴）
绿豆换米——各有一喜
提起来的竹篙——眼泪汪汪向江河
喜鹊衔花——喜上加喜
喜鹊登枝喳喳叫——无喜乐三分
裁缝作嫁衣——替别人欢喜
棉花垛里跌死人——舒服死了
棉花塞住鼻子——憋得难受
喝了黄连猪胆汤——一肚子苦水
黑灯瞎火跳舞——暗中作乐
黑瞎子钻灶筒——难过
程咬金拜大旗——运气好

猴子见水果——欢天喜地
割碎鱼胆——暗暗叫苦
强拧的瓜——不甜
摇着扇子聊天——谈笑风生
槐树下弹琴——苦中取乐
睡梦吃仙桃——想得甜
暗室里穿针——难过
跳伞爱好者——喜从天降
蜂蜜待客——给他（你）点甜头
蜂糖蒸核桃仁——又甜又香
矮子吃水粉——好场（长）面
痴情碰冷遇——伤透心肝
新女婿请接生婆——双喜临门
新春的横批——万事如意
新科状元招驸马——喜上加喜
新媳妇怀孕——暗喜
数九寒天一盆火——人人欢喜
滚水泡米花——开心
摔跤捡金条——喜出望外
熏地里穿针——难过
馒头出笼——热气腾腾
敲开的木鱼——合不拢嘴
敲着空米缸唱戏——穷开心
端午节划龙舟——载歌载舞
端午节吃粽子——皆大欢喜
演戏的中状元——高兴一时说一时
寡妇上坟——哭天抹泪
蜜罐罐里放糖——甜上加甜
躺在席上吹死猪——长吁短叹
鲤鱼剖腹——开心
额头上插牡丹——忍痛图好看
鹦鹉遇见百灵鸟——又说又唱

糖葫芦蘸蜜——甜上加甜

爆竹店里失火——热闹

凿子上烙饼——翻来翻去

27. 贫穷没落

一百斤米做稀饭——难熬

三九天的叫花子——又冷又饿

三钱不值两钱卖——败家子

干河滩里栽牡丹——好景不长

大年三十晚上熬稀粥——年关难过

乞丐打铃——穷得叮当响

乞丐过日子——全靠别人施舍

马勺当锣打——穷得叮当响

王小二过年——一年不如一年

井底栽黄连——苦得深

水煮石头——难熬

水煮驴皮胶——难熬

牛骨头煮胶——难熬

长工的岁月——难熬

孔夫子搬家——净是输（书）

布袋里装石榴皮

　　　　　——一个子儿也没有

叫花子打了碗——倾家荡产

叫花子出殡——穷到头了

叫花子吃豆腐——一穷二白

叫花子吃肥肉——讨来的

叫花子炒三鲜——要一样没一样

叫花子看外婆——两手空

叫花子赶街——分文没有

叫花子请长工——大家挨饿

叫花子搬家——一无所有

叫花子睡觉——穷困

老牛头进汤锅——难熬

老公打扇——凄（妻）凉

老头儿做棺材——寿限不大了

过年吃豆渣——穷极了

过年敲锅盖——穷得叮当响

百家姓上少了第二姓——缺钱

吃饭泡米汤——喝粥的命

年三十看皇历——好日子过完了

关住门打财神——穷极了

农村的老黄牛——苦了一辈子

孙悟空回花果山

　　　　　——一个跟头栽倒了家

寿星老汉骑仙鹤——无路可走

豆腐佬摔担子——倾家荡产

财神爷摆手——没有钱

秃鸡过冬——难熬

肚子里长草——闹饥荒

沙滩上的黄鳝——寿命不长

怀里揣黄连——辛（心）苦

穷人的日子——难熬

穷人掉雪窟——又冷又饿

鸡飞蛋打——一切都完

抱黄连敲门——苦到家了

苦水里面泡苦瓜——苦惯了

苦瓜攀苦藤——苦相连

苦竹子根头出苦笋——辈辈苦

卖汤圆的跌跟头——倾家荡产

货郎挑担——两头祸（货）

鱼游锅中——好景不长

孤儿院的娃娃——穷小子

虱子躲在破袄里

               ——有得住，没得吃

挂在壁上的团鱼——四脚无靠

挂起犁杖当钟敲——穷得叮当响

挂着腊肉吃斋——难熬

挑水的逃荒——背井离乡

垓下困霸王——四面楚歌

茶杯里放块糖——寿命不长

砂锅砸蒜——全砸到底

拜罢天地去讨饭

               ——没过一天好日子

迷途的羔羊——无家可归

耗子偷米汤——勉强糊得着嘴巴

秦琼买刀——腰里无钱

紧着裤子数日月——日子难过

铁锅里的螺蛳——水深火热

拿着铁锹当锅使——穷极了

黄牛咬黄连——吃苦耐劳

黄连拌生姜——辛苦了

黄连拌陈醋——又辣又酸

黄连刻娃娃——苦孩子

黄连树下种苦瓜——苦生苦长

黄连锅里煮人参

            ——从苦水中熬过来的

黄鼠狼下耗子——一代不如一代

猫嘴下的老鼠——自知命不长了

棺材里的人——不可救药

腊月里吃黄连——寒苦

塘里行船——无出路

露水夫妻——好景不长

28. 离心涣散

一人一把号——各吹各的调

一口棺材睡俩人——死对头

一个师父一路拳——各有各的打法

一个葫芦两个瓢——各舀各的

一盘散沙——捏不到一块

二愣子拉琴——自顾自（吱咕吱）

十二月门神——一个东，一个西

十八口子乱当家——各自为政

十字路口分手——各奔前程

人嘴两张皮——各说各的理

八个歪脖坐一桌

            ——各有倾向（项）

土地爷搬家——走了神

大海里放鱼——各奔一方

大海里捕鱼，深山里打猎

            ——各吃一方

大蒜老了——扯破衣衫分家

大腿上贴门神——走了神

上街买帽子——对头

小胡同里遇仇人——冤家路窄

小哥俩出师——各奔前程

山西猴子河南人耍

            ——各有拿手好戏

山羊爱石山，绵羊恋草滩

          ——各有所好；各人所好

山窑里的石灰遇到水——四分五裂

女儿国招驸马——一厢情愿

马走"日"字象走"田"

            ——各有各的路

木匠的凿子铁匠的锤——各有一套

不共戴天的敌人——有你无我
不是鱼死，就是网破——有你无我
犬守夜，鸡司晨——各尽其能
车走车路，马走马路
　　　　　　——谁也不跟谁相干
车辆对开——各走一边
水桶断了箍——散了
牛王爷不管驴的事——各管各的
牛吃草来狗吃屎——各有各的口味
牛吃草料鸭吃谷——各人享各人福
升不离斗，秤不离砣，筛子不离筐
和箩——各有各的搭档
长颈鹿脖子，仙鹤腿——各有所长
仇人打擂——有你无我
风马牛——各不相干；毫不相干
火车抵头——互不相让
双色圆珠笔——有二心
双黄蛋——两个心
打手赛拳——各有一套
打铁卖粮——各干一行
打铁的拆炉子——散伙（火）了
打猎放单——各干一行
东边日出西边雨——各有天地
电灯泡——不通气
叫花子想公主——一厢情愿
另起炉灶——各顾各
白菜地里耍镰刀——散了心
鸟囚笼中——心在外
头发纺纱——不合股
母鸡带患——各顾各（咯咕咯）
老大坐车，老二骑马
　　　　　　——各走各的路

老虎、金钱豹——各走各的路
老鳖跌跟头——翻了
扫帚的脾气——向外不向里
地府里打官司——死对头
有人喜欢鸡；有人喜欢鸭
　　　　　　——各有所爱
百货店里卖鞋袜——各有尺码
夹火钳子——一头热
早上的林中鸟——各唱各的调
同床异梦——有二心
传说中的八仙——各有千秋
行车有车道，行船有航道
　　　　　　——各不相干
杀猪捅屁股——各有各的刀路
爷俩掉到河里——各扑腾各的
杂技团里的演员——各有拿手好戏
闭门造车——不合辙
观音庙里没观音——走了神
芥末拌凉菜——各有所爱
豆芽炒韭菜——各有所爱
豆腐白菜——各有所爱
两个兄弟吵分家——各顾各
两只羊羔打架——对头
两只耳朵——一生一世也见不到面
两条道上跑的车——各不相干
吹笛的会摸眼，打牌的会摸点
　　　　　　——各有本领
吹断尿桶箍——散了板
你打我一拳，我踢你一脚
　　　　　　——谁也不让谁
你去南极，我去北极——各走一端

你吃鸡鸭肉，我啃窝窝头
————各人享各人福
你给我个初一，我给你个十五
————互不相让；谁也不让谁
你做生意我教书——人各有志
岔道上分手
————各走各的路；各奔前程
灶王爷上天——走了神
没水喝，渴死人
————与我（饿）无关
鸡公打架——对头
鸡碰到蜈蚣——死对头
驴拉碾子牛耕田
————各行其是（事）；各走各的道
拆庙散和尚——各奔东西
板门上贴门神
————一个向东，一个向西
刺猬钻进蒺藜窝——针锋相对
卖花的，说花香；卖菜的，说菜鲜
————各有一套
斧大好砍树，针小能穿布
————各有各用处
兔子靠腿狼靠牙
————各有各的谋生法
庙中的五百罗汉
————各有一定的地位
庙里的猪头——各有主
盲人摸象——各执一词
放鸟儿出笼——各奔前程
河水不犯井水——各不相干
油里掺水——合不拢

宝玉和湘云哭贾母
————各有各的伤心处
姑娘爱花，小子爱炮
————各有所好；各人所好
姐儿俩相女婿
————各有所爱；各人所爱
姐妹俩一块出嫁——各人忙各人的
城隍庙里打官司——死对头
荞麦皮打糨子——两不相粘
南山不靠北山——各过各的
南极寿星，太上老君——各有千秋
相逢不下鞍——各奔前程
树倒猢狲散——各奔前程
砍刀遇斧头——针锋相对
背靠背走路——各分东西
钝刀子割草——拉倒
看戏挑媳妇——一头满意
俩小鬼作仇人——死对头
俩狮子打架
————不是你死，就是我亡
独木桥上遇仇人——冤家路窄
独木桥——各不相干
将军不下马——各奔前程
音乐队演出——各吹各的号
穿衣戴帽——各有一套
屋背上开门——不过人
赶鸭子上坡——各顾各（咯咕咯）
捣蒜剥葱——各管一工
鸭子过河——各奔各的
鸭搭百脚——对头
唢呐配笛子——想（响）得不一样

圆的做盖盖；方的做牌牌
　　　　　　——各有用场

钻子碰锉子——死对头

钻水道眼——各有各的门道

铁锅遇着铜炊帚——对头

铁路警察——各管一段

爹死娘嫁人——各人顾各人

豺狼恨猎人——死对头

高山有好水，平地有好花
　　　　　　——各有所长

烧火剥葱——各管一工

宴席上吵架——不欢而散

诸侯称王——各自为政

娘俩做媳妇——各人忙各人

绣花针对铁梁
　——各有一技之长；大小各有用场

绣花姑娘打架——针锋相对

黄牛角，水牛角
　　　　——各（角）顾各（角）

黄牛落水——各顾各

黄瓜拌辣椒——各有所好

黄鼠狼钻水沟——各走各的路

萝卜青菜——各有所爱

聋子对话——各说各的

蛇跑兔子窜——各有各的打算

铜匠的家当——各有一套

铜盘碰上铁扫帚
　　　　——互不相让；谁也不让谁

做贼碰上劫路人——冤家路窄

脚后跟拴绳子——倒拉

脱了轨的火车——翻了

猪八戒想娶媳妇——一厢情愿

猪向前拱；鸡往后刨
　　　　　　——各有各的门道

猫儿捉老鼠，狗看门——各守本分

猫逮老鼠鼠打洞
　　　　——各有本领；各靠各的本事

麻油炒白菜——各人心中爱

麻雀搭窝——各顾各

清油炒菜——各有所爱

绿豆换米——各有一喜

彭祖遇寿星——各有千秋

裁缝的皮尺，厨子的刀
　　　　　　——各有一套

裁缝绣娘——各干一行

棒打鸳鸯——两分离

棒槌弹棉花——不沾弦

跌下崖的汽车——翻了

跛子骑瞎马——各有所长

喝开水吃菜
　　　　——各有所爱；各人所爱

短的当棒槌，长的做房梁
　　　　　　——各有一技之长

鹅吃草，鸭吃谷——各人享各人福

猴子爬板凳——各想一头

窗子小跳不进——格格不入

属烟袋锅的——一头热乎

隔夜的现饭——捏不拢

蒸酒熬糖——各干一行

楚汉相争——势不两立

照住屁股蹬一脚——你东我西

墙上挂的美人
　　　　——你爱她，她不爱你

蜘蛛结网；耗子打洞
　　　　　　　——各有各的主意

鼻涕沉到嘴里——各人吃各人的

鼻涕往上流——反了

敲锣卖糖——各干一行

戴着眼镜买车轴——各对其眼

蟋蟀斗公鸡——各有一长

鹰飞蓝天，狐走夜路
　　　　　　　——各走各的道

29. 左右为难

一口吃包回形针——满肚子委屈

一元钱买担菜——两篮（难）

一分钱的酱——难烩（会）

一块硬骨头——不好啃

一面官司——不好打

一根头发牵牛——力薄势单

一根刺卡嗓眼——难言（咽）

一根香敬两尊佛
　　　　　　　——左也不是，右也不是

一脚踩在桥眼里——上下两难

一碗水泼在地上——难收拾

一餐吃个大胖子——谈何易

一篮茄子，一篮赤豆
　　　　　　　——两难（篮）

人心隔肚树隔皮——难相识

人在屋檐下——不得不低头

儿子看婆媳吵架——两头为难

才学理发就碰上个大胡子
　　　　　　　——难剃（提）

下雨天背棉絮——越背越重

大风地里吃炒面——开不了嘴

大庙不收小庙不留——无路好走

大海里捞针——不知从何下手

大道边儿的驴——谁爱骑谁骑

万岁爷剃头——不要王法（发）

小鸡吃黄豆——够呛

小姑娘梳头——自便（辫）

小孩子上楼梯——步步都是坎

小孩子喝烧酒——够呛

山洪冲石子——不滚也得滚

千里送客——总有一别

马戏团的猴子——随便人耍

马高蹬短——上下两难

王胖子跳井——下不去

王婆卖了磨——没地推了

井里打扑腾——死不死，活不活

井底撑船——无路可走

开水洗面——难下手

开线的口袋——越摸越没底

天高皇帝远——管不着

无米之炊——难做

云雾里面谈恋爱——迟早要散

木匠吊线——睁一只眼，闭一只眼

木匠锯板——推来推去

水过滩头——劝不回

牛尾巴上拴稻草——想吃不得吃

牛栏里关猫儿——出进由你

公园的大门——进出自由

月亮赶太阳——老是碰不到头

乌龟爬在门槛上
　　　　　　　——进退都要跌一跤

乌龟爬泥潭——越爬越深

乌龟摔在靛壳里——壳蓝（可难）

火柴棍搭桥——难过

火钳子修表——没处下手

火烧岭上捡田螺——难得寻

火烧辣椒——呛死人

为妻骂爱宠——不得已

双手插进染缸里
　　　——左难（篮）右也难（篮）

正月里的龙灯——由人耍

甘蔗地里栽葱——比别人矮一截

古庙里的签筒——大家抽

电梯失灵——上下两难

叫花子坐火车——到哪儿算哪儿

叫花子想公主——一厢情愿

生米煮成熟饭——改不转了

生铁铸土地爷——硬神（撑）

失舵的小舟——随波逐流

鸟入笼中——有翅难飞

半山腰遭雨淋——上下两难

半夜吃黄连——暗中叫苦

半夜里下饭馆——有什么算什么

出门两条腿——随人走

出门逢债主，回屋难揭锅
　　　　　　　——内外交困

出笼的小鸟——自由飞翔

出窑的砖头——定型了

出巢的黄蜂——满天飞

奶妈抱孩子——人家的

皮球遭脚踢——带着气滚出去

丝线打结巴——难解

寺里的木鱼——任人敲打

老牛拖破车——走不动

老母猪钻篱笆——进退两难

老虎吃天——无处下口

老和尚撞钟——过一日是一日

老鼠碰见猫——难逃

地狱里活命——难见天日

西山出太阳——难得

百岁养儿子——难得

夹道里推车子——进退两难

光脚走进蒺藜窝——进退两难

吃奶的孩子——扔不下

舌头无骨——愿怎么说就怎么说

舌头不是宝——好坏由它搅

竹山里试犁——寸步难行

竹排放鱼鹰——卡着脖子干

自留地里拉屎——泄私愤（粪）

羊头插在篱笆上
　　　——伸首（手）容易缩首（手）难

关上门放屁——偷偷地消气

关在栏里的肥猪——等着宰

江中的鲤鱼——油（游）惯了

池塘里的浮萍——随风飘

孙猴子遇见如来佛——有法难使

阴天竖旗杆——四下不见影

买豆腐坐班房——平白无故

坛子里和面——使不上劲

把脸装进裤裆里——见不得人

花子咬牙——发穷狠

花篮子装泥鳅——走的走，溜的溜

苏州的蛤蟆——南蟾（难缠）

两手插染缸
　　　——左也难（蓝），有也难（蓝）

两手捧刺猬——拿不起，放不下
两手提篮
　　　——左难（篮）右也难（篮）
两只耳朵——见不到面
旱地的鱼虾遭天旱——活不下去
呆子求情——有理说不清
吹牛皮不犯死罪——大话由你说
针尖上落芝麻——难顶
低个子看戏——随人家说
坐庙里等雨下——依神靠天
冷锅煮雪——难溶
判官手中笔——生死由你
沙滩上行船——进退两难
没过河的卒子——只好顶撞
没有关紧的水龙头——放任自流
没有根的浮萍——无依无靠
驴子赶到磨道里——不转也得转
武大郎上墙头——上得去，下不来
武科场上选将——有本事就上
林冲上梁山——被逼的
轮船上泼水——随波逐流
岩缝里的笋——夹得紧紧的
瓮里的蛤蟆——让他（它）跳去
瓮里烧木炭——有火没处发
渔网里的山鸡——有翅难飞
狗咬粽子——无法解
庙里的鼓——随便敲
河中间斩竹篙——两头不到岸
肩膀上生疮——不敢担
项羽过江东——罢（败）了
城隍老爷不穿裤子——羞死鬼
按着牛头喝水——勉强不得

带着孩子跳井——犹豫不定
茶壶里煮饺子——肚里有货倒不出
茶馆里的板凳——随便坐
顺着姑来失嫂意——难得两全
将军不下马——各自奔前程
养蛇咬自己——不怨别人
姜太公钓鱼——愿者上钩
前有埋伏后有追兵——进退两难
烂泥路上拉车——越陷越深
染匠来到粪池边——看他怎样摆布
染坊里的衣料——任人摆布
染缸里落白布——再也洗不清
神主头上使剪刀——羞（修）先人
眉毛上吊扫把——臊（扫）脸
赶鸭子上架——难呀
热锅上的蚂蚁——走投无路
荷叶做雨伞——难遮羞
砧板上的鱼——任人宰割
脑袋长瘤子——后面负担重
高粱秆子担水——挑不起来
唐僧的紧箍儿咒——老得念着
拳头舂辣椒——辣手
黄连酿酒——苦打成招（糟）
黄蜂歇在乌龟背上——你敢伸头
黄鼠狼带牛铃
　　　　　——叮当（担当）不起
萝卜青菜——各有所爱
菜勺挖耳朵——下不去
崔莺莺送郎——一片伤心说不出
崇祯上吊——走投无路
笼里的鸟——随你逗
脚踩两只船——左右为难

脱了绳子的猴子——无拘无束

猪八戒照镜子——里外不是人

猪晃尾巴猴眨眼——习以为常

猫儿偷食狗挨打——无辜受累

麻雀抬轿——担当不起

清晨的云雀——展翅飞翔

婆婆太多——媳妇难当

梁山上的好汉——逼出来的

骑牛撵兔子——有劲使不上

骑在虎背上——即上难下

搁浅的船——进退两难

晴天霹雳——无法防备

筛子眼里夹的米

　　　　　——上不去也下不来

猴子捡姜——吃也不是，丢也不是

湿手抓面粉——要甩甩不掉

隔墙扔扁担——横竖由他（它）去

絮被上捉虱子——翻不尽

碓窝子做帽戴——顶（担）当不起

嗓子里撒把胡椒粉——够呛

矮子骑大马——上下两难

筷子穿针眼——难进

筷子搭桥——难过

腿肚子拧不过大腿——干受压

新修的马路——没辙

新娶的媳妇——不肯见人

新媳妇坐轿——左右随人摆布

嫁出的姑娘泼出的水——不由己

榨油房里的铁圈——箍得梆梆紧

鼻头上挂烧饼——闻香不到嘴

瘸子一甩——不管啦

敲下去的钉子——定了

端别人的碗——服别人管

橄榄核垫台脚——横不得，竖不得

瞎子丢了棍——没靠处

瞎子放驴——随它去

瞎子背拐子走——由你指点

蝎子爬在嘴上——说不得，动不得

箭在弦上——不得不发

瘸子下山——这步容易下步难

戴钢盔爬树——硬着头皮上

螺蛳壳里做道场——难

篾匠赶场担一担

　　　　　——前后为难（篮）

癞子的脑袋——实在没法（发）

癞蛤蟆垫桌子角——死撑活挨

霸王别姬——无可奈何

霸王敬酒——不干也得干

30. 无奈害怕

一朝被蛇咬，三年怕井绳

　　　　　——心有余悸

一朝被蛇咬——十年怕井绳

锥子扎在身上——心惊肉跳

三个钱买个蛤蟆——越看越憋气

三伏天的太阳——人人害怕

大松树做柴烧——大材小用

大闺女抱儿上街——不怕丢丑

大炮打麻雀——大材小用

大炮轰苍蝇——大材小用

大理石铺路——大材小用

万岁爷掉在井里

　　　　　——不敢劳（捞）你的大驾

小娃儿放火炮——又爱又怕

小娃娃放爆竹——又爱又怕

山碰见了老虎皮——望而生畏

千里马逮老鼠——大材小用

马褂改裤衩儿——大材小用

天要下雨，娘要嫁人——不由人愿

无牛捉了马耕田——大材小用

木夹里的老鼠——两头受挤

见了猫就怕——胆小如鼠

手拿鸡蛋走滑路——提心吊胆

牛鼎烹鸡——大材小用

风箱里的老鼠——两头受气

乌龟看青天——缩头缩脑

乌龟脑壳——伸一下，缩一下

六月天身发抖——不寒而栗

火柴梗上绑鸡毛——胆（掸）子小

火烧草料场——逼上梁山

心里头长草——慌（荒）了

孔子教《三字经》——埋没人才

打赤脚过刺蓬——小心在意

石缝里的山药——两受夹

电线杆当筷子——大材小用

田鸡钻进水里——不敢出头露面

四大金刚扫地

　　　　　　——大材小用；有劳大驾

包办的婚姻——身不由己

半夜做噩梦——虚惊一场

半空中踩钢丝——提心吊胆

老天爷不下雨，当家的不说理

　　　　　　　　——无可奈何

老牛拉犁——有心无力

老虎进了城——家家都关门

老虎拉车——没人敢（赶）

百年松作柴烧——大材小用；屈才

朱元璋不娶颜姑娘——怕腌

竹篮打水——一场空

刘备上了黄鹤楼——胆战心惊

好花插在牛粪上——可惜；真可惜

寿星老儿打飞腿

　　　　　　——心有余而力不足

走路看脚印——小心过度了

秀才推磨——不得已

何仙姑下凡——六神无主

近视眼过独木桥

　　　　　　——不敢抬头挺胸向前看

近视眼过独木桥

　　　　　　——不敢抬头挺胸向前看

近视眼穿针——大眼瞪小眼

状元打更——屈才了；出于无奈

床单做鞋垫——大材小用

没笼头的野马——悄悄儿跑了

怀里揣着十五只兔子——七上八下

怀揣兔子——忐忑不安

屁股生疮背又疼——坐卧不安

张飞剁肉馅——大材小用

张飞看老鼠——大眼瞪小眼

鸡蛋打豆腐——欺软怕硬

担山填海——心有余而力不足

顶梁柱当柴烧——屈才；屈了材料

抵门杠当针使——大材小用

抱着蜡烛取暖——无济于事

苻坚逃到八公山——草木皆兵

林冲看守草料场

　　　　　　——英雄无用武之地

杯弓蛇影——自相惊扰

枪头上的雀儿——吓破了胆

枫树叶跌落头拷开——胆小怕事

轮胎上的气门芯——里外受气

到手的肥肉换骨头——不甘心

和尚照镜子

　　　　——无计（髻）可施（梳）

迫击炮打斑鸠——大材小用

金子当作黄铜卖——屈才（财）

受惊的水老鼠——怕出头露面

鱼口里的水——吞吞吐吐

狗见扁担——拔腿就跑

狗咬刺猬——两家都怕

狗熊见了刺猬——无可奈何

庙里失火——慌了神

泥人的脸——面如土色

泥菩萨过河——自身难保

怕死鬼当兵——仙桃（先逃）

房梁当椽子——大材小用

房梁刻图章——大材小用

房梁做锄把——大材小用

城隍庙的铁算盘——不由人算

草窝里趴出个状元来——埋没人才

苘秸打狼——两怕

南瓜菜就窝头——两受屈

树叶怕打破脑壳——胆小鬼

树叶掉下来怕打破头——胆小鬼

钟鼓楼上的麻雀——吓破了胆

段旮弯的斗笠——怕风怕雨怕日头

胆小鬼偷东西——忐忑不安

闺女上婆家

　　　　——腼腼腆腆；又想又怕

美玉埋在狗屎堆里

　　　　——可惜；真可惜

炮台上的麻雀——吓破了胆

给老虎看病——提心吊胆

耗子吃猫屎——悄悄地

捂着屁股过河——多加一份小心

起重机吊鸡毛——大材小用

桅杆做了顶门杠——大材小用

夏天发抖——不寒而栗

原子弹炸鸟——大材小用

拿金条塞墙缝——大材小用

高射炮打蚊子——大材小用

高粱秆儿打狼——两担怕；两面怕

酒坛子当夜壶——大材小用

诸葛亮用空城计——迫不得已

诸葛亮住茅庐——怀才不遇

被面补袜子——大材小用

绣花被面补裤子——大材小用

琉璃瓦盖鸡窝——大材小用

掉下树叶怕打了脑壳——胆小鬼

掉下树叶怕打破脑壳——胆小鬼

黄鼠狼泥墙——小手小脚

崇祯爷殡天

　　　　——盼谁谁不来，想谁谁不到

笼中鸟，网中鱼

　　　　——身不由己；不由自主

偷来的锣鼓——打不得

脚底长瘩子——点儿低

麻秸打狗——两怕

阎王开饭店——鬼都不敢上门

断了线的风筝——身不由己

惊弓之鸟——心有余悸

惊弓之鸟——惶惶不可终日

屠夫送礼——提心吊胆

骑在老虎背上——不敢下来

落汤的螃蟹——手忙脚乱

棺材里打铳——吓死人

蛤蟆趴在脚背上

　　　　　——咬倒不咬吓一跳

裤子里进蚂蚁——坐立不安

属老鼠的——胆小鬼

蒸笼盖子——受不完的气

跳上岸的大虾——慌了手脚

路边的小草——任人践踏

锯大树当镰把——大材小用

躲在暖房里的小偷——不寒而栗

腿肚子抽筋——身不由己

墙头上睡觉——不敢翻身

鲜花插在牛粪上——可惜；真可惜

端别人的碗——服别人管

漫天要价——哆嗦（多索）

寡妇卖子——最后一着

踩着草绳就是蛇——被蛇吓怕了

劈开房梁做火把——大材小用

薄冰上迈步——战战兢兢

癞蛤蟆剥了皮——死不瞑目

蹲在皮球里过日子——受尽窝囊气

霸王别姬——奈何不得

31. 生气着急

一口想吃个胖子——性子太急

三月栽薯四月挖

　　　　　——急不可待；急于求成

三伏天的爆竹——一碰就炸

干柴遇烈火——点火就着

大槐树底下等情人——急不可待

上午栽树，下午取材——性太急

上坟不带烧纸——惹祖宗生气

小孩抽陀螺——团团转

小媳妇进婆家——忍气吞声

王八吃鞭炮——憋气又窝火

王八钻灶炕——憋气又窝火

风箱上做棺材——气死人

风箱板做帽子——气上头了

六月里反穿皮袄——里外发火

火车晚点——两头急

火药碰火柴——好大的火气

火炭吞下肚——心急如焚

火炭掉在头发上——火烧火燎

火种掉进干柴堆——一点就着

火柴与火药——一碰就发火

火烧猴屁股——急得团团转

火箭筒射击——两头冒火

火镰对火石——一碰就发火

斗笠出烟——冒（帽）火

打电报买车票——急上加急

打足气的皮球

　　　　　——一跳三尺高；早晚要炸

打胀的皮球——一肚子气

打破纸灯笼——一个个眼里有火

灭火踢倒油罐子——火烧火燎

甩出去的手榴弹——大发雷火

发了酵的面粉——气鼓鼓的

对门吹笛子——斗气

老牛拉磨——团团转

老鼠钻风箱——两头受气

吃了鸟枪药——火气冲天

竹子做笛——受不完的气

自行车爆胎——气炸了

关门掩着个耗子——急（挤）死了

关进笼子里的猴子——抓耳挠腮

关进笼里的狗熊——团团转

江中浪上兜圈子——团团转

孙猴子着了急——抓耳挠腮

阴雨天的霹雳——大发雷火

走道喝稀粥——性太急

吹火筒不通——赌（堵）气

吹胡子瞪眼——气到极点

吹鼓手的肚子——气鼓鼓

坐在锅边吃煎米粑——急于求成

沙漠里盼水喝——干着急

张飞穿针——大眼瞪小眼

鸡毛性子——一点就着

拔苗助长——急于求成

抱鸡婆扯媚眼——两眼一翻

拉石灰车遇到倾盆雨——心急如焚

卖虾的不拿秤——抓瞎（虾）

狗咬尾巴——团团转

炒虾等不得红——性太急

河里捞不到鱼——抓瞎（虾）

沿着磨盘走路——团团转

肩膀上放烘笼——恼（脑）火

肩膀上搭炉灶——恼（脑）火

孟良摔葫芦——火啦

城墙上点烽火——告急

挡风玻璃当锅盖——明受气

点火的爆竹——一肚子气

临上轿找不到绣花鞋——心里急

哑巴有理说不清——干着急

哑巴抓贼——急在心头

哑巴挨骂——气不可言

蛤蟆鼓肚子——气鼓气胀

皇上拍桌子——盛（圣）怒

急性子动手——说干就干

急性子做客——说来就来

急性子碰到慢性子——你急他不急

急救车撞上了救火车——急上加急

急惊风碰着个慢郎中——干着急

疯子院的病人——喜怒无常

炸药的捻子

　　　　——一点就着；点火就着

说起风便扯帆——说干就干

架起砧板就切菜——说干就干

栽完树就想乘凉——性太急

捏着拳头过日子——心里憋气

捏鼻子吹螺号——忍气吞声

热锅上的蚂蚁——团团转

热锅上的蒸笼——好大的气

挨了棒的狗——气急败坏

烈火干柴——一点就着

柴火上浇汽油——一点就着

借米还糠——气鼓气胀；气鼓鼓

胸窝里栽牡丹——心花怒放

胶皮结辘放炮——气炸了；气崩了

脑袋上冒烟——火气上头

烧干的锅炉——气炸了；气嵌了

消防龙头打不开——干着急

烫了屁股的猴子——急红了眼

袖子里冒火——着手

堵塞的烟囱——憋气又窝火

掉进开水锅里的虾——急红了眼

黄鼠狼钻灶——火烧火燎

救火没水——干着急

曹操杀蔡瑁——操之过急

唱戏的吹胡子——假生气

猪八戒咬牙——恨猴儿

猪尿脬上扎一刀——气消了

麻雀洗澡——团团转

断了半边腿的蝎子——团团转

焊条碰钢板——冒火

焊枪的喷嘴

　　　　——一点就着；点火就着

寅时点兵，卯时上阵——说干就干

蛤蟆打饱嗝——气胀的

黑李逵碰见猛张飞——见面就崩

锅灶上天——气炸了；气崩了

锅炉房里的灯笼——气昏了

筛子做锅盖——气不打一处出

猴儿捉虱子——抓耳挠腮

猴子捧个烫瓦盆——团团转

猴吃辣椒——抓耳挠腮

馋狗等骨头——急不可待

滑了牙的螺丝帽——团团转

寒冬腊月喝冰水——肚里有火

鼓肚蛤蟆钻喇叭——忍气吞声

蒸饭的甑子漏了眼——气愤（喷）

蒸笼盖子——受不完的气

碎了碟子又打碗——气上加气

跳蚤的脾气——一碰就跳

鼻子里长瘤子——气不顺

暴雨前的闪电——大发雷霆

瞎子熬糖——恼（老）了火

瞎驴推磨盘——团团转

膨胀的皮球——一肚子气

磨上的毛驴——团团转

澡堂里的油灯——气昏了

戳破了的灯泡——冒火

爆竹脾气——一点就炸

蘸了汽油的稻草

　　　　——一点就着；点火就着

罐子里掏虾米——抓瞎（虾）

第五章　事理状态

32. 百姓家常

八十岁学吹打——老来忙

八月十五团圆节——一年一回

八旬奶奶三岁孙

　　　　　——老的老，小的小

又做媳妇又做娘——三代同堂

大风吹倒梧桐树

　　　　　——自有旁人说短长

大年三十的案板——家家忙

大年夜的蒸糕——热门货

马槽安盖子——要成（盛）人

夫妻俩吵嘴——常有的事

正月十五打灯笼——年年如此

正堂屋里挂灯笼——光宗耀祖

扔了拐杖作揖——老兄老弟

包老爷难断——家务事

老和尚点天灯——清洁平安

吃了耗子药——尽搬家

鸡吃老糠鸭吃谷

　　　　　——各人自有各人福

驴下骡子——母不传丑

和稀泥，抹光墙——和事佬

周仓摆手——老爷没有在家

炒面捏娃娃——熟人

炊壶煮饭——出不得户（壶）

河里螃蟹——有家（夹）

茶馆搬家——另起炉灶

韭菜煎蛋——家常便饭

蚂蚱配蝗虫——门当户对

秋茄子——籽（子）多

秦始皇的奶奶——有年纪啦

铁将军把门——家中无人

被窝里不见针——不是婆婆就是孙

黄鼠狼和鸡结老表——不是好亲

得牛还马——礼尚往来

猫见了鱼——真想求婚（荤）

阎王老爷——要命的

朝廷老爷拾大粪——有福不会享

腿肚子贴灶王爷

　　　　　——人走家（驾）也搬

满堂儿孙——后继有人

摔到五味瓶子里

　　　　　——酸甜苦辣都尝尽了

癞蛤蟆躲端午

　　　——躲得了初一躲不过十五

33. 空间时间

一千里走了一百里——远着呢

一个萝卜一个坑——没有空地方

一百斤棉花一张弓
——慢慢谈（弹）；漫谈（慢弹）

二月的闷雷——想（响）得早

二愣子骑老虎背
　　　　　——早晚有他的好看

十二月送蒲扇——不识时务

十冬腊月捞红鱼——时辰不到

十字街头遇亲人——巧相逢

十点才到九点六——差点事（四）

七月的荷花——红不久；一时鲜

七仙女下凡——好景不长

人老还穿儿时衣——过时货

八十岁学吹打——迟了

八月十五办年货——赶早不赶晚

八月十五生孩子——赶巧了

八月十五过端阳——晚了

八月十五吃年饭——还早哩

八月十五吃粽子——不是时候

八月十五看龙灯——迟了大半年

八字写了一撇——差一半

九月初八问重阳——不久（九）

九月种花生——不合时宜

九条江河流两处——五湖四海

三十夜催年猪——为时太迟

三十晚上丢了牛——明年的事

三十晚上盼初一——指日可待

三月间的桃花——谢了

三月的樱桃——红不久

干旱的庄稼——熟得早

干河滩里栽牡丹——好景不长

干塘里的鲤鱼——没几天蹦头

大圣吹毫毛——变得真快

大年三十卖年画——不能再迟了

大年五更出月亮——头一回

大年初一吃饺子——头一回

大年初一看历书——日子长着呢

大姑娘盼闺女——想得太早

大姑娘拜天地——头一遭

大姑娘穿花鞋——走着瞧

大姑娘瞧嫁妆——有日子的人了

大闺女上轿——慢慢蹭

大炮上刺刀——远近全能对付

上了发条的钟表
　　　　　——一分一秒不休息

上梯子摘星星——够不着

小鬼见了佛——矮了一截

口渴了才打井——来不及了

千里行军才起步——路长着呢

千里送客——总有一别

飞机放屁——一溜烟

马后炮——迟了

马背上看书——走着瞧

王字和玉字相比——只差一点

井底的木棒——漂不远

开了花的竹子——短命

开水里捞肥皂——全凭手快

天上的彩虹——好景不长

五更天唱曲子——高兴得太早了

太阳底下的露水——不久长

太阳底下堆雪人——不长久

车翻了去驯马——晚了

瓦上结霜——不久长；难长久

少时衣裳老时穿——过时货

日落西山——红不久

水淹田园再筑坝——晚了

水滴石穿——贵在持久

牛上田坎扯尾巴——迟了

牛郎约织女——后会有期

长了兔子腿——跑得快
长虫吃蛤蟆——慢慢来
长线放风筝——慢慢来
长跑比赛——争分夺秒
风里点灯——难长久
风前残烛——难长久
六月天穿皮袍——不是时候
六月里借扇——不识时务
六月的闪电——眨眼不见
六月的债——还得快
六月做年糕——差着半年
火车站的轨道——四通八达
火烧日历——没日子了
书生赶牛——慢慢来
打个喷嚏吓死虎——赶巧
打足气的气球——早晚要炸
正月十五才拜年——晚了半月
正月十五放烟火——好景不长
正月十五贴年画——迟了半个月
正月十五看花灯——走着瞧
正月里盼着桃花开——不到时辰
正月里穿单衣——为时过早
正月初一卖门神——过时货
正月初二拜丈母娘——正适时
东街发货西街卖
　　　　　——不图赚钱只图快
瓜熟蒂落——时机成熟
冬天卖扇子——过时货
冬至已过——来日方长
鸟过拉弓——错过时机
半个月绣不出一朵花
　　　　　　　——真（针）慢
半天云里翻筋斗——终究要落地
半夜里摸帽子——为时过早

半夜起来穿衣服——为时过早
让拐子送信——过时
民航局开张——有机可乘
老太太打呵欠——一望无涯（牙）
老太太走路
　　　　　——迈不开大步；慢腾腾
老太太赶集——紧赶慢赶
老中医把脉——慢慢地摸
老牛拉破车——慢慢腾腾
老两口观灯——走着瞧
老和尚拜天地——头一遭
芋头叶子上的水珠——不长久
过了元旦看挂历——日子长着呢
过了中秋节栽早稻——迟了季节
过年的猪——活不久
过河碰上摆渡的
　　　　　——巧极了；凑巧了；正好
百米赛跑——分秒必争
光膀子玩刀山——早晚有他的好看
早晨的露水——不久长
吃过晌饭（午饭）打更
　　　　　　　　——为时过早
舌头舔鼻尖——还差那么一截子
后半夜做美梦——好景不长
冰山上画画——好景不长
灯草打火把——一亮而尽
戏台上的服饰——好景不长
戏台上的官——当不长久
买好帽子等头大——准备过早
麦芒掉进针眼里——凑巧了；正好
麦秸烧火——没长进
进了地府才后悔
　　　　　——悔之莫及；后悔已晚
进网的鱼——活不长；离死不远

报晓的公鸡——叫得早

花轿没到就放炮——高兴得太早了

花钱磨刀——只图快

花圈店失火——提前完成使命

苍蝇害眼病——早晚要碰壁

芭蕉叶上垒鸟窝——好景不长

李自成进北京——好景不长

旱地的鱼虾——活不长

钉掌的敲耳朵——离题（蹄）太远

坐飞机钓鱼——够（钩）不着

坐飞机旅游——一日千里

坐在屋里看电视

    ——远在天边，近在眼前

坐汽车看风景——走着瞧

坐着火箭登天——直线上升

灶门口栽杨树——活不久；活不长

初八当重阳——不久（九）

张果老倒骑毛驴——越走越远

纸马店失火——迟早也是烧

驴皮煮胶——慢慢熬

拨好的闹钟——不到时候不打点

板凳上睡觉——好梦不长

雨后的春笋——一日三窜

雨点落在香头上

    ——巧得很；巧极了

昙花开放——一时谢

鱼游锅中——好景不长

兔子尾巴——长不了

变戏法的本领——全凭手快

京戏走台步——慢慢挪

放出去的风筝——越飞越远

放羊娃拾粪——两不耽误

孟姜女寻夫——不远千里

姑娘穿婚纱——头一回

终生当会计——长期打算

毒日头下的雪人——快垮了

草上的露水——不长久

草鞋上拴鸡毛——飞快；跑得快

茶杯里放块糖——寿命不长

南天门上挂灯笼——照远不照近

南辕北辙——越走越远

树上搭梯摘月亮——够不着

背阳坡上的太阳

    ——不久长；难长久

点燃的蜡烛——长命（明）不了

临上轿穿耳朵眼——来不及了

临老学绣花——晚了；迟了

临阵磨枪——不快也光

临事抱佛脚——来不及了

临渴掘井——怎么来得及

贴着脚尖儿立正——不长久

钝刀切肉——不快

秋天里卖凉粉——不识时务

秋天的蛤蟆——没几天叫头

秋后的知了——没几天叫头

秋后的蚂蚱——蹦跳不了几天

秋后的蚊子——神气不了几天

顺风划船——又快又省

顺坡推碌碡——滚得快

送亲家接媳妇——两头不误

剃头刀裁纸——真快

穿兔子鞋的——跑得快

穿高跟鞋跑步——想快也快不了

扁担垫坐——不是久留之客

扁担靠在电杆上——矮多了

屋檐下躲雨——暂避一时；不长久

孩子们过年——常盼那一天

结巴聊天——慢慢来

耗子滑冰——溜得快

捆绑的夫妻——长不了

袁世凯当皇上——好景不长

贼去了才关门——错过时机

贼过才张弓——晚了

铁匠教徒弟——趁热打铁

胳肢窝下过日子——太窄

狸猫耳朵——太短

狼窝里的肉——难久留

高山上打鼓——远闻

高山顶上看城郭——隔得远

离枝的鲜花——活不久

粉刷的乌鸦——白不久

酒醒不见烤鸭子——悔之晚矣

海上观测——往远处看

海上聊天——漫无边际

海关大钟——到时候就报

剥皮的树——不长

黄牛犁地——有劲慢慢使

黄羊的尾巴——长不了

雪里送炭——正是时候

做梦当皇帝——好景不长

做梦娶媳妇——痛快一时

做梦游西湖——好景不长

船开才买票——错过时机

船到江心才补漏——晚了；迟了

脚底抹油——溜得快

脚绑石头走路——求稳不求快

猫窝里的泥鳅——留不住；难久留

麻雀打架——隔颗米

麻雀吃桑葚——等不到老

麻雀窝里落喜鹊——长不了

断了腿的蛤蟆——没几天蹦头

梁园虽好——不是久留之地

屠夫家里的肥猪——早晚得杀

骑马观灯——走着瞧

骑毛驴观山景——走着瞧

骑驴看唱本——走着瞧

骑着驴看《三国》——走着瞧

搭锯见末，水到渠成——立竿见影

趁热打铁——赶紧；正在火候上

揪下来的花——新鲜不了几天

棉袄改被窝——两头够不着

跌进米坛的耗子——好景不长

跛子追贼——越追越远

跛子踩高跷——早晚有他的好看

锄头钩月亮——够不着

矬子坐高凳——够不着

腊月底看农历——没日子啦

猴儿上树——爬得快

属兔子的——溜得快

隔年的皇历——过时了

隔着井跳河——舍近求远

跷脚驴子跟马跑

　　　　　　——一辈子也赶不上

腿上绑轮子——跑得快

新媳妇推磨子——头一回；头一遭

新鞋落地——头一回

碟子里的开水——三分钟的热劲

鼻尖上的黑痣——近在眼前

端午节后布谷叫——过时啦

端午节卖历书——过时货

端午节拜年——不是时候

端午节赛马——走着瞧

精装茅台——好久（酒）

漏盆里洗澡——快活不多久

瞎子挑水——早就过了景（井）了

踩着地图走路——一步十万八千里

蝌蚪的尾巴——寿命不长
鲤鱼护窝——不会走多远
鹌鹑要吃树上果——够不着
嘴咬肚脐——够不着
瘸子追小偷——越追越远
瘸子穿花鞋——走着瞧
瘸子跳高——早晚有他的好看
瘸腿驴撵马——越追越远
霜后的蛔蜒——没几天叫头
鞭打千里驹——快马加鞭
癞蛤蟆穿大红袍
　　　　——只可远看，不能近瞧
魔术师表演
　　　　——说变就变；变得真快
露水夫妻——好景不长
罐子里栽花——活不久

34. 趋向发展

矮子爬坡——步步高升
八十婆婆养患——有盼儿
拔节的春笋——天天向上
百丈高竿挂红灯——红到顶了
扁担上睡觉——翻不了身
布袋里装钉子——个个想出头
长城上跑步——大有奔头
程咬金拜大旗——众望所归
秤钩打钉——只望直
船头上跑步——无出路
船头上跑马——前途有限
打开闸门的水——滚滚向前
大鹏展翅——前程万里
大石沉海——一落千丈
大腿上挂篷帆——一路顺风

发射出去的火箭——扶摇直上
飞机上拉肚子——一泻千里
飞机上扔石头——一落千丈
风筝断了线
　　　　——扶摇直上；摇摇欲坠
扶着栏杆上楼梯——稳步上升
高山上的瀑布——一落千丈
高山头的辣椒——红到顶了
公鸡下蛋——没指望
骨头里熬油——没有多大指望
和尚出山——走下坡路
荷叶包圆钉——个个想出头
猴子爬竿——直线上升
猴子骑马——一跃而上
花瓶里的鲜花——一天不如一天
火车头没灯——前途无量（亮）
火箭发射——青云直上
火烧寒暑表——直线上升
机关枪打飞机——水平提高了
驾车登山——不进则退
脚跟朝前走——走回头路；倒退
井里行船——无出路
九斤老太的口头禅
　　　　——一代不如一代
开了闸的河水——一泻千里
苦海无边——回头是岸
老和尚瞧嫁妆——今世休想
老母鸡跟黄鼠狼结交——没好下场
老鼠拖葫芦——大的在后面
老鼠拖油瓶——好的在里面
老鼠钻牛角——再无出路
老太太过年——一年不如一年
老太太哭女——没有盼儿了
老鹰变成夜猫子——一代不如一代

满堂儿孙——后继有人

逆水驾木筏子——不进则退

砌墙的砖头——后来居上

钱塘江的潮水——看涨

青出于蓝而胜于蓝——后来居上

秋后刮西风——一天凉过一天

入伏的高粱——天天向上

三个菩萨烧两炷香
　　　　　　——没得你的指望

三十夜晚上盼月亮——没指望

三条腿的驴——没多大奔头

伞兵跳伞——一落千丈

山上开梯田——步步高

山上溜冰——滑坡

蛇钻竹筒——只一条路

狮子尾巴摇铜铃——热闹在后头

树高千丈——叶落归根

水缸里的鱼——再走也有限

塘里行船——无出路

推小车捡裕祥——有了盼

往死胡同里钻——前途有限

乌龟扒门槛——但看此一番

五更天出门——越走越亮

谢了花的南瓜
　　　　　——一天比一天有长进

悬崖勒马——回头是岸

演员谢幕——该下台了

宴席上吵架——不欢而散

一路绿灯——通行无阻

阴沟里的篾片——自有翻身之日

芝麻开花——节节高

竹篙打水——后头长

子午卯酉——总有一天

坐电梯上九霄——一步登天

千条江河归大海——大势所趋

35. 现象性质

一只筷子吃豆腐——全盘弄坏

二十岁长胡子——少年老成

二万五千里长征——任重道远

十五的月亮——圆圆满满

十月里的鸡冠花——老来红

十套锣鼓一起敲——热闹

七八月的南瓜——皮老心不老

人过三十不学艺——老了

人到古稀穿花衣——老来俏

入秋的高粱——老来红

人造卫星上天——惊天动地

八十老翁学手艺——老来发奋

八十岁刮胡子——不服老

八十岁的阿婆——老掉牙了

八十岁跳舞——老天真

八十岁演员扮孩子——返老还童

八月的莲藕——又鲜又嫩

八旬奶奶三岁孙
　　　　　——老的老，小的小

儿子成亲，父做寿——好事成双

刀劈毛竹——迎刃而解

三分钱的烧饼——大不了

三伏天的电扇——忙得团团转

三伏天的馊豆腐——变坏了

三伏天烧炉子——真够热火

大力士耍扁担——轻而易举

大吊车吊蚂蚁——轻而易举

大年三十的案板——家家忙

大年夜的蒸糕——热门货

大胖子学游泳——浮力大

大海里的浪涛——波澜壮阔

大麻籽喂牲口——不是好料

上吐下泻——两头忙

小猫喝烧酒——够呛

口舍棉花——说得轻巧

山涧发洪水——势不可当

山鹰的眼睛——尖锐

千年大树百年松——根深叶茂

千年的铜器——老古董

马勺掏耳朵——不深入；深不下去

马勺碰锅沿——常有的事

井里长出二棵树来——根子深

井底雕花——深刻

开山的镐——两头忙

开花期遇暴雨——结果不好

开局的兵卒——作用不大

夫妻俩吵嘴——常有的事

木头做成了船——已成定局

木头敲鼓——普（扑）通

木匠师傅劈柴——不在话下

木排上跑马——蹩脚

木棉开花——红极一时

不倒翁掉到水缸里——摇摇摆摆

太平洋搬家——翻江倒海

中秋节赏桂花——花好月圆

中秋过了闰八月
　　　　　　——团圆过了又团圆

水牛背树叶——轻而易举

水泡豆腐渣——轻松

水银柱——不稳定

牛角挂稻草——轻巧

牛眼看人——大个儿

长竹竿戳水道眼——一通到底

长江水万里流——波涛滚滚

长江涨大水——来势凶猛

化脓的疖子——不攻自破

风吹尘土——不费力

风吹蒲公英——轻飘飘

凤凰树开花——红极一时

六月里下雪——稀罕事

六月里戴手套——保守（手）

火车开到马路上——出轨

火车离了道——越轨

双手举过头——超额

玉石妹妹——宝贝蛋儿

打发闺女娶媳妇——两头忙

打灯笼赶嫁妆——两头忙

正月里生，腊月里死——两头忙

扔了拐杖作揖——老兄老弟

去北极考察——任重道远

古玩店失火——非同小可

石灰石进了火窑里
　　　　　　——要留清白在人间

石榴花开——老来红

叫花子走清明——两头忙

生成的眉毛长成的痣——定型了

生成的矮子——高不了

生米煮成熟饭——改不过来了

生姜——老的辣

白水煮豆腐——淡而无味

白菜长心——老了

出山的猛虎——势不可当

老龙王搬家——厉害（离海）

老头子联欢——非同儿戏

老寿星的脑袋——宝贝疙瘩

老虎吃豆芽——小菜一碟

老鼠尾巴害疖子——脓水不大

老鼠尾巴熬汤——没多大油水

老鼠背上生疮——发不大

老鼠钻烟囱——够呛

老鼠偷芝麻——吃香

老鼠鼻子——大不了

芝麻地里的老鼠——吃香

芝麻地里的烂西瓜——数它大

芝麻地里的黄豆——数它大

芝麻里的绿豆——数它大

过滤了的空气——新鲜

西天取经——任重道远

百万雄师过大江——势不可当

百岁公公吹火——老气

死羊的眼睛——定了

光着膀子打仗——轻装上阵

光棍搬家——省事

当着阎王靠判官——没有好下场

吃了三天斋，就想上西天

　　　　　　　——功底还浅

吃了灵芝草——长生不老

刚开坛的老酒——冲劲很大

刚摘下来的果子——新鲜得很

年过花甲得子——老来喜

决堤的洪水——来势凶猛

羊粪蛋当子弹——不是好仔（子）

关门炒辣椒——够呛

池塘里的莲藕——嫩的好

孙女穿她奶奶的鞋——老样子

好斗的公鸡——好了不起

观音堂里填窟窿

　　　　　——不（补）妙（庙）

红薯烤成炭——过火

寿星跌跟头——老得发昏

走路踩棉花——轻飘飘

抓住荷叶摸到藕——追根到底

扳着炉子烤头发——了（燎）不得

花瓶里栽树——大不了

花蛇过溪——弯弯曲曲

芭蕉插在古树上——粗枝大叶

旱田里的泥鳅——钻得深

旱烟袋打狗——坏了杆了

时迁偷鸡——不打自招

吹风机出故障——坏了风气

吹起来的肥皂泡——不攻自破

秃子当和尚——不费手续

沙土井——掏不深

没沿的破筛子——千疮百孔

快刀切豆腐——不费劲

初一晚上走路——漆黑一片

张飞耍杠子——轻而易举

鸡毛上天——轻飘飘

鸡吃胡豆——够呛

青染缸里洗澡——一身轻（青）

青桐木做杠子——硬邦邦

担百斤行百里——任重道远

卖肉的切豆腐——不在话下

卖饺子的磨面粉——别开生面

软枣（黑枣）树上结柿子

　　　　　——小事（柿）一桩

金刚钻划豆腐——深刻

狗吞辣椒——够呛

京戏演唱《白毛女》——别开生面

炒豆发芽——好事难盼

油炸辣椒——够呛

房顶上种麦子——刺激（脊）

房檐下吊磨盘——严（檐）重

春茶尖儿——又鲜又嫩

玻璃缸里养鱼——大不了

挑灯草走路——干轻巧活

挑着扁担长征——任重道远

草船借箭——满载而归

荒山里的破庙——冷冷清清

胡子上的饭，牙缝里的肉
                    ——不大点

药铺里的甘草
            ——少不了的一位（味）

枯木刻象棋子儿——老兵老将

韭菜煎蛋——家常便饭

临上轿才缠脚——临时忙

哑巴见面——没说的

蚂蚁的胃口——容易满足

哪吒闹海——惊天动地

看人挑担——不费力

秋后高粱——从头红到脚

顺水推舟——不费力；不费劲

俏大姐的头发——波涛滚滚

鬼脸上抹雪花膏——真绝啦

狮子龙灯一起舞——热闹非凡

弯腰拾稻草——轻而易举

姜子牙娶媳妇——老来喜

姜太公坐主席台——资格老

烂板桥上的龙王——不是好东西

洞房里过十五——花好月圆

说出的话牛都踩不烂——硬邦邦

娃娃吹泡泡糖——口气不大

耗子钻油坊——吃香

耗子啃海椒（辣椒）
                    ——够呛

秦始皇的奶奶——有年纪啦

捡根铁棒当灯草——说得轻巧

热锅炒辣椒——够呛

恶狼落陷阱——作恶到头了

桂林三花酒——好冲

破砂锅打狼——没有一个好的

蚊子的力气——大不了

钱塘江涨大潮——来势凶猛

钻头上加钢针——好厉害

铁打的棒槌——硬邦邦

铁拐李走独木桥——够呛

铁球掉在江心里——团圆到底

拿着缰绳当汗毛揪——说得轻巧

豺狼请兔子的客——没好事

胳肢窝下过日子——太窄

狼也跑了，羊也保了——两全其美

高山上的瀑布——冲击力大

烧黄青菜煮焦饭——过火

烟袋锅里蒸包子——有气也不大

酒鬼喝汽水——不过瘾

海底长海带——根子深

海底栽葱——根底深

海面上刮风——波澜起伏

被虫子咬过的果实——未老先衰

黄豆地里的西瓜——数它大

黄果树瀑布——冲劲大

黄忠出阵——不服老

菜园里长人参——稀罕事

救火踢倒了油罐子——火上浇油

眼睛上出芽了——不是好苗头

野兽当家——荒凉

做梦爬山——其实不费力

得了狂犬病的恶狗
            ——正在风（疯）头上

船到码头车到站
            ——停滞（止）不前

脚打锣，手敲鼓——两头忙

猪八戒不成仙——坏在嘴上

猪鬃刷子——又粗又硬

猫钻狗洞——容易通过
阎王审小鬼——不打自招
超载的火车——任重道远
博物馆的陈列品——老古董
裁缝的肩膀——有限（线）
朝天辣椒——够呛
逼上门的生意——没有好货
厨师熬粥——难不住
跛脚马上阵——没有好下场
喉咙里塞胡椒——够呛
鹅卵石垫床脚——不稳
黍米做黄酒——后劲大
窗台上种瓜——长不大
属骡子的——空前绝后
隔夜的鱼眼——红得发紫
蓝天上的云彩——随风飘
蓝天上的气球——轻飘飘
楚霸王举鼎——劲不小
雷公动怒——惊天动地
跟着巫师做神汉——学坏了
跟着猴子会钻圈——学坏了
嗓门里喷胡椒面——够呛
锤子敲钉子——入木三分
新春的横批——万事如意
墙上芦苇——头重脚轻根底浅
碟子里栽牡丹——根底浅
鼻孔里的汗毛——了（燎）不得
鼻孔里灌米汤——够呛
鼻孔喝水——够呛
鼻头上长犄角——出格
馒头开花——气大了
辣椒粉吹进鼻眼里——够呛

端着鸡蛋过山涧
　　　　——操心过度（渡）
嫩苗苗——根底浅
熟透的苹果——红得发紫
薄皮气球——不攻自破
磨快了的锥子——尖锐
磨眼里冒青烟——严（研）过火了
懒大嫂赶场——中间不急两头忙
罐子里煮牛头——不深入

36. 清楚明了

十字街口告示——众所周知
八张牌摊开——明摆着
大厅中央挂字画——堂堂正正
大年三十吃肉——还用你说
大路上的石头——明摆着
大镜子当供盘——明摆着
小瓷碗里数汤圆——明摆着的
小葱拌豆腐——一清（青）二白
久旱无雨——水落石出
马路上安电灯——光明大道
王道士画符——自己明白
开灯聊天——说亮话
天安门前的狮子——明摆着的
天明下雪——明白
天亮下大雪——明白；明明白白
天窗下谈天——说亮话
木耳豆腐——锅煮——黑白分明
五更天起床——渐渐明白
戈壁滩上的石头——明摆着
瓦罐里点灯——心里亮
水牛吃了萤火虫——肚里明白
水晶瓶里装清水——里外全看透

手心里的虱子——明摆着的
手掌上的纹路——明摆着的
火把换灯笼——明来明去
心里开个窗户——明白了
打开天窗——说亮话
打鸟瞄得准——一目了然
打灯笼走亲戚——明去明来
打着手电筒走夜路——前途光明
打着灯笼偷驴子——明人不做暗事
石灰窑里安电灯——明明白白
东方天亮下大雪

　　　　——明明白白；明白
东方欲晓——渐渐明白
电子显微镜——明察秋毫
电灯照雪——明明白白
仙鹤遇了蛇洞——闻风即知
白纸上画黑道

　　　　——明摆着；清清楚楚
司马昭之心——路人皆知
老猫上锅台——熟路
地瓜冒热气——熟透了
过了银桥过金桥——越走越亮堂
过路人吊丧——死人肚里明白
西瓜子拌豆腐——黑白分明
西瓜落地——滚瓜烂熟
光头上的疮疤——明摆着的
光脑壳上落苍蝇——明摆着
当面锣对面鼓——明打明敲
刘备三顾茅庐——尽找明白人
关老爷看《春秋》 ——一目了然
灯草蘸油——一点就明
灯笼点蜡烛——心里亮，肚里明
收了白菜种韭菜

　　　　——清（青）白传家

远处有灯——前途光明
花生米掉锅里——熟人（仁）
豆腐炒韭菜

　　　——清清白白；一清（青）二白
秃子顶上的疤——明摆着的
秃子揍和尚——明打明；光打光
肚子里照灯笼——自家心里明白
肚皮里安电灯——心里亮；肚里明
肚脐眼里通电——心明眼亮
怀里揣镜子——心明眼亮
张飞卖豆腐——黑白分明
鸡叫启程——越走越亮堂
鸡吃放光虫——心里亮；肚里明
纸糊灯笼——肚里明
青石板上洒石灰

　　　　——一清（青）二白
青菜煮萝卜——一清（青）二白
拨开竹叶见梅花——分清白
枕木上的铁轨——明摆着的
雨过天晴——重见光明
贩古董的——识货
肥皂洗手——一干二净
服务员端茶——和盘托出
变戏法的亮手帕——不藏不掖
放大镜下的细菌——显而易见
单眼看花——一目了然
炒面捏白头翁——老熟人
炒面捏娃娃——熟人
浅水里养鳖

　　　　——早就看透是什么货了
河心的船——明摆着的
泥水匠拜佛——心里明白
泥水匠拜佛

　　　——自己心里明白；自家知底细

玻璃上放花盆——明摆着
玻璃心肝水晶人——明白人
玻璃肚皮——看透心肝
玻璃杯盛雪——明明白白
玻璃杯湖茶——看到底
玻璃瓶装清水——看透了
玻璃掉在镜子上——明打明
玻璃窗里看戏——一眼看透
玻璃镜照着清泉水
　　　　——嘴里不说他心里都明白
韭菜下锅——一捞（捞）就熟
韭菜拌豆腐——一清（青）二白
韭菜面孔——一吵（炒）就熟
哑巴吃萤火虫——心里亮堂
蚂蚁吃萤火虫——亮在肚里
炭窝里的石灰——黑白分明
缸中倒豆——不藏不掖
泉水坑里扔石头——一眼看到底
独眼龙相女婿——一目了然
独眼看戏——一目了然
闺女回娘家——熟路
浊水里放明矾——看得见底
穿靴子光脚——自己心里明白
扁担挑灯笼——两头明
退潮的海滩——水落石出
桥是桥，路是路——一清二楚
桃子掉地上——熟透了
铁路上的枕木——明摆着的
高力士进宫——熟门熟路
疾风知劲草——日久见人心
瓷盘里的珍珠——明摆着
粉白墙上贴告示
　　　　——清清楚楚；一清二楚
海石秃上的螃蟹——明摆着的

桑葚落地——熟透了
菜碟舀水——一眼看到底
菠菜煮豆腐——一清（青）二白
萤火虫的屁股——亮通通的
梳妆台上的镜子——明摆着的
唱戏的打板子——一五一十
清水煮白菜——一清（青）二白
骑毛驴不用赶——道熟
提着灯笼打柴——明砍
晴天下大雪——明白；明明白白
蛤蟆吃萤火虫——心里亮；肚里明
黑漆灯笼——心里亮
粪坑里出来的苍蝇——明摆着的
窗户纸——一点就透
隔河走路——清清楚楚
衙门口的狮子——明摆着的
煤球掉在石灰堆——黑白分明
满街挂灯笼——光明大道
滚水锅里捞出的棉花——熟套子
嘭嘭响的西瓜——熟透了
额头上写字——明摆着
雕塑匠不给神像磕头——知道老底

37. 统一对立

一个病房的病友——同病相怜
一条藤上结的瓜
　　　　——苦都苦，甜都甜
一根绳子拴两个蚂蚱
　　　　——你跑不了，我也跳不了
一副碗筷俩人用——不分彼此
一碗酱油一碗醋
　　　　——斤对斤，两对两
二一添作五——平分

二天三刮络腮胡子
——它不叫我露脸，我不叫它露头

八十年的碓嘴巴——老对（碓）头

大年初一拜年——你好我也好

大伙都唱一个调——异口同声

大萝卜搬家——非拔了它不可

王八钻水缸——一个没回来

王八笑乌龟——彼此彼此

开会呼口号——异口同声

不共戴天的敌人——有你无我

不是鱼死，就是网破——有你无我

公鸡打架——对头

乌龟背石板——硬对硬

乌龟撞石头——硬碰硬

火车抵头——互不相让

双胞胎比长相——没什么两样

双锤落鼓——一个音

石头上打乌龟——硬碰硬

石板上钉钉子——硬对硬

石膏点豆腐——一物降一物

田字倒着写——上下一个样

白菜熬豆腐——谁也不沾谁的光

半斤对八两——彼此彼此

吃了抄手吃混纯——一码事

年三十放炮仗——响到一块儿

朱仙镇交战——锤对锤

并列第一名——不相上下

孙行者借芭蕉扇——一物降一物

孙庞斗智
——不是你死，就是我亡（孙庞：
孙子和庞涓）

两个狮子打架
——不是你死，就是我死

两虎相斗——必有一伤

卤水点豆腐——一物降一物

钉头碰着钻头——狠对狠

秃子头上扑苍蝇——一打一个

你卖门神我卖鬼——同行

你给我个初一，我给你个十五
——谁也不让谁

张飞卖秤锤——硬人碰硬货

鸡蛋碰石头——不是对

驴肚里下驴——一个心肠

板门上贴门神
——一个向东，一个向西

雨天共伞——同党（挡）

泥菩萨打架——两败俱伤

姐俩回娘家——殊途同归

城隍庙里打官司——死对头

赵钱孙李——各说一理

巷道遇仇人——狭路相逢

砍刀遇斧头——针锋相对

蚂蚱配蝗虫——门当户对

复印的资料——一模一样

独木桥上遇仇人——冤家路窄

莲花并蒂开——恰好一对

恶狼和疯狗相伴——脾气相投

烈火干柴——一触即燃

桌子板凳一样高——平起平坐

铁匠女嫁石匠——硬对硬

铁锅遇着钢扫把——碰到对头了

铁锤打钢钎——硬碰硬

瓷器店里翻跟头
——少不了磕磕碰碰

绣花姑娘打架——针锋相对

菱角对粽子——尖对尖

黄飞虎战关云长——刀对刀

梳子照镜子——对立

眼中之钉——不拔不快
眼中钉，肉中刺——不拔不快
蛇吃黄鳝——找死
蛇吞鼠，鹰叼蛇——一物降一物
铜盆碰上铁扫帚——谁也不让谁
假李逵遇到真李逵——冤家路窄
棋逢对手——不相上下
蓝靛染白布——一物降一物
楚汉相争——势不两立
群猪争食——各不相让
犄牛打架——各（角）对各（角）
敲锣的碰到放炮的
　　　　　——想（响）到一块儿
蜜糖配黄连——同甘共苦
瞎子放驴——不撒手儿
瞎猫咬定死老鼠——不松口
稻草人救火——同归于尽
鲫鱼找鲫鱼——物以类聚
鞭炮两头儿点——响到一块儿了

38. 差别差距

一马换双象——未必划不来
一代比一代强；一辈强似一辈
一百里走了九十九
　　　　　——差一礼（里）
一兵换双士——划得来
二郎神的钢叉——两面三刀
十个手指——有长有短
人伏的高粱——天天向上
八十老翁学打拳——越练越结实
八月十五吃元宵——与众不同
八月十五涨大潮
　　　　——后浪推前浪；一浪高一浪

八月的柿子——越老越红；老来红
八字不见一撇——差得远；差远了
九斤老太的口头禅
　　　　　　——一代不如一代
九霄云外——天外有天
刀子嘴，豆腐心——嘴硬心软
刀马旦不会刀掩——徒有虚名
三九天吃辣椒——嘴辣心热
大爷和太爷——只差一点；差一点
大佛殿的罗汉——一肚子泥
大胖子骑瘦驴——不相称
大雁跟着飞机跑——落后了
小名当官——有名无实
小巫见大巫——相形见细
小鬼见了佛——矮了一截
口水沾跳蚤——一物降一物
口传家书——言而无信
山上开梯田——步步高
山里红
　　　——中看不中吃；好看不好吃
山鸡娶凤凰——不般配
乞丐身，皇帝嘴——不相称
飞机上钓鱼——差得远；差远了
马脸比猪头——一个比一个丑
马粪球，羊屎蛋
　　　　——外光里不光；表面光
马褂上穿背心——格（隔）外一套
王小二过年——一年不如一年
"木"字写成"才"——还差一笔
木偶的服装——另搞一套
木船赶汽车——老落后
木槌敲金钟——配不上；不配
不挨皮鞭挨砖头——吃硬不吃软

太极拳的功夫

　　　　——柔中有刚；软中有硬

水泊梁山的兄弟——越打越亲热

水獭守渔场——越守越光

牛粪堆的蘑菇——好看不好吃

毛驴备银鞍——有点儿不配

毛笋脱壳——节节高；节节上升

长江大桥上钓鱼——差太远

仁鼻子眼儿——多出一口气儿

仇人相见——分外眼红

公鸡吃蜈蚣——一物降一物

风箱换上鼓风机

　　　　　——一个比一个会吹

凤凰山上没凤凰——徒有虚名

六个指头划拳——出了新花招

六月做年糕——差着半年

火车厢里赛歌——高歌猛进

火鸡比天鹅——差得远；差远了

火烧寒暑表——直线上升

孔夫子挂腰刀——文不文，武不武

孔夫子偷钱包

　　　　——文明人不做文明事

孔雀遇凤凰——比不上

打开闸门的水——滚滚向前

打肿脸充胖子——外强里虚

打铁的分家——另起炉灶

甘蔗地里栽葱——比人家矮一截

石头砌墙——好的一面在外头

石灰刷烟囱——表里不一

卡车的拖斗——老落后

旧抹布补新衣裳——配不上；不配

申公豹的脑袋

　　　　——人前一面，人后一面

由大街转人胡同——路子越走越窄

叫花子遇神仙——比不上

叫花子登榜——人不可貌相

叫驴变成土蚂蚱

　　　　——一辈不如一辈；一代不如一代

禾苗怕蝼站——一物降一物

白毛乌鸦——与众不同

白骨精唱歌——怪腔怪调

白菜帮子

　　　　——中看不中吃；好看不好吃

白露过后的庄稼——一天不如一天

瓜地里挑瓜——越看眼越花

冬天的暖水瓶——外冷内热

鸟字写成"乌"——还差一点儿

包公的衙门——好进难出

半天云里挂帐子——差一大截

讨吃子（乞丐）过生日

　　　　　　——一年不如一年

讨媳妇嫁女儿——一进一出

出土的甘蔗——节节甜

出土笋子逢春雨——节节高

出工一条龙，干活一窝蜂

　　　　　　——出勤不出力

出门戴口罩——嘴上一套

丝线缠麻线——越缠越乱

老人家拜年——一年不如一年

老木中空——外强中干

老太太过年——一年不如一年

老太太吃糖——越扯越长

老太太坐电梯——一步到顶

老太婆上台阶

　　　　　——步步高升；步步登高

老水牛拉马车——不合套

老牛打滚——大翻身

老牛追骏马——老落后；落后了

老包断案——脸黑心不黑
老母鸡斗黄鼠狼——不是对手
老虎皮，兔子胆——色厉内荏
老虎扮和尚——人面兽心
老猫拿耗子——一物降一物
老槐树枯了心——外强中干
老鼠挖墙洞——越掏越空
老鼠给大象指路——越走越窄
老鼠钻牛角——路子越走越窄
老鼠钻油壶——有进无出
老鼠钻象鼻——一物降一物
老鼠跌进坛子——有进无出
老鼠管仓——越管越光
老雕变成夜猫子
　　　　——越变越糟；一辈不如一辈
老鹰抓小鸡——一个忧，一个喜
老鹰变成夜猫子
　　　——一辈不如一辈；一代不如一代
老鹰追兔子
　　　　　——一个天上，一个地下
芝麻开花——节节高；节节上升
机帆船赶快艇——老落后
机关枪打飞机——水平提高了
百里系饲牛拜相——人不可貌相
当面是人背后是鬼
　　　　　——阳一套，阴一套
当面诵善佛，背后念死咒
　　　　　　——阳奉阴违
吃了海椒啃甘蔗——嘴甜心辣
吃曹操的饭，想刘备的事
　　　　　——人在心不在
吃霸王的饭，给刘邦干事
　　　　　——不是真心
年画上的鱼——中看不中吃

舌头舔鼻子——差一截儿
杀狗不会，谈狗有余
　　　　　——会谈不会做
爷爷住茅屋，爸爸盖瓦房——
庄稼汉爬梯田
　　　　——步步高升；步步登高
关公卖豆腐——人强货不硬
关羽降曹操——身在曹营心在汉
关帝庙里挂观音像——名不副实
米箩里跳到糠箩里——越来越糟
江河发大水
　　　——后浪推前浪；一浪高一浪
孙悟空借芭蕉扇——一物降一物
如来佛治孙悟空
　　　　——强中自有强中手
好女嫁丑汉——不般配
戏台上的夫妻——有名无实
观音菩萨的五脏——一肚子泥
红萝卜雕花
　　　——中看不中吃；好看不好吃
扶着栏杆上楼梯——稳步上升
坛子里养兔子——越养越小
坟墓里戴口罩——阳一套，阴一套
花皮蛇遇见蛤蟆——分外眼红
花瓶里的鲜花——一天不如一天
李林甫当宰相——口蜜腹剑
两样布夹袄——表里不一
旱地的北瓜——越老越红
呆子帮忙——越帮越忙
吹糠见米——本小利大
财神爷着烂衫——人不可貌相
针挑手中刺——一个更比一个尖
秀才偷笔——文明人不做文明事
秀才谈兵——一知半解

丫鬟戴凤冠——不配
兵来将挡，水来土掩

      ——一物降一物
返青的秋苗——节节高；节节上升
坐轿子上山——越抬越高
弟兄俩分家——另起炉灶
砂姜治跳蚤——一物降一物
快嘴婆婆——有口无心
鸡叫走路——越走越明
鸡群里的仙鹤——高人一头
纸补裤裆——越补越烂
武大郎卖面包——人土货洋
青石板上摔乌龟——硬碰硬
青出于蓝而胜于蓝——后来居上
拔了毛的凤凰——不如鸡
拔了萝卜栽上葱——一茬比一茬辣
拔节的竹笋——天天向上
拔葱种辣椒——一茬比一茬辣
拖拉机撵火车——老落后；落后了
抱干柴救烈火——越帮越忙
抱着琵琶跳井——越谈（弹）越深
拉肚子吃泻药——越吃越糟
抬腿上楼梯

      ——步步高升；步步登高
苦瓜树上结黄连

      ——一个更比一个苦
茅草棚里摆沙发——配不上；不配
茅屋上安兽头——不相称
画上的春牛——中看不中用
画匠的妈——会说不会画
刺拐棒弹棉花——越整越乱
雨中挑稻草——越挑越重
厕所里挂绣球——配不上
钓鱼钩变成针——以曲求伸

和孙猴子比翻跟斗

      ——相差十万八千里
金瓜换银瓜——越换越差
金刚石钻瓷器——一个比一个硬
金针对钻头

      ——一个比一个尖；尖对尖
兔子生耗子——一窝不如一窝
兔子成精——比老虎还厉害
狐狸看鸡——越看越稀
狐狸摘葡萄——手还不够长
狗头上插花——配不上；不配
狗头摆在餐桌上——不相称
狗扯羊肠——越扯越长
狗怕棍子牛怕鞭——一物降一物
狗咬老鹰——差得远；差远了
庙里的泥像——有人样，没人味
放鸭子的人——老落后
单身汉分到房——自成一家
泥瓦匠砌墙——两面三刀
泥巴匠砌砖——后来居上
泥菩萨洗脸——越洗越难看
空心萝卜——中看不中用
空城计退敌——反败为胜
肩上戴帽子——矮了一头
孤军误入口袋阵——好进难出
春笋破土——节节高；天天向上
玻璃棒槌——中看不中用
挂历上的花瓶——中看不中用
挂羊头卖狗肉——有名无实
草房上安兽头——配不上；不配
荞麦皮打浆糊——粘不到一起
茶壶装饺子——易进难出
茶馆搬家——另起炉灶
胡萝卜打鼓——越敲越短

南瓜命——越老越甜
南瓜蔓上结芝麻——越小越香
砌墙的砖头——后来居上
背着甘蔗上楼梯——步步高
背着棉花过河——负担越来越重
战争贩子唱和平——口蜜腹剑
眨巴眼养个瞎儿子
　　——一辈不如一辈；一代不如一代
虾米吃青泥——一物降一物
蚂蚱看庄稼——越看越光
哈哈镜照人——怪模怪样
秋天的柿子——越老越红
秋后刮西风——一天凉过一天
顺梢吃甘蔗——一节比一节甜
胖嫂骑瘦驴——配不上；不配
将门出虎子
　　——一代更比一代强；一辈强似一辈
烂泥里打桩子——越打越下
烂泥路上拉车——越陷越深
烂筐子上拴丝穗子——不相称
剃头匠的挑子——一头冷一头热
洗脸水里对硫酸——越洗越难看
活菩萨——越敬头越高
穿长衫着短裤——不配套
穿着汗衫戴礼帽——不相称
穿绸缎吃粗糠——外光里不光
扁担靠在电杆上——矮多了
给狗起了个狮子名——有名无实
耗子钻牛角——越钻越紧
泰山顶上搭架子——越搭越高
蚕宝宝吃桑叶——胃口越来越大
起个五更，赶个晚集——老落后
热水瓶脾气——外面冷，里头热
贾府的大观园——外强中干

铁皮葫芦——外强中干
铁锤砸乌龟——硬碰硬
笋子变竹——越来越高；节节高
倒吃甘蔗——节节甜
脑门上长瘤——额外负担
狼看羊羔——越看越少
高大的竹子——节外生枝
高个子跌跤——差（叉）得远
高粱地里栽葱——矮了一截
旅店里租被子——另搞一套
烧红的生铁——越打越硬
娶得媳妇嫁不得女——有进无出
黄牛落泥塘——越陷越深
黄瓜当棒槌——越打越短
黄连蘸蜜——甜一口苦一口
黄鼠狼下崽——一窝不如一窝
黄鼠狼看鸡——越看越稀
黄鼠狼钻烟囱——越钻越黑
菜园里长人参——稀罕事
菜园里的羊角葱——越老越辣
菜园里的苦瓜——越老心越红
菜园里的海椒——越老越红
梦里吃仙桃——差太远
野鸡窠里抱麻雀——一窝不如一窝
啄木鸟下油锅——嘴硬骨头酥
唱戏的点兵——名不副实
铜罗汉铁金刚
　　——一个比一个壮；一个赛一个
银锤打在金锣上
　　　　　　——一声更比一声响
笼子里的八哥——只会说不会干
笼子里的鹦鹉——光说不干

脚踏楼梯板

    ——步步高升；步步登高

脱了鳞的黄鱼——一天比一天难过

猫头鹰唱歌——怪声怪调

猫吃鸡肠——越扯越长

麻布手巾绣牡丹——配不上；不配

麻袋换草袋

  ——一代（袋）不如一代（袋）

麻鞋着水——越来越紧

清水不同浊水去——好坏分开

清水拌铁砂——合不到一块

弹弓打飞机——差得远；远了

弹花匠的女儿

    ——只会谈（弹），不会纺

骑马上山——步步高升；步步登高

骑驴望着坐轿的

    ——比上不足，比下有余

棉花里藏针

    ——柔中有刚；软中有硬

棉花换核桃——吃硬不吃软

棉袍倒腾成夹袄——越来越短

厨子搬家——另起炉灶

硬棒槌弹棉花——越弹越乱

跑了耗子捉狐狸——一个比一个习

蛤蟆追兔子——差得远；差远了

黑老辞嫁凤凰——配不上；不配

黑泥鳅钻进金鱼缸——谁跟你比美

黑瞎子举千斤顶——身大力不亏

矬子里拔将军——短中取长

筐里选瓜——越选越差

猴子爬竹竿——节节上升

猴子看果园——越看越光

渡船过河——划得来

谢了花的南瓜

    ——一天比一天有长进

属狗尾巴的——越摸越翘

属鸭子的——嘴硬心热

属猪的——会吃不会干

属暖水瓶的——外冷内热

属辣椒的——越老越红

隔山摘李子——相差太远

隔着山头拉手——差得远；差远了

隔道不下雨；隔村不死人

    ——情况不一

鼓着肚子充胖子——外强中干

蒜地里栽辣椒——一茬比一茬辣

雷公打架——差太远

雷声大，雨点小——有名无实

暖水瓶——外冷内热

暖水瓶里装开水——外冷内热

畸形人做衣服——另搞一套

跷脚驴子跟马跑

    ——一辈子也赶不上

矮子上楼梯——步步高升

矮子打狼——光喊不上

矮子爬坡——步步高升

新裕裤换个破口袋

  ——一代（袋）不如一代（袋）

缝衣针碰着绣花针

    ——一个比一个尖；尖对尖

鼻眼里钻跳蚤——好进难出

鲜花插在牛屎上——配不上；不配

瘦死的骆驼——比马大

辣椒炒豆腐——外辣里软

赛马场上的冠军——一马当先

骡子陪考——比劲大

鞋上绣金凤——会走不会飞

鞋底上绣牡丹——中看不中用
瞎姑娘戴眼镜

　　　　——多一层比少一层好
踩凳子钩月亮——差得远；差远了
稻田里插秧——以退为进
稻草堆里埋石头——软中有硬
膝盖上钉掌——离了题（蹄）
鲤鱼落在灰堆里——越弄越糊涂
熟透的甘蔗——节节甜
镜子里的馅饼

　　　　——中看不中吃；好看不好吃
壁画上的耕牛——不中用
壁画上的樱桃——中看不中吃
戴着帽子亲嘴——差太远
豁子嘴吹箫——越吹越不响
獾狼下个小耗子

　　　　——一辈不如一辈；一代不如一代

39. 纷乱混杂

一个碟子摔九块——四分五裂
十五个吊桶打水——七上八下
十五个妇女拉家常——七嘴八舌
十五只小船出海——七颠八倒
十五块布做衣服——七拼八凑
十五条大汉睡地板——横七竖八
十五张画贴一块——七拼八凑
十五枚铜钱撒地上——七零八落
十五颗珠子断了线——七零八落
七个人睡两头——颠三倒四
七个钱放两处——不三不四
七棵树栽两行——不三不四
八卦阵里骑马

　　　　——闯不出路子；出路难找

九个瓦盆摔山下——四分五裂
三个半人抓螃蟹——七手八脚
大风吹翻麦草垛

　　　　——乱糟糟；乱七八糟
小脚女人走路——东倒西歪
山沟里的人家——零零散散
马头上长鹿角——四不像
乡下人穿西装——土洋结合
乡下姑娘城里人打扮——不土不洋
不倒翁坐车——东倒西歪
水桶缺了把——不成体统（提桶）
乌鸦扮孔雀——不伦不类
火里加烟——更加麻烦
火烧蜂房——乱哄哄
孔夫子穿西装——又土又洋
打了的鱼缸——四分五裂
打火机点烟袋锅——土洋结合
打翻了的田鸡笼——一团糟
田鸡笼打翻——一团糟
白酒混在冷水里——谁也搞不清
瓜地里挑瓜——挑得眼花
冬瓜搭柳树——乱扯一气
半路上杀出个程咬金

　　　　——措手不及；突如其来
出窑的石灰遭雨淋——四分五裂
老太太补衣服——东拼西凑
老太太学钢琴——手忙脚乱
老母猪逛花园——眼花缭乱
老母猪蹭痒痒——东倒西歪
老和尚的百衲衣——东拼西凑
老婆婆赶庙会——眼花缭乱
西瓜皮搭屁股——一塌糊涂
西瓜地里放野猪——一塌糊涂
西瓜碰上菜刀——四分五裂

西装配拖鞋——不伦不类
灰堆吹喇叭——乌烟瘴气
吃了一堆鸡毛——心里乱糟糟
把牛角安在驴头上——四不像
豆芽炒鸡毛——乱七八糟
豆腐掉地上——一塌糊涂
两个醉汉睡觉——东倒西歪
冷水浇进了热油锅——炸了锅了
屁股坐在鸡蛋上——一塌糊涂
鸡窝里生炉火——乌烟瘴气
驴头上长角——四不像
驴屁股上的苍蝇——乱哄哄
卖帽子的喊卖鞋

       ——头上一句，脚下一句
兔儿头，老鼠尾——不伦不类
兔子拉车——乱套
狗咬烂羊皮——撕扯不清
经霜的黄豆——四分五裂
歪戴帽子歪穿袄——不成体统
贵州驴子学马叫——南腔北调
蚂蚁抬土——一窝蜂
蚂蚱胸膛黄蜂腰——不伦不类
姜子牙的坐骑——四不像
炸了窝的马蜂——乱哄哄
炸响了的炮仗——四分五裂
烂麻里搋猪毛——一团糟
洋娃娃穿古装——不伦不类
浑水洗澡——越来越糟
穿西装戴斗笠——土洋结合
穿拖鞋跳芭蕾舞

       ——洋不洋，土不土
穿拖鞋戴礼帽——不伦不类
穿破衫戴礼帽——不成体统
破庙里的菩萨——东倒西歪

破柳罐盛水——稀里哗啦
脑浆子撒地——一塌糊涂
狼吃狼——冷不防
酒鬼走路——东倒西歪
酒渣倒地——一团糟
家雀抬杠——乱嚷嚷
黄蜂找窝——乱哄哄
脚踩牛屎——一塌糊涂
猫儿跳到钢琴上——乱弹琴
猫咬老虎——冷不防
麻布补西装——土洋结合
麻布鞋上镶绸子——不成体统
屠夫腿猪——眉毛胡子一把抓
晴天下雹子——冷不防
稀饭铺路——一塌糊涂
集体逃难——一窝蜂
腊月里借扇子——冷不防
腊月里遇上狼——冷不防
割麦刮大风——一团糟
裤子套着裙子穿——不伦不类
蒺藜上弹棉花——越整越乱
滚油锅里炸油条——翻来覆去
笋里挑花——挑得眼花
演完越剧唱京戏——南腔北调
骡子的脸儿——非驴非马
醉汉上街——东倒西歪
嘴里吃了烂猪毛——乱糟糟
螃蟹过河——七手八脚
懒婆娘的针线笸——乱七八糟
壁虎捕食——出其不意

40. 徒劳无用

一身掉下井——耳朵拉不出

人死大夫到——无济于事；不济事
八擒孟获——多此一举
儿子不养娘——白疼了一场
刀切大葱——两头空
三十里路骂知县——无用
三十晚上盼月亮——没指望
三加二减五——等于零
三年陈账——还翻它做什么
干地拾鱼——白捡
土地爷穿素服——白跑（袍）
下雪天打兔子——白跑
大白天掌灯——多此一举
大炮轰苍蝇
　　　　　——白费工夫；枉费工夫
大海里腌咸菜
　　　　　——白费工夫；白费劲
大路上栽葱——白费工夫；白费劲
上山砍柴卖，下山买柴烧
　　　——多一道手续
上不沾天，下不着地
　　　　　　——两头不落实
上树捉鱼虾——空扑一场
口吃菠萝问酸甜——明知故问
口袋装狗屎——白糟蹋
口渴喝盐汤——徒劳无益
山尖上摘月亮——办不到；没法办
山顶上打井——徒劳无益
山要崩拿绳子箍——枉费心机
飞了鸭子打了蛋——两头落空
马尾穿豆腐——提不起
天上架桥——想到办不到
天平没砝码——两头空；两落空
天亮公鸡叫——白提（啼）
木头上长疮——不痛不痒

不放酱油烧猪爪——白提（蹄）
太阳底下点灯——多余
太湖的虾子——白忙（芒）
太湖的虾米——白忙（芒）
日出西山水倒流
　　　　　——天下奇闻；无奇不有
水上画画——劳而无功
水底捞月——白费心机
水面上浮秤砣——不可能
牛屁股后念祭文——白费口舌
毛脚鸡——上不得台盘
从石头里挤水——办不到
今天栽树，明天要果子——办不到
公羊下羔——没指望
风湿膏止痛——治标不治本
乌龟壳上找毛——白费工夫
乌龟想骑凤凰背——白日做梦
凤凰身上插鸡毛——多此一举
火烧草料场——没有救
为人作嫁衣——徒劳无功
孔夫子门前读《孝经》
　　　　　　——枉费心机
劝牛不吃草——白费口舌
玉器涂白漆——多余
打伞披雨衣——多此一举
打蚊子喂象——不顶用
打铁掉地下——白搭一火
甘蔗支危房——不顶用
石头上耕地——白费劲
石头上栽葱
　　　——劳而无功；白费工夫
石灰抹嘴——白说
石灰窑里打跟头——白走一遭
石灰铺路——白走

石狮子的屁股——没门儿

布袋装水——一场空

号筒里塞棉花——没法吹

号嘴上贴胶布——没法吹了

叫牛坐板凳——办不到

叫花子守夜——多余的

叫铁公鸡下蛋——异想天开

失去双手——没指望了

白天打灯笼——白搭

白天照电筒——多此一举

用力吹网兜——白费劲

用茶杯饮骆驼

　　　　——无济于事；不济事

半空中抛棉花——肯定落空

头发丝穿豆腐——不消提

尼姑头上插花——无法（发）

尼姑的木梳——多余

尼姑庵里借梳子

　　　　——办不到；没法办

对牛弹琴——白费劲

对哑巴说话——白费口舌

对着墙壁走路——没门儿

对着瞎子打俏眼——白费工夫

老太太想生子——没指望

老牛钻鸡窝——没门

老尼姑瞧嫁妆——没指望

老虎舔糨糊——不够糊口

老虎嘴塞蚂蚱——填不满

老和尚打儿子——没有的事

老鼠进猫窝——白送礼

老鼠咬断饭篮绳——白辛苦

老鼠啃操面丈——白费牙

老鹰扑鸡毛掸——一场空

光有鼓槌子——打不响

光脚丫穿拖鞋——没法提

当和尚不撞钟——白吃

吃了盐萝卜——操闲（咸）心

吃南瓜不放盐——讲淡话

吃咸鱼蘸酱油——多此一举；多余

吃面条找叉子——多余

吃着梅子问酸甜——明知故问

吃稀饭泡米汤——多余

竹山上的笋

　　　　——大了不能吃，小时不能用

竹筒做枕头

　　　　——两头空；两落空

竹篮打水——一场空

杀鸡用牛刀——小题大做

羊闯狼窝——白送死

羊身上取鸵毛——没法

关门骂皇帝——不起作用

米筛子打水——一场空

灯下点烛——白费蜡

灯草作拐杖——借不着力

灯草织布——枉费心机

灯笼赶集——白瞪眼

江边卖水——多此一举

阳雀叫三年——空话一句

阴天戴草帽——多此一举

好经念给聋施主——白费口舌

进了棺材吃人参——无补

扯着耳朵揩鼻涕——不对路数

抓住耳朵过河——多此一举

把肥料浇到莠草上——劳而无功

苍蝇围着鸡蛋转——没门；无门

苍蝇给牛抓痒痒——无济于事

杉木做砧板——不顶用

杨柳一开花——没结果

更夫打瞌睡——白吃干饭
豆腐垫床脚——白挨
豆腐渣贴对联——白费工夫
两口子认亲——多此一举
两口子拜年——多余一礼
两个盘子装一条鱼——多余
呆子求情——有理说不清
吹笛又找个捏眼的——多余
钉木鞋使锥——多余
秃子头上盘辫子
　　　　　——白忙活；白忙一场
坐车不买票——白搭
肚痛点眼药——无济于事
饭店门口摆粥摊——多此一举
床底下躲雷公——无用
沙子垒坝
　　——白费工夫；白费劲；枉费工夫
沙漠里播种——无所获
沙滩上浇油——白搭
没脚蟹——走不动
宋江的军师——无（吴）用
君子不犯法坐牢——白挨
张天师被娘打——有法无用
阿二炒年糕——费力不讨好
阿斗的江山——白送
陈年老账——没法了结
鸡飞蛋打——一场空
鸡抱鸭蛋——一场空
鸡啄闭口螺——白张嘴；白费工夫
鸡蛋壳上找缝——白费工夫
鸡蛋换盐——两不见钱
鸡孵鸭蛋——白忙一场
纸做的伞——不顶用
纸做的花儿——不结果

驴头伸进奶桶里——白吃
武大郎打虎——没生成那个拳头
武大郎的身子——不够尺寸
青石板上种花生
　　　——既扎不了根，更结不了果
担心手臂比腿粗——多余
担沙填海——枉费工夫
担雪填深井——白费工夫
抽刀断水——枉费心机
顶石头上山——多此一举
顶着石臼做戏——费力不讨好
顶着娃娃骑驴——多此一举
抱着金砖跳海——人财两空
抱着蜡烛取暖——无济于事
抱琵琶进磨坊——对牛弹琴
拉牛上树——办不到
拉肚子吃补药
　　　——白搭；无济于事；白费劲
拉直牛角——办不到
抬石头上山——吃力不讨好
茉莉花喂骆驼——无济于事
茅坑里洒香水——多此一举
茅草补柱子——无济于事
杯水车薪——无济于事；不济事
松鼠想吃树上鸟——办不到
枕着扁担睡觉——想得宽
画上的马——中看不中用
画上的饼子——充不得饥
画蛇添足——多此一举
雨后送伞——多此一举
岸上捞月——白费劲
刮风扫地——多余
和尚打架——抓不住辫子
和尚娶媳妇——今生休想

肥猪身上抹油——多此一举
周瑜讨荆州——费力不讨好
兔子虽多——驾不了辕
狗吃芥末——干瞪眼
狗嘴巴上贴对联——没门
庙里的菩萨——不讲话
盲人点蜡烛——白浪费
放个屁也请示
　　　　　——没事找事；多此一举
炒韭菜放葱——白搭
炉里的渣滓——有用的不多
法儿他妈哭法儿——没法儿了
油煎冰棒——一场空
泥沟里划船——干吃力
空梭子织布——枉费心机
驼子仰面睡——两头不着实
挂着蚊帐点蚊香——多余
城隍老爷戴孝——白跑（袍）
城墙上赶麻雀——白费工夫
挑柴进山——多余
挖耳勺舀米汤——无济于事
按牛头喝水——办不到
按鸟头啄米——白费心机
带着碗赶现成饭——白吃
草人救火——白送死
草帽子端水——一场空
枯树枝上结黄瓜——不可能的事
枯树根上浇水——白费劲
咸肉里加酱油——多此一举
砍倒树做笋篓——白费工夫
面条点灯——犯（饭）不着
背死人过河——费力不落好
背着石头上泰山——受累不讨好
背着石磨上山——费力不讨好

背着脚扣上梯子——多此一举
背媳妇烧香——吃力不讨好
临死打哈欠——白张嘴
哑巴看失火——干瞪眼
蚂蚁搬秤砣——白费工夫
蚂蚁搬磨盘——枉费心机
蚂蚁摇大树——白搭
哈巴狗追兔子
　　　　　——论跑不能跑，论咬不能咬
炭筛子筛芝麻——全落空
钢丝穿豆腐——没法提
看《三国》掉眼泪——替古人担忧
狮子吃蚊子——白费劲
饺子铺的酱油——白搭
弯扁担打蛇——两头不着实
疯狗咬日——白费工夫
烂网打鱼——一无所获
烂板子搭桥——白搭
洞庭湖里捞针
　　——想得到，办不到；白日做梦
扁担捣鸡笼——鸡飞蛋打
给死人送医——枉费工夫
给聋子讲经——浪费口水
骆驼打跟头——两头不着实
骆驼进鸡窝——没门
耗子充蝙蝠——白熬夜
耗子搬生姜——劳而无功；白费力
泰山顶上添捧土
　　　　　——无济于事；不济事
赶牛去追马——徒劳
赶鸭子上树——办不到
壶里没水——白捎（烧）了
桥顶上盖楼——上下空
桅杆开花——没指望

晒干的蛤蟆——干瞪眼；白瞪眼
鸭子吃老糠——一场空欢喜
鸭子孵小鸡——白忙活
圆顶帐子——没门
铁匠铺里打金锁
　　——白费工夫；白费劲；枉费工夫
拿豆腐去垫台脚——不顶事儿
狼叼来的喂狗——白享受
饿着肚子辩论——空对空
高射炮打蚊子——小题大做
高粱秆上结茄子——不可思议
高粱秆推磨子——玩不转
站在山上看马斗
　　　　　　——踢不着，咬不着
站在山顶赶大车——鞭长莫及
站在河岸捞月亮——白搭
站在海边打咳声——望洋兴叹
站在海边看鱼跳——干瞪眼
拳头打鸡蛋——无济于事
拳头打跳蚤
　　——白费工夫；白费劲；枉费工夫
烟筒里安家——没门
海底捞月，天上摘星
　　　　　　——想得到，办不到
海豹子上山——办不到；没法办
浸湿了的木头——点不起火
家里丢了磨——没法推
扇子驱大雾——办不到；没法办
娘娘养侄女——两耽搁
绣花枕头——一包草
推着车子上墙
　　　　——白费工夫；枉费工夫
教菩萨认字——枉费心机
教猴子爬树——多此一举

娶了媳妇忘了娘——白疼一场
黄胖春年糕——吃力不讨好
眼药吃到肚子里——没弄到点子上
蛇过了才打棍——马后炮
唾沫粘知了——办不到；没法办
笨贼偷石臼
　　——费力不讨好；吃力不讨好
第六个手指——多余
假期做梦——休想
脚底下抹石灰——白跑
脱了牙的老虎——咬不伤人
脱裤子放屁
　　——多此一举；多一道手续
猪八戒背媳妇——费力不落好
猫儿踏翻油瓶盖——一场空
麻子打粉——不过填洞洞；空耗
麻布片绣花——白费劲
麻秆搭桥——担当不起
麻雀生鸡蛋——办不到
麻雀饮河水——干不了
麻雀追飞机——枉费劲
麻雀跟着蝙蝠飞——白熬夜
麻秸秆做扁担——不是那个材料
麻袋布做龙袍——不是那个料子
麻绳吊鸡蛋——两头落空
望风扑影——一场空
断了线的梭子——白钻空子
渔场起火——枉然（网燃）
骑驴拿拐杖——多此一举
提着头发上天——办不到
朝种树，夜乘凉
　　——不可能的事；没人见过
逼公鸡下蛋——办不到
厨房里的火筒——两头空

晴天盼下雨——没指望

蛤蟆长毛——不可能的事

喝凉水拿筷子
　　　　　　——多此一举；没有用

锈坏的轳辘——玩不转

短板子搭桥——不顶用

稀了的泥——糊不上壁

等公鸡下蛋——没指望

筛子挡太阳——不顶用；不顶事

筛子盛水——一场空

街上的传单——白给

猴子看戏——干瞪眼

猴子推磨——玩不转

猴嘴里掏枣，狗嘴里夺食
　　　　　　——办不到；没法办

强盗过后安弓箭——没有用

隔年的金子——顶不上现铜

隔沟看见鸭吃谷——干瞪眼

隔黄河送秋波——没人领情

隔着内衣搔痒——不过瘾

媚眼做给瞎子看——没人领情

摆渡不成翻了舟——两头误

搬石头上山——费力不讨好

搬石头打天——办不到；够不着

搬菩萨洗澡——白费神

搬着梯子上天——没门

塘里的泥鳅——翻不了大浪

峨眉山上的佛光——可望而不可即

舅舅揍外甥——白挨

新鞋打掌子——多余

满天挂渔网——遮不住太阳

墙上画老虎——吃不了人

墙上画饼——不充饥

墙上挂帘子——没门

摘樱桃爬到柳树上
　　　　　　——白忙活；白忙一场

蜡台上无油——空费心

蜜蜂叮镜中花——白费工夫

凳子上抹石灰——白挨

撵汽车拾粪——白跑

撑阳伞戴凉帽——多此一举

碾盘没有轴——玩不转

瞎子打蚊子——白费力气

瞎子死了儿——没指（子）望

瞎子点灯——白费蜡

瞎子看西洋景——白费劲

瞎子戴眼镜——多此一举

薛仁贵的行头——白跑（袍）

薄刀切葱——两落空

嘴上抹石灰——白说；白吃

镜子里的东西——看得见，拿不到

戴斗笠撑伞——多此一举

戴着碓窝拜年——费力不讨好

螳臂当车——万无一济

篾条穿豆腐——没法提

糟鼻子不喝酒——空有其名

豁嘴吹灯——白费劲

癞子的脑袋——没法（发）

戳穿西洋镜——不值半文钱

蹲在茅坑闻香臭——明知故问

41. 错误缺点

一头栽到黄河里——死也洗不清

一张麦筛子——尽是缺点

二下五去——错打了算盘

人头上长疥疮——毛病

九九八十二——算错了账

三节棍上天——诽谤（飞棒）

丈夫坟头哭爹妈——上错了坟

大门板做棺材——用材不当

大水冲了龙王庙——不认得自家人

大伯墓前哭爹——上错了坟

大管子套小管子——不对口径

上梁请铁匠——认错了人

小姑打碗怨媳妇——错怪

小鬼门前告阎王——找错了衙门

乞丐的衣服——破绽多

马背上跌跤，牛背上抽鞭

　　　　　　　　——错上加错

马嚼子往牛脖子上戴——错了位了

无罪戴枷板——冤枉

木偶做戏——受人牵连

不犯王法坐大牢——冤枉

不怪绳短，只怨井深——错怪

不教东家敬伙计——认错了主

见了舅爷叫姨父——看错了人

打开棺材喊捉贼——冤枉好人

打破嘴巴骂大街——血口喷人

打醋的进当铺——走错了门

左脚穿着右脚鞋——错打错处来

龙头不拉拉马尾——用力不对路

东吴杀人——嫁祸于人

电线杆当套马杆——用材不当

叫铁匠做嫁妆——用人不当

白日见鬼——心里有病

白布进染缸——洗不清；洗不净

白仙鹤长了个秃尾巴——美中不足

鸟铳轰蚊子——派错了用场

头发上贴膏药——毛病

头痛医脚——不对路数

头痛往脊梁上贴膏药

　　　　　　　　——找错了地方

对着砚台梳头——没影的事

老子坐班房，儿子挨夹杠

　　　　　　　　——受人牵连

老母鸡生疮——毛病

老猫犯罪狗戴枷

　　　　　——无辜受罪；嫁祸于人

老鼠尾巴生疮——小毛病

机关枪打飞机——派错了用场

西施掉了门牙——美中不足

吃了一包回形针

　　　　　　——一肚子委屈（曲）

吃了对门谢隔壁——错了

吃点心抹酱油——不对味

竹篮盛稀饭——漏洞百出

杀鸡取蛋——因小失大

冲着姨夫叫丈人——乱认亲

冲瞎子问路——认错了人

问官答花——驴唇不对马嘴

关帝庙里拜观音——找错了门

米筛的身架——尽是漏洞

许了身子还挨嘴巴——太冤枉

孙权杀关公——嫁祸于人

好人坐班房——不白之冤

好儿无好媳——美中不足

好心遭雷打——冤枉

买眼药进了石灰店——走错了门

买帽子当鞋穿——不对头

进屋跳窗户——门路不对

抓住张飞当李逵打——认错了人

抛媚眼给盲佬看——传错情

苍蝇叮菩萨——看错人了

苍蝇的肚子——有屈（蛆）

旱烟袋当枪使——派错了用场

肚脐眼里点眼药——心里有病

肚痛埋怨帽子单——错怪

灶王爷扔石头——砸锅

汽车开进了死胡同——走错了道

沉香木当柴烧——用材不当

牢房里赌博——一错再错

补锅匠的脊梁——背黑锅

尿盆里炒鸡蛋——不是味儿

尿壶里打酒——错了

鸡刨糍粑——糟糕

鸡脑壳安在鸭颈上——不对头

拐子当差役——用人不当

拍马屁的拍上了大腿——错上加错

抱着柴禾救火——倒帮忙

拉不出屎怨茅坑——错怪

厕所里寻灶王——找错了地方

到火神庙求雨——找错了门

和尚庙里借梳子——摸错门了

往袜子上钉鞋掌——找错了地方

狗咬吕洞宾——不识好人心

盲人当警察——用人不当

炒菜放错了作料——不对味

草帽戴在膝盖上——不对头

胡子上生疮——毛病

歪嘴婆娘跌跤——上错下也错

牵牛下水，六脚齐湿

　　　　　　——闹平均主义

蚂蚁生疮——小毛病

哈巴狗叫猫——乱认当家子

拜佛走进吕祖庙

——走错了门；找错了门（吕祖：
指道教全真派祖师吕洞宾）

　　看见尼姑喊嫂子——乱认亲

看见和尚喊姨夫——乱认亲

看病请了教书匠——找错了人

顺风顺水船不动——不对头

俊姑娘脸上一块疤——美中不足

剃头洗脚面——从头错到底

染缸里落白布——再也洗不清

浑身贴膏药——毛病不少

客气碰着老实人——虚情当成真意

屎壳郎滚煤球——找错了对象

耗子尾巴上长癣——小毛病

秦桧杀岳飞的罪名——莫须有

秦琼拜干爹——认错了人

赶牛进鸡舍——门路不对

蚊子叮菩萨——认错人

蚊子咬木偶——找错了对象

钳工师傅教徒弟

　　　　　　——动手就错（锉）

射击场上的靶子——漏洞百出

拿着和尚当秃子打——冤枉好人

酒壶当夜壶用——派错了用场

请木匠补锅——用人不当

请修锁的补锅——找错人啦

请篾匠师傅补锅——认错了人

袖短怪罪胳膊长——错怪

黄狗偷食打黑狗——冤枉

曹操杀吕伯奢——将错就错

聋子打电话——形式主义

甜糕蘸蒜汁——不是味儿

偷鸡打店主——一错再错

猪八戒投胎

　　　　　　——走错了门；找错了门

猪八戒坐班房——不白之冤

猫儿吃豆渣——不是味儿

猫头鹰抓耗子——干好事，落骂名

猫吃狗屎——不对味

麻子的脸——尽是缺点

麻绳上拉电灯——路线错了

盗马贼披袈裟——嫁祸于人

阎王打瞌睡——点错了名

盖房请来箍桶匠——认错了人

喜鹊窝里掏凤凰——搞错地方了

棺材当马槽——用材不当

筛子当水桶——漏洞百出

窗户上伸脚——走错了门

隔着山头吹喇叭——对不上号

隔墙撂帽子——不对头

楠木做马桶——用材不当

睡不着，怨床脚——错怪

跳到黄河洗不清——冤枉

跟和尚借梳子——找错了对象

错公穿了错婆鞋——错上加错

腰带拿来围脖子——记（系）错了

煤炭下水——一辈子洗不清

窦娥喊冤——怨天怨地

箍桶请石匠——认错了人

嫦娥脸上长痣——美中不足

蝌蚪害头疼——浑身是病

墨斗弹出两条线

　　　　　——思（丝）路不对

擀面杖升云天——诽谤（飞棒）

雕花匠的行头

　　　　　——动手就是错（锉）

瘸子当差役——用人不当

戴草帽亲嘴——对不上口

癞子脚板长疮——上下都有毛病